JN485020

역사 속의 교육공간, 그 철학적 조망

| 한국교육사학회 편 |

학지사

책을 내면서

이 책은 제목 그대로 우리 역사 속에 다양한 모습으로 전개되어 온 교육공간에 대한 필자들의 철학적 조망과 성찰의 산물이다. 2년 전, 한국교육사학회에서 이러한 조망과 성찰의 기회를 기획한 것은 우리의 대표적인 교육공간인 학교가 과연 이 시대에 어떤 교육공간으로 자리매김하고 있는지, 또 어떤 교육공간이어야 하는지에 대한 현실적인 물음에서 비롯되었다.

교육공간을 단지 교육이 이루어지는 공간이라고 정의하는 것은 의미가 없다. 교육공간은 교육이 이루어질 뿐 아니라 생활, 즉 삶이 이루어지는 공간이기 때문에 주목의 대상이 되는 것이다. 그러나 우리의 교육공간은 어떠한 모습인가. 견고한 콘크리트 건물, 꽉 짜인 시간표, 그 속에서 정신없이 지식을 거래하는 교사와 학생, 이것이 지금의 학교의 모습임을 누구도 부정할 수 없을 것이다.

그리고 아쉽게도 학교의 모습은 그 시대의 교육이상을 반영하는 것임과 동시에 시대의 이데올로기, 문화, 욕망을 반영하는 것임을 안다면 이것이 우리의 자화상임도 부정할 수 없는 사실이다. 다시 말하면 우리 교육공간의 모습은 이 시대 우리가 추구하는 삶과 이데올로기, 욕망 등을 총체적으로 반영하는 거울이라는 것이다.

그러므로 각 시대의 교육공간을 통시적으로 조망하는 것은 교육학만의 문제도 아니고, 건축학만의 문제도 아니다. 그것은 시대정신에 대한 총체적 성찰을 의미하기에 그야말로 집단지성을 요구하는 문제라 할 수 있다.

사실 지난 세기말부터 '근대'에 대한 다양한 담론들이 대두되면서 우리 사회에서도 교육공간에 대한 이론적 성찰이 개인적 차원에서 간간히 나타났다. 아울러 현장에서도 새로운 교육공간을 조성하려는 의미 있는 실천들이 모습을 보이기 시작하였다. 그러나 아쉽게도 학자들은 그러한 실천을 뒷받침할 의미 있는 역사적 경험들을 충분히 제공해 주지 못하였다.

이러한 때 일차적으로 교육학자와 건축학자, 역사학자가 만나 서로의 관점을 교류하기로 하였고, 마침내 2008년 가을에는 각자의 연구 성과를 가지고 학술대회까지 열게 되었다. 치열한 학술적 논의를 통하여 서로 많은 것을 배우기는 하였지만 성과물을 대외적으로 자신 있게 드러내기에는 미흡함도 없지는 않았다. 학술대회 직후 학술대회의 기획과 준비를 담당했던 연세대학교 황금중 교수와 한국교육사학회장이었던 안경식 교수가 중심이 되어 학술대회 발표 논문을 토대로 단행본 출간을 준비했다. 학술대회에서 지정 토론자들이 제기했던 문제를 참고로 하여 새로운 요구 사항을 정리하였으며, 이 과정에서 세 편의 연구물이 새로 추가되었고, 기존 연구들도 전문 학술지에 게재하거나 협의를 거쳐 이전과는 다른 모습을 나타내게 되었다.

이 책은 모두 12장으로 구성되어 있다. 제1장을 도론(導論)으로 하여, 고대에서부터 현대에 이르기까지의 교육공간을 통시적으로 조망하였다. 그리고 사상적으로 화랑도, 불교, 유교의 교육공간을 차례로 다루었다. 그리고 왕의 생활공간인 궁궐로부터 서민의 생활공간인 마을도 교육의 관점에서 고찰함으로써 교육공간에 대한 풍부한 역사적 경험을 누락시키지 않으려 했다. 건축학자들은 특히 교육공간에 대한 미세한 사실적 분석을 통하여 건축 자체가 어떻게 사람을 가르치는지를 제시하려 하였으며, 교육학자들은 교육공간이 지닌 인문적 함의에 대해서 충실히 논의하고자 하였다. 각 장의 논지를 간략히 요약하면 아래와 같다.

제1장 '교육공간에 대한 역사적 성찰'(정순우)에서는 교육공간에 대한 담론의 출발이 근대성에 대한 새로운 자각과 맞닿아 있음을 지적하면서 서구에서 생산된 공간담론들이 한국사회에서 아무런 비판 없이 그대로 수용되고 있음을 우려하였다. 한국의 문화 공간을 설명할 때는 한국 사회 고유의 문법을 읽어낼 필요성이 있다는 것을 이야기하였고, 우리 교육공간을 통시적으로 이해하기 위해 필요한 조건들을 제시하였다.

제2장 '교육공간으로서의 자연: 화랑도 교육의 공간, 산수(山水)' (황금중)에서는 화랑도 교육의 사례를 중심으로 자연이 지니는 교육공간으로서의 성격과 의미에 대해 논의하고 있다. 산수, 즉 자연은 한국의 교육공간의 역사에서 가장 오래되고 핵심적인 교육공간이었으며, 그 역사는 삼국시대를 거쳐 고려와 조선의 성리학적 교육전통으로까지 면면히 이어져 왔다. 또한 학교 건축공간이 보편화되고 활성화된 이후에도 최고의 교육공간으로 의미를 견지하고 있다. 이것은 이 시대에도 적극적으로 활용할 수 있는 자연의 교육적 힘이 크다는 반증이며, 따라서 현재의 학교건축뿐 아니라 학교교육에서도 자연과 하나 되는 교육이 이루어져야 된다고 필자는 말하고 있다.

제3장 '전통사회의 교육공간으로서 불교의 사원'(안경식)에서는 불교교육이 우리 전통사회와 동아시아 사회에서 차지하는 비중이 적지 않음을 전제로 하여 민중교화의 공간으로서의 사원, 학교의 대체공간으로서의 사원, 지식인의 독서공간으로서의 사원 등 사원의 여러 모습에 대해 서술하고 있다. 경전이라는 문자적 교화 도구와는 달리 사원 공간은 그 자체로 비문자적 도구로서의 특성이 있으며, 제행이 무상하고, 제법이 공하다는 불교의 메시지를 말이 아닌 공간 자체로 구현할 수 있는 곳이 사원이라고 필자는 결론지었다.

제4장 '정치와 교육이 공존하는 궁궐'(육수화)에서는 당대 최고의 건축기술과 건축예술이 집약적으로 표현된 궁궐을 정치와 의례의 공간, 교육과 생활의 공간으로 보았다. 한성의 건설 배경과 원칙, 궁궐 건립의 공간 철학이 어떻게 반영되었는지를 궁궐의 배치구조와 원리를 통하여 제시하였다. 아울러 궁궐 건축에 담긴 교육철학적 함의에 대해서 설명하였다.

제5장 '교육공간을 향한 퇴계의 시선'(안경식)에서는 조선시대의 대표적 성리학자인 퇴계 이황을 텍스트로 삼아 그의 삶의 과정에서 관계를 맺은 교육공간들을 어떤 시각으로 바라보고 있는가를 서술함으로써 유가 사회에서의 교육공간 조영과 운영이 어떤 철학과 원리 속에서 이루어졌는지를 고찰하였다.

제6장 '서원 교육공간의 건축적 규범'(김지민)에서는 조선시대 교육공간으로서의 서원의 위상과 역할을 서원의 위치와 장소성, 서원의 영역 설정과 공간 구성 그리고 건축 양식 등의 관점에서 설명하고 있다. 사찰 등 다른 건물들과 달리 검소하고 간결함을 특징으로 하는 서원 건축은 자연과 잘 어울리는 조형미를 나타내고 있는데 이는 결국 유교사상의 표현으로 볼 수 있다고 하였다.

제7장 '조선시대 주택의 교육공간'(이호열)에서는 조선시대 주택을 생활의 장이자 소학과 사례(四禮)를 실천하는 교육공간으로 규정하였다. 전통사회의 교육공간으로서의 주택에서 사랑채는 남성들의 사색, 독서, 집회, 접대 그리고 남아를 가르치는 교육공간으로 사용되었고, 안채는 제례와 계례의 공간이자 자녀교육과 살림의 공간으로 사용되었으며, 주택과 가까운 곳에 위치한 누정은 장수(藏修)의 공간임을 지적하면서 유자들의 이상적인 주택 계획에 대해서 언급하고 있다.

제8장 '교육공간으로서의 전통 마을'(윤재흥)에서는 교육공간의 범위를 마을로까지 확대하고 있다. 여기서는 마을의 공간적 구성요소로서 먼저 채, 마당, 울타리 등 집의 교육적 의미를 탐구하고, 아울러 주거와 외부공간을 연결하는 매개장소가 되는 길, 그리고 공동체적 공간이라 할 수 있는 당산나무, 우물, 모정 등이 가지는 교육공간적 의미를 세밀히 탐구하고 있다. 필자는 한국 전통 마을의 교육적 특징을 중심으로 한 집, 집을 둘러싼 이웃의 공간, 음양론적 조화, 자연을 닮으려는 마음, 포괄성과 융통성 등에서 찾고 있다.

제9장 '근대적 교육공간의 성격과 한국의 근대 학교'(한용진)에서는 우리나라의 근대적 교육공간의 특성을 학교 건축의 양식의 관점에서 역사적으로 고찰하고 있다. 교육공간은 교육의 본질을 달성하기 위해 구성되는 것인데, 근대학교는 인간도야와 생명에 대한 외경심보다는 학생들의 활동과 행위를 특정한 형태로 양식화하는 쪽, 즉 훈육을 강화하는 방식으로 이루어짐으로써 점차 개인이 건축물에 압도되고 왜소화되었음을 지적하고 있다.

제10장 '학교공간 조성의 교육학적 조건과 문제'(송순재)에서는 학교공간 조성이 학생과 교사에게 왜 본질적인 문제인지에 대한 물음을 제기하고 이에 대해 일제 통치기 이후 한국의 학교공간건축을 둘러싼

역사적 정황에 대한 인식을 배경으로 향후 고려해 볼 만한 교육학적 조건과 문제를 열한 가지로 정리하고 있다.

제11장 '현대 교육공간으로서의 집'(권문성)에서는 "사람이 집을 만들고 집은 사람을 만든다."는 모토 아래 현대의 집과 생활공간과 교육환경과의 관계에 대해 논의하고 있다. 특히 전통주택과 현대주택으로서 아파트, 단독주택의 형태와 교육공간으로서의 특징을 건축 설계자의 관점에서 논의하였으며, 지금까지의 집의 설계가 아이들과 학생들의 요구 조건을 우선적으로 고려하지 못하였다는 점을 인정하고 있다.

제12장 '교육공간으로서의 박물관: 한국 박물관을 중심으로'(국성하)에서는 박물관과 박물관 교육의 개념 정리에서부터 시작하여 박물관이라는 공간을 어떻게 볼 것인가의 문제, 그리고 교육공간으로서의 박물관의 100년 역사를 차례로 고찰하고 있다. 고찰의 결과, 필자는 이제 박물관 내에서의 교육공간의 맥락적 개편을 언급하면서 그 공간에서 이루어지는 박물관 교육의 실제적 내용도 변화가 필요한 시점에 이르렀다고 결론짓고 있다.

앞서 언급하였지만 이 책은 기획에서부터 2년 반의 시간이 소요되었으며, 교육학, 건축학, 역사학의 학제적 연구의 산물이다. 2008년 학술대회에 참여한 한국교육사학회와 한국서원학회의 회원들, 연세대학교 교육연구소 관계자와 건축학계의 선생님들께 이 기회를 빌려 다시 한 번 감사드린다. 그리고 당시 충실한 토론문을 작성하여 지정토론에 참여하여 준 여덟 분 선생님들의 글도 마땅히 이 책에 수록해야 하지만 대부분의 연구자들이 토론자의 견해를 참고하여 원고를 대폭 수정하였으므로 그대로 실지 못하였음을 양해하기 바란다. 학술대회 당시 호평을 받았더라도 주제가 이 책의 성격과 다소 맞지 않다 싶은 글들은 보완이 아닌 전면 수정을 의뢰하였으며, 필요하다 싶은 글들은 몇 편 새로 추가하였다. 이러한 부담스러운 요구에 기꺼이 응해 주고, 새로운 원고를 추가로 써 준 필자들에게 감사드린다. 끝으로 이 책이 이렇게 결실을 볼 수 있었던 것은 학술대회는 물론 단행본의 기획과 완성에 이르기까지 자신의 역할을 잘 수행해 준 황금중 교수 덕분이다. 이 자리를 빌려 감사드린다.

2011년 봄

여러 필자를 대신하여 안경식이 적다

11

차례

제3장
전통사회의 교육공간으로서 불교의 사원

제4장
정치와 교육이 공존하는 궁궐

제5장
교육공간을 향한 퇴계의 시선

제6장
서원 교육공간의 건축적 규범

제7장
조선시대 주택의 교육공간

제8장
교육공간으로서의 전통 마을

제9장
근대적 교육공간의 성격과 한국의 근대 학교

제10장
학교공간 조성의 교육학적 조건과 문제

제11장
현대 교육공간으로서의 집

제12장
교육공간으로서의 박물관: 한국 박물관을 중심으로

제 1 장

교육공간에 대한 역사적 성찰

Ⅰ. 교육과 '공간'의 새로운 만남, 새로운 담론

Ⅱ. '공간'에 대한 해석과 교육사

Ⅲ. 교육공간을 통해서 본 '선근대'와 '근대'

Ⅳ. 맺음말

제1장

교육공간에 대한 역사적 성찰

Ⅰ. 교육과 '공간'의 새로운 만남, 새로운 담론

한국의 옛 기록에서는 교육공간에 대한 다양한 논의들을 발견할 수 있다. 삼국시대 이후 근세에 이르기까지 선인들은 학교를 둘러싼 교육환경에 대하여 매우 의미 있는 기록들을 남기고 있다. 교육을 무엇보다 소중하게 생각하였던 선인들은 그 교육을 담는 그릇 역할을 하는 환경에 대해서도 남다른 식견과 안목을 갖추고 있었다. 남아 있는 문집이나 고문서 혹은 관찬 사료 등에서는 각종 학교의 자연환경이나 공간배치, 인문적인 의미 등에 관한 많은 정보를 찾을 수 있다. 또한 현존하는 옛 학교들, 예컨대 여러 서원이나 서당 혹은 향교를 찾아보면 옛 사람들이 학교를 둘러싸고 있는 환경적 요인을 얼마나 중요하게 여기고 있었는지를 실감할 수 있다. 그들은 학교를 단순한 물리적 공간이 아닌, 교육에 대한 깊은 통찰과 이해가 녹아든 매우 성찰적이며 인문적인 공간으로 만들어 놓았다.

그러나 교육공간에 대한 이러한 성찰적 이해는 급격한 근대화 과정을 거치면서 매우 단순하고 저급한 경제 논리 속으로 매몰되었다. 교실은 갑자기 늘어난 다수의 학생을 효율적으로 통제하는 기능에 급급하였고, 학교는 학생에 대한 감시와 감독의 기능이 강조된 공간 구성으로 변모되었다. 학교에 투자할 예산이 터무니없이 부족한 상황에서 우선 팽창하는 학생들을 수용할 물리적인 공간의 확보마저 버거운 실정이었다. 이른바 '콩나물 교실'이란 말은 해방 후 한국 교육을 가장 압축적으로 드러내 주는 상징어가 되었다. 학교공간에 대해서는 관리, 감독의 효율성과 경제성만을 기형적으로 강조할 수밖에 없었던 시대적 한계성 속에서 학생들은 신음하였다. 시야를 조금 더 넓혀 보면 이러한 현상은 비단 교육공간에 한정된 문제가 아니었다. 근대기 이후에 구성된 대부분의 건물이나 조형물들에서 우리는 이른바 '돌격적 근대화'의 한계와 불편함을 느끼고 있다.

이렇게 볼 때 최근 학계에서 '공간'에 대한 다양한 담론들이 새롭게 제기되고 있는 것은 매우 자연스러운 일이다. 이처럼 '공간'에 대한 논의가 증대하기 시작한 이유는 아무래도 우리가 몸담아 살고 있는 물리적 '공간'들에 대해 모종의 불편함을 느끼기 시작했기 때문이다. 뭔가 몸에 맞지 않는 옷을 입었을 때처럼 지금껏 우리의 몸과 마음을 의지해 온 근대적 '공간'들로부터 이질감과 거부감을 확연히 느끼기 시작한 것이다. '교육공간'도 예외가 아니다. 학교로 대표되는 교육공간이 사실은 은밀하게 삶을 억압하는 기제로 작동하고 있었다는 자각이 나타나고 있다. 그리하여 새로운 세대는 '공간'에 대한 새로운 개념과 형식을 갈구하고 있다. 무엇을 어떻게 바꿔야 할까? 그 해답을 찾기 위해서는 먼저 오늘날 우리들에게 익숙한 공간 개념이 대부분 근대문명의 산물이라는 사실을 확인하는 것에서 출발하여야 할 것이다. 잘 알고 있는 바와 같이, 개항 이후 한국 사회는 근대문명을 받아들이면서 전통적인 시공간 의식에 급격한 변화를 경험하였다. 특히 교육공간은 전통적인 해석 방식을 완전히 버리고 철저히 외래적인 모형에 의존해 기획되고 구성되었다. 이러한 '공간'에 대해 새로운 질문을 제기하는 것은 우리 사회의 '근대성(modernity)'에 대한 자성적 성찰이 담겨 있다는 점에서 주목할 만한 일이다.

사실 우리는 지금까지 공간 개념을 둘러싼 이러한 변화가 어떤 의미를 지니고 있는지를 성찰할 정신적 여유를 가지지 못하였다. 근대적 교육공간이 과연 어떤 교육적 혹은 문화적 의미를 지니고 있는지 별다른 학문적 관심을 기울이지 않았다. 교육공간을 오직 공학적인 차원이나 건축학적인 측면에서만 바라보았을 뿐, 인문학적으로는 조망해 보지 않았다. 요컨대, '공간'에 대한 어떠한 이해로 '학교'라는 교육 공간을 만들어 내었는지, 하나의 교육공간이 인간의 삶에 어떤 영향을 끼치는지에 대한 성찰은 절대적으로 부족한 실정이었다. 단적으로 말해, '교육을 위한 공간'이 형무소나 군대 혹은 관공서의 공간과 아무런 이념적 차별성이 없이 구성된다면 무엇인가 왜곡된 구조가 아니겠는가? 이런 점에서 한국의 교육학계에서 '교육공간'에 대해 주목하기 시작한 것은 매우 뜻깊은 일이다.

교육사에서 '교육공간'을 주목하는 이유는 그 공간 구성의 기본적 원리를 파악해 가는 과정에서 한국 교육의 계기적(繼起的) 변화의 모습을 읽어낼 수 있기 때문이다. 즉, 각 시대 특유의 교육공간을 통하여 그 시대가 지니고 있던 고유의 교육관과 인간관을 밝혀내고, 종국적으로는 각 시대를 관류하는 교육사의 흐름을 잡아낼 수 있기를 기대하는 것이다. 이를 위해서는 우선 각 시대의 교육공간이 과연 어떠한 목적에서 기획되고 설계되었는지에 관한 통시적 접근이 요청된다. 예컨대, 고대 · 중세사회의 교육환경은 구체적으로 어떤 모습을 하고 있었는지, 조선시대의 서당과 향교, 서원 등에서는 어떻게 공간관이 변모되었는지, 그리고 이것들이 종국적으로 현재의 공간 담론과는 어떤 차이를 보이고 있는지가 논의되어야 할 것이다.[1)]

지금까지의 교육공간에 관한 연구는 대체로 근대적 시공간관의 본질이 무엇이며, 그것이 학교 건축에 어떻게 투영되었는가를 확인하는 점에 집중되었다. 그 이론적 배경은 크게 보아 두 갈래로 나눌 수 있다. 우선 1970년대 이후 본격화된 서구의 공간 담론을 출발점으로 삼는 일련의 해석행위를 들 수 있다. 교육학계에 가장 큰 영향력을 행사한 것은 푸코(Foucault)의 공간 담론이었다. 그가 『감시와 처벌』에서 그려낸 판옵티콘(panopticon)은 학교의 권력적 위계성을 드러내는 중심 개념으로 자리하였다. 한국의 학계에서도 교육공간에 대한 푸코의 해석은 오랜 기간 가장 중심적인 위치를 차지하고 있다. 푸코식의 해석에 따르면 학교는 군대나 감옥과 마찬가지로 조직적인 감시와 규제 그리고 훈련이 지배하는 공간으로 이해된다.[2)] 학생은 감옥의 수형자로 이해되고, 교사와 행정가는 간수의 자리를 차지한다. 그가 '권력-지식(le pouvoir-savoir)'의 관계를 동가적으로 표현할 때, 그 양자를 매개하는

1) 이렇게 학교공간에 대한 통시적 접근을 성공적으로 수행한 인물로 아리에스(Ph. Ariès)를 들 수 있다. 그는 '근대화' 이전의 학교 내부를 생생하게 묘사하고, 이후 근대교육을 통해 그 공간 구성이 어떻게 달라지고 있었는지를 사실적으로 묘사한다. 그럼으로써 서구 근대교육의 발생과정을 드러내는 것에 일정한 성공을 거두고 있다. 또한 그의 연구는 우리가 근대적 교육공간의 한계를 넘어 새로운 대안을 찾고자 할 때 무엇을 중요하게 다루어야 할 것인가를 알려 준다.

2) 오성철, 「세속종교로서의 학교: 학교교육의 이데올로기」, 『당대비평』 16, 삼인, 2001.

가장 규정적인 힘은 곧 교육이다. 그가 '권력'의 관점에서 공간을 파악하는 연구는 교육사회학 분야에서 매우 활발하게 진행되어 근대의 공간적 특징을 규율주의(displlinism)로 파악하는 박사학위 논문까지 만들어 내었다.[3)]

공간학에 관한 최근의 연구를 살펴보면, 주로 지리학과 사회학을 중심으로 짐멜(Simmel)의 도시공간론, 르페브르(Lefevre)의 헤겔적 마르크스주의 공간론, 하비(Harvey)의 공간정치 경제학 등으로 관심의 초점이 이동하면서 탈근대적인 공간 인식의 가능성을 탐구하고 있고, 한국에 적합한 이론 모델을 찾기 위해 고심하고 있는 것으로 보인다.[4)] 서구 학자들 중에서 특히 이푸 투안(Yi-fu Tuan)은 서양과 동양의 공간해석을 종합하면서 학교공간에 대한 새로운 해석 방식을 제시하고 있는데, 이는 한국 학계에도 상당한 영향력을 끼치고 있다. 그의 다음과 같은 글은 우리의 서원이나 서당 등을 바라보는 매우 유익한 시선을 제공해 주기도 한다.

> 건축공간은 보여 주며 가르친다. 그것은 어떻게 가르치는가? 중세에는 대성당이 여러 차원에서 교육기능을 담당한다. 직접적으로 감각에, 정서에, 잠재의식에 호소하는 것이다. (중략) 스테인드글라스 창의 그림은 문자를 모르는 경배자들에게 성경의 교훈을 설명해 주는 텍스트다. 기독교의 교리와 실천의 신비를 나타내는 무수히 많은 기호들이 있다. (중략) 근대적 건축환경도 교육기능을 가지고 있다. 그것의 기호와

---

3) 구수경, 「근대성의 구현체로서의 학교: 시간 · 공간 · 지식의 구조화」, 교원대학교 대학원 박사학위논문, 2007.

4) 대표적인 업적으로는 최병두, 『근대적 공간의 한계』, 삼인, 2002; 이진경, 『근대적 시 · 공간의 탄생』, 푸른숲, 1997.

> 포스터는 정보를 제공하고 훈계를 한다. (그러나) 건축활동에 초점을 두는, 그리고 한 세계를 창조하는 것으로 여겨지곤 했던 의식과 의례는 크게 쇠퇴하였다. 집은 이제 더 이상 행동 규칙을 담고 있는 텍스트가 아니며, 심지어는 다음 세대로 전수할 수 있는 총체적 세계관도 아니다. 근대사회는 우주 대신에 분열된 이데올로기와 모순적인 이데올로기를 가지고 있다. 근대사회는 또한 점차 문자화되어 가고 있다. 이것은 문화의 가치와 의미를 구현함에 있어서 물질적 대상과 자연환경에 덜 의존하게 됨을 의미한다. 즉, 언어적 상징이 물질적 상징을 점점 대체해 왔으며, 건물보다는 책이 교육기능을 담당하고 있다.[5]

아마 서구 성당의 화려한 스테인드글라스를 눈여겨본 사람이라면 그 다채로운 빛의 향연은 초월적인 신성(神聖)을 환기하고, 드러나는 각각의 문양은 신의 의지가 역사 속에서 현현되는 구체적인 모습을 읽어 볼 수 있었으리라. 같은 맥락에서 서원공간 자체 혹은 그 안에서 이루어지는 의례와 제의는 비록 문자화되어 있지는 않지만 이미 보여 주고 가르치는 명징한 교육행위가 될 수 있는 것이다. 주위의 자연과 완벽한 조화를 이루고 있는 서원공간 자체는 이미 학동들에게 충분한 교육적 메시지를 선험적으로 제시하고 있는 것이다.

그러나 근대교육에서는 이푸 투안의 말처럼 "언어적 상징이 물질적 상징을 점점 대체해 왔으며, 건물보다는 책이 교육기능을 담당"함으로써 자연에 대한 학생들의 직접적 대면은 점점 의미를 잃게 되었다. 또한 이푸 투안에 따르면 근대적 개인을 특징짓는 자의식은 분절된 공간을 통해서 형성된다. 그는 서양의 근대사회에서 공간의 분절화(Sege-

---

5) Yi-fu Tuan(구동회 역), 『공간과 장소』, 대윤, 1995, 187-190쪽.

mentation)로부터 자의식 내지 자의식적인 개인이 발생하였다고 본다. 즉, 근대학교란 학생들을 공간적으로 분할하여 연령에 따라 나누고 그에 상응하는 커리큘럼을 만들어서, 훈육과 통제 대상의 이질성을 줄임으로써 학교라는 공간-기계에 대응하여야 할 양식화된 행위를 만드는 곳이라는 것이다.[6]

근대의 학교공간을 이렇게 푸코식의 '권력(pouvoir)' 개념으로 이해하든 혹은 분절화(Segementation), 등급화(gradation)의 공간으로 파악하든, 모두 근대문명의 한 속성을 지시하고 있다는 점에서는 상당한 시사점을 준다. 그러나 서구에서 산출된 이러한 공간 담론들을 한국사회에서 아무런 이론적 비판 없이 날것 그대로 수용한다는 점은 좀 반성할 필요가 있다. 그들의 공간 이해는 서구 지성사에서 공간 담론을 지배하였던 아리스토텔레스(Aristotle), 데카르트(Descartes), 칸트(Kant) 등의 학문적 기초 위에서 성장한 것이고, 그만큼 문제를 판단하고 진단하는 방식도 서구사회 고유의 흐름을 담지하고 있는 것이다. 그들의 근대공간에 대한 시점(視點)은 단지 과거에 대한 해석에 머무는 것이 아니라 미래의 기획을 전제하고 있다. 따라서 서구의 문제 인식과 해법을 우리 사회의 근대학교를 설명하는 기제로 준용한다는 것은 재고할 필요가 있다. 르페브르가 주장한 것처럼 "공간은 사회적 생산물"[7]이고, 그 문화가 내포한 다양한 사회관계와 문화 형식을 담아 두는 장소인 것이다. 우리는 우리 사회에 맞는 새로운 공간 개념을 창출하고, 그것이 새로운 교육공간의 보편적 준거로 타당할 것인가를 자문해 보아야 할 것이다.

이에 우리가 한국의 문화공간을 설명하고자 할 때에는 한국 사회 고

---

6) 이진경, 앞 책, 142-143쪽. 구수경의 논문도 이 입론에 크게 의지하고 있다.

7) H. Lefebrve, Production de l'espace, 1974.

유의 문법으로 읽어낼 필요성이 있다. 삼국시대 이래 한국 사회에서 다양한 방식으로 꾸준히 모습을 드러내던 고유의 공간의식에 주목해야 한다. 필자가 조선조의 교육공간과 조선조 공부론(工夫論)의 연관성에 주목하는 이유도 바로 여기에 있다. 조선조 교육 담론의 체계적인 언술인 공부론을 다양한 맥락 속에서 탐구한다면 교육공간에 대한 이해의 지평도 확대될 것이다.

다음 장에서 상술하겠지만, 조선시대의 교육공간 담론은 서구 중세의 그것과도 확연한 차이를 보이며, 근대의 시공간 인식과도 큰 편차를 드러낸다. 그러한 면에서 필자는 일군의 건축사학자들에 의해 진행된 주체적 해석에 주목한다. 이상해, 김봉렬, 임석재 등의 전통시대 교육공간에 대한 연구는, 현장에 근거한 사실적 분석과 서원 건축의 이론적 토대를 제공하는 성리학적 공간관 간의 접점을 찾고자 노력하고 있다. 특히 이상해 교수의 도산서원에 대한 분석[8]과 김봉렬 교수의 병산서원에 대한 분석[9]은 성리학적 사유가 이들 건축공간에 어떻게 투영되고 있는가를 논의하고 있어 교육사 연구에도 많은 시사점을 준다. 임석재 교수의 한국 건축을 동양사상의 맥락에서 파악하고자 한 연구도 주목된다.[10] 한 · 중 · 일의 공간 조영에 관한 권영걸 교수의 연구는 교육공간에 대한 연구에서도 유형학(類型學, typology)적 접근이 필요함을 잘 보여 주고 있다.[11] 그가 제시하는 동서양 시공간관의 차별성, 건축 조영의 특성, 한 · 중 · 일 조영관의 차별성 등은 교육공간에 대한 이해에도 상당한 시사점을 주고 있다.[12]

---

8) 이상해, 「퇴계의 서원 건축관과 도산서당 및 도산서원 건축에 반영된 조영사상」, 『도산서원』, 한길사, 2001.

9) 김봉렬, 『김봉렬의 한국건축 이야기』 1 · 2 · 3, 돌베개, 2006.

10) 임석재, 『한국 전통건축과 동양사상』, 북하우스, 2005.

11) 권영걸, 『한 · 중 · 일의 공간조영』, 도서출판 국제, 2006.

이들의 논의는 건축공학뿐만 아니라 미학적인 차원까지도 아우르고 있어 다양한 시사점을 제공한다. 그러나 교육사의 시각에서 그 논의들을 수용하기 위해서는 몇 단계의 검토가 필요하다. 건축사에서의 논의는 대체로 유형적이며 실재하는 건축물에서 무형의 상징성과 이데올로기를 추출하는 방식을 택하고 있다. 따라서 교육공간은 동양사상이라는 큰 범주의 성격을 확인하는 각주 정도로 자주 취급되곤 한다. 따라서 좀 더 교육사적인 관점에서 바라보고 해석할 수 있는 이론적 틀이 요청된다. 교육사에서 고유한 이론 모델이 필요한 이유는 건축사가들의 논의가 상반되거나 대립될 경우 이를 주체적으로 해소할 만한 해석의 잣대가 필요하기 때문이다.

예를 들어 한국 건축이 시대나 공간의 변화에 과연 얼마나 민감한가를 보자. 김봉렬 교수는 서원과 같은 유교 건축은 안에서 바깥으로 향하는 원심적 경관구조를 지니고 있는 반면, 불교 건축은 밖에서 안으로 향하는 구심적 경관구조를 지니고 있는 것으로 볼 수 있다고 지적한다. 그러면서 이것은 바로 양 사상이 지닌 차별적 특성에 기인하는 것이라고 설명한다.[13] 더 나아가 같은 서원이라도 소수서원의 경우처럼 초기, 중기, 후기의 공간 배치가 확연히 달라지는 것도 있다고 주장한다.[14] 반면 임석재 교수는 한국의 전통 건축은 서양 건축처럼 시대에 따른 양식이 확연히 구별되지 않는다고 주장한다. 그리하여 한 시대를

12) 권영걸에 따르면 중국에서 원림(園林) 건축이 따르는 기본 원칙은 '근본은 자연에 두고 있으나 자연보다 낫게(高于自然)'라 하여 자연미와 인공미를 서로 결합하는 것으로서, 추구하고자 하는 정취는 '詩情畵意'로 개괄할 수 있다. 이에 비해 한국의 정원미는 지형에 맞게 적절한 대책을 세운다는 '因地制宜'의 자세로 요약할 수 있다. 그리고 일본의 경우는 이와 대비될 수 있는 말로 '作庭'을 들 수 있다(같은 책, 224쪽).

13) 김봉렬, 앞 책, 3권, 36쪽.

14) 같은 책, 54-55쪽.

한 양식이 대표하는 것이 아니라 시대가 변하고 흘러가면서 여러 내용이 쌓이며 혼재된다고 한다. 시대의 혼재는 사상의 혼재와 함께 일어나고, 시대를 대표하는 사상은 바뀌어도 건축 양식은 그대로 이어진 내용들이 많았다는 것이다.[15] 그는 오히려 공간의 본래 목적은 '사람을 도와 이롭게 하겠다'는 것인데, 공간도 본원적 의미를 잃고 인간적 규범에 의해 새롭게 정의된다는 점을 우려한다.[16]

또한 공간관이나 건축 사상에 관한 대부분의 연구는 특정의 조형물을 다루면서 동양사상이라는 넓은 범주 속에서 안일하게 해석하려고 하는데, 이럴 경우 자칫 한국 고유의 사상이나 특질이 간과되기 쉽다. 서원을 예로 들어 보자. 한국과 중국의 서원공간은 그 구성 방식의 경우 기본적인 패턴은 같으나 현실적인 응용에서 상당한 차별성을 갖고 있다. 한국의 서원은 제향공간과 강학공간이라는 이분적 구성 방식을 금과옥조로 지니고 있으나, 중국의 서원 조영은 정형화된 것이 없이 매우 다양하고 복합적이다. 장사(長沙)의 악록서원(岳鹿書院)만 하더라도 그 내부에 도가의 도관(道館)을 함께 갖고 있다. 심지어 제향공간이 없는 서원의 경우도 비일비재하다.[17] 이는, 같은 한자문화권이라도 한국은 특유의 공간관을 엄연히 가지고 있었고, 또한 매우 창조적이고 독창적인 문화 형식을 이루었음을 환기할 필요성이 있음을 시사한다.

이러한 건축사에서의 논의를 통하여 우리의 문화구조에 적합한 교육공간을 창출하기 위한 소중한 작업이 막 시작되고 있음을 주목할 필요가 있다. 예컨대, 교육공간을 매개로 하여 자연적 가치와 인문적 가치를 어떻게 통합할 것인가의 문제 제기나, 교육공간을 역사적 맥락

15) 임석재, 앞 책, 21쪽.

16) 같은 책, 75-76쪽.

17) 柳肅, 「儒家祭祀文化與東亞書院建築的儀式空間」, 中國湖南大學, 2007.

속에서 읽어가고자 하는 의지, 우리의 문화에 가장 적합한 시간관과 공간관을 교육공간 속에서 도출하고자 하는 노력 등은 높이 평가하여야 할 것이다. 그러나 교육공간을 통하여 어떠한 인간형을 길러 내고자 하는가에 대한 교육학적 성찰이 결여되어 있다면 그 의미가 크게 퇴색될 것이다. 문제는 교육사에서의 '공간' 해석에는 넘어야 할 산이 결코 간단하지 않다는 것이다.

Ⅱ. '공간'에 대한 해석과 교육사

각 시대의 교육공간을 통시적으로 이해하기 위해서는 아직 넘어야 난관이 많이 있다. 한국의 학계에서는 '공간'에 대한 역사적 이해 지평을 조선조 이전으로 확대한 사례가 거의 없다. 남아 있는 조선조 건축에 관한 몇몇의 시론적인 연구만이 진행되었을 뿐, 그 이전 시기에 대해서는 사실상 침묵하고 있다. 그 이유는 무엇보다도 관련 사료가 매우 제한적일 뿐더러 그나마도 제대로 파악하고 신뢰할 수 있는 해석체계를 갖추지 못하고 있기 때문이다.

따라서 교육사 분야에서 우선 힘써야 할 것은 관련 사료에 대한 폭넓은 조사와 체계화 작업이다. 상고시대의 자료는 사실상 거의 없으므로 이웃 중국의 사례를 통해 유추하는 한계를 감수할 수밖에 없다. 중국 측의 기록에 따르면 상고시대에 처음으로 등장한 교육공간은 '광장(廣場)'이었다. 오제시대(五帝時代)에 이미 '성균(成均)'이라는 교육공간이 광장의 모습으로 존재하였고, 그곳에서 각종 교령을 반포하고 제의활동을 하고 교육을 행했다고 한다. 상(庠)이라는 학교 형태도 나타나서, 평시에는 식량과 사냥창고로 활용하기도 하고 노인과 아동을 대상으로 교육을 하기도 하였다는 것이다.[18] 이 자료는, 일단 이 시기의 학교가 폐쇄되고 밀폐된 공간이 아니라 매우 개방된 공간이며, 다양한 문화활동과 정치활동이 함께 이루어지는 장소였음을 알려 준다. 이러한 가설이 허구적 해석이 되지 않기 위해서는 우리 측의 생활양식이나 삶의 방식을 알려 주는 좀 더 구체적인 사료들이 필요하나, 우리의 상고사에서는 아직 그러한 기대를 가지기가 사실상 어렵다.

교육사에서 '교육공간'에 대한 연구가 유의미한 것이 되려면 무엇보다 교육시설 혹은 학교라는 물리적 환경에 대한 신뢰할 만한 사료 집적이 선행되어야 한다. 다음으로 이러한 자료에 대한 분석을 통해 각 시대 고유의 공간관념 혹은 공간의식을 드러내는 작업이 이루어져야 할 것이고, 그러한 이념들이 각 사례에서 구체적으로 어떤 구성적 원리로 작동하고 있는지 확인하여야 할 것이다. 그런 맥락에서 '공간'에 대한 해석을 통해 교육사 연구에 유용한 정보를 획득할 수 있으리라는 성급한 낙관은 삼국시대나 고려시대의 경우에도 큰 난관에 부딪힌다.

한 예로 삼국시대 자료 중 가장 많이 인용되는 경당에 대한 서술을 살펴보자. 경당의 공간 구성에 관한 매우 한정된 정보들을 통해 당시의 교육사를 서술하고자 하나 논란의 여지가 많다.

> 사람들이 공부하는 것을 기뻐하였다. 궁벽한 마을의 천한 사람들에 이르기까지 서로 힘써 배운다. 모든 큰길가에 엄옥(嚴屋)을 지어 이를 경당이라 불렀다. 자제들 가운데 미혼인 자들을 이곳에 머물게 하면서 경서를 읽고 활쏘기를 익히도록 하였다.[19]

18) 郭齊家,『中國遠古暨三代教育史』, 北京: 人民出版社, 1994, 11쪽.

19)『新唐書』220,「東夷 · 高麗」, "人喜學, 至窮里廝家, 亦相矜勉, 衢側悉構嚴屋, 號扃堂, 子弟未婚者曹處, 誦經習射."

이 글은 비록 짤막하지만 경당이라는 교육공간의 내면적 쓰임새와 외면적 환경에 대해 솜씨 있게 서술하고 있다. 우선 원경(遠景)에서 바라본 경당의 외부적 환경으로는 공부를 즐겨 하는 풍속–궁벽한 마을–큰길가–큰 집이라는 시축(視軸)을 잡을 수 있다. 반면 경당 내부에서 이루어지는 교육의 시축은 천한 사람–미혼 자제–경서–활쏘기 등의 정보를 제공한다. 이 두 축을 따라 경당이라는 교육공간을 재구성해 보면 몇 가지 소중한 정보를 획득할 수 있다. 하지만 동시에 그것은 당시의 교육활동이나 사회체제의 성격을 이해하는 데 상당한 혼란감을 주기도 한다. 광개토왕 혹은 장수왕 시대에 설립된 것으로 추정되는 이 제도가 과연 지방의 평민 자제를 대상으로 한 교육기관이었는가에 대해서는 논란의 여지가 많다. 이기백은 경당을 국가 주도의 교육기관이 아닌 촌락의 자치적인 공동체로 파악한다.[20] 일반 평민들이 오경과 춘추, 자통들을 배울 수준이었다면 고구려 사회는 이미 중세의 단계를 훌쩍 벗어났을 것이라는 반론도 만만치 않다. 이 교육공간에 관한 좀 더 안정된 논의가 이루어지기 위해서는 먼저 다양한 관련 사료의 발굴과 기초 조사가 요청된다. 그러나 지금의 정보량으로서는 논의의 한계가 많다.

다음으로 교육사 연구에서 주의할 사항은 특정한 교육공간에 대한 해석을 하나의 이데올로기로 연결하고자 하는 섣부른 일반화의 함정을 피해야 한다는 것이다. 그 예로 신라의 경우에는 다양한 교육공간이 존재하고 있어 무엇이 당시의 교육환경을 지배하는 주된 이념인지 쉽게 포착하기가 어렵다. 잘 알려진 바와 같이, 화랑의 경우 사찰이라는 불교적 공간에서 유학의 덕목이 교육된다. 원광은 가실사(加悉寺)에

---

20) 이기백, 「고구려의 경당」, 『역사학보』 제35·36합집, 52-53쪽.

기거하며 세속오계라는 유교적 덕목을 논하고 있다. 한편으로는 〈임신서기석〉(612)에서 보듯이 넓은 대자연 자체가 화랑교육의 공간이었음을 알 수 있다. 다른 한편으로는 최치원의 독서당 관련 기사 기록에서처럼 전형적인 서당형 공간이 이 시기에도 존재한 것으로 이해된다.[21] 물론 이러한 다양성이야말로 신라교육의 특징이며, 이것은 화랑이나 풍류도 혹은 견당 유학생의 문화와 같은 독특한 시대적 성격을 표출한다고 말할 수도 있다. 그러나 무엇이 신라시대 교육공간의 지배적 형태이었는가의 문제는 여전히 남아 있다.

문제는 교육사에서 특정 현상을 시대사의 흐름과 연결하여 성급한 결론을 도출하려 하면 상당한 혼란이 일어난다는 점이다. 앞서 거론한 현상들은 단지 신라시대에만 국한된 것이 아니며 고려시대는 물론 조선시대에도 심심치 않게 드러난다. 고려사의 민적(閔頔) 관련 기사에는 14세기 초까지도 신라적 요소가 잔존하고 있음을 알려 준다. 기록에 따르면 당시 청소년기의 공부과정은 유불선(儒佛仙)의 세 요소를 함께 아우르고 있다.

> 나라 풍속에 어린 아동들은 으레 중에게서 구두법(句讀法)을 배우기로 되어 있었다. 그리고 면수(面首)란 것이 있어서 중이든 속인이든 간에 모두 그를 받들어 선랑(仙郎)이라 불렀는데, 따르는 자가 때로는 천명에 이르는 때도 있었다. 그 풍속은 신라에서 시작된 것이다. 민적은 10세 때에 집에서 나와 절에 가서 글을 배웠는데 천성이 영민하여 한 번 배우면 곧 그 뜻을 환하게 알았다. 눈썹이 그린 듯하였고 풍채가 아

21) 『孤雲集』, 「孤雲先生事蹟」. 관련 기사에는 "경주 낭산(狼山)의 서록에 위치하며 선생이 독서하던 장소로 그 장소에 아직 옛 우물이 발견된다. 후인들이 그 옛 터를 알고 당(堂)을 지어 그곳에서 공부를 하였다."는 기록이 있다.

름다웠으므로 보는 사람들이 모두 그를 사랑하였다. 충렬왕(忠烈王)이 그 소문을 듣고 불러 보았는데, 궁중에서는 그를 국선(國仙)이라고 불렀다.[22)]

당시의 사학의 발전이 사찰과 깊은 관련성이 있다는 것은 주지의 사실이다. 13세기 최자(1188~1260)의 『보한집(補閑集)』에도 이에 관한 기록이 보인다. 위의 인용문에서 흥미로운 사실은 14세기 초까지 신라 화랑도의 유제인 '선랑(仙郞)' '국선(國仙)' 등이 잔존하고 있고 그 중심 무대가 사찰이라는 것이다. 그리고 그곳에서 배출된 인물은 충혜왕(忠惠王) 때에 진현관 대제학(進賢館大提學) 등을 지낸 유학자라는 사실이다. 절의 가람 배치는 당연히 불자를 양성하기 위한 공간일 것이나, 필요할 경우 언제나 타 종교나 이데올로기를 수용할 수 있는 강학공간으로 변화될 수 있었다.

우리는 이러한 착종(錯綜)된 현상을 통해 섞어노 한국 사회에서는 특정한 교육공간에 대한 해석을 하나의 이데올로기로 연결하는 것이 매우 섣부른 일반화라는 사실을 확인할 수 있다. 사찰공간에 대한 해석은 모두 불교적 패러다임에 의해 채색하고, 유교의 교육공간을 오직 유학적 설명체계만으로 윤색하는 경향은 자칫 지나치게 일반화하는 함정에 들 위험이 많다. 불교의 가람 배치는 교육공간으로서도 매우 훌륭한 형식을 지니고 있다. 이단에 대해 가장 단호한 입장을 지녔던 퇴계도 용산사, 청량사와 같은 사찰을 자주 이용하였고, 도산서당은 승려인 법련의 주관하에 건립되었다. 향교나 서원 건립을 위한 개기축문(開基祝文)이나 개토제(開土祭) 제문을 보면 토착적인 풍수사상이 그

22) 『高麗史』 卷108, 「열전21 · 閔宗儒」.

기저에 흐르고 있음을 알 수 있다. 한국의 교육공간은 외면적으로는 단일한 패턴을 보이고 있으나, 내부적인 구성은 이질적 요소가 중층적으로 섞여 있는 경우가 많다.

그러면 과연 교육사는 '공간'에 관한 담론에 어떤 기여를 할 수 있는가? 모든 '교육공간'은 가르치고 배우는 일체의 행위에 대해 직간접적으로 관계를 맺고 있다는 점에서 그 논의의 범위가 무궁무진하다. 교육공간에 대한 연대기적인 조사, 공간 구성과 공간 분할의 특징, 시대 및 지역 특성 등의 주제는 이 분야에 전문적인 식견이 있는 역사학자나 건축학자들의 몫으로 돌리고, 교육사학에서는 각각의 공간이 지니는 교육 의미론적 요소나 교육현상학적 측면에 주목할 필요가 있다.[23)]

예컨대, 하나의 교육공간이 중층적인 이념태로 구성되어 있는 전근대 사회의 모습에 대해서는 여러 인문적인 해석이 가능하나, 교육사의 시각에서 특히 중요하게 논의해야 할 문제이다. 말하자면 우리의 역사에서 하나의 학교공간이 특정한 이념이나 이데올로기에 긴박되지 않고 '소통(疏通)'의 장소로 기능하고 있었는지를 꼼꼼하게 검증해 보고, 그것이 전근대 사회에서 어떻게 변형 혹은 좌절되었는가를 검토하는 것은 매우 중요한 과제일 것이다. 즉, 우리가 지향하는 학교의 궁극적인 이념태가 '사상의 소통과 혼융(混融)'의 공간이라고 한다면, 그러한 이상이 구체적인 역사 속에서 어떻게 현현되거나 잠복되며 좌절되었는지를 찾아가는 작업은 교육사가의 전문적인 식견이 필요한 부분이

23) 부르디외(Bourdieu)가 명명한 것처럼 건축물의 형태가 갖는 구체적인 특징을 그 '의미 작용(signification)'을 통해 재해석하는 방식을 의미한다. 이 입장은 공간을 기하학적 또는 물리학적인 어떤 척도나 좌표계가 아닌, 그 안에 존재하는 사람들이 구체적으로 체험하는 공간(espace vecue)으로 간주하며, 그러한 공간이 사람들 내지 '현존재(dasein)'에 의해 체험되는 방식을 추적한다(이진경, 『근대적 주거공간의 탄생』, 소명출판, 2000, 36쪽).

다. 그렇지 않고 '남이 장에 가니까 나도 간다'는 식의 공간 탐방이나 뚜렷한 목적 없이 교육공간을 찾아 헤매는 우는 범하지 말아야 할 것이다.

그렇다고 해서 교육사에서의 공간 연구가 시대적 배경을 무시한 '추상'의 영역으로 매몰돼 버려서는 결코 안 될 것이다. 지나치게 과도한 이념형적 분석도 또 다른 학문적 위험을 안고 있다. 구체적인 역사적 사실이나 경험을 무시해 버리고 성근 해석만이 난무할 개연성이 높다. 섣부른 추상화와 일반화를 즐기다가는 결국 사르트르(Sartre)가 레비스트로스(Levi-Strauss)의 구조주의를 향해 던졌던 힐난처럼 구체적인 역사적 경험이나 통시적인 역사적 전망이 사상(捨象)되어 있는 공허한 이론이 되기 십다. 다음의 두 사례를 비교해 보자.

가) 김구지(金懼知)의 자는 근부(謹夫)니 개성에서 왔다. 숭례문 밖에서 우거하면서 남의 집을 세내어 살고 있었다. 겨우 사서삼경을 알고 있었는데, 비록 깊이 이해하지는 못하나 통하지 않는 곳이 없었다. 역시 과거 공부를 하여 여러 번 초시에 합격하였으나 마침내 급제하지 못하였다. (중략) 항상 여항의 어린아이들 수십 패(隊)를 모아서 장랑을 짓고 거처하면서 자격의 능부에 따라 부분을 나누어 가르쳤다. 아침에 모이고 저녁에 흩어지게 하였으며 그중에서 유능한 자를 택하여 유사를 삼았다. 또 직일(直日)이라는 직임도 두었다. (중략) 이때에 유사덕(劉師德)·각신민(郭信民)·유여흠(兪汝欽)도 또한 다 가르치고 있었으나 김군의 부지런함과 엄격함만 못하였다.[24)]

24)『慵齋叢話』卷9,「金懼知」.

나) 송석(松石)은 집이 가난하여 노모를 부양할 수가 없었다. 그래서 여항의 아이들을 가르쳤는데, 한 달의 비용을 계산하여 아이들에게 분배하였다. 이미 학생들이 많아지자 그들로 하여금 60전을 내게 하고 가로되, 하루에 책 읽는 것이 어찌 이문밖에 안 된다는 말인가 하였다. 이로 인해 더욱 많은 학생들이 몰려왔다.[25)]

일단 시기를 고려하지 않으면 위의 두 사례는 매우 유사한 모습을 보여 준다. 두 사례 모두 훈장을 업으로 하는 인물 유형이며, 남의 집을 세내어 살 정도로 궁핍하였으나 직업적인 형태의 서당 운영이 있었다. 일정한 월료(月料)를 책정하고, 이를 학생 개개인에게 배분하여 월사금을 받는 것도 특이하다. 그러나 가)는 조선전기의 사례이고 나)는 18세기의 사례다. 가)의 사례는 조선조 내내 나타나지 않다가, 18세기에 서울의 도회적 분위기를 배경으로 중인 신분의 여항문인들이 학관식의 서당 경영을 하던 모습에서 집중적으로 나타난다.[26)] 그러나 나)의 사례는 18세기 서울의 도회적(都會的) 분위기 속에서 형성된 것이다. 이 시기의 천수경(千壽慶)의 서당은 "수업을 받는 자가 항상 오륙십명이 되었고 조를 나누어 강학하였다."[27)]라는 기록에서도 알 수 있듯이 전문적인 학관과 방불한 것이었다.[28)] 만약 이러한 역사적 배경을 무시하고 양자의 유사한 요소만을 추출하여 동일한 성격의 '교육공간'으로 환원한다면 이는 대단히 잘못된 접근이 될 것이다. 여기서 교육사가들의 몫은 18세기의 교실공간에서는 이미 중인층의 교재가 등

25) 李慶民, 「熙朝軼事」, 千壽慶條.
26) 정순우, 「18세기 서당연구」, 한국학대학원, 1986.
27) 劉在建, 「里鄉見聞錄」, 千壽慶條.
28) 정순우, 앞 논문.

장하였다는 사실, 가르치는 교사가 새로운 지식인 집단으로 등장한 중인 시사의 핵심 인물이라는 사실 등을 소개하고 그 차이의 역사적 질감을 드러내는 작업이 될 것이다. 교육사에서 교육공간에 대한 논의는 파편적인 사례에 집착하기보다 한국 사회에서 고유하게 나타나는 시공간 의식이 역사 속에서 어떻게 교육적 담론으로 조직되었는지를 확인하는 작업에 더욱 관심을 가져야 할 것이다.

Ⅲ. 교육공간을 통해서 본 '전근대'와 '근대'

아리에스는, 중세는 고대 그리스인들의 파이데이아(paideia)를 완전히 잃어버렸고 교육 개념을 갖고 있지 않았다고 주장한다. 그들은 소수의 교회 성직자, 법학자, 학자들 외에는 교육체제와 교육 개념 그리고 교육의 중요성에 대해 강한 의식을 가지지 않았다고 주장한다.[29] 그는 근대교육과 중세교육 사이에 놓인 커다란 차이로 몇 가지 요소를 거론하고 있다. 우선 중세교육은 성직자를 위한 것으로, 읽기 · 쓰기 등을 가르치는 초등교육이 없었으며, 문자와 과학에 관한 고등교육 또한 없었다. 또한 교육 방식에서도 중세교육은 등급화가 없어서 난이도나 순서를 무시하였고, 일반 과목과 추가 과목처럼 상이한 과목을 동시에 가르쳤으며, 연령 구분이 없이 가르쳤다. 반면 근대적 교육 방식은 시간표를 통해 시간을 분할하기 시작하였고, 학급이라는 제도를 통해 공간 분할 방식을 채택하면서 정착되기 시작하였다.[30]

그러면 한국은 어떤 변화를 나타내고 있었을까? 교육공간이 지시하

29) Ph. Ariès(문지영 역), 『아동의 탄생』, 새물결, 2003, 645-646쪽.
30) 같은 책.

는 바의 궁극적 목표는 어떻게 달라지고 있었는가? 우선 근대교육 시기와 맞닿아 있는 조선시대의 교육공간을 중심으로 전근대(前近代) 시기의 특성을 살펴보자.

1. '특권적 기표'로서의 학교

유교 국가였던 조선조 사회는 문치주의(文治主義) 국가였다. 문치주의의 성패는 교육에 달려 있다. 또한 유학은 정치와 교육의 숙명적인 결합을 전제로 한다. 유학에는 가르침(敎)과 배움(學)의 결합체라는 교육적 의미와 함께 치자가 백성에 대하여 교화권을 행사할 수 있다는 정치적 의미도 포함되어 있다. 교육은 가장 중요한 국가 운영의 수단이었다. 유학의 이러한 정교일치(政教一致)적 성격은 교육공간의 의미와 위치를 결정하는 데 중요한 역할을 담당하였다. 교육공간에 대한 해석은 국가 권력과 사족 집단, 평민층 사이에 차이를 나타내고 있으나, 우문(右文)정치의 중심으로서의 교육공간은 군현과 촌락 사이 국가 내부의 결절점 구실을 하면서 유교문화의 한 상징체계를 형성하고 있다.

결절점(nodal point)이란 떠다니는 기표(記標)들을 한 군데로 묶는 공기표(empty signifier)를 의미한다. 유교의 교육공간이 확실한 결절점이 되기 위해서는 우선 타 이데올로기나 힘을 초월하는 배타적인 특권을 지니고 있어야 한다. 택당 이식(李植)은 사가 독서처인 독서당(讀書堂)의 기문 속에서 그 장소의 의미를 다음과 같이 기술하고 있다.

> 위치가 바뀐 독서당 자리를 말하더라도 모두 범패(梵唄) 소리가 울려 퍼지던 곳이었으니, 당시에 얼마나 사문을 숭상하고 이단을 배격했는지를 지금도 상상해 볼 수가 있다. 그러니 가령 중흥을 이룬 수십 년

> 동안 내지에 병란의 걱정이 실로 없어져서 그야말로 군부를 혁파하고 그곳을 등영(登瀛)의 장소로 활용할 수 있었더라면, 전쟁 걱정은 할 필요가 없이 문교를 떨칠 계기가 점진적으로 마련되어 나갔을 것이다.[31)]

택당이 보는 유교의 교육공간은 불교를 딛고 무(武)의 세계를 장악하는 문교의 세계를 상징해야 한다는 입장이다. 여기서 교육공간은 유학적 의미체계와 상징체계 또는 의미화(encode)의 연쇄적인 고리를 연결해 주는 특권적 기표(priviledged signifier)의 역할을 담당하게 된다.

조선시대에 학교는 흔히 국가의 '원기(元氣)'라고 표현된다. 유학의 교육공간은 마치 대지의 배꼽 옴파로스처럼 모든 유학적 질서율이 그곳을 축으로 운동하도록 구상되었다. 이러한 그들의 구상이 현실화된 장소가 선현에 대한 제향공간이 있는 향교와 서원이었다. 조선시대에는 가정과 촌락과 문중 전체가 교육공간과 이념적으로 연결되어 있었다. 부락은 종법적 권위구조가 수직적 계열성을 형성하고 있었고, 학교는 이러한 권위구조를 내면화하는 중심처였다. 아동들은 학교를 통하여 이러한 집단적 네트워크에 헌신하여야 함을 선험적으로 인식하게 되었다.[32)]

[그림 1-1]은 순창읍(淳昌邑)의 고지도다. 그림에서는 중심부에 관아를 두고 그 옆에 비스듬하게 향교 건물이 위치하고 있다. 이 관아 지역의 외곽에는 촌락민들의 생활공간이 펼쳐진다. 다수의 여타 향교는 읍치(邑治)의 한적한 외곽지대에 자리하면서 유학적 이념을 표상한다. 대성전을 포함한 제향공간을 갖춘 향교의 존재는 이 읍치 지역을 단순한 생활공간이 아닌 매우 절제되고 통제된 의례공간으로 환원시킨다.

---

31) 『澤堂先生集』 卷9, 「記 · 讀書堂南樓記」.

32) 정순우, 『공부의 발견』, 현암사, 2007, 128쪽 참조.

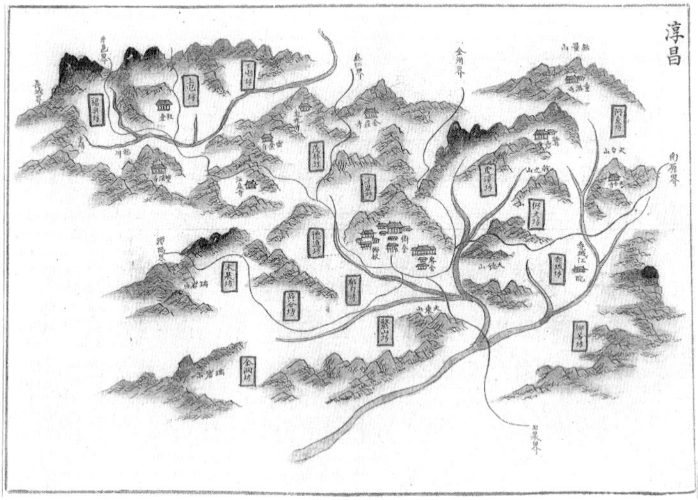

[그림 1-1] 순창읍(淳昌邑)의 고지도

이 교육공간은 유학 이외의 이단적인 요소가 읍치 지역에 틈입하는 것을 최대한 억제하면서, 속(俗)의 세계에 성(聖)의 요소를 불어넣는다. 교육공간을 의미 있는 결절점으로 만들고자 하는 유자들의 노력은 건물의 영건(營建)과정이나 중건과정에서도 확연하게 나타난다. 영건과정은 개기고사(開基告祀)에서부터 마지막 봉안례(奉安禮)에 이르기까지 진행되는 모든 공역(工役)이 의례를 축으로 하여 진행된다. 모든 공역이 예의 세계로 편입되고, 또한 사림의 예학적 질서가 공역 속에 침윤되는 과정을 거친다. 이러한 의례행사를 통하여 교육공간은 향중에서의 도덕적 권위를 확보하고, 사림들의 공동체적 일체감을 묶어내는 결절점의 역할을 한다.[33]

퇴계를 모시는 도산서원의 경우, 그 중건과정에서는 더욱 경건한 의

33) 정순우, 「조선후기 營建日記에 나타난 학교의 성격」, 『정신문화연구』 제65호, 1996.

절(儀節)이 있다. 이 의절은 물론 도산서원이 성스럽고 존엄한 공간이라는 사실을 확인하는 절차다. 우선 취회를 통해 사림의 공론을 모으는 작업이 선행되고, 다음으로 길일을 잡아 주는 일가(日家)[34]의 조언에 따라 이안일(移安日)과 환안일(還安日)을 결정하여 위판의 이동을 천시에 맞추어 길일에 실시한다. 작업이 진행되면 수령이 예리(禮吏)를 파견하여 위판의 이안과 환안에 관한 고유 및 제향 의절에 관해 묻고, 이에 관해 동주(洞主)가 답하는 형식을 취해 그 특권적 지위를 확인한다. 다음으로 향유들이 찾아와 동주와 함께 이안 시의 의절과 향사 시의 홀기에 대하여 상의하고, 도집례(都執禮)가 여러 집사들을 인솔하고 입묘하여 고유하는 입묘고유(入廟告由)의 의식을 행한다. 그리하여 공사가 끝나갈 무렵에는 다시 별유사가 일가(日家)에 가서 환안일을 다시 택일하고, 그 환안 일자에 관해 도내의 교원에 통문을 돌리며, 마침내 향중의 사림들과 함께 환안제(還安祭)에 이어 까다로운 절차에 따라 봉안제(奉安祭)를 올리게 된다.[35] 이렇게 까다로운 절차를 통해 만들어진 학교공간은 유학의 복잡한 의미체계를 통합하는 '특권적 기표'의 역할을 하게 된다. 학교 건물은 단순한 물리적 공간이 아니며, 속(俗)의 세계에서 성(聖)의 세계로 나아가는 통로의 역할을 한다.

반면 근대(近代)의 학교공간은 학교로 하여금 이러한 '특권적 기표'의 역할을 박탈해 나간다. 그 공격의 중심점은 기표의 중심인 제향공간에 놓인다. 신교육의 태동과 함께 학교에서의 제향기능은 사라졌다. 당연히 춘추 석전을 포함한 각종 의례활동도 소멸되었다. 이러한 변화

34) 일가(日家)의 사전적 의미는 '推算星命者'이다. 즉, 점성학이나 역학에 밝은 인물을 의미한다. 그러나 서원 묘우의 수리시기를 결정하는데, 일반 무가(巫家)나 점복인(占卜人)의 조력을 구하지는 않았을 것으로 판단되며, 본문에서의 일가는 주역이나 오행에 밝은 유자였을 것으로 추정된다.

35) 정순우, 앞 논문.

는 단순한 물리적 공간의 소멸만을 의미하는 것이 아니다. 교육공간에 대한 사회문화사적 의미 변화, 교육의 전체적인 패러다임의 변화를 의미한다. 이러한 급격한 변화에 대해 당시 지식인들의 반응은 첨예하게 대립되었다. 단재 신채호는 제향공간이 혈연 중심적 가족주의를 온존시키는 폐해를 낳는다고 통박한다. 김성희(金成喜)는 학교에서 제향기능이 상실되는 것에 대해 깊은 우려를 나타내면서 유교의 재해석을 통한 국교화 방안을 모색하고 있다. 그는 제향기능이 지닌 봉건적 요소의 경우 서구의 자유와 평등의 원리를 받아들임으로써 그 봉건성을 탈색시키고 제의의 종교기능이 지닌 교육적 효과는 살려둘 것을 기대하고 있다. 아울러 유학에 자유권과 평등권을 확보하여 이를 교육의 종지로 삼자고 주장한다. 사실상 종래의 교육공간이 지닌 특권적 지위를 포기하고, 유학의 재해석을 통해 시민사회의 도래를 상정한 교육공간을 만들고자 하였다.

교육공간에서 제향기능의 소멸·상실은 마치 서구사회에서 부르주아 혁명 이후 교회가 장악하고 있던 교육권이 시민사회 영역으로 이관되면서 교육이 종교로부터 분리된 이른바 교육의 세속화(laicism) 현상과 유사한 모습을 보여 주고 있다.[36) 이것은 조선후기 이후 책의 세속화가 진행되면서 근대적 지식체계를 형성하기 시작한 것과 흐름을 함께한다. 교육공간에 대한 새로운 담론이 형성되면서 급기야 "학교는 공장이다." "선생은 노동자다." "경영자는 위선자다." "학생은 원료품이다." " 학교는 상품이다."라는 주장이 제기된다.[37) "기계 가튼 교과서를 사용하야 만드러 내인 생산품—학생은 달은 공장의 생산품가티

36) 정재걸, 「조선전기 교화연구」, 서울대학교 대학원 박사학위논문, 1989, 185쪽.

37) 『開闢』 제67호, 1926. 3, 34-40쪽.

거의 상사라."[38]라는 주장은 종래의 교육공간이 지녔던 특권적 지위가 소멸되고 빠르게 자본주의적 교육론이 자리 잡는 양상을 보여 준다.

2. '심학(心學)적' 공간모형과 '소유론적' 공간모형

르페브르는 고대적이고 신화적인 세계의 사회적 공간을 '절대적 공간'이라고 개념화하고, 자본주의에 상응하는 것을 '추상적 공간'이라고 칭하였다. 그가 말하는 '절대적 공간'이란 신탁을 받은 신관만이 접근할 수 있었던 신전 같은 공간이다. 추상적 공간은 마치 자본이 모든 것에서 질적인 차이를 제거하고 추상적인 가치로 동질화하듯이 모든 것에서 질적인 차이를 제거하는 공간이고, 국가에 의해 제도화된 제도적 공간이며, 폭력과 전쟁 등을 통해 창출된 '주권'이라는 개념을 통해 경계를 짓는 정치적 공간이다.[39] 르페브르의 이러한 주장은 고대 · 중세사회와 근대사회를 극명하게 대비한다는 점에서 인상적이다. 그러나 그것은 한국 사회의 성격을 드러내는 공간 담론으로는 약간의 한계가 있다. 그 예로 '절대적 공간'이란 초월자인 신과 인간의 이원적 분리를 전제로 하고 있으나 유학에서의 성인은 단지 '완성된 인간'일 뿐이다.

이런 점에서 우리의 전근대 교육공간과 근대 교육공간의 차별성을 보여 주는 새로운 논의가 요청된다. 우리는 우선 조선조의 학교가 제향공간과 강학공간으로 이원화되어 있었음을 주목할 필요가 있다. 서원과 향교는 일반적으로 전학후묘(前學後廟)의 형태로 공간이 양분되어 있다. 강학공간이 다수에게 개방된 열린 공간의 형식을 취하고 있

38) 같은 책, 35쪽.

39) 이진경, 『근대적 주거공간의 탄생』, 그린비, 2007, 45쪽 재인용.

다면, 제향공간은 일정한 '의례(儀禮)와 절차' 속에서만 참례의 자격이 획득되는 닫힌 공간으로 기능한다. 제향과 강학은 대대적(待對的) 관계를 유지하면서 학교의 두 요소를 이루고 있다. 유가의 공부론에 근거할 때, 제향과 강학의 공간은 이념적으로 도(道)의 세계와 학(學)의 세계를 표상하고 있다. 명륜당을 중심으로 하는 강학공간이 학의 세계에 관여하고 있다면, 도통적 세계에 몸담고 있는 제향공간은 도의 세계를 표상한다. 필자는 이 양자 사이의 관계를 어떻게 규정할 것인가에 따라 퇴계 학파와 율곡 학파 사이에 상당한 이념적 분화가 있었음을 논의한 바 있다.[40)]

모든 도학자들의 이상은 인간의 마음에 있는 본성(本然之性)을 되찾아 참된 나를 회복하고 마침내 성인(聖人)의 세계에 다다르게 되는 것이다. 이것이 공부론의 핵심이다. 이러한 교육의 근원적인 목적은 모든 교육공간에 공히 해당한다. 한 예로 여헌 장현광은 그가 지향한 공부의 목표와 관련해 입암정사의 기문에서 그 설립의 이유를 다음과 같이 설명하고 있다.

> 세속을 버려 인간의 일을 끊고 인륜을 버리며 공허(空虛)한 것을 말하고 현묘(玄妙)한 이치를 찾으며 숨은 것을 찾고 괴이한 짓을 행하여, 연하(煙霞)를 고향으로 삼고 바위와 골짝에 거하며 사슴과 멧돼지와 짝하고 도깨비와 벗 삼는 자들이 혹 이러한 곳에서 은둔하고 감추니, 이 또한 좌도(左道)라서 유자(儒者)의 사모하는 바가 아니다. 오직 한 가지 일이 있으니, 세상의 분화(紛華)함을 등지고 말로(末路)의 부귀영화에 치달림을 천하게 여겨, 책을 읽고 이치를 궁구하는 것이 우리의 급선무

40) 정순우, 「조선시대 제향공간의 성격과 그 사회사적 의미」, 『사회와 역사』 제53집 참조.

임을 알고 몸을 닦고 성(性)을 기르는 것이 우리의 본업(本業)임을 아는 자들이 여기에 머물며 학문을 닦는다면 바름을 길러 성인(聖人)이 되는 공부가 산 아래의 물에 형상할 수 있고, 옛 성인들의 훌륭한 말씀과 행실을 많이 쌓는 것이 산 가운데의 하늘에 법 받을 수 있을 것이다.[41)]

이것은 조선조의 유자들이 왜 교육공간을 세우고자 했는지를 알려주는 가장 전형적인 글의 하나다. 깊은 산 속에 은거하고자 하는 것이 세속을 버리고자 하는 이단을 흉내 낸 것이 아니라 솔성(率性)하고 수덕(修德)하고자 하는 유학의 본령에 충실하고자 한 것임을 강조하고 있다. 여기서 '산 아래에 물'이란 주역(周易)의 몽괘(蒙卦)를 의미한다. 산을 상징하는 간(艮)과 물을 상징하는 감(坎)이 결합하여 사람이 아직 어려서 몽매한 단계에 있음을 말한다. 여헌은 아마도 이 괘의 단전(彖傳)에서 "성인(聖人)이 되는 공부다."라고 한 의미를 살리고자 하였을 것이다. 또한 뒷부분의 '산 가운데의 하늘'이란 대축괘(大畜卦)를 의미하는 것이다. 하늘을 상징하는 건(乾)과 산을 상징하는 간(艮)이 결합한 것으로 학문을 많이 쌓는 상(象)을 의미한다. 학문을 쌓아 성인이 되는 것, 그것이 교육의 궁극적인 목적인 것이다. 그러면 그 길은 과연 어떻게 찾게 되는 것일까? 잠시 여헌과 제자가 나누는 다음의 대화를 살펴보자.

선생이 하루는 정사(精舍)의 서쪽 마루에 앉아 계셨는데 문도(門徒) 10여 명이 나열하여 모셨다. 이때 저녁비가 걷혀 강산이 맑게 개고 환하였다. 선생은 책상 위에 있는 한 권의 책을 펴시어 '운무가 활짝 개어

41) 『여헌선생문집』 卷9, 「立巖精舍記」.

푸른 하늘을 본다[豁開雲霧見靑天]'는 시구(詩句)를 가리켜 보여 주시며, "제군들은 이것이 어떠한 경지가 되는 줄 아는가?" 하시니, 여러 사람들은 모두 대답하지 못하였다. 이에 선생은 천천히 말씀하시기를, "이것은 지(知)와 행(行)이 나누어지는 부분이니, 구름이 걷혀 하늘을 봄은 진실로 인욕(人欲)이 깨끗이 다하고 천리(天理)가 유행하여 십분 통투(通透)한 경지인데, 아직도 이러한 경지에 이르지 못하였다. 이미 이러한 것을 보아 알았으면 반드시 이러한 경지에 이르러야 가장 높은 부분을 다하는 것이다." 하였다.[42]

결국 자연의 순일성(純一性)을 배우는 것이 마음 공부의 궁극적인 목표라는 것이다. 여기서 '구름이 걷혀 하늘을 봄은 진실로 인욕(人欲)이 깨끗이 다하고 천리(天理)가 유행하여 십분 통투(通透)한 경지'는 거인욕(去人欲)의 공부를 말한다. 이러한 '심학적 구조'는 조선시대 교육공간을 관류하는 핵심적인 요소가 된다. 조선시대의 '경(敬)의 철학은 이러한 심학적 구조의 가장 밑바탕을 형성한다. 유자들은 경(敬)을 통해 인욕의 발출을 억제하고 일상 속에 스며 있는 이(理)를 대면하고자 노력한다. '교육공간'은 이러한 경의 정신을 최대한 발현하기 위한 여러 부분 요소들의 집합이다. 율곡 학파의 경우 상대적으로 '교기질(矯氣質)'의 공부법을 강조하면서 성(誠)의 공부를 강조하나, 이념적으로 심학화되었다는 사실에는 큰 차이가 없다.

그러한 점에서 퇴계가 조선조 교육공간의 구성에 끼친 역할을 주목할 필요가 있다. 퇴계는 송유(宋儒)들에게 미해결로 남겨진 거경(居敬)과 궁리(窮理)의 통합을 이룰 수 있는 학문적 방법을 고민하였다. 이러

42) 『旅軒續集』 卷9, 「景遠錄」.

한 노력은 그의 공간관에 드러난다. 퇴계의 「숙흥야매잠」이 각각의 시간적 상황 속에서 어떻게 경을 실현할 것인가를 문제 삼고 있다면, 「경재잠(敬齋箴)」은 공간적 상황에서 경의 실현을 문제시한다. 퇴계 철학에 있어 공간적 상황으로서의 일상은 경의 구현처로서의 의미를 지닌다. 일상을 마치 상제를 대해 모시듯(對越上帝) 언제나 조심조심, 전전긍긍하며 살 것을 당부한다. 퇴계가 보는 일상의 세계란 언제나 사욕이라는 탁류가 넘실될 수 있는 혼란의 장소임을 의미한다. 그러한 위험한 일상을 지키는 것이 곧 경이고, 그 공간은 곧 서원이다.

그러나 이렇게 심학화된 공간은 근대문명으로의 진전에 상당한 장애가 있다. 즉, '운동'과 변화의 개념이 현저하게 약하다. 「숙흥야매잠」이나 「경재잠」에서는 시간에 따른 변화나 운동의 개념이 없다. '경(敬)'에는 엄격한 의미에서 시간의 개념이 부재한다. 일어나는 단순한 동작 하나가 곧 천리에 순응해야 한다고 하는 것은 일상적 행위를 이(理)의 영역으로 승격시키는 것을 의미한다. 일상적인 삶이 영원한 이의 세계와 맞닿음으로써 일상적 삶이 구현되는 시간 자체는 절대화된다. 일상적인 시간의 흐름이 이의 세계, 즉 본질적인 세계와 맞물리게 되고 일상적 시간은 초월적 시간과 연접하게 된다.[43] 서원과 향교에서는 언제나 그 시간이 그 시간이고 그 공간이 그 공간인 정체된 모습을 지니고 있는 것도 이러한 심학화된 공간의 영향이다. 다산이 「숙흥야매잠」을 이렇게 단순한 하루의 일정표나 시간표로 이해하면서, 퇴계가 그것을 그의 경론(敬論)의 가장 중심적인 해설서로 잡았던 것으로부터 이탈하고자 하였던 것은 매우 의미 있는 변화라고 볼 수 있다.

그러나 우리 사회는 근대화 과정을 통해 삶의 형식이 급격하게 재편

---

43) 정순우, 앞 책, 152-231쪽.

되었다. 특히 전통적인 형태의 시공간 개념이 빠르게 퇴조하였고, 그것이 교육공간에 대한 인식의 근본적인 변화를 가져왔다. 거칠게 말하자면, 전통사회에서의 시공간 의식이 자연적 질서에 기초한 농경문화적 성격을 보여 주었다면, 근대화 이후의 시공간관은 좀 더 인위적이고 도시적인 형식을 보여 주고 있다. 그런 점에서 근대적 '시간-기계'는 '선분적 시간'이라는 주장은 일리가 있다. 근대적 시간-기계가 갖는 이러한 '일반성'으로 인하여 시간은 특수한 영역이나 장, 공간을 넘어설 수 있다. 시간과 공간의 질량은 학교나 공장, 거리나 집에서 반복 확장된다. 바로 이런 의미에서 우리는 시간-기계가 근대인의 내적인 존재 형식을 이룬다고 주장한다.[44]

그런데 더 심각한 문제는 한국 근대의 교육공간은 사실상 국가의 권력이 지나치게 작동하고 있다는 점이다. 근대의 시공간 의식에는 국가주의의 이념이 부지불식간에 깊은 영향력을 행사하고 있다. 이것은 교육을 국가발전을 위한 가장 중요한 수단적 가치로 파악하고 다른 방식의 실험은 용납하지 않는 국가주의의 이념이 지배하고 있기 때문이다. 학교공간에서의 시간계획은 거대한 국가체제의 관리 속에서 운용되고 작동된다. 학교의 시간은 이미 잘 조직된 자본주의 시스템의 한 축을 따라 움직이고 있을 뿐이다. 공간의 구성도 효율성과 경제성과 같은 국가 중심의 운영 논리가 지배한다. 물론 이러한 변화의 가장 밑바탕에는 교육공간을 '존재'의 성찰을 위한 최적의 공간으로 가꾸려는 노력보다, 교육을 단순히 인간의 무한정한 욕망과 게걸스러움을 충족해 줄 수단으로 파악하는 우리 시대의 '소유론적' 삶의 양식이 깊은 똬리를 틀고 있는 것이다.

---

44) 이진경, 『근대적 시 · 공간의 탄생』, 푸른숲, 1997, 164쪽.

Ⅳ. 맺음말

오늘날의 교육은 '교육공간'에 관한 새로운 담론을 절실히 요청하고 있다. 교육공간은 단순히 '시장'의 논리에 의해 지배되거나 효율성 또는 기능성이라는 몰교육적인 잣대로 구성되어서는 안 될 것이다. 그런 점에서 교육사, 건축사, 역사학 분야의 학자들이 함께 모여 한국 문화에서 고유하고 의미 있는 공간 개념을 확인하고 평가하는 작업은 반드시 필요하다. 또한 이러한 논의는 지금 전 지구적인 관심사가 되고 있는 생태환경학적 연구, 영성적(spiritual) 연구 방법 등과 결합하여 그 보편성을 더욱 확대할 필요가 있다. 이와 함께 '교육공간'을 '학교'라는 좁은 틀에 가두지 않고 가정에서부터 좀 더 넓은 영역의 생활 공동체에 이르기까지 확장해 보고자 하는 좀 더 확장된 기획이 향후 요청된다.

참고문헌

『孤雲集』, 『高麗史』, 『傭齋叢話』, 『澤堂先生集』, 『旅軒先生文集』, 『開闢』

郭齊家, 『中國遠古 · 三代教育史』, 北京: 人民出版社, 1994.

구수경, 「근대성의 구현체로서의 학교: 시간 · 공간 · 지식의 구조화」, 교원대학교 박사학위논문, 2007.

김봉렬, 『김봉렬의 한국건축 이야기』 1 · 2 · 3, 돌베개, 2006.

오성철, 「세속종교로서의 학교: 학교교육의 이데올로기」, 『당대비평』 16, 삼인, 2001.

이상해, 「퇴계의 서원 건축관과 도산서당 및 도산서원 건축에 반영된 조영사상」, 『도산서원』, 한길사, 2001.

이진경, 『근대적 시 · 공간의 탄생』, 푸른숲, 1997.

이진경, 『근대적 주거공간의 탄생』, 그린비, 2007.

임석재, 『한국 전통건축과 동양사상』, 북하우스, 2005.

정순우, 「18세기 서당연구」, 한국학대학원, 1986.

정순우, 「조선시대 제향공간의 성격과 그 사회사적 의미」, 『사회와 역사』 제53집.

정순우, 「조선후기 營建日記에 나타난 학교의 성격」, 『정신문화연구』 제65호, 1996.

정순우, 『공부의 발견』, 현암사, 2007.

정재걸, 「조선전기 교화연구」, 서울대학교 박사학위논문, 1989.

최병두, 『근대적 공간의 한계』, 삼인, 2002.

Ariès, Ph.(문지영 역), 『아동의 탄생』, 새물결, 2003.

Tuan, Yi-Fu(구동회 역), 『공간과 장소』, 대윤, 1995,

제 2 장

교육공간으로서의 자연: 화랑도 교육의 공간, 산수(山水)

Ⅰ. 들어가며: '자연'이라는 교육공간과 화랑도 전통

Ⅱ. 자연을 요청한 화랑도 교육의 정신, '선도(仙道)'

Ⅲ. 화랑도 교육의 공간, 산수

Ⅳ. 화랑도 교육공간관의 역사적 전승

Ⅴ. 다시 부활할 교육공간, '자연'

제2장

교육공간으로서의 자연:
화랑도 교육의 공간, 산수(山水)[1]

Ⅰ. 들어가며: '자연' 이라는 교육공간과 화랑도 전통

교육공간이라고 하면 흔히 학교를 먼저 떠올리게 되고, 나아가 도서관이나 박물관과 같이 학습이 주요 기능의 일부가 되는 공간, 더 나아가 교회나 절과 같은 종교적 수행처를 떠올리게 된다. 좀 더 적극적으로 생각하면 삶의 원초적 공간이면서 그 때문에 삶의 기초를 형성하는 교육이 이루어지는 집도 교육공간의 시야에 포착되고, 집과 집이 어우러진 마을도 교육공간의 관점에서 주목될 수 있다. 교육공간에 대한 우리의 상상력은 대체로 여기에 머문다. 교육공간은 주로 삶과 교육을 위해 '인공적으로 만들어진 건축공간' 으로 이해된다. 교육공간에 대한

1) 이 글은 『교육사상연구』 24-2, 171-197쪽에 실린 논문, 「화랑도 교육의 공간, 산수(山水): 교육공간으로서의 자연」을 기본으로 사진자료를 보완한 것임을 밝힌다.

이러한 현대적 관점은 과거 역사 속에서의 교육공간의 실상을 들여다보는 데에도 그대로 적용된다. 경당이나 성균관, 향교, 서원과 같은 학교 건축물, 사찰과 같은 종교 건축물, 그리고 집이나 향촌과 같은 생활 건축물이 교육공간에 대한 관심에 부응해서 떠오른다. 그런데 우리의 역사를 가만히 돌아보면 이러한 시각을 흔드는 교육공간의 사례가 포착된다. 그것은 바로 화랑도 교육의 공간이다.

신라의 화랑도(花郎徒)는 종교적, 군사적, 예술적, 교육적 성격을 두루 지닌 단체로서, 그것이 복합적 성격을 지닌 교육조직이라고 보는 것에는 학자들의 견해가 대체로 일치한다. 그런데 화랑도에 관한 기록들에서는 화랑도가 교육을 위해 특별히 학교 같은 건축공간을 활용했다는 기록을 찾기가 어렵다. 특정 화랑을 중심으로 일정 기간 자유롭게 모여서 수행을 하다가 헤어지는 교육조직으로서의 화랑도는 일정 기간 머물기 위해서 어떤 건축공간을 필요로 했을 것임에는 틀림없다. 기실 화랑도는 활동과정에서 정자(亭子)나 산사(山寺) 같은 건축공간을 수시로 활용했을 것인데, 그럼에도 그것은 임시 거처로서의 의미만을 지닐 뿐이었다. 즉, 그들에게 그곳은 잠시 머물며 독서하거나 숙식을 해결하는 곳이었을 뿐, 교육공간으로서의 지속성을 지니지는 않았다. 화랑도는 어디고 가지 않는 곳이 없을 정도로 널리 이동하며 수행하는 것을 특징으로 하였기에 특정 건축공간에 머무는 시간은 길지 않았을 것이다.

그렇다면 화랑도 교육의 주요 공간을 무엇으로 보아야 할까? 화랑도가 교육과 수행을 위해 늘 찾아다니며 활용한 '산수(山水)', 즉 '자연(自然)'이야말로 화랑도의 교육공간이라고 할 수 있겠다. 화랑도에게는 자연 자체가 커다란 학교이자 수행처였고, 각지의 산줄기를 끼고 산재한 정자나 산사와 같은 건축공간은 독립적 교육공간이라기보다 차라리 자연의 일부로서의 의미를 지닌다고 볼 수 있을 것이다.

'자연'을 주요 교육공간으로 하는 화랑도 교육은 역사적으로 보아도 매우 특별한 유형임에 틀림없다. 한국 교육의 역사에서는 물론이고 세계 교육의 역사에서 그 유례를 찾기 어려울 만큼 특수성을 지닌다. 그것은 화랑이라는 특별한 인물들을 중심으로 형성된, '구도적' '예술적' '수행적' 성격이 농후한 교육조직이라는 특수성과 연계된다. 그런데 소정의 학교와 학교 교육과정이 부재하다고 해서 화랑도 교육을 낮은 단계의 문명적 풍습이라고 볼 수 있을까? 뒤에서 살펴보겠지만, 그렇게 보기가 어려운 것은 화랑도 조직이 지향하고 향유한 정신 경계의 깊이와 넓이가 만만치 않기 때문이다. 화랑도 교육은 그 실체를 낱낱이 재구성하는 것은 어렵지만 수려한 교육 이념과 내용을 갖춘 수준 높은 교육의 모델이었음을 추측케 하는 사료들이 적지 않다. 특별한 점은 화랑도는 '자연'이야말로 자신의 높은 정신적 이상을 펼치기 위한 최적의 배움의 무대이자 수행처라고 인식하고 활용했다는 것이다.

현대인으로서의 우리에게 자연을 곧 교육공간으로 보는 인식은 낯설지만, 그럼에도 불구하고 우리는 학교나 집에 자연을 들여오고자 힘쓰고 있다. 여기에는 다분히 자연의 교육적, 심신 수행적 영향력에 대한 신뢰가 자리한다. 건축공간에 스며들어 풍겨나는 자연감이 인간 심성의 형성에 미치는 긍정적 영향력이 크다는 점은 누구나 인정하고 있다. 따라서 자연이라는 공간이 지니는 교육적 의미에 대해 다양한 방식으로 학문적 관심을 가져볼 만하다. 이런 관심의 하나로서 마침 우리 역사에서 존재했던, 자연을 주요 교육공간으로 삼아 온 화랑도 교육 전통을 돌아보는 일은 의미가 크다. 화랑도 교육의 자연 중시 경향은 깊은 사상적 통찰을 배경으로 이루어졌으며, 학교교육이 본격화되는 후대의 교육 전통에서도 면면히 전승되어 왔다. 그 역사적 궤적과 의미를 살피는 일은 현대 한국의 교육 현실에서 교육공간으로서의 자연의 의미를 반추해 보는 데 긴요할 것으로 보인다.

이 장은 화랑도 교육의 사례를 중심으로 자연이 지니는 교육공간으로서의 성격과 의미에 대해 반추하는 데 그 목적이 있다. 먼저 자연을 교육의 핵심 공간으로 삼은 이유와 의미를 설명하기 위한 기초로서, 다름 아닌 자연이라는 공간을 필수적으로 요청하는 화랑도 교육의 사상적 기반을 돌아본다. 이를 토대로 화랑도 교육의 공간으로서의 자연의 실상과 의미를 그려 본다. 나아가 화랑도 전통에서 깊이 다져진, 자연을 중시하는 교육공간관이 역사적으로 어떻게 전승되는지를 고찰한다. 마지막으로 이상의 논의에 기초해서 현대교육에서 자연의 교육공간적 의미와 위상이 어떠해야 하는가에 대해 간략히 짚어 본다.

Ⅱ. 자연을 요청한 화랑도 교육의 정신, '선도(仙道)'

신라의 화랑도 교육은 고구려의 경당 교육과 더불어 고대 한국의 자생적인 교육 양식을 대표하면서도, 경당이라는 일종의 학교공간을 주요 성립 요건으로 하는 경당 교육과는 달리 화랑도라는 조직을 일차 요건으로 삼아서 성립되었다. 경당에 관한 사료의 부족으로 인해 그 실체를 풍부하게 알기는 어렵지만, 경당 교육은 모종의 종교적 · 교육적 활동의 필요에 의해 마을마다 건축공간을 만든 것이 그 출발점이었다. 이에 반해 화랑도 교육의 존립 기반은 화랑도라는 조직 자체였으며 공간적 요소는 존립 요건상 부차적인 지위에 머물러 있었다. 그런데 여기서 부차적인 지위라는 표현은 화랑도 교육에서 공간적 요소의 중요성을 낮추어 보아도 좋다는 뜻을 암시하는 것이 아니다. 화랑도 교육 존립의 제일의 근거가 화랑도 조직이라는 것일 뿐, 그 조직이 자체의 이상을 관철하기 위해 선택한 자연이라는 공간은 화랑도 교육의 존립을 좌우하는 핵심 요소다.

화랑도에 관한 많은 기록들에서는 각지의 산천과 향촌이 그 주요 활동공간으로 등장하는데, 이는 화랑도 조직의 특수성과 연계되어 있다. 자연을 주요 활동공간으로 삼는 화랑도 조직에는 그에 부응하는 특별한 정신적, 사상적 배경이 있을 법하다. 교육공간으로서 특별히 자연을 요청하고 활용한 화랑도 교육의 이념과 성격을 이해하기 위해서 먼저 다음 내용을 음미해 보자.

> 그 후에 다시 미모의 남자를 취하여 장식을 하고 화랑이라 이름하고 받들었다. 따르는 무리가 구름같이 모여들어 도의로써 서로 닦으며 가악으로 서로 즐기며 산수를 유람하니 멀다 하여 가지 않은 곳이 없었다. 이로써 그 사람됨의 옳고 그름을 알아 그 선한 자를 택하여 조정에 천거하였다. 그러므로 김대문은 『화랑세기』에서 "훌륭한 재상과 충직한 신하들이 여기서 나와 우뚝 섰고 뛰어난 장수와 용맹한 사졸들이 이로부터 배출되었다."고 하였다. 최치원은 「난랑비서」에서 "나라에 현묘한 도가 있으니 풍류(風流)라고 부른다. 그 사상(教)이 있게 된 연원은 『선사(仙史)』에 자세히 실려 있으니, 실로 삼교(三教)를 포괄하며 모든 존재를 맞아 교화한다. '들어가서는 집에서 효도하고 나가서는 나라에 충성하라'는 것은 공자의 가르침이며, '무위의 일에 처하고 불언의 가르침을 행한다'는 것은 노자의 종지며 '모든 악한 일을 저지르지 말고 모든 선을 받들어 행하라'는 것은 붓다의 교화다."라고 기술하였다.[2)]

2) 『三國史記』 卷4, 「眞興王」, "其後, 更取美貌男子, 粧飾之, 名花郎以奉之. 徒衆雲集, 或相磨以道義, 或相悅以歌樂, 遊娛山水, 無遠不至. 因此知其人邪正, 擇其善者, 薦之於朝.

이것은 화랑도에 관한 기록으로서 가장 널리 알려진 것이기도 한데, 화랑도라는 집단의 성격과 활동 그리고 그 사상적 연원과 성격에 대해 집약적으로 보여 준다. 화랑도는 화랑을 구심점으로 하여 자체적으로 학문하고 수행하며 예술을 향유하는 일종의 '자기 교육' 집단으로서, 특히 멀다고 가지 않는 곳이 없을 정도로 각지의 산수를 자기 교육의 장소로 삼았다. 문(文)과 무(武)에 걸쳐서 나라를 이끌 인재가 이 화랑도로부터 나올 정도로 모범적 수행 단체였다.

그런데 『삼국사기』의 기록은 여기에 최치원의 「난랑비서(鸞郎碑序)」를 부기해서 화랑도 교육의 사상적 연원을 밝히는데, 그것은 '풍류(風流)'라고 이름할 수 있는 사상[敎]이다. 풍류사상[風流道]의 실체가 무엇인가에 대해서는 자세히 설명하지 않았지만 이에 대한 이해를 심화할 수 있는 두 가지의 중요한 단서를 제시하고 있다. 하나는 풍류사상의 연원에 대한 이야기가 『선사(仙史)』에 실려 있다는 언급이고, 다른 하나는 풍류사상이 삼교(三敎), 즉 중국의 유가와 도가와 불가의 요소를 포함하고 있다는 언급이다. 전자의 언급은 화랑도의 사상적 연원이 '선(仙)'의 역사와 연결되어 있음을 보여 준다는 점에서 중요한 의미를 지닌다. 지금은 유실되어 알 길이 없지만, 최치원의 기록 당시에는 선의 역사를 서술한 책이 존재했으며 선의 역사는 곧 화랑도와 그 기원의 역사라는 사실을 밝히고 있는 것이다. 뒤에서 구체적인 사례가 언급되겠지만, 『화랑세기(花郎世記)』나 『삼국유사(三國遺事)』에 실린 많은 기록들에서는 화랑의 정신과 그 실체를 다른 사상과 대비하여 줄곧 선

故金大問花郎世記曰, '賢佐忠臣, 從此而秀. 良將勇卒, 由是而生.' 崔致遠鸞郎碑序曰, '國有玄妙之道, 曰風流. 設敎之源, 備詳仙史, 實乃包含三敎, 接化群生. 且如入則孝於家, 出則忠於國, 魯司寇之旨也. 處無爲之事, 行不言之敎, 周柱史之宗也. 諸惡莫作, 諸善奉行, 竺乾太子之化也'."

(仙)으로 표현했다. 이러한 사실은 최치원이 화랑도의 사상적 연원을 『선사』에 의존해서 풀이한 것에 신빙성을 더해 준다.

그렇다면 선이란 무엇일까? 쉽게 생각하면 중국의 도가(道家) 혹은 도교(道敎)를 의미하는 것 같다. 그런데 이것이 오해임은 후자의 언급을 통해 확인된다. 선도(仙道) 혹은 선도로서의 풍류도(風流道)는 삼교를 포함하고 있다고 분명히 확인해 준다. 도가는 유가, 불가와 더불어 선사상이 포함하고 있는 하나의 사상일 뿐임이 확실하다. 여기서 포함한다는 의미는 선사상이 유가, 불가, 도가의 요소를 골고루 지니고 있다는 것, 그 장점을 현묘하게 융합하고 있다는 것을 의미한다. 순서상으로 유가, 불가, 도가의 영향을 받아서 비로소 삼교를 포함하는 선도가 나왔다는 것이 아니며, 나라의 고유 사상으로 선도가 있었는데 그 성격이 중국에서 유입된 유가, 불가, 도가의 요소를 현묘한 조화의 모습으로 지니고 있었다는 의미로 이해된다.

그런데 선도(仙道)의 역사와 화랑도(花郎徒)의 역사가 긴밀하게 연관된 것이라고 한다면, 우리는 선도 전통 속의 화랑도의 역사와 하나의 국가적 제도로서의 화랑제(花郎制)의 역사를 구분해 볼 필요가 있다. 『삼국사기』나 『삼국유사』는 모두 화랑제가 원화제(源花制)에 뿌리를 두되 특별한 사건을 거쳐 진흥왕대에 만들어진 사실을 기록하고 있다.[3)] 국가의 인재 발탁 창구로서의 화랑제의 성립은 진흥왕대에 이루

3) 『三國史記』 卷4, 「眞興王」, "三十七年春, 始奉源花. 初, 君臣病無以知人, 欲使類聚群遊, 以觀其行義, 然後擧而用之. 遂簡美女二人, 一曰南毛, 一曰俊貞. 聚徒三百餘人, 二女爭娟相妬. 俊貞引南毛於私第, 强勸酒至醉, 曳而投河水以殺之. 俊貞伏誅, 徒人失和罷散. 其後, 更取美貌男子, 粧飾之, 名花郎以奉之."
『三國遺事』 卷3, 「塔像4 · 彌勒仙花/未尸郎/眞慈師」, "又天性風味, 多尙神仙, 擇人家娘子美艶者, 捧爲原花, 要聚徒選士, 敎之以孝悌忠信, 亦理國之大要也. 乃取南毛娘/姣貞娘兩花, 聚徒三四百人, 姣貞者嫉妬毛娘, 多置酒飮毛娘, 至醉潛舁去北川中, 擧石埋殺之, 其徒罔知去處, 悲泣而散, 有人知其謀者, 作歌誘街巷小童, 唱於街, 其徒聞之, 尋得其

어진 것이 틀림없다. 그런데 『삼국유사』에서 진흥왕이 화랑제를 만든 정황으로 천성이 풍미하고 신선을 숭상했다는[天性風味, 多尙神仙] 사실을 함께 들고 있는 것을 주시한다면, 화랑제는 이미 존재하는 풍류 혹은 선을 숭배하는 전통에 기대어 그리고 그것을 활성화하고자 만들어졌다는 사실을 확인할 수 있다. 기실 화랑도를 지속적으로 지배한 사상이 선도이고 또 어떤 사상 및 사상 집단이 특정한 정치적 결정에 의해 갑자기 생겨날 수 있는 성질의 것이 아님이 분명하다면, 우리는 진흥왕대의 화랑제 성립 이전에 이미 (진흥왕이 주목했던) 선도 풍속 및 집단이 존재해 왔다는 점을 받아들이지 않을 수 없다.

물론 그 명칭은 '화랑(花郞)'이 아니었을 것이다. '화랑'은 국가적 제도화의 과정에서 비로소 생겨난 명칭이다. 『화랑세기』에서는 '화랑'의 명칭이 법흥대왕이 친애했던 '위화랑(爲花郞)'이라는 사람의 이름에 착안해서 진흥왕대에 이루어졌음을 명시하고 있다.[4] 제도화된 화랑도에 선행하는 풍속 혹은 집단이 있었다면 그것은 다른 이름으로 불렸을 것인데, 그 명칭에는 선(仙)이나 풍류(風流)라는 단어가 들어갔을 가능성이 높다. 실제로 화랑제가 성립이 된 후에도 화랑이라는 명칭보다는 선도(仙道), 선랑(仙郞), 국선(國仙) 등의 명칭이 주로 쓰였다는 사실은 그 명칭이 화랑제 성립 이전에 화랑제의 바탕이 된 전통과 연계된 무엇임을 간접적으로 밝혀 주는 것으로 이해해도 좋다. 특히 주로 유교사관에 의해 쓰인 『삼국사기』에 비해 고유의 역사를 드러내는 데 힘을 쏟았던 『삼국유사』에서는 화랑이라는 명칭을 거의 사용하지 않고 모두

尸於北川中, 乃殺姣貞娘. 於是大王, 下令廢原花. 累年, 王又念欲興邦國, 須先風月道, 更下令, 選良家男子有德行者, 改爲花娘(郞). 始奉薛原郞爲國仙, 此花郞國仙之始, 故竪碑於溟州, 自此使人悛惡更善, 上敬下順, 五常六藝, 三師六正, 廣行於代."

4) 『花郞世記』, 「序」, "其風東漸, 我國以女子爲原花. 只召太后廢之置花郞, 使國人奉之. 先是, 法興大王, 愛爲花郞, 名曰花郞, 花郞之名始此."

선으로 표기했는데, 이는 화랑도가 오래된 선도적 전통 아래에 있는 선도 집단임을 확고하게 해 준다.[5] 더욱이 신라 하대에 국학(國學)이 성립되면서 국가가 화랑도에 더 이상 조직적인 관심을 기울이지 않은 이후에도 그 풍속이 고려시대까지 존속했던 것은 그것이 단순히 국가에 의해서 인위적으로 만들어지고 폐기될 성격의 풍습 혹은 집단이 아닌 자연적이고 자생적인 성격의 집단임을 말해 주는 것이다.

그런데 화랑제 이전에 있었을 것으로 추정되는 선사상 집단의 실체를 밝히는 것은 쉽지 않다. 다만 『화랑세기』 서문에서는 화랑이 곧 선도(仙徒)로서 연나라의 종교적 풍습 및 집단과 연계되었다는 점을 서술하고 있다.[6] 이 연나라 지역이 옛 고조선의 영토로서 그 문화가 고조선의 영향을 많이 받은 것을 감안한다면, 선도는 고조선 이래의 종교적 풍습과 연관되어 있다고 이해할 수도 있다. 어쨌든 신라의 출발점에서부터 선도와 관련된 종교 집단(들)이 존재했으며 이것이 화랑제의 실질적인 기원이 되었음을 알게 된다. 기존의 많은 연구들에서는 화랑

---

5) 『삼국사기』와 『삼국유사』는 화랑도의 역사 기록에서 용어 사용에 관해 큰 차이를 드러내는데, 이는 양자의 역사관의 차이를 반영하는 것이기도 하다. 즉, 『삼국사기』에는 '화랑'만이 주로 쓰이고 '국선'은 전혀 사용되지 않는다. 반면에 『삼국유사』는 화랑제의 기원을 말하는 맥락에서 화랑이란 용어를 사용했을 뿐, 나머지는 모두 '국선' 혹은 '선'이라는 용어로 화랑도의 역사를 기록하고 있다. 그리고 『삼국사기』에 기록된 화랑의 모습에서는 주로 효와 충, 절개의 미덕이 특별히 강조되는 데 반해, 『삼국유사』의 기록에서는 이들뿐만 아니라 문학적 · 예술적 풍모에 이르기까지 다채롭고 포괄적으로 그리고 있다. 이렇게 볼 때 『삼국사기』는 제도화된 이후의 화랑제를 유가적 시각에서 다루고 있다면, 『삼국유사』는 전래의 자생적인 선도적 전통 속에 있는 화랑도의 모습에 주목하고 있다고 여겨진다. 고려시대의 다른 문헌들에서 화랑도 전통을 논할 때는 주로 '선(仙)' '선풍(仙風)' '선랑(仙郎)' '국선(國仙)'의 용어가 등장하는데, 이는 『삼국유사』의 시각이 화랑도 전통을 바라보는 고려시대인의 일반적 시각에 더욱 가깝기 때문이 아닐까 한다.

6) 『花郎世記』, 「序」, "花郎者仙徒也. 我國奉神宮, 行大祭于天, 如燕之桐山, 魯之泰山也. 昔燕夫人好仙道, 多畜美人名曰國花. 其風東漸, 我國以女子爲原花. 只召太后廢之置花郎, 使國人奉之. 先是, 法興大王, 愛爲花郎, 名曰花郎, 花郎之名始此. 古者, 仙徒只以奉神爲主, 國公列行之後, 仙徒以道義相勉."

도의 기원에 대해 흔히 무속이나 부족사회 미성년남자집회사(未成年男子集會舍)와 연관시키려는 경향이 있었다. 여기에는 근거가 희박하거나 혹은 암암리에 4세기 이전 신라사회가 부족국가 단계에 머물러 있었음을 증명하려는 정치적 의도가 깔려 있는 등 여러 가지 학술적 객관성의 한계가 드러난다.[7] 여전히 사료적 보완이 요청되지만, 그보다는 고조선 이래의 종교를 선교(仙教)나 '수두교' '부루교' '풍류교(風流教)' 등으로 명명하면서 화랑도를 그 맥락의 구현체로 이해한 신채호나 최남선의 주장이 더 설득력 있어 보인다.[8]

분명한 것은 제도화 이후 화랑도의 주요한 사상적 배경이 선도였고 화랑도는 곧 선도 집단이었다는 점인데, 이는 『화랑세기』에 보다 명확히 드러나 있다.[9] 1세의 위화랑 조에서는 "생시에는 선(仙)이고 죽은 후에는 부처로서 원만하게 늘 존재하니 공덕이 모자람이 없도다."라고 위화랑을 평가하며, 7세의 설화랑 조에서는 "미실의 신하이고 선화(仙花)의 시작이다. 불문(佛門)에 의해 그 아름다움을 더하였다. 훌륭하도다. 깨끗한 이름이 청사에 길이 남았다."고 설화랑을 평가한다. 12세

7) 특히 부족사회 미성년남자집회사가 화랑도의 기원이라는 주장은 일제시기 미지나 아키히데(三品彰英)에 의해서 제기되었는데 한국 학계에도 큰 영향을 미쳐 왔다. 황금중, 「新羅 花郎徒 教育의 研究 成果와 課題」, 『한국교육사학』 제27권 1호, 한국교육사학회, 2005, 130-136쪽 참조.

8) 같은 논문 136-142쪽, 최남선의 『조선상식문답(朝鮮常識問答)』(六堂崔南善全集 3, 현암사, 1973)과 신채호의 『조선상고사(朝鮮上古史)』(丹齋申采浩全集 上卷, 丹齋申采浩先生記念事業會 編, 螢雪出版社, 1977) 참조

9) 박창화의 필사본 『화랑세기』에 대해서는 사료의 진위(眞僞) 논쟁이 있어 왔다. 여기서 진위 논쟁의 역사를 구체적으로 언급하기는 어려우나, 그것이 진본이라는 주장이 점점 힘을 얻어 가는 추세인 듯이 보이며 필자도 그 입장에 서 있다. 이 진위 논쟁에서 줄곧 그것이 진본임을 밝히는 데 주축이 되었던 이종욱은 필사본 『화랑세기』의 번역본을 출간했는데, 이하의 『화랑세기』의 인용은 이 번역본에 의존했다. 이종욱 역, 『화랑세기』, 소나무, 1999 참조.

의 보리공 조에서는 "원광이 일찍이 가르쳐 말하기를 '나는 불(佛, 여기서는 승려)이 되고 너는 선(仙, 여기서는 화랑)이 되면 우리나라를 평안하게 할 수 있을 것이다.' 하였다. 공은 이에 하종공의 문하에 나아가 그 낭도가 되었다."고 기록하였다. 그리고 14세의 호림공 조에서는 "'선(仙)과 불(佛)은 하나의 도(道)다. 화랑 또한 불(佛)을 알지 않으면 안 된다…….'고 하였다. 공은 곧 보리공에게 나아가 계를 받았다. 이로써 선과 불이 점차 융화되었다."고 기록하였다.

이상을 종합해 보면, 당시 화랑은 선(仙)으로 지칭되었으며 당시의 또 다른 유력한 종교이자 사상인 불(佛)과 대(對)를 이루고 있었음을 알 수 있다. 즉, 유가나 도가와 같은 사상보다 불가가 지성의 큰 축을 이루고 있었고 그 다른 한 축에 선이 있었음을 알 수 있다. 『화랑세기』의 기록은 지성계의 두 축인 선과 불이 조화를 이루어야 할 뿐 아니라 선도 불을 알고 불도 선을 아는 것이 이상적이라고 인식하고 있었다. 실제로 화랑에 대한 기록들에서는 화랑과 스님들 간에 친밀한 인연과 협력 관계를, 심지어 스님이 낭도로 입문하여 함께하는 등의 연계 양상을 형성하고 있었음을 볼 수 있다. 선이 유가와 도가 그리고 불가의 요소를 포괄한다는 최치원의 언급에 의거한다면 이러한 긴밀한 연계 양상은 어쩌면 당연한 것이다. 선과 불이 서로 넘나들며 조화를 이루면서도 불교와 대를 이룰 정도의 높은 위상을 지닌 선도가 분명히 존재하고 있었는데 그것이 곧 화랑이었다. 한편 여기서 유가와 도가의 세력이 따로 언급되지 않는 이유는 선이 이미 유가와 도가의 요소를 포괄하면서 선도의 양식으로 표출되었기 때문이라고 볼 수 있다. 유가와 도가의 세력은 선과 불에 비해서 독립적인 힘을 형성하지는 못한 것으로 보인다.

불과 쌍벽을 이루는 선의 세력인 화랑도에게서 선도는 그 자체가 교육의 이념이자 내용이 된다. 구체적으로 그것은 어떠한 내용을 담고 있을까? 우리는 이미 최치원의 정리를 통해서 그것이 유가, 불가, 도가의 요소를 지니고 있음을 보았다. 유가의 윤리적 · 의리적 경향, 불가의 계율적 경향, 도가의 자연적 · 예술적 경향을 모두 함께 갖추었다고 정리할 수 있겠는데, 이는 화랑의 행적에서 추출되는 삶의 모습이기도 하다. 그리고 그것은 다시 도의상마(道義相磨), 가악상열(歌樂相悅), 산수유오(山水遊娛)의 모습으로 정리될 수 있다.

『삼국사기』와 『삼국유사』에서는 화랑도의 도의상마에 대한 다양한 내용이 실려 있다. 먼저 원광법사가 만든 화랑의 계율로 널리 알려진 세속오계는 화랑도가 추구한 도의의 대체가 담겨 있다. 즉, 국가와 같은 공동체에 대한 충심, 부모에 대한 효심, 벗에 대한 신의, 공동체를 위한 싸움에서 물러서지 않는 용맹의 희생정신, 뭇 생명을 아끼는 자애의 정신이 그것이다.[10] 효(孝) · 제(悌) · 충(忠) · 신(信)과 같은 유교적인 덕목은 화랑도 교육에서 매우 중시되었던 것으로 보이며,[11] 이를 위해 〈임신서기석(壬申誓記石)〉에서도 나타나듯이 유교경전은 유용하게 쓰였을 것으로 보인다.[12] 또한 낮은 곳으로 임하는 겸허함을 바탕으로 모든 생명을 아끼고 사랑하는 불가적, 도가적 자애로움의 풍모도

---

10) 『三國遺事』 卷4, 「義解5 · 圓光西學」.

11) 『三國遺事』 卷3, 「塔像4 · 彌勒仙花 未尸郎 眞慈師」, "又天性風味, 多尙神仙, 擇人家娘子美艶者, 捧爲原花, 要聚徒選士, 敎之以孝悌忠信, 亦理國之大要也." 실제로 화랑의 효 · 제 · 충 · 신의 사례에 대한 『삼국사기』와 『삼국유사』의 기록은 매우 많다. 화랑도는 유가에 못지 않게 부모에게 효도하고 나라에 충성하며 인간관계에서 신의를 지키고 도의를 위해 목숨도 바치는 절개를 강조하고 실천했던 것 같다.

12) 1940년 5월에 경주 금장대(金藏臺)에서 발견되어 현재 경주박물관에 소장 중인 〈임신서기석〉에는 3년을 기약해서 충도(忠道)를 익힐 것을 하늘에 맹서하는 임신년(壬申年)의 각서와 더불어 그 1년 전인 신미년(辛未年)에 유가 경전인 『시(詩)』, 『상서(尙書)』, 『예기(禮記)』, 『춘추전(春秋傳)』을 역시 3년을 기약하고 공부하기로 한 각서의 내용이 함께 들어 있다.

화랑도는 종종 보여 준다. 불살생의 가르침을 준 혜숙의 사례,[13] 유람을 통해 겸손과 검소의 미덕을 깨닫고 전한 응렴(후의 경문대왕)의 사례,[14] 그리고 가난한 서민의 사정을 내 일처럼 아파하며 보살핀 효종랑의 사례[15]가 그 예다. 한편 공동체적 대의를 위해서 목숨을 건 희생을 감내하는 사례도 많이 등장한다.

다음으로 화랑도의 가악상열은 특히 향가(鄕歌)의 향유의 모습으로 드러난다. 향가는 선도를 상징적으로 대변하는 노래이자 문학이었던 것으로 보인다. 불교도에 범패가 있었다면 선도에는 향가가 있었다. 나라의 변고를 맞아서 왕으로부터 기도문을 지어 달라는 청을 받은 월명사가 "소승은 그저 국선의 무리에 속해 있을 따름이라 단지 향가만을 일며 불교 노래는 익숙지 못합니다(臣僧但屬於國仙之徒, 只解鄕歌, 不閑聲梵)."[16]라고 한 것에 비추어 보면 향가는 불교의 음악에 대비될 수 있을 만큼 화랑도의 정체성을 드러내어 주는 화랑도의 음악임을 알 수 있다. 화랑도는 유람과 수행의 과정에서 향가 등의 노래를 일상적으로 만들어 불렀던 것으로 보인다. 한 예로 국선(國仙)인 요원랑(邀元郎), 예흔랑(譽昕郎), 계원(桂元), 숙종랑(叔宗郎) 등은 금란(金蘭)[17]을 유람

---

13) 『三國遺事』 卷4, 「義解5 · 二惠同塵」.

14) 『三國遺事』 卷2, 「紀異2 · 四十八景文大王」.

15) 『三國遺事』 卷5, 「孝善9 · 貧女養母」; 『三國史記』 卷48, 「列傳8 · 孝女知恩」.

16) 『三國遺事』 卷5, 「感通7 · 月明師兜率歌」.

17) '금란(金蘭)'에 대한 다른 기록으로는 1천 명이나 되는 낭도를 거느렸던 국선인 부례랑이 그의 낭도들과 함께 금란에서 노닐었다는 기록을 들 수 있다(『三國遺事』 卷3, 「興法3-栢栗寺」 참조).
미지나 아키히데에 따르면 화랑 유오지에 '금란'이라는 지명이 많이 보이는데, 일정 지명이 아닌 유오지의 각지에 보통명사처럼 붙여진 것으로 추정된다. 동해안 일대 각처에 이 지명이 잔존하고 있음에도 알 수 있다는 것이다. 그에 의하면 여러 사료들(「동유기」, 『파한집』, 『동국여지승람』 등)을 종합해 볼 때 금란은 통주(通州), 통천(通川), 명주(明州)를 가리켜서 사용되었는데, 금란이란 강원도 일대의 동해안을 이름하는 것인

하면서 임금을 위하여 나라를 바르게 할 뜻을 품고[爲君主理邦之意] 노래 세 수—현금포곡(玄琴抱曲), 대도곡(大道曲), 문군곡(問群曲)—를 지었다.[18]

이렇게 도의와 가악에는 현대적 의미의 철학, 윤리, 역사, 문학, 예술, 무예의 공부가 총 집결됨과 동시에[19] 그야말로 유가와 불가, 도가의 특성이 교묘하게 조합되어 있었다. 이러한 선도를 잘 체현한 인물로 16세 풍월주 보종공을 꼽을 수 있는데, 『화랑세기』에서는 그를 다음과 같이 묘사한다.[20] "보종공의 성품은 청아하였고 문장을 좋아하였으며…… 정이 많았다. 사람들을 위하여 웃고 울었으며 온화함과 순량함은 마치 부녀자 같았다. 사람들이 병들어 고통을 받는 것을 보면 슬프고 불쌍하게 여기는 것이 마치 자기가 아픈 것과 같았다. 새와 짐승에 대해서도 또한 그러하였다. 한 마리의 벌레나 한 포기의 풀도 해친 적이 없었다. 선과 악, 이와 해를 나누지 않았다. 술과 여자를 좋아하지 않았다. 늘 작은 청려(靑驪)에 걸터앉아 피리를 불며 시가를 지나가면 사람들이 공을 가리켜 진선공자(眞仙公子)라고 하였다. 얼굴은 관옥과 같았고 손은 마치 하얀 새싹과도 같았다. 그림을 잘 그렸는데 인물과 산수의 절묘함은 신의 경지에 이르렀다. 호림이 사랑하여 부제로

듯하다. 금란이라는 지명은 『주역』「계사」의 "금은 지극히 견고하지만 두 사람의 마음을 합치면 그 견고함이 금을 능히 절단할 수 있으며 우정은 향기로운 난초다."라는 구절에서 기인한 것으로 화랑의 유오지의 명칭으로서 안성맞춤인 것으로 보인다는 것이다(三品彰英(李元浩 역), 『新羅花郎의 硏究』, 집문당, 1995, 119-120쪽 참조).

18) 『三國遺事』 卷2, 「紀異2 · 四十八景文大王」.

19) 이종욱은 『화랑세기』에 근거해서 화랑이 담당했던 일이 도의(道義), 문사(文事), 무사(武事), 현묘(玄妙), 악사(樂事), 예사(藝事), 유화(遊花), 제사(祭事), 공사(供事)에 걸쳐 있었다고 한다. 이는 곧 화랑의 교육활동 내용을 반영하고 있다고 보아도 좋을 것이다. 이종욱, 『화랑』, 휴머니스트, 2003, 108-114쪽 참조.

20) 이종욱 역, 앞 책, 참조.

삼았다." "(보종공은) 역대 상선(上仙)의 모임에서는 번번이 아래에 앉아서 오직 '예' '예' 할 뿐이었다. 그러나 우주의 진기(眞氣)를 깊이 살펴서 어조(魚鳥)와 화목(花木)이 끊임없이 생기는 이치에 정통하지 않은 것이 없었다. 유신공이 병이 나자 공이 문득 몸소 치료하며 '우리 공은 국가의 보배이지 나의 의술을 숨길 수 없습니다.' 하였다. 이로써 그가 의술을 갖추었음을 모두 알게 되었다." 이렇게 풍월주 보종공은 세상에 대한 강한 연민과 배려, 겸허의 덕성을 갖추고서 예술에도 뛰어났을 뿐 아니라 우주의 이치에 두루 통달한 지적 깊이를 갖춘 인물로 묘사되어 있다. 이는 선도를 배경으로 한 화랑도의 교육적 인간상에 다름 아니다.

그런데 화랑과 낭도들이 도의와 가악, 무예 등 모든 방면에서 잘하기를 꾀했을 법하지만 실제로는 한계가 있었을 것이다. 화랑마다 특장과 취향이 있을 수밖에 없기 때문이다. 화랑 집단 간에는 리더로서의 화랑의 성향에 따라서 특별히 어떤 한 부분에 중점을 두는 경향의 차이가 있었던 것으로 보인다. 예를 들어, 7세 설화랑 조에는 "문노의 낭두들은 무사를 좋아하며 호탕한 기질이 많았다. 설원랑의 낭도들은 향가를 잘하고 속세를 떠난 유람을 즐겼다. 그러므로 나라 사람들이 문도(文徒)를 가리켜 호국선(護國仙)이라 하고 설도(薛徒)를 가리켜 운상인(雲上人)이라 하였다. 골품 있는 사람들은 설도를 많이 따랐고 초택(草澤)의 사람들은 문도를 많이 따랐다. 서로 의를 갈고 닦음을 주로 했다."는 기록이 있다. 이는 화랑과 낭도의 기질에 따라서 무예를 좋아하는 호탕한 기질의 호국선(護國仙), 향가를 좋아하고 유람을 즐기는 예술적 기질의 운상인(雲上人) 등의 다양한 화랑도 집단이 공존했음을 보여 준다.

그런데 어떠한 성향의 화랑 집단이든 화랑도에게는 도의와 가악, 무예를 배우고 익히는 공간이 무엇보다 자연, 즉 산수(山水)였다. 각지의 산수를 함께 순례하며 또 각지의 사람들의 생활 터전을 돌아보면서 직접 살피고 느끼고 체험하는 공부, 그러한 가운데 때로는 노래를 지어 함께 부르고 때로는 무예를 익히는 공부가 중시되었다. 우리가 익숙한 유가식의 공부, 즉 서재에서 책을 중심으로 이루어지는 공부가 아니었다. 그렇다고 해서 화랑도가 책을 보지 않았다는 것이 아니다. 〈임신서기석〉의 기록은 당시의 젊은이들이 독서를 매우 중시했다는 점을 잘 보여 준다. 그런데 그들에게서 정작 중요한 일은 얼마만큼의 책을 읽었는가가 아니라 그들이 삶에서 도의적, 예술적 감각을 실제로 체현해 냈는가의 문제였다. 이것이야말로 국가의 인재 발탁의 기준이기도 했다. 화랑도가 교육공간으로서 산수를 중시한 것은 화랑도 교육의 강한 실천성, 구도성과 연계되어 있다. 그리고 산수는 인간의 삶과 동떨어진 무엇이 아닌 사람들의 삶의 터전을 포함한 전국토 그 자체이기도 했다. 화랑도가 자기 수행의 터전으로 삼은 것은 산수를 중심으로 한 전 국토였다. 산수를 순례하며 때로는 산수에 머물러서 책을 읽으며 토론도 하고, 때로는 서로의 도의를 점검하고 채찍질도 하며, 때로는 노래를 지어 읊조리고, 때로는 무예를 익히고, 때로는 사람들이 사는 고장을 방문해서 사람들의 생활사를 살피고 문제도 해결하는 그런 공부를 했다. 이것이 화랑도가 행했던 선도의 교육의 길이자 내용이었다.

Ⅲ. 화랑도 교육의 공간, 산수

이제 선도를 배경으로 한 화랑도의 자기 교육의 일환인 산수유오의 구체적 사례를 들여다볼 필요가 있겠다. 먼저 나중에 경문대왕(景文大

王)이 된 응렴(膺廉)의 국선 시절 이야기를 살펴보자.

> 왕의 이름은 응렴으로 나이 18세에 국선이 되었다. 20세에 헌안대왕이 그를 불러 궁중에서 연회를 베풀면서 "그대가 국선이 되어 사방을 두루 유람했을 것인데[優遊四方] 무슨 특이한 일을 보았는가?" 하고 물었다. 낭은 "신은 아름다운 행실 세 가지를 보았습니다."고 했다. 왕이 "그 이야기를 듣고 싶네."라고 했다. 낭은 "남의 윗자리에 있으면서 겸손하게 몸을 낮추고 남의 아랫자리에 앉는 것이 그 하나이고, 큰 부자이면서 옷차림을 검소하게 한 것이 그 둘이며, 본디 권세가 있는데 그 위력을 부리지 않는 것이 셋입니다."라고 했다. 왕은 그 말을 듣고 그의 현명함을 알아보았다.[21]

여기서 세 가지의 사실이 확인된다. 국선, 즉 화랑이 되면 사방을 유람하는 것이 일반적인 일이었다는 점, 유람의 장소로 산수가 필수적으로 포함되어 있겠지만 사람들의 일상적 삶의 공간 역시 중요했다는 점, 유람의 주요 목적이 좋은 삶의 길과 가치, 즉 도의—여기서는 겸허와 검소, 배려 등—를 탐색하는 일이라는 점이 그것이다. 화랑도의 수행은 각지를 교육공간으로 삼아 실천적, 체험적 형식으로 이루어졌음을 알게 된다.

화랑도가 산수를 유람하는 가운데 도의를 상마하는 보다 직접적인 사례는 효종랑의 일화다. 효종랑은 경주 남산(南山)의 포석정(鮑石亭)

---

21) 『三國遺事』 卷2, 「紀異2 · 四十八景文大王」, "王諱膺廉, 年十八爲國仙. 至於弱冠, 憲安大王召郎, 宴於殿中, 問曰, '郎爲國仙, 優遊四方, 見何異事?' 郎曰: '臣見有美行者三.' 王曰: '請其說.' 郎曰, '有人爲人上者, 而撝謙坐於人下其一也, 有人豪富, 而衣儉易, 其二也, 有人本貴勢, 而不用其威者, 三也.' 王聞其言, 而知其賢." 『三國史記』 卷11, 「新羅本紀11 · 憲安王」에도 같은 내용이 실려 있다.

에서 낭도들과 더불어 유람하던 중 시집도 가지 않고 남의 집 종이 되면서까지 어머니를 봉양하는 효녀 지은의 사정을 접하게 된다. 그는 이에 눈물을 흘리며 곡식 100곡(斛)을 보내고, 효종랑을 따르던 무리들도 벼 1000곡을 모아서 전해 준다. 또 이 소식을 전해 들은 진성왕이 곡식 500석(石)과 집 한 채 그리고 집을 지킬 병사를 보내 주는 데까지 이르게 된다.[22] 이를 보면 산수의 유람은 언제나 도의의 실천과 함께, 그것을 예비하는 방식으로 이루어지고 있음을 알게 된다. 국선 요원랑, 예흔랑, 계원, 숙종랑이 금란을 유람하면서 임금을 위하여 나라를 바르게 할 뜻을 품고 노래 세 수를 지었다는 앞서 소개한 바 있는 사실도 이에 해당되는 사례다.[23] 화랑들이 산수를 유람하면서 즐겼던 가악(歌樂) 역시 도의와 무관한 것이 아닌데다 깊이 연관되어 있음을 알 수 있는 대목이다.

화랑도의 심신의 수행처이자 휴식처였던 산수는, 멀다고 가지 않는 곳이 없는 화랑의 유람 풍토를 염두에 둔다면 전국에 산재해 있었을 것인데, 현재로서는 역사 기록 및 유물에서 확인되는 것만을 알 수 있을

[그림 2-1] 경주 남산과 포석정

22) 『三國遺事』 卷5, 「孝善9 · 貧女養母」; 『三國史記』 卷48, 「列傳8 · 女知恩」.
23) 『三國遺事』 卷2, 「紀異2 · 四十八景文大王」.

뿐이다. 화랑도의 교육공간으로서의 산수에 대한 사료로는 문헌 자료와 암각화 자료가 있다.

문헌 자료로는 무엇보다 『삼국유사』와 『삼국사기』를 꼽을 수 있고, 그 외 이곡(李穀)의 「동유기(東遊記)」,[24] 『신증동국여지승람(新增東國輿地勝覽)』과 같은 기행문 혹은 답사록 형식의 글들이 있다. 『삼국유사』와 『삼국사기』에서는 앞서 예를 든 경주의 남산(南山), 금란(金蘭) 외에도 금강산(金剛山), 명주(溟州, 지금의 강릉), 인박산(咽薄山)이 화랑의 주요한 유람지이자 수행처였음을 말해 준다. 거열랑(居烈郞)과 실처랑(實處郞) 그리고 보동랑(寶同郞)의 세 화랑이 낭도들과 더불어 금강산[楓岳]을 유람했다는 기록,[25] 최초의 국선인 설원랑(薛原郞)의 기념비를 명주에 세웠다는 기록,[26] 김유신이 홀로 보검을 가지고 수행했다는 인박산에 대한 기록[27] 등이 그것이다.

한편 이곡의 「동유기」와 『신증동국여지승람』에서는 특히 사선(四仙)으로 불리는 화랑들(述郞, 南郞, 永郞, 安詳)의 유오지를 비교적 상세히 기록하였다. 이 기록들은 주로 고려시대에 이르기까지 유물이나 유적, 민담 등을 통해 전승되어 온 사선의 유오지에 대한 고려시대 사람들의 이해를 엿볼 수 있는 자료들이다.

이곡의 「동유기」는 금강산에서 평해에 이르기까지 강원도과 경상북도를 낀 동해안 지역을 약 40일가량 유람하며 보고 느낀 것을 담은 자료다. 그중에는 화랑, 특히 사선에 대한 흔적을 엿볼 수 있는 답사 기록이 다수 존재한다. 그 첫 번째가 흡곡현(歙谷縣) 동령(東嶺) 너머의

24) 『東文選』 卷71, 「東遊記」(『東文選』의 번역본으로는 『국역 동문선』, 민족문화추진회, 1968 참조)

25) 『三國遺事』 卷5, 「感通7 · 融天師 彗星歌 眞平王代」.

26) 『三國遺事』 卷3, 「塔像4 · 彌勒仙花 未尸郞 眞慈師」.

27) 『三國史記』 卷41, 「列傳1 · 金庾信」.

바닷가에 있는 총석정(叢石亭)의 이야기다. 총석정에는 줄기가 방직(方直)하게 우뚝 솟은 네 개의 봉이 있는데 그것이 사선봉(四仙峯)이다. 총석정에는 사선이 세운 비(碑)가 있었다고 전해지나 유적은 남아 있지 않다. 다음은 고성군의 삼일포(三日浦)[28]인데, 그 포의 서남쪽에 조그만 섬이 있고 그 꼭대기에 석불을 모신 석감(石龕, 돌감실)이 있다. 석벽 동북면에 "술랑도남석행(述郎徒南石行)"[29]이라고 쓰인 6자의 단서(丹書)가 있다. 또 삼일포의 한가운데에는 사선정(四仙亭)이 있고 36봉이 호수에 비추인다. 그다음으로 이곡의 여정은 영랑호, 낙산사를 거쳐 강릉의 경포대(鏡浦臺)에 이른다. 경포대에는 신선이 차를 달였다는 석조(石竈; 돌풍로)가 있다. 그리고 사선이 노닐었다는 한송정(寒松亭)에 이르렀는데, 여기에도 사선의 다구(茶具)인 석조와 돌연못과 돌우물이 있다. 이후 이곡의 발걸음은 삼척과 울진을 거쳐 평해의 월송정(越松亭)에 이른다. 월송정 주변에는 소나무 만 그루가 서 있는데, 사선이 유람하며 이곳을 지났기 때문에 월송(越松)이란 이름이 붙었다고 이곡은 전한다. 이렇게 이곡은 자신이 돌아본 곳 중 총석정, 삼일포, 영랑호, 경포대, 한송정, 월송정을 사선의 유오지로 꼽고 있다. 이들은 금강산 자락으로부터 남쪽으로 이어지는, 지금의 강원도와 경상북도의 해안선을 따라 존재한다.

전국 각지의 답사 기록으로서 『신증동국여지승람』에서는 이곡이 언급한 유오지에 관한 이야기가 보다 상세하게 실려 있다. 관련 사항을 발췌해 보면 다음과 같다.

28) 『稗官雜記』(卷4)에는 삼일포의 명칭 유래에 대해 "화랑 안상과 영랑의 무리가 와서 3일간 유오하며 돌아가지 않았으며 거기서 이름 지어졌다."고 되어 있다(번역본으로는 경남대 남명학연구소 역, 『역주교감 稗林』, 민속원, 2010 참조).

29) 이 중에서 述郎, 南石의 네 글자는 선명하나 나머지는 희미해서 잘 알아볼 수 없다고 「동유기」는 기록한다.

[그림 2-2] 총석정과 사선봉

총석정: 고을(通川郡) 북쪽 18리에 있다. 수십 개의 돌기둥이 바다 가운데 모여 섰는데 모두가 여섯 모이며 형상이 옥을 깍은 것 같은 것이 무릇 네 곳이다. 정자가 바닷가에 있어 총석(叢石)에 임하였기 때문에 그렇게 이름한 것이다. 민간에서는 "신라 때의 술랑(述郞), 남랑(南郞), 영랑(永郞), 안상(安詳)(의 네 선)이 이곳에서 놀며 구경하였기 때문에 사선봉(四仙峯)이라 한다."고 전한다.

안축(安軸)의 기문에서는 "……옛날 신라시대에 네 신선이 항상 이 정자에서 놀았고 그 무리가 비석을 세워 사실을 기록하였는데, 돌은 아직 있지만 글자가 떨어져 나가 알지 못한다. 내가 작은 배를 타고 봉우리를 돌며 두루 구경하고 말하기를 '이 돌의 기괴한 것은 실로 천하에 없는 일이요, 이 정자만이 가진 물건이라.' 하였다……."[30)]

삼일포: 안축의 기문에서는 "삼일포가 고성 북쪽 7, 8리에 있는데, 밖으로는 중첩한 봉우리들이 둘러쌌으며 그 안에 36봉이 있다. 동학(洞壑)이 맑고 그윽하여 소나무와 돌이 기이하고 옛되다. 물 가운데 작

30) 『新增東國輿地勝覽』 卷45, 「通川郡」(번역본으로는 『국역 신증동국여지승람』 Ⅰ-Ⅵ, 민족문화추진회, 1970 참조).

[그림 2-3] 삼일포

은 섬이 있고 푸른 돌이 평평하니 옛날 네 신선이 여기서 놀며 3일간이나 돌아가지 않았다고 하여 이렇게 이름한 것이다. 물 남쪽에 또 작은 봉우리가 있고 봉우리 위에 석감(石龕)이 있으며 봉우리의 북쪽 벼랑 벽에 단서(丹書) 여섯 자가 있으니, 영랑도남석행(永郎徒南石行)[31]이라 하였다. 작은 섬에 옛날에는 정자가 없었는데 존무사(存撫使) 박공(朴公)이 그 위에 지으니 곧 사선정이다." 하였다.

한상경(韓尙敬)의 시에서는 "한 구역의 좋은 경치 그림으로도 그리기 어려운 것이 점점(點點)이 기이한 봉우리가 물에 비쳐 맑구나. 여섯 글자의 단서는 부서져 떨어졌지만 네 신선의 놀던 자취는 지금도 분명하네. 화려한 정자에는 풍악하는 모임이 상상되고 절에서는 아직도 범패(梵唄) 소리 들리누나. 더구나 신선 고장에서 모골(毛骨)이 상쾌하니, 세간의 무슨 일을 다시 마음에 두리." 하였다.[32]

[그림 2-4] 영랑호

영랑호: 고을(杆城郡) 남쪽 55리에 있다. 주위가 30여 리인데 물가가 굽이쳐 돌아오고 암석이 기괴하다. 호수 동쪽 작은 봉우리가 절반쯤 호수 가운데로 들어갔는데 옛 정자 터가 있으니 이것이 영랑(永郎) 신선 무리의 놀며 구경하던 곳

31) 「동유기」에서는 '述郎'으로 읽었는데, 『신증동국여지승람』에서는 '永郎'으로 파악했다.
32) 『新增東國輿地勝覽』 卷45, 「高城郡」.

이다.

안축의 시에서는 "평평한 호수 거울인 양 맑은데, 푸른 물결 엉기어 흐르지 않네. 놀잇배를 가는 대로 놓아두니, 둥실둥실 떠서 나는 갈매기 따라가네. 호연하게 맑은 흥 발동하니, 물결 거슬러 깊고 그윽한 데로 들어가네. 붉은 벼랑은 푸른 돌을 안았고, 옥동(玉洞)은 경주(瓊州)를 감추었네. 산을 따라 소나무 아래 배 대이니, 하늘은 푸르고 서늘한 기운 이제 가을이네. 연잎은 맑아서 씻은 것 같고, 순채 실은 미끄럽고도 부드럽네. 거물녘에 배를 돌리려 하니, 풍연(風煙)이 천고의 수심일세. 옛 신선이 다시 올 수 있다면 여기서 그를 따라 놀리라." 하였다.[33]

[그림 2-5] 경포대

경포대: 부(江陵大都護府) 동북쪽 15리에 있다. 포의 둘레가 20리이고 물이 깨끗하여 거울 같다. 깊지도 얕지도 않아 겨우 사람의 어깨가 잠길 만하며, 사방과 복판이 꼭 같다. 서쪽 언덕에는 봉우리가 있고 봉우리 위에는 누대가 있으며 누대가에 선약(仙藥)을 만들던 돌절구가 있다…….

안축의 기문에서는, "……태정병인년(泰定丙寅年)에 지금 지추부학사 박공 숙(知秋部學士朴公淑)이 관동에서 절월(節鉞)을 잡았다가 돌아와서 나에게 말하기를 '임영 경포대는 신라시대에 영랑선인(永郎仙人)들이 놀던 곳이다. 내가 이 대에 올라 산수의 아름다움을 보고 마음에 참으로 즐거워하였고 지금에도 생각에 남아 잊을 수 없다. (그런데) 누대에 정자가 없어서 풍우(風雨)를 만나면 유람하는 자가 괴로워하였다.

33) 『新增東國輿地勝覽』 卷45, 「杆城郡」.

그러므로 내가 고을 사람들에게 명하여 대 위에다 작은 정자를 지으니 그대는 나를 위하여 기문을 지으라.' 하였다……. 옛적에 영랑이 이 대에서 놀았으니 반드시 좋아한 까닭이 있었을 것이다. 지금 박공이 좋아한 것도 영랑의 마음과 같은 것인가? 박공이 고을 사람에게 이 정자를 짓도록 명하니, 고을 사람들은 다 '영랑이 이 대에서 놀았으나 정자가 있었다는 것은 듣지 못하였는데, 지금 천 년이나 지난 뒤에 정자는 지어서 무슨 소용이랴.' 하고, 드디어 음양가(陰陽家) 구기(拘忌)의 말로써 고하였다. 그러나 공은 듣지 아니하고 역군을 독촉하여 흙을 깍다가 정자 옛 터를 발견하였다. 주추와 섬돌이 그대로 남았느니 고을 사람들이 이상하게 여겨서 감히 딴 말이 없었다. 정자 터가 이미 오래되어 까마득하고 묻혀지기까지 하여 고을 사람도 몰랐던 것이다. 그런데 지금에 우연히 발견되었으니 이 일을 보면 영랑이 오늘날에 다시 태어난 것이 아닌 줄을 어찌 알겠는가? 전일에 내가 박공의 말을 듣고 그 단서를 알았으나 이번에 이 대에 올라서 그 자세한 것을 상고하고 인해서 정자 위에 쓰노라." 하였다.[34)]

[그림 2-6] 한송정

한송정: 부(江陵大都護府) 동쪽 15리에 있다. 동쪽으로 큰 바다에 임했고 소나무가 울창하다. 정자 곁에 차샘(茶泉), 돌아궁이(石竈), 돌절구(石臼)가 있는데 곧 술랑선인(述郎仙人)이 놀던 곳이다…….

안축의 시에서는 "4선인(仙人)이 일찍이 여기에 모였을 제, 객(客)은 맹상군(孟嘗君)의 문전 같았더니라.

34) 『新增東國輿地勝覽』 卷44, 「江陵大都護府」.

구슬 신발은 (지금엔) 구름처럼 자취도 없고, 푸른 소나무는 불타고 남지 않았네. 신선을 찾아 빽빽하던 푸른 숲 생각하고 옛 일을 추억하며 황혼(黃昏)에 섰노라. 오직 차를 달이던 샘물만이 남아 예전 그대로 돌 밑에 있네." 하였다.[35)]

[그림 2-7] 월송정

월송정: 고을(平海郡) 동쪽 7리에 있다. 푸른 소나무가 만 그루요 흰 모래는 눈 같다. 소나무 사이에는 개미도 다니지 않으며 새들도 집을 짓지 않는다. 민간에 전하여 오는 말이 "신라 때 신선, 술랑 등이 여기서 놀고 쉬었다."고 한다…….

안축의 시에서는 "일은 지나가고 사람은 옛사람이 아닌데, 물만 동쪽으로 흘러 천 년 전 남긴 자취 정자 소나무에 있네. 겨우사리 다정한 듯 서러 엉켰으니 붙인 듯 풀기 어렵고, 형제죽(兄弟竹)이 마음으로 친해 좁쌀 방아 찧으니, 어느 선랑(仙郞)이 있어 함께 학을 구으리……." 라 하였다.[36)]

이상의 기록을 보면 사선의 유오지라고 불리는 지역은 그것이 인공 유물이든 자연 유물이든 사선 혹은 화랑에 관한 증거를 지니는 것이라고 볼 수 있다. 단순히 사람들의 입으로 전승되는 전설이 아니라는 것이다. 특히 화랑은 유람을 하면서 비(碑)와 같은 흔적을 남기는 것이 상례였던 것 같은데 흔히 훼손된 경우가 많다. 삼일포의 단서의 훼손이나 36봉 비석의 소실, 총석정의 비석의 소실 같은 것이 그 예다. 여러

35)『新增東國輿地勝覽』卷44,「江陵大都護府」.

36)『新增東國輿地勝覽』卷45,「平海郡」.

이유가 있겠지만, 미지나 아키히데는 호종단(胡宗旦)이라는 사람에게 혐의를 둔 바 있다. 호종단은 남당(南唐) 사람인데 조선에 와서 벼슬하여 5도를 순찰하면서 이르는 곳마다 비갈(碑碣)를 가져가거나 그 글자를 긁어 버리거나 부수거나 물속에 넣었다고 한다. 총석정과 삼일포만이 아니라 한송정의 비도 그렇게 해서 훼손되거나 없어졌다고 본다.[37)]

문헌 자료와 더불어 주목할 것은 암각화(岩刻畵) 자료다. 사선의 유오지가 동해안에 위치해 있음을 살폈거니와 역시 동해안을 따라 경상도 지역으로 더 내려가 보면 화랑도의 도장으로 추정되는 암각화의 선경(仙境) 승지(勝地)가 있다. 대표적으로 천전리(川前理) 암각화가 그것이다.

천전리 암각화[38)]는 경상남도 울주군 두동면 천전리에 있는데, 김유신의 수련지로 전해지는 인박산에서 발원하여 동해로 흐르는 태화강 상류에 자리하고 있다. 이 태화강 상류 반계천은 구곡계(九曲溪)로도 불리며 그 이름에 걸맞게 이곳에 이르러 크게 굽어져 U자형을 이루어 급류가 대안(對岸)의 암벽(岩壁)을 따라 흐른다. 그 암벽의 장관은 매우 뛰어난데 그 중심이 되는 경관은 '반구(盤龜)'라는 큰 글자가 새겨진 반구대(盤龜臺)다. 이 반구대를 중심으로 한 암벽의 승지에 신라인들, 거슬러 올라가 신라 이전 청동기시대의 고대인들부터 경외심을 가지고 찾아와 암각화의 흔적을 남겼다. 이곳이 화랑도의 도장이 되는 것은 어쩌면 당연했는데, 실제로 많은 흔적들이 남아 있다. "戊年六月二日, 永郎成業"이라는 글자가 새겨진 것으로 영랑의 수행지였음을 알 수 있

---

37) 三品彰英, 앞 책, 113쪽.

38) 천전리 암각화에 대한 이하의 내용은 三品彰英, 앞 책, 121-127쪽; 李殷昌, 「新羅花郎遺蹟과 花郎道思想」, 한국향토사연구회 편, 『花郎文化의 新研究』, 1995, 555-571쪽 참조.

[그림 2-8] 천전리 암각화

다. 그 외에 화랑과 연관된 것으로 보이는, '랑(郞)'자가 붙은 이름의 암각을 모아 보면 안랑(安郞), 어사랑(於史郞), 성미랑(成美郞), 칠능랑(漆陵郞), 성미랑(聖林郞), 천랑(天郞), 선랑(仙郞), 법민랑(法民郞), 충양랑(沖陽郞), 모랑(慕郞), 상랑(相郞), 정광랑(貞光郞), 아도랑(阿刀郞), 임원랑(林元郞), 관랑(官郞), 아호화랑(阿號花郞), 금랑(金郞) 등이 있다. 이은창(1995)은 천전리 암벽각화의 상단부에는 원문(圓文) 등의 태양을 상징하는 문양이 많이 발견되는데 이것이 태양신앙의 증거가 될 수 있다고 보면서, 태양신앙은 화랑도 사상의 하나의 바탕이었을 것으로 추정하기도 한다. 이는 화랑도의 풍류사상이 고조선 이래의 하늘 및 태양을 숭배하는 종교—'밝사상'이나 '부루교'로 표현되었던—와 연계되어 있다고 보는 최남선의 설을 뒷받침하는 주장으로도 보인다. 화랑의 선도는 고래의 태양신앙과 연계되어 있을 것으로도 보인다.

천전리 암각화 외에 화랑도 유오지로서 추정되는 곳은 경주의 금장

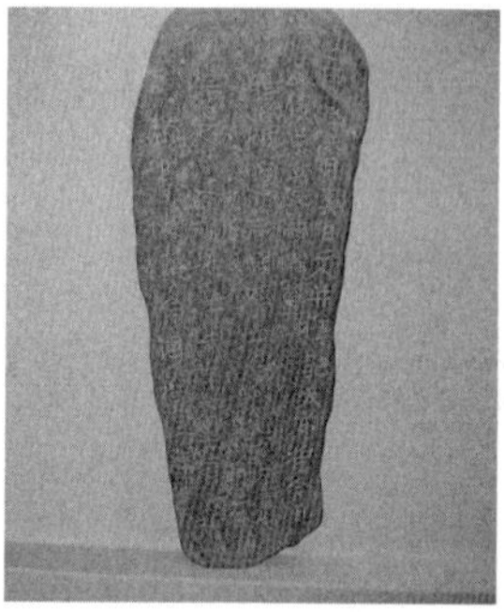

[그림 2-9] 임신서기석

대(金藏臺) 암각화다. 거기서 〈임신서기석〉이 발견되었기 때문이다.[39] 그런데 여기에는 〈임신서기석〉 외에, 천전리 암각화에서와 같은 화랑의 흔적은 발견되지 않는다.

이상 역사 속에서 흔적이 남아 있는 화랑의 유오지를 꼽아 보았다. 화랑의 유오지는 전국 각지였겠지만 특별히 선호하는 승지(勝地)가 있었을 것으로 보이며 위에서 예를 든 것은 그에 속하리라고 본다. 그러나 화랑의 유람이 단지 자연을 즐기는 차원을 넘어서 있음은 앞에서 살펴본 바 있다. 그곳은 무엇보다 심신을 수행하는 곳으로서의 의미를 지녔다. 승지가 아닐지라도 수행에 도움이 되는 곳이라면 어떠한 자연도 마다하지 않고 찾았을 것이다. 그리고 나아가 그 자연과 함께 들르는 향촌 사회는 또 하나의 유오지로서의 자연의 의미를 지녔다.

화랑도가 각지의 산수와 향촌을 유오할 때의 인원 규모는 다양했던 것으로 보인다. 한 명의 화랑이 자신의 낭도를 데리고 다닌 경우도 있었고,[40] 2~4명의 화랑들이 자신들의 낭도를 데리고 함께 다닌 경우도 있었다.[41] 때로는 화랑 몇 명만이 단출하게 다닌 경우도 있었던 것 같

39) 李殷昌, 앞 논문, 572-579쪽 참조.

40) 경주 남산 포석정을 낭도들과 유오했던 효종랑(孝宗郎)의 기록(『三國遺事』 卷5, 「孝善9 · 貧女養母」; 『三國史記』 卷48, 「列傳8 · 孝女知恩」), 득오를 찾아서 다른 낭도 137명과 길을 떠났던 죽지랑(竹旨郎)의 기록(『三國遺事』 卷2, 「紀異2 · 孝昭王代 竹旨郎」), 낭도 안상 등과 더불어 금란을 유람한 부례랑(夫禮郎)의 기록(『三國遺事』 卷3, 「塔像4 · 栢栗寺」)이 그 예다.

41) 거열랑(居烈郎), 실처랑(實處郎), 보동랑(寶同郎) 등 세 화랑의 무리[三花之徒]가 금강산에 유오한 기록(『三國遺事』 卷5, 「感通7 · 融天師 彗星歌 眞平王代」)이 그 예다.

다.[42] 그리고 화랑 한 사람이 홀로 수행하는 경우도 있었다.[43] 그런데 신라시대에는 화랑이든, 낭도든, 그 외 사람이든 간에 소수(두서너 명)가 짝을 지어 공부한 사례가 흔히 있었던 것으로 보인다.[44] 이러한 전통은 화랑도의 자생적 기반이었을 것으로 추정된다. 화랑들이 낭도들을 대동하고 유오할 때는 수백 명의 규모[45]에서부터 한두 사람의 규모에 이르기까지 다양했다. 그때 그때의 상황에 따라서 다양한 유오가 이루어졌을 것으로 보이는데, 수백 명이 함께 움직일 때의 모습은 장관을 이루었을 것으로 추측된다.

이렇게 진행되는 산수유오의 수행 여정에서 특별히 눈에 띄는 것은 승려 낭도의 존재감이다. 앞에서 선과 불의 긴밀한 관계에 대해 언급한 것에서도 알 수 있듯이, 승려인 이들이 낭도로서 화랑도의 산수유오 및 수행에 적극적으로 참여하고 관여한 것으로 보인다. 거열랑, 실처랑, 보동랑과 더불어 금강산을 유람하다가 혜성의 변괴(變怪)를 맞아 노래를 지어 물리친 융천사(融天師)의 예,[46] 호세랑(好世郎)의 낭도였다가 자취를 감춘 뒤 국선 구참공(瞿昰公)의 산수유오의 현장에 나타나

---

42) 국선 요원랑(邀元郎), 예흔랑(譽昕郎), 계원(桂元), 숙종랑(叔宗郎) 등이 금란(金蘭)을 유람한 기록(『三國遺事』 卷2, 「紀異2 · 四十八景文大王」), 그리고 사선(四仙)의 유람에 대한 기록이 그 예다. 그런데 화랑들은 때로는 자신들만의 유오를 즐겼겠지만 그 밖의 많은 경우는 낭도들을 대동하고 다녔을 것임에 틀림없다.

43) 김유신이 홀로 인박산에서 검술을 수련한 기록(『三國史記』 卷41, 「列傳1 · 金庾信」)이 그 예다.

44) 원광법사에게 계를 받았던 귀산(貴山)과 추항(箒項)에 관한 기록(『三國遺事』 卷4, 「義解5 · 圓光西學」), 이름을 알 수 없는 두 사람이 하늘 앞에 삼 년 이후 충도(忠道)를 지켜갈 것을 맹서한 〈임신서기석〉의 유적이 그 예다.

45) 죽지랑이 137명의 낭도를 대동했다는 기록(『三國遺事』 卷2, 「紀異2 · 孝昭王代 竹旨郎」)이 있는 것으로 보아 2~4명의 화랑도 집단은 수백 명의 규모였을 것이다. 부례랑의 경우 낭도가 1천 명에 이르렀다고 하니(『三國遺事』 卷3, 「塔像4 · 栢栗寺」), 유오의 규모는 천 명 단위를 넘었을 수도 있다.

46) 『三國遺事』 卷5, 「感通7 · 融天師 彗星歌 眞平王代」.

살생의 잘못을 일깨운 승려 혜숙(惠宿)의 예,[47] 부처님이 화랑으로 화신하기를 정성스럽게 기도한 끝에 결국 미시랑(未尸郎)을 만나서 모신 진자사(眞慈師)의 예[48]는 모두 화랑도의 수행과 교육에서 범상치 않은 낭도로서 적극적인 역할을 한 승려의 모습을 보여 준다. 이렇게 겉으로는 승려이나 실제로는 다분히 선도적 정체성을 지닌 인물들이 화랑도의 구성원 중에는 많았고, 그들이 산수유오에서도 중요한 의미를 지녔을 것으로 사료된다. 월명사(月明師)는 보다 직접적으로 스스로를 국선의 무리(國仙之徒)라고 자랑스럽게 밝힌 바 있는데,[49] 그만큼 선도는 불도 이상으로 자존감을 높여 주는 위상을 지니고 있었던 것으로 보인다. 경덕왕이 왕사로까지 추대하고자 했던 충담사(忠談師)마저도 기파랑(耆婆郎)을 찬미하는, 당대에 이미 널리 알려진 시를 남겼다는 사실은 선도의 높은 위상을 잘 보여 준다. 특히 충담사의 '찬기파랑가'는 기파랑이 흰구름을 따라 산수를 유오하는 풍류적 모습이 그려진 듯하다.[50] 화랑의 산수유오는 고승이 시로 표현하고 싶을 정도의 고매한 정신세계를 담고 있는 수행의 과정이었던 것이다.

산수를 배경으로 고도의 심신 수행을 일삼았던 화랑도는 단순한 청소년 수련단체가 아니었다. 화랑의 나이는 주로 10대 후반인 것이 상례였지만, 낭도들의 연령 구성은 위의 승려 낭도의 예들에서도 추측할

47) 『三國遺事』 卷4, 「義解5 · 二惠同塵」.

48) 『三國遺事』 卷3, 「塔像4 · 彌勒仙花 未尸郎 眞慈師」.

49) 『三國遺事』 卷5, 「感通7 · 月明師兜率歌」.

50) 『三國遺事』 卷2, 「紀異2 · 景德王 忠談師 表訓大德」.
'찬기파랑가(讚耆婆郎歌)'의 내용은 다음과 같다. "목매여 기원하니, 흰구름 헤치며 휘영청 나타난 달 기파랑을 우러러 본다. 달빛 아래 떠 가는 흰 구름 속에서도, 달빛 어린 파아란 시냇물 속에서도, 기랑의 얼굴 보는 듯하는구나. 일오의 시냇가 조약돌에서 낭이 지니셨던 마음 속 깊은 뜻을 좇으리라. 아아, 기랑의 높은 뜻 잣나무 가지만큼 높아, 온갖 시련 이겨낸 지조 높은 화랑(花判)이여!"

수 있듯이 다양했다. 나이가 많은 낭도도 있었거니와 이미 고도의 지성 수준을 갖춘 인물들이 낭도로 공존하고 있었다. 화랑과 낭도의 관계는 교사와 학생의 관계라기보다 서로를 가르치고 서로에게 배우는 그야말로 도의상마하는 수행 동료의 관계였다고 보는 것이 옳다. 화랑도의 구성원들은 그들이 낭도일지라도 화랑도 조직에 대한 소속감과 자존감이 대단히 강했던 것으로 보인다. 검군(劒君)과 같이 '풍월지정(風月之廷)'에서 수행한 자로서의 의리와 절개를 지킨다는 명목으로 목숨을 바치는 경우도 있었다.[51] 그들에게는 또한 풍류황권(風流黃券)이라는 화랑도 명부가 있었는데[52] 그것의 존재가 그들의 소속감과 자긍심 그리고 책임감을 더욱 고양하며 산수유오와 도의상마의 수행에 정진하도록 하는 역할을 했을 것으로 보인다.

Ⅳ. 화랑도 교육공간관의 역사적 전승

신라 화랑도 교육의 정신과 교육공간관은 고려시대를 거쳐 조선시대에 이르는 교육사의 전개에서도 중요한 역할을 한다. 화랑도 교육의 전통은 교육사의 표면에서는 사라진 듯하지만 심층에서는 다양한 방식으로 그 본질적 요소를 이어가고 있는 것으로 보인다.

고려왕조를 개창한 태조 왕건의 〈훈요십조(訓要十條)〉에서 전래의 사상 및 종교 전통에 대한 존중이 강조된 이래,[53] 고려시대의 전 시기

51) 『三國史記』 卷48, 「列傳8 · 劒君」.

52) 『三國遺事』 卷2, 「紀異2 · 孝昭王代 竹旨郎」에 죽지랑의 낭도 득오가 '풍류황권(風流黃卷)'에 이름을 올렸다는 말이 나오는데, 풍류황권은 풍류도의 명부라는 뜻이다.

53) 『高麗史』 卷2, 「世家2 · 太祖2」, "其六曰, 朕所至願在於燃燈八關燃燈所以事佛八關所以事天靈及五嶽名山大川龍神也. 後世姦臣建白加減者切宜禁止. 吾亦當初誓心會日不

를 거쳐서 선풍(仙風), 선도(仙道)는 여전히 중요한 위상을 지니고 있었다. 비록 신라시대의 화랑도와 같은 선도를 이끄는 조직이 확고하게 구축되어 이어지지는 않았을지라도 나라의 융성을 위해 선풍을 다시 부흥시켜야 한다는 생각을 지닌 세력은 여전히 건재했다.[54] 그런 가운데 그것을 딱히 선도 조직이라고 할 수는 없지만 화랑도 교육 방식의 맥을 이어서 무리를 지어 산수를 찾아서 공부하고 즐기는 교육 풍토가 지속적으로 전승되었다. 고려시대를 대표하는 사학 조직으로서의 문헌공도(文憲公徒)를 비롯한 사학십이도(私學十二徒)의 경우도 산수를 찾아 공부하는 방식을 즐겼는데, 이는 화랑도 산수유오의 흔적인 듯 보인다. 더욱이 교육 집단의 명칭에 '도(徒)' 자를 붙이는 풍토는 화랑도의 전통일 가능성이 높다. 이렇게 역사의 표면에 드러난 교육 집단 외에도 비공식적으로 몇 명씩 모임을 이루어 산수를 찾아, 그리고 산수를 배경으로 한 절 같은 한적한 곳을 찾아 독서하고 수행한 예가 종종 보인다. 이러한 흔적은 고려 말기까지 나타나는데, 특히 민적(閔頔)의 경우는 화랑도 교육의 전통임을 분명하게 드러내 준다.[55]

犯國忌君臣同樂宜當敬依行之." 여기서 태조가 중시하는 국가 행사로 '연등(燃燈)'과 '팔관(八關)'이 제시되었다. 이 중 팔관은 고유의 종교 행사로서 선(仙)과 연결된다.

54) 『高麗史』 卷18, 「世家18 · 毅宗22」, "선풍(仙風)을 준수하고 숭상해야 한다. 옛날 신라 때에는 선풍이 성행하였으니, 이로써 하늘이 기뻐하고 백성들이 모두 편안했던 것이다. 그런 까닭에 우리 태조 때부터 그 교를 숭상하여 온 지가 오래였는데, 근래에는 양경(兩京)의 팔관회가 날이 갈수록 옛 격식이 줄어지고 이전 풍속이 점차 쇠퇴하여진다. 이제부터 거행하는 팔관회는 살림이 유족한 양반의 집을 미리 선택하여 선가(仙家)로 정하고 옛날 풍속 그대로 집행함으로써 사람들과 하늘이 모두 기뻐하게 할 것이다(一遵尙仙風. 昔新羅仙風大行, 由是龍天歡悅民物安寧, 故祖宗以來崇尙其風久矣, 近來兩京八關之會日減舊格遺風漸衰. 自今八關會預擇兩班家產饒足者定爲仙家依行古風致使人天咸悅)."

55) 『高麗史』 卷108, 「列傳21 · 閔宗儒」, "민적(閔頔)의 자는 악전(樂全)인데, 날 때부터 풍채가 비범하였다. 외조부 유천우가 보고 기특히 여겨 말하기를 '이 아이는 훗날 반드시 귀하게 될 것이다.'고 하니, 이모부인 전재상이었던 김군이 이 말을 듣고 집에 데려

화랑도 교육 전통의 흔적이라고 한다면 산수를 배경으로 심신을 수행하고 즐기는 것이다. 여기서 핵심은 역시 교육공간의 요소다. 앞에서 우리는 고려 말에 화랑도의 흔적을 좇아서 유람했던 이곡의 예를 보았는데 그 유람 자체가 바로 화랑도식 산수유오의 한 예다. 이렇게 화랑도들이 즐겨 찾았던 산수를 배경으로 해서 심신을 수행하는 전통은 고려시대를 거쳐서 조선시대까지 이어진다. 이 점은 특별히 유념해서 볼 필요가 있다. 흔히 조선시대는 성리학의 시대로서, 전통 사상이나 불교의 영향이 컸던 고려시대 이전의 역사와는 모든 면에서 단절되었다고 보는 시각이 지배적이다. 표면적으로는 그렇게 보인다. 조선시대에 불교의 위축은 물론 전통 사상도 완전히 끊어졌다는 것이 일반적 인식이다. 교육의 역사도 이런 인식의 틀 위에서 오직 성리학적 맥락에서만 이해되고 서술된다. 그런데 교육사의 이면을 들여다보면 화랑도 교육 전통은 성리학적 방식으로 탈바꿈해서 이어지고 있음을 볼 수 있다. 참된 공부를 위해 산수와 같은 공간적 요소를 매우 중시했다는 사실, 그리고 산수를 배경으로 한 다양한 공부 모임이 존속했다는 사실이 그것이다.

조선시대 성리학의 흐름을 창출하고 주도한 퇴계 이황의 예는 화랑도 교육 전통이 어떻게 성리학의 교육 양식으로 스며들었는가를 특징

다 길렀다. 나라 풍속에 어릴 때에는 반드시 승려에게 글을 배웠는데, 면모가 아름다운 자는 승속(僧俗)이 모두 이를 받들어 선랑(仙郎)이라 하였으며 무리가 간혹 천여 명에 이르렀으니 그 풍습은 신라부터 있었던 것이다. 민적이 10세에 승사(僧舍)에 나가 배웠는데 성품이 깨치는 바 빨라 글을 대하면 곧 그 뜻에 통했다. 눈썹이 그림 같고 풍채가 뛰어나 보는 자는 모두 사랑하였다. 충열왕이 이 말을 듣고 궁정에 불러 보고 국선으로 지목하였다(頔字樂全生而姿相不凡外王父兪千遇見而奇之曰, '兒他日必貴.' 姨夫故相金顩聞其言養于家. 國俗幼必從僧習句讀有面首者僧俗皆奉之號曰仙郎聚徒或至千百其風起自新羅. 頔十歲出就僧舍學性敏悟受書旋通其義. 眉宇如畵風儀秀雅見者皆愛之. 忠烈聞之召見宮中目爲國仙)."

적으로 보여 준다. 주지하듯이, 퇴계에게 좋은 교육공간이란 곧 자연, 혹은 자연 속에서 이미 자연과 하나 된 물리적 공간—절이든 서원이든—이었다. 그 속에서 사제와 벗들이 세속의 이해관계를 벗어나 학문을 논하며 서로 강마해 가는 일이 곧 교육이었다. 이는 화랑도 교육 방식과 본질적으로 닮아 있는데, 퇴계의 산수 사랑은 고래의 산수유오의 전통과 무관하지 않다.

먼저 퇴계는 화랑도의 유오지로 널리 알려진 관동과 관동의 경포대 그리고 금강산에 대해서 보다 직접적으로 그 속에 담긴 화랑도 전통을 의식한 시를 몇 수 남겼다. 그 시들에서 관동을 선인이 유오하던 땅[仙遊地]이라고 표현한다든지,[56] 안상(安詳)을 기리며 스스로를 풍류를 누리는 존재로 인식한다든지,[57] 선인들이 굴집에서 수행하는 모습을 상상한다든지[58] 하는 것은 그의 마음속에 선도의 전통에 대한 인식이 얼마나 강하게 남아 있는가를 보여 준다. 더욱이 그는 자신이 어려서부

56) 『退溪全書』 別集 卷1, 「詩 · 送吳祥之祥赴關東幕」, "관동은 예로부터 선인이 유오하던 땅이요(關東自古仙遊地), 그대는 지금의 제 일류네(季子當今第一流). 궁궐 잠시 하직함은 수양을 위해서요(闕下暫辭緣得養), 막부에는 일이 없어 번거로운 계책 ○하다네(幕中無事○煩籌). 금강산에서 눈 덮인 천 개의 봉우리 학 타고 노닐고(楓山鶴馭千峯雪), 경포대에서는 드넓은 가을에 난초배 타고 놀게나(鏡浦蘭舟百頃秋). 바다 곁에서 만약 신이 내려준 대추 받거들랑(海上如逢神授棗), 주소 적어 봉해 이따금 봉황 깃든 못가로 부쳐 보내게나(題封時寄鳳池頭)."

57) 『退溪全書』 別集 卷1, 「詩 · 鏡浦臺」, "뭇 선인들이 아름다운 열 섬에 노니는데(羣仙游十洲), 콸콸 솟아오르는 물은 좋아하는 바가 아니라네(蕩蕩非所愛). 여기 거울같이 맑고 고요한 물 갖추었으니(辦此一鑑流), 텅비고 맑은 옥항아리 안이라네(虛明玉壺內). 내 늙은 안상을 생각해 보니(我思老安詳), 때때로 여기 와서 옥패 흔들고 다녔다네(時來搖玉珮). 나 같은 풍류로도(風流我輩人), 난초 배에 오를 수 있을까(儻許蘭舟載)."

58) 『退溪全書』 別集 卷1, 「詩 · 金剛山」, "큰 산이 동해에 임하여(巨嶽臨東溟), 웅장하게 하늘로 반이나 솟아 있네(雄雄半天出). 해와 달 번갈아 서로 가리고 이지러지는데(日月互蔽虧), 영명한 선인들 분분히 굴집을 지키네(靈仙紛宅窟). 내 가서 그들에게 물어보고 싶지만(我欲往問之), 속세의 벼슬에 얽매여 심히 울적하네(塵纓甚拘鬱). 한스럽긴 단약 처방 몰라서(恨無丹竈方), 날아가 숙원 풀 수 없는 것이라네(飛去宿願畢)."

터 늘 찾아가 공부하고 즐기던 곳에서도 선도의 홍취를 찾았던 것으로 보인다. 퇴계는 스스로를 '청량산인(淸凉山人)'이라고 불렀고,[59] 청량산에서 사람이 되었다고 말했을 만큼 그의 삶과 공부에서 청량산이 지닌 의미는 막대했다. 그런데 청량산은 퇴계에게 선산(仙山)[60] 혹은 선악(仙嶽),[61] 즉 선인(仙人)의 산이었다. 그는 청량산을 화랑도의 유오지로서 분명하게 인식하면서 자신의 삶과 공부를 가다듬는 공간으로 활용했던 것이다. 실제로 청량산에는 화랑과 관련한 직접적 증거는 발견되지 않지만[62] 신라 하대의 김생과 최치원이 수행한 흔적을 비롯해서[63] 수행처로서의 굴집이 여러 곳 보인다. 이곳이 특히 최치원의 수행처였다는 사실로써 화랑도 유오지와 무관하지 않음을 추측해 볼 수 있다. 퇴계는 스스로 선도의 맥이 면면히 흐르는 곳에서 공부한다는 것에 대해 대단히 큰 의미를 부여한 것으로 보인다.

퇴계는 분명 유학자로서 성리학적 공부를 견지했다. 그가 아무리 교육공간으로서 사찰과 암자, 산수 등을 다양하게 활용했다고 해도 그 속에서의 공부는 '거경궁리(居敬窮理)', '존덕성이도문학(尊德性而道問

59) 〈天命圖說後敍〉의 말미에도 "淸凉山人謹書"라고 쓰고 있다(『退溪全書』 卷41, 「雜著」).

60) 『退溪全書』 卷2, 「詩 · 十一月入淸凉山」, "벼슬에 말미 받아 시골에 있노라니(休官處里閭), 병 수양을 하려 하나 제법 구애되더구나(養疾頗相梗). 선인의 메가 가까이 있다 하여(仙山不在遠), 목 늘여 바라보며 이 마음 간절터니(引脰勞耿耿), 고산의 재사에서 하룻밤을 묵고서는(夜宿孤山庵), 새벽에 떠나가서 두 고개를 넘어갔네(晨去越二嶺)."

61) 『退溪全書』 卷2, 「詩 · 琴上舍夾之淸凉山韻」, "仙嶽今年子獨尋, 我閒芒屩病凌侵, 空吟美句霞飜眼, 尙想高臺月滿襟, 抗志不將雲作贈, 讀書唯擬鶴知音, 丁寧好在匡山勝, 頭白須昇最上岑."

62) 청량산이 영랑(永朗)의 사신(捨身) 장소라는 설이 전해져 오고는 있다. (http://cheongryangsa.org 참조)

63) 현재 청량산에는 퇴계가 머물며 공부한 청량암 근처의 험준한 암벽 곳곳에 굴집들이 있으며 그중 김생과 최치원이 공부했다고 전해지는 굴집[孤雲窟=風穴臺, 金生窟]도 있다. 『新增東國輿地勝覽』 卷24, 「安東大都護府」에는 청량산에는 최치원이 글을 읽었다고 해서 이름 붙여진 치원봉(致遠峯)이 있다는 기록이 있다.

[그림 2-10] 청량산

學)'으로 요약되는 성리학적 공부였다. 그러나 퇴계의 성리학적 공부에는 화랑도 등의 전래의 수행 전통의 요체도 함께 수렴되어 있었다. 이렇게 본다면 화랑도로 대표되는 고유의 교육 전통의 맥은 사라진 것이 아니라 성리학적 공부의 흐름으로 '스며들어서' 전승된 것으로 이해해도 좋다. 성리학은 분명 중국 송대에 발원해서 전수된 것이다. 하지만 그것은 중국의 것이 아니라 고유의 전통 교육풍과 더불어 새롭게 재창조되어 간 것으로 볼 수 있다. 특히 전래의 교육공간의 핵심적 위상을 차지해 왔던 산수가 성리학의 전통에서도 그 자체가 주요 교육공간인 동시에 좋은 교육공간을 가르는 준거 역할을 했던 점은 주목할 만하다.

자연을 중시하는 성리학적 교육공간관에 대해 퇴계의 서원관(書院觀)을 중심으로 좀 더 자세히 들여다보자. 주지하듯이, 퇴계는 조선시대의 서원 부흥운동을 주도했다. 서원을 요청한 퇴계의 문제의식 속에는 위기지학적 교육관과 더불어 최대한 자연을 가까이 하며 자연을 닮은 교육공간관이 담겨 있다. 퇴계는 당시의 지배적인 교육공간이었던 향교 등이 주로 번잡한 도심에 위치하고서 온갖 이욕(利欲)과 번뇌가 충돌하는 장으로 전락한 상황에 대해 심각한 우환(憂患)의 의식을 가졌다. 그리하여 교육의 본질을 관철하기 위한 교육공간은 어떠해야 하는가에 대해 근본적인 질문을 하게 되었으며, 도심이 아닌 한적한 곳에 위치한 산수가 어우러진 곳이야말로 교육과 학문을 위해 절실히 요청된다는 결론에 이르게 된다. 이에 산수를 배경으로 하는 고즈넉한 분위기의 서원에 눈을 돌리고[64] 그것의 교육공간적 의미를 역사 속에서 우뚝 세웠다.

그런데 중요한 것은 교육공간에 대한 퇴계의 시선이 궁극적으로 향한 곳은 서원이기보다는 자연이었다는 점이다. 서원도 하나의 자연으로서 의미를 지니는 것이었다. 퇴계는 자연 자체, 그리고 자연 속에서 자연과 하나로 어우러진 서원, 정자, 누가, 암지, 사찰 등의 교육공간으로서의 의미를 새롭게 통찰했다. 그는 학교나 집 등의 일반적인 교육공간 외에도 자연과 자연을 배경으로 한 각종 크고 작은 휴식 및 독서, 수양, 종교 시설들의 교육공간적 의미를 부각했다. 구체적으로는

64) 『退溪全書』 卷42, 「伊山書院記」, "抑嘗聞之, 人之有道也, 無敎則近於禽獸. 聖人有憂之, 敎以人倫, 三代之學, 皆所以明人倫也. 至於後世, 聖王不作, 古道崩滅, 而文詞科擧利祿之習, 潰人心術, 馳狂瀾而莫之回, 則內而國學, 外而鄕校, 皆昧然, 莫知其敎, 漠然無事乎學矣. 此有志之士, 所以發憤永嘆, 抱負墳策, 而遁逃於山巖藪澤之中, 相與講所聞, 以明其道, 以成己而成人, 則書院之作於後世, 勢不得不然, 而其事之可尙, 爲如何哉."
『退溪全書』 卷9, 「上沈方伯書」, "夫自王宮國都, 以及列郡, 莫不有學, 顧何取於書院, 而中國之所尙如彼, 何哉. 隱居求志之士, 講道肄業之倫, 率多厭世之?競, 抱負墳策, 思逃於寬閒之野, 寂寞之濱, 以歌詠先王之道. 靜而閱天下之義理, 以蓄其德, 以熟其仁, 以是爲樂, 故樂就於書院. 其視國學鄕校在朝市城郭之中, 前有學令之拘礙, 後有異物之遷奪者, 其功效豈可同日而語哉. 由是言之, 非惟士之爲學, 得力於書院, 國家之得賢, 亦必於此而優於彼也."

도산(陶山), 영지산(靈芝山), 청량산(淸凉山), 토계(兎溪, 退溪), 봉정사(鳳停寺), 용수사(龍壽寺), 월란사(月瀾寺), 한서암(寒棲菴), 청량암(淸凉菴), 양진암(養眞菴), 계상서당(溪上書堂), 도산서당(陶山書堂), 이산서당(伊山書院), 역동서원(易東書院) 등이 교육공간으로 중시되고 활용되었다.[65] 퇴계는 평생 이러한 자연 및 자연 속의 공간을 찾아서 최고의 독서와 강학, 유식(遊息)과 장수(藏修)를 이루어 가고자 했다. 퇴계의 시뿐만이 아니라 편지글[書]을 두루 살펴보면 그가 참된 공부를 위해 얼마나 산수를 갈구하고 있었는가를 잘 알 수 있다. 무엇보다 그의 일상적 마음의 정수를 표현한 시는 언제나 자연과 자연 속의 공부공간을 끼고 있었다. 더불어 그의 편지에서는 자연과 멀어져서 마음이 피폐해지고, 자연과 벗함으로써 비로소 공부에 침잠했던 경험을 종종 이야기하고 있다. 최소한 퇴계를 통해서 본 바로, 자연은 우리가 일반적으로 상상하는 것 이상으로 전통교육의 공간으로서 지대한 의미를 지녀왔다. 서원을 일으키고 자연을 꿈꾼 퇴계의 삶과 교육에는 산수유오의 선도적 교육 기풍이 여전히 살아 숨쉬고 있다. 그리고 조선 성리학사에서 퇴계가 차지하는 막대한 위상만큼이나 조선 성리학의 교육 실제에서 선도적 수행의 풍토는 유유히 이어지고 있다. 당시의 유학을 공부하는 청년들이 늘 자연 그리고 자연 속의 암자나 절을 교육공간으로 활용하며 삼삼오오 짝을 지어 공부한, 거접(居接)과 같은 형태의 공부 풍토는[66] 화랑도 교육의 맥과 무관하지 않다.

65) 안경식, 「교육공간을 향한 퇴계의 시선」, 한국교육사학회, 『역사 속의 교육공간, 그 철학적 조망』(2008년 연차학술대회 자료집), 2008, 19-45쪽 참조.

66) 박현순, 「16세기 예안현 사족들의 修學과 관직진출」, 『교육사학연구』 17-1, 2007, 86-87쪽.

V. 다시 부활할 교육공간, '자연'

산수, 즉 자연은 한국의 교육공간의 역사상 가장 오래되었을 뿐더러 가장 핵심적인 교육공간이었음은 지금까지의 논의를 통해서 확인되었다. 산수유오를 교육활동의 핵으로 삼았던 화랑도 교육에서는 물론이고 독서와 강학이 특별히 중시되었던 성리학 교육에서까지 자연은 참된 배움을 자극하고 심화시키는 가장 중요한 공간으로서의 의미를 견지했다. 학교 건축공간이 보편화되고 활성화된 이후에도 자연은 최고의 교육공간으로서의 위상을 상실하지 않았다. 최고의 학교공간은 언제나 자연과 함께하고자 했다. 전통시대 최고의 교육적 건축공간이었던 서원이나 암자가 자연을 한껏 닮은 이유가 이것이다.

자연은 단지 유희의 공간이 아니라 고도로 절제된 수행의 공간이었다. 세속적 일상에서의 시끄럽고 가볍게 재잘거리는 수유적 욕망을 잠재우고 내면 깊은 곳에 자리한 존재적 본성을 들여다보고 이끌어 내도록 자극을 주는 공간이었다. 산천을 매개로 한 영랑의 선도적 수행과 퇴계의 성리학적 공부가 잘 보여 주듯이, 자연은 최고의 내면세계를 열어가도록 자극을 주는 공간이었다. 진리감각, 도의감각, 심미감각이 살아나도록 추동하는 공간이었다. 심신을 추스르고 다듬고 길러감에 있어서 청명한 하늘과 산, 계곡과 바다는 없어서는 안 될 물리적 토대였다.

노자(老子)의 말처럼, 자연은 언제나 말없는 가르침(不言之敎)을 베푸는 존재다. 내가 누구인지, 삶이 무엇인지, 무엇이 진실이며 헌신할 만한 가치인지에 대해, 그것에 한껏 귀 기울이는 자라면 누구에게나 큰 지혜를 선사한다. 자연에 친숙한 만큼, 자연에 깊숙이 들어가는 만큼, 자연과 하나되는 만큼, 자연은 인간에게 많은 말을 전해 준다. 동양과 서양의 유려한 교육사상들이 교육의 원리를 자연에서 끌어오는 것은 이 때문이다. 동양의 유가와 도가의 교육사상이 그러하며, 서양의 코메니우스(J. A. Comenius), 루소(J. Rousseau), 프뢰벨(F. Fröbel)의 교육학이 그러하다. 교육이 지향해야 할 진정한 의미의 깊은 성숙이 언제나 자연의 원리와 함께 한다는 사실은 인류의 교육사상과 실천의 역사가 잘 보여 준다.

이런 의미에서 한국 교육의 출발점에서 자연이 최고의 교육공간으로 부각되었고 또 그러한 전통이 다양한 사상적 외피를 덮으면서 천여 년간 지속되어 왔다는 사실은 의미심장하다. 자연이라는 교육공간을 적극적으로 활용한 교육의 역사를 풍부하게 가지고 있음은 그 자체가 그러한 전통을 다시 부흥시키고 지속시킬 수 있는 역량의 증거이기 때문이다. 자연과 멀어진 문명을 향유하는 현대인들은 자연이 교육공간의 중심이었던 역사를 마치 진화가 덜된 교육사의 증거로 해석하기 쉽다. 그런데 우리는 신라가 중국으로부터 학교문화를 접한 이후에도 그것을 본떠 학교제도를 정착시키기보다 오랫동안 산수유오의 화랑도 교육을 지속시켰던 사실, 그리고 고려시대에서 조선시대를 거쳐 전국 단위의 국가적 학교체제가 성립된 이후에도 자연은 여전히 최고의 교육공간이었으며 학교의 존재 기반이기도 했다는 사실을 다시 주목해야 한다. 여기에서 진화가 덜된 교육사의 증거를 발견할 것이 아니라, 오히려 이러한 역사가 전개될 만큼 교육공간으로서 자연이 지니는 교육적 힘이 지대하다는 점을 재인식할 필요가 있다.

최근 들어 학교, 집과 같은 각종 건축에서 자연의 의미가 크게 부각되고 있다. 학교를 친환경적으로 건축하는 것이 대세이며 상식인 듯하다. 좋은 현상이다. 학교 건축은 최대한 자연적 요소를 끌어들일 필요가 있다. 학교와 더불어 중요한 교육적 기능을 하는 집, 마을도 최대한 자연의 분위기를 낼 수 있으면 좋겠다. 그런데 화랑도 교육을 비롯한 우리의 교육사는 거기서 더 나아가라고 말한다. 즉, 아이들이 직접 자연을 순례하며 체험하라고 말한다. 자연 속에서 자연을 면밀히 관찰하고 때로는 자연과 하나되며 자신을 느끼고 삶을 성찰하라고 말한다. 일 년에 한두 번 진행하는 행사의 수준을 넘어서 교육의 일상이 되어야 한다고 말한다. 이렇게 자연을 매개로 한 교육이 단순한 소풍놀이가 아님은 물론이다. 화랑도 교육 전통 그리고 성리학 교육 전통이 그러했듯이, 자연을 찾아가는 배움의 뜻은 높고 그 내용은 풍부해야 한다. 진지한 교육의 장에서 자연은 무엇보다 함께 진리감각을 길러내고 진리를 체화하는 수행의 공간이기 때문이다.

참고문헌

『花郎世記』, 『三國史記』, 『三國遺事』, 『高麗史』, 『東文選』(〈東遊記〉), 『新增東國輿地勝覽』, 『退溪全書』, 『稗官雜記』

김정숙, 「新羅 花郎의 생활사 연구-人才로의 登用을 중심으로」, 한국향토사연구회 편, 『花郎文化의 新研究』, 1995.

박현순, 「16세기 예안현 사족들의 修學과 관직진출」, 『교육사학연구』 17-1, 2007.

신채호, 『朝鮮上古史』, 『丹齋申采浩全集』 上, 丹齋申采浩先生記念事業會 編, 螢雪出版社, 1977.

안경식, 「교육공간을 향한 퇴계의 시선」, 한국교육사학회, 『역사 속의 교육공간, 그 철학적 조망』(2008년 연차학술대회 자료집), 2008.

이은창, 「新羅花郎遺蹟과 花郎道思想」, 한국향토사연구회 편, 『花郎文化의

新研究』, 1995.

이종욱 역, 『화랑세기』, 소나무, 1999.

이종욱, 『화랑』, 휴머니스트, 2003

최남선, 『朝鮮常識問答』, 六堂崔南善全集 3, 현암사, 1973.

황금중, 「新羅 花郎徒 教育의 研究 成果와 課題」, 한국교육사학회, 『한국교육사학』 27-1, 2005.

三品彰英(이원호 역), 『新羅花郎의 研究』, 집문당, 1995.

제 3 장

전통사회의 교육공간으로서 불교의 사원

Ⅰ. 머리말

Ⅱ. 민중 교화의 공간으로서 사원

Ⅲ. 학교의 대체공간으로서 사원

Ⅳ. 지식인의 독서공간으로서 사원

Ⅴ. 맺음말

제3장

전통사회의 교육공간으로서 불교의 사원[1)]

Ⅰ. 머리말

불교교육이 우리 전통사회의 교육은 말할 것도 없고 동아시아 문명사에서 차지하는 비중은 결코 작지 않다. 그러나 우리든 일본이든 중국이든 각국의 교육사에서 불교교육은 거의 언급되지 않거나 언급되더라도 상당히 제한된 범위 안에서 이루어지고 있다. 우리나라만 하더라도 불교교육 연구는 주로 경전이나 고승들의 사상이나 실천을 교육학적 측면에서 해석한 것들이 주류다. 이 장에서는 교리나 사상적인 접근보다는 불교의 사원을 전통사회 교육공간이라는 관점에서 고찰하고자 한다. 이 공간에서 어떤 교육이 일어났는지 역사적으로 살펴봄으

1) 이 글은 『종교교육학연구』 제29권, 183-209쪽에 발표된 내용을 사진과 함께 보완한 것이다.

로써 불교의 사원이 단지 종교적 성소만이 아니라 다양한 교육적 기능을 수행한 교육적 공간이었음을 밝히고자 한다. 여기서 사상이 아닌 공간 문제에 초점을 두는 것은, 학교를 '지(知)를 전달하는 미디어'로 보는 관점에 따른 것이다. 즉, 교육은 '지'를 전달하는 과정이고, 학교는 전달매체인 미디어이고, 근대 학교는 국가가 조직한 거대한 미디어의 하나라는 관점이다. 이렇게 본다면 불교든 유교든 내용이 문제가 될 수가 없다. 유교교육의 미디어는 향교, 서원, 성균관이며 불교교육의 미디어는 사원인 것이다. 교육은 지식의 유통과 변용의 과정이며, 교육사는 그 지식의 유통과정과 변용과정을 역사적으로 추적하는 것이다.[2)] 사원이라는 미디어를 통해 불교교육은 이루어진다. 불교의 '지'는 창조되고 전달되고 변용되고 소비되는 것이다. 사원에서 창조되고 전달되는 '지'의 고찰 역시 여러 측면에서 이루어질 수 있다. 이 장에서는 민중 교화의 공간으로서 사원, 학교의 대체공간으로서 사원, 지식인의 독서공간으로서 사원의 세 가지 관점에서 불교 사원이 어떠한 교육적 역할을 수행해 왔는가를 살펴본다.

Ⅱ. 민중 교화의 공간으로서 사원

교화는 종교의 사회적 기능 가운데 하나이며, 불교의 중생교화는 대승불교의 큰 특징 가운데 하나다. 교육의 입장에서 중생교화는 인간교

---

2) 필자는 이러한 생각으로 「『금강경』의 유통과정과 교화사적의 교육사적 의의」라는 글을 『종교교육학연구』 제24권(2007년 6월)에 발표한 바 있다. 이 아이디어를 제공한 사람은 교토대학의 츠지모토 마시시(辻本雅史) 교수다. 辻本雅史, 「동아시아 속의 일본 교육사」, 한국교육사학회, 『교육사 연구의 지평 확대』(2006년도 연차학술대회 자료집), 2006, 44-45쪽.

육 혹은 사회교육의 의미를 지니는 교육적 행위다. 다시 말하면, 중생은 교화의 대상으로 학습자이며, 법사(法師)는 교화자로서 교육자다. 또 교화의 공간으로서 사원은 교육 실천이 일어나는 교실 혹은 학교이고, 교화의 실천은 곧 교육이다.[3] 불교의 교화는 기본적으로 석가모니의 깨달음과 그 내용을 사회적으로 실천한 교화를 전범으로 하지만 시대와 사회, 대상에 따라 다양한 방식의 교화가 이루어지게 된다. 여기서는 교육적 공간으로서의 사원에서 전개되었던 각종 교화활동을 살펴본다.

성현의 『용재총화』에서 "신라의 옛 서울에는 절이 집보다 많았고, 또 송도에서도 그러하였고, 왕궁과 큰 집들은 모두 절과 연해 있어 왕이 후궁과 더불어 절에 가서 향을 피우지 않은 달이 없었다."[4]고 할 정도로, 불교 사원은 삼국시대 이래 통일신라, 고려 시대를 거쳐오면서 우리 사회의 중요한 공적(公的) 공간이었다. 사원은 승려에게는 수도의 공간이며 신자들에게는 신앙의 공간이라는 것은 말할 것도 없지만, 그 밖에 예술과 문화의 공간이기도 하고 사회교육의 공간이기도 하여 다양한 방식으로 민중들을 교화하게 된다. 삼국이 불교를 처음 받아들이게 된 데에는 무속적인 관념에서 탈피하여 분립정신을 청산하고 사상적 통일이나 사회 안정에 별 도움이 안 되는 무속신앙 대신에 새로운 고대국가의 정신적인 지주로 요청되던 정치적인 목적이 컸다는 것은 널리 알려진

---

3) 종교학자 정진홍은 교육과 종교는 인간 '변화'라는 점에서 접점을 가지며, "변화를 지향하는 모든 제도, 상징적 실체, 그런 것을 담고 있는 이념이나 의식, 그러한 전승 가치, 그러한 문화 현상이라면 어느 것이나를 막론하고 교육의 범주 안에 포용할 필요가 있는 것이다."라고 한 바 있다. 이런 점에서 교육학자는 불교의 중생교화 활동을 교육적 관점에서 적극적으로 해석할 필요가 있다. 정진홍, 「교육사와 종교학」, 한국교육사연구회, 『교육사연구의 새방향』, 집문당, 184-200쪽.

4) 成俔, 『慵齋叢話』 卷8(이하 『용재총화』의 번역은 『국역대동야승 1』에 의존하였으며 인용 쪽수는 생략한다). 또 『五山說林草藁』에는 "송도 시내에 이름난 절이 300개나 된다." 고 하였다(『국역대동야승 2』, 32쪽).

사실이다.[5] 그리하여 민중들에게 뿌리 내리기까지는 상당한 노력과 고초가 있었으며, 그러한 과정을 거쳐 사회의 하나의 주도적 신앙으로 정착하게 된다. 그런데 사원이 교화의 공간이 될 수 있는 일차적 조건은 무엇보다 고승대덕의 주석이다. 산이 높아서 명산이 아니라 그 산속에 신선이 살고 있기에 명산이요, 물이 깊어서 영험한 것이 아니라 그 물에 용이 살기에 영험한 것이라 했듯이, 사원이 유명한 것은 고승대덕의 법력과 교화력 때문이다. 원광(圓光, 555~638)법사가 주석하고 있었기에 귀산과 추항이 갑사(岬寺, 嘉瑟岬寺, 加悉寺)를 찾아간 것이고, 의상(義湘, 625~702)대사의 법력 때문에 소백산 추동(錐洞)에 3천 명의 대중이 모인 것이다. 원광법사는 유학과 노장학에도 밝으며 제자(諸子)와 사서(史書)도 널리 읽었는데, 중국으로 유학을 가서 불교에 귀의하고서는 한길로 나아갔다. 그의 교화는 중국에서도 뛰어났다.

> 예전의 규정에 따라 중생을 개도(開導)함으로써 임무를 삼으니, 언제나 법륜이 한 번 움직일 때마다 문득 세상 사람을 불법(佛法)으로 솔리게 했다. 비록 이역에서의 전교라 하나 도에 젖으면 문득 혐극(嫌隙)을 버렸으므로 명망이 널리 퍼져 영외(嶺外)에까지 전파되니, 가시덤불을 헤치고 바랑을 지고 오는 사람이 서로 닿아 고기비늘 같았다.[6]

원광의 이러한 교화는 귀국해서도 마찬가지로 크게 발휘되었다. 신라 진평왕(?~632)이 도법(道法)으로 교화하는 일을 물었으며, 세상을 떠나기 전에 왕이 친히 손을 잡고 위문하며 누누이 법을 남겨 백성을

5) 안계현, 『한국불교사연구』, 동화출판사, 1982, 35쪽.

6) 『삼국유사』 권4, 「의해5 · 원광서학」(이하 『삼국유사』의 번역은 이재호, 『삼국유사』, 솔출판사, 1997에 의거하였고 인용 쪽수는 생략한다).

구제할 것을 부탁하였고, 그 공덕은 바다 구석까지 미쳤다 한다. 원광이 귀국 후 갑사에 머물고 있을 때 화랑을 대상으로 한 교화는 널리 알려진 일이다.

> 어진 선비 귀산이란 이는 사량부 사람이다. 마을의 추항과 친구가 되어 두 사람은 서로 말했다. "우리들이 사군자(士君子)들과 사귀려면 먼저 마음을 바르게 하여 처신하지 않는다면 필경 욕당하는 것을 면치 못할 것이다. 그러니 어찌 어진 사람을 찾아가서 도를 묻지 않겠는가." 이때 원광법사가 수나라에 갔다가 돌아와 가슬갑에 잠시 살고 있다는 말을 듣고 두 사람은 그에게 나가서 아뢰었다. "저희들 속사(俗士)는 어리석어서 아는 것이 없습니다. 바라옵건대, 한 말씀을 주시어 평생의 계가 되게 해 주십시오." 원광이 말했다. "불교에는 보살계가 있어 그 조목이 열 가지가 있으나 너희들은 남의 신하와 자식이니 필경 이것을 감당하지 못할 것이다. 지금 세속에는 오계가 있으니 ……."[7]

원광법사의 교화는 대상이 청소년에만 한정되었던 것은 아니고, 그 내용이 불교에만 한정된 것도 아니다. 또 지역적으로 마한과 진한 지역에서도 정법(正法)을 펴고, 해마다 두 번 강론을 해서 후학을 양성했다고 하니 교화력의 범위가 대단하였던 것이다. 자장(590~658)율사의 교화 역시 남달랐다. 당에서 귀국하여 분황사에 주석했는데 궁중에서 『대승론(大乘論)』을 강하기도 하였고, 황룡사에서 『보살계본(菩薩戒本)』을 강할 때는 하늘에서 단비가 내리고 구름 안개가 강당을 덮어 사중(四衆)이 탄복하였다 한다. 통도사를 세울 무렵에는 그 교화력이 더욱 대단했다.

---

7) 『삼국유사』 권4, 「의해5 · 원광서학」.

> 이때에 나라 안의 사람들로서 계를 받고 불법을 받든 이가 열 집에 여덟아홉이나 되었으며 머리를 깎고 스님이 되기를 청하는 자가 해마다 달마다 불어갔다. 이에 통도사를 세우고 계단(戒壇)을 쌓아 사방에서 오는 사람을 받아들였다. 또 자기가 태어난 집을 원녕사로 고치고 낙성회를 베풀어 『잡화(雜花)』(화엄경) 1만 게송을 강하니 52류의 여인이 감동하여 현신하여 들었다. 문인에게 나무를 그 수효만큼 심게 하여 그 이상스런 자취를 나타내게 하고 그 나무 이름을 지식수라 했다.[8)]

원효(617~686)대사의 교화방법은 특히 서민 대중에게 맞춘 대기법(對機法)이라 할 수 있을 것이다. 그의 민중 교화 장소는 마을과 거리였다. 그러나 마을과 거리 역시 원효가 교화를 펼치는 동안은 바로 성(聖)의 시간과 공간이 되며 사원과 다름없는 것이다.

> 우연히 광대들이 갖고 노는 큰 박을 얻었는데 그 모양이 괴이했다. 성사(聖師)는 그 모양대로 도구를 만들어 『화엄경』의 "일체무애인(一切無㝵人)은 한 생 길로 생사를 벗어난다."는 문구에서 따서 이름을 무애라 하며 이내 노래를 지어 세상에 퍼뜨렸다. 일찍이 이 도구를 가지고 많은 촌락에서 노래하고 춤추며 교화하고 무리들까지도 모두 부처의 호를 알게 되고 나무아미타불을 부르게 되었으니, 원효의 교화력은 컸던 것이다.[9)]

사실 원효의 민중 교화 장소가 마을과 거리였다고 하였지만 그곳에 한정된 것은 아니다. 전국 어디를 가도 원효가 창건한 절이 없는 곳이

8) 『삼국유사』 권4, 「의해5 · 자장정율」.
9) 『삼국유사』 권4, 「의해5 · 원효불기」.

[그림 3-1] 원효대사

없을 정도이고, 전국의 명산에 원효의 교화력과 관련된 설화가 없는 곳이 없을 정도이니, 그의 교화력은 가히 당대 최고라 할 수 있을 것이다. 이처럼 고승대덕의 교화력은 신라 말기 지방사회에 선문이 자리 잡을 당시까지도 약화되지 않았다.

진감(眞鑑, 774~850) 선사가 옥천사(오늘날 쌍계사)에서 펼친 교화는 질박한 성품과 소박한 생활, 현학적 요소를 떨쳐 버린 선 수행 등이 합쳐진 것이다. 진감 선사가 지리산 골짜기의 터에서 찾아오는 이가 많아 송곳 꽂을 곳이 없을 정도가 되자 옥천사로 옮긴 당시의 상황은 다음과 같았다.

> 여러 해를 머물매, 법익(法益)을 청하는 사람들이 벼와 삼대처럼 줄을 지어 거의 송곳 꽂을 곳도 없을 정도로 많았다. 드디어 기묘한 절경을 두루 가리어 남령(南嶺)의 한 기슭을 얻으니, 상쾌하고 앞이 탁 트여서 시원스럽기가 으뜸이었다. 선사(禪寺)를 지음에 있어 뒤로는 저녁노을이 끼는 봉우리에 의지하고, 앞으로는 구름이 비치는 간수(澗水)를 내려다보았다. 시야를 맑게 하는 것은 강 건너 먼 산이요, 귓부리를 시

원하게 하는 것은 돌에서 솟구쳐 흐르는 여울물 소리였다. 더욱이 봄이 되면 시냇가에 온갖 꽃들이 피고, 여름이 되면 길가에 소나무가 그늘을 드리우고, 가을이 되면 두 산 사이의 오목한 구렁에 밝은 달이 떠오르고, 겨울이 되면 산마루에 흰 눈이 뒤덮여 철마다 모습을 달리하고, 온갖 물상(物像)이 빛을 나누며, 여러 울림소리가 어울려 읊조리고, 수많은 바위들이 다투어 빼어났다. 일찍이 중국에 다녀온 사람들이 찾아와 머물게 되면 모두 깜짝 놀라 살펴보며 이르기를, "혜원선사의 려산 동림사의 경치를 바다 밖 신라에 옮겨왔도다. 연화장세계야 범상(凡想)으로 비겨 볼 바 아니로되, 항아리 속에 별천지가 있다는 말인즉 믿을 만하다고 했다. 홈을 판 대나무를 가로질러 시냇물을 끌어다가 축대를 돌아가며 사방으로 물을 대고는, 비로소 옥천(玉泉)이라는 이름으로 사방(寺牓)을 삼았다.[10]

[그림 3-2] 쌍계사

10) 최영성 역주, 「쌍계사진감선사대공영탑비명」, 『역주 최치원전서1(사산비명)』, 아세아문화사, 1998, 183-185쪽.

진감 선사의 교화력은 범패(梵唄)와도 관련이 있다. 우리나라에서 선사로부터 유래한 것으로 알려져 있는 범패는 법회 때 석가여래의 공덕을 찬양하는 소리인데, 선사가 범패을 하는 목소리는 금옥 같았다고 한다.

> 「슬픈 듯한 곡조에 나는 것 같은 소리는 상쾌하면서도 곡진하여, 능히 천상계의 모든 신불(神佛)로 하여금 크게 환희케 하였다. 길이 먼 곳까지 흘러 전함에 배우려는 사람이 승당(僧堂)을 가득 메웠는데, 가르치기를 게을리 하지 않았다. 오늘에 이르러 우리나라에서 범패의 묘한 곡조를 익히는 자가 코를 막고 가곡(歌曲)을 배우듯 다투어 옥천(진감선사)의 여향(餘響)을 본받으려 하니, 어찌 성눈(聲聞)으로써 중생을 제도하는 교화가 아니겠는가.[11]

불교의 민중 교화는 이와 같이 사찰을 중심으로 해서 고승대덕의 덕화력을 바탕으로 이루어지기도 하지만 결사[社會]와 같은 또 다른 형태로 나타나기도 한다. 신앙단체이자 불교 대중화의 방편 가운데 하나인 결사는 삼국, 신라 시대 이래 여러 형태로 나타나면서 민중의 교화에 큰 역할을 하기도 한다. 삼국시대 이래 불교 결사의 목적은 주로 왕생정토나 현세구복에 있었지만, 그 수업(修業)은 반드시 타력적인 이행문에 의한 것만은 아니고 오히려 강력한 자력적 계율주의가 깃들어 있다.[12] 삼국시대만 하더라도 많은 결사의 사례가 있지만 「욱면비염불서승」은 결사에 참여하는 범위를 말해 주는 사례다.

---

11) 같은 책, 187-188.

12) 김문경, 「삼국 신라시대의 불교 신앙결사」, 『당대의 사회와 종교』, 숭전대학교 출판부, 1984, 261쪽.

> 경덕왕 때 강주의 남자 신자 수십 명이 서방정토를 정성껏 구해서 주(州)의 경계에 미타사를 세우고 만일(萬日)을 기약하여 계를 만들었다. 이때 아간 귀진의 집에 한 계집종이 있었는데 욱면이라 이름했다. 그녀는 주인을 모시고 절에 가 마당에 서서 스님을 따라 염불했다. 주인은 그녀가 그 직분에 어긋남을 미워하여 늘 곡식 두 섬을 주어 하룻저녁에 다 찧게 했는데, 계집종은 초저녁에 다 찧어놓고 절에 가서 염불하여 밤낮을 게을리 하지 않았다.[13)]

이것은 미타사에서 남자 수십 명이 만일계(萬日契)를 만들어 정진하고 있는데, 계집종도 곁다리로 참여하여 마당에서 일심염불하였으나 하늘에서 법당에 들어가 염불하라는 외침이 있어 법당에 들어가 정진한 끝에 극락왕생하였다는 설화다. 이 설화는 당시 신앙 결사의 모습을 보여 주는 것이기도 하지만 하층민들의 신앙 모습을 잘 보여 주는 것이기도 하다. 『승전(僧傳)』에서는 미타사는 혜숙법사가 세운 절이라 한다. 삼국시대에는 이러한 미타신앙 결사 이외에 미륵신앙 결사와 화엄신앙 결사 등도 활발했다.[14)] 앞서 말한 의상대사의 추동 결사도 제자 무리 3천 명을 대상으로 『화엄대전』을 강의하였다 하니 승속이 결합된 화엄 결사라고 볼 수 있다. 고려시대 지눌의 수선사(修禪社)도 신앙 결사를 지원한 단월들은 결사 결성 초기에는 주로 지방사회의 향리

13) 『삼국유사』 권5, 「감통7 · 욱면비염불서승」.

14) 필자는 미타, 미륵, 관음 신앙과 화엄사상이 한국인의 인성 형성에 끼친 영향에 대해 몇 차례 논문을 발표한 바 있다. 안경식, 「아미타신앙이 한국 고대 교육문화에 끼친 영향」, 한국교육사상연구회, 『교육사상연구』 제3집, 1993, 23-45쪽; 「관음신앙이 한국 고대 교육문화에 끼친 영향」, 『교육사상연구』 제4집, 1994, 81-100쪽; 「미륵신앙이 한국 고대 교육문화에 끼친 영향」, 한국교육사학회, 『한국교육사학』 제16집, 1994, 257-284쪽; 「신라화엄사상이 한국 고대 교육문화에 끼친 영향」, 『교육사상연구』 제5집, 1996, 59-81쪽.

층과 독서층이 중심을 이루었으며, 신앙 결사를 주도한 승려들의 신분도 지방 향리층이나 독서층이었다. 그 수업(修業) 방식은 염불과 계율, 『반야심경』의 독송이었다.[15] 지눌이 사람들에게 항상 『금강경』을 수지 독송하도록 권한 것을 보면 결사는 고승대덕이 사원을 무대로 하여 승속이 함께 참여하여 전개한 교화활동이라 볼 수 있다.

이와 같이 고승대덕으로 인하여 사원은 교화의 장이 되는 것이지만 이것만으로 사원의 교육적 기능을 다 설명할 수는 없다. 사원은 문화예술의 공간이며, 이러한 문화예술 활동을 통해 민중은 교화되기도 한다. 우리나라의 사원은 그 역사적 전개과정에 따라 불교문화와 유교문화 심지어 도교문화와 민간신앙의 문화까지 모두 결합된 문화의 집합공간이다. 사원의 불교문화, 즉 사원에서 일어나는 불교 고유의 종교의식과 불상, 불탑, 사원 건축 등의 문화재는 불교사상의 표현이며, 성현(聖顯, hierophany)이자 거룩함의 발현이다. 이들을 미디어로 하여 교육 내용인 메시지는 전달되고, 학습자인 민중들의 마음은 움식이게 되는 것이다. 민중들의 마음의 변화, 이것이 바로 교육인 것이다. 이 점에 대해 건축가 김봉렬은 다음과 같이 지적한 바 있다.

> 불교의 교리는 엄청난 양의 경전에 의해 전해졌지만, 일상적 포교는 문자를 통해 이루어지지 않았다. 대다수 민중들이 문맹이었던 상황에서 경전은 몇몇 학승들의 차지였다. 대중의 직접적인 신앙 대상은 불탑과 불상과 불화였고, 더 나아가 그것들을 종합한 사찰 건축이었다. 불교의 조형예술은 가장 적극적인 포교의 수단이었으며, 동시에 일차적인 신앙의 대상이었다. 따라서 불교문화의 최대 장르는 당연히 조형예

15) 진성규, 「고려 후기 신앙결사운동」, 중앙승가대학교, 『승가』 제9집, 1992, 43쪽.

술인 회화와 조각, 공예와 건축일 수밖에 없었고, 문자를 매개로 하는 문학은 그 근원성에도 불구하고 그다지 발달하지 못했다.[16)]

김봉렬은 이를 유교문화와는 극단적으로 상반된 불교문화의 특질이라고 하였다. 다시 말하면, 유교문화는 문자적 특성이 강한 반면 불교문화는 비문자적 특성이 강하다는 것이다. 그리고 불교적 사고에 따르면 건축물은 존재 자체로서 의미를 갖는데, 개개의 건물과 공간이 주체적 존재로서 작용한다는 것이다. 그도 그럴 수밖에 없는 것이 일반인의 출입이 제한된 유교적 공간과는 달리 개방적이며 공공적인 성격을 갖는 불교적 공간은 스님들을 위한 수도공간과 함께 대중들을 위한 예배공간에다 고려시대 이후에는 지역사회 문화 중심으로서의 역할까지 부가되었다. 그리고 교통 중심으로서 여관과 시장의 기능도 부가되어 큰 사원은 복합적인 공간 구성이 이루어질 수밖에 없었다. 예를 들면, 643년 자장율사에 의해 창건되어 지금까지 건재한 통도사는 해발 1,050m의 영축산 기슭에 있는데, 원래 영축산은 석가모니 당시 마가다국 왕사성 동쪽의 산 이름이다. 이 산에서 석가모니가 『묘법연화경』을 설하여 많은 중생을 교화하였고, 그 광경은 '영산회상'으로 재현되었다. '영산전'은 영산회상의 장면을 재현한 불전이고, 그것을 그린 그림은 '영산회상도'이며,

[그림 3-3] 통도사의 영산회상도

16) 김봉렬, 『김봉렬의 한국건축 이야기 3』, 돌베개, 2006, 156쪽.

그것을 위한 음악은 '영산회상'이다.[17)]

김봉렬의 말대로 불교의 조형예술은 가장 적극적인 포교, 교화의 수단이 된 것은 말할 것도 없거니와 사원공간 전체가 교화와 수도, 즉 불교교육의 공간이었던 것이다. 이를 일반 신도의 입장에서 말한다면, 그들의 교화는 법당에서의 스님의 설법을 통해서나 기도와 염불, 주력, 참선과 같은 자신들의 수행을 통해서도 이루어지지만, 이미 산문에 들어서며 법당 앞의 불탑을 대하면서 그리고 법당 안의 불상과 불화를 대하면서 부지불식간에 이루어지는 것이다. 산문을 들어서면 가장 먼저 두 기둥(혹은 네 기둥)을 하나의 선상에 세운 일주문을 만난다. 일주문은 속(俗)과 성(聖)의 경계이며, 이 문을 들어서는 순간 부처의 세계에 들어서는 것이다. 중생들은 이 일주문을 들어서자마자 마음을 '고쳐 먹게' 되니 보통 문이 아닌 것이다.

[그림 3-4] 쌍계사 일주문

17) 같은 책, 156-162쪽.

그래도 아직 떨쳐 버리지 못한 삿된 마음은 천왕문에서 다시 한 번 조복(調伏)받게 된다. 동방의 지국천왕, 남방의 증장천왕, 서방의 광목천왕, 북방의 다문천왕의 사천왕은 삿된 마음을 칼로, 삼지창으로 누르기도 하고 억센 발로 밟기도 한다. 이어 불이문을 들어섬으로써 부처의 세계에 당도하게 된다. 둘이 아니라는 의미의 불이문은 나와 너, 부처와 중생, 산과 물, 이것과 저것이 둘이 아니라는 것을 깨달아 해탈을 성취하는 문이라 하여 해탈문이라고 하기도 하고, 극락세계로 들어가는 문이라 하여 극락문이라고 하기도 한다. 이어 천상과 지옥 중생을 제도하기 위해 만든 범종(梵鐘), 네 발 짐승을 비롯한 육지 중생을 제도하기 위한 법고(法鼓), 날아다니는 중생이나 허공을 떠도는 중생을 제도하기 위한 운판(雲版), 수중 중생을 제도하기 위한 눈을 감지 않는 목어(木魚)의 이른바 사물(四物)을 사원 경내에서 만나게 된다. 이 사물은 부처의 가르침을 널리 전해 시방 중생을 구제하는 법구(法具)다.[18] 불보살을 모신 전각(殿閣)의 벽화 또한 중생 교화의 의미가 있다. 석가모니의 일생을 그린 그림으로는 '팔상도(八相圖)' 가 있다. 팔상도는 호명 보살이 도솔천에서 내려오는 모습의 도솔래의상(兜率來儀相), 부처께서 정반왕의 태자로 탄생하는 모습의 비람강생상(毘藍降生相), 싯다르타 태자가 네 곳의 문을 나가 세상을 돌아보는 모습의 사문유관상(四門遊觀相), 태자가 출가를 위해 성을 넘는 모습의 유성출가상(踰城出家相), 출가 사문이 되어 설산에서 수행하는 모습의 설산수도상(雪山修道相), 보리수 밑에서 마왕을 항복시키고 깨달음을 얻는 모습의 수하항마상(樹下降魔相), 부처가 되어 녹야원에서 처음 법을 전하는 모습의 녹원전법상(鹿苑轉法相), 쌍림에서 열반에 드는 모습의 쌍림열반상(雙

18) 목경찬, 『사찰 어느 것도 그냥 있는 것이 아니다』, 조계종출판사, 2007, 32-48쪽.

[그림 3-5] 팔상도 중 녹원전법상

林涅槃相)으로 이루어져 있다. 석가모니를 교육적 인간상으로 볼 때, 이 팔상도는 교육적 인간상의 탄생에서 수도와 득도, 교화에서 열반까지의 모든 것을 여덟 장의 그림으로 단순화시킨 것이다.

또 깨달음의 과정을 열 장의 그림으로 표현한 '십우도(十牛圖)' 혹은 '심우도(尋牛圖)'도 많은 사원의 불교 벽화로 등장한다. 마음을 소로 비유하여 그 소를 찾는 과정을 열 단계로 표현한 것이다. 첫 단계인 심우(尋牛, 소를 찾음)에서 견적(見跡, 발자국을 봄), 견우(牽牛, 소를 봄), 득우(得牛, 소를 잡음), 목우(牧牛, 소을 길들임), 기우귀가(騎牛歸家, 소를 타고 집으로 돌아옴), 망우존인(忘牛存人, 소를 잊고 사람만 있음), 인우구망(人牛俱忘, 사람도 소도 함께 잊음), 반본환원(返本還源, 근본으로 돌아감), 입전수수(入廛垂手, 저잣거리로 들어가 손을 내림)까지가 그것이다. 이 열 단계는 사람이 본성을 찾는 과정이고, 중생이 부처가 되는 과정이고,

세상을 제도하는 하화중생의 과정이다. 달리 말하면 바로 교육의 과정이다. 법당 안의 많은 불보살들, 석가모니를 비롯하여 문수보살, 보현보살, 지장보살, 관음보살, 미륵불, 아미타불, 약사불, 비로자나불 등은 다양한 중생의 근기에 따라 그들을 교화하는 여러 스승들인 것이다. 이렇게 본다면 사원공간 자체가 설계와 조영 당시부터 세밀하게 의도된 교화의 공간이라 할 수 있고, 그 속에서 이른바 불교식 잠재적 교육과정이 실현되는 것이다. 그러고 보면 불교 사원은 불교인만의 공간은 아니었다. 그것은 한국인의 문화공간이었다. 남녀노소, 빈부귀천을 가리지 않고 모든 중생을 다 포용하는 평등공간이었다. 때로는 유가 시인, 묵객의 공간이 되기도 하였고, 도가나 선가의 사상과 문화를 수용하는 공간이 되기도 하였다. 또 수도의 공간이 되기도 하였고, 강학의 공간이 되기도 하였다. 시(詩), 가(歌), 무(舞), 악(樂), 희(戲)가 행해지는 문화의 공간, 유희의 공간이 되기도 하였던 것이다. 그런가 하면 출판과 장서의 공간으로 활용되기도 하였다. 11세기 인간(印刊)된 고려대장경의 의미를 여기서 다 논할 수는 없으나, 민중 교화의 측면에서도 그 의의는 결코 작지 않다. 17세기 한 선비의 『산중일기(山中日記)』에는 다음과 같은 내용이 있다.

> 아침에 인현(印玄) 스님과 같이 먼저 법당을 보고 다음에 판전(板殿), 진상전(眞常殿), 해행당(解行堂) 등을 보았다. 계단과 섬돌은 높고 넓으며 단단한데 건물의 장려함이 기교하다. 불상은 높고 엄숙하여 그 조화가 마치 사람이 만든 바가 아닌 것 같다. 이 절은 당나라 덕종 18년, 곧 신라 애장대왕 3년에 순응(順應), 이정(利貞) 두 스님이 창건한 것이라는데 수백여 년이 흘러도 마치 새것마냥 완연한 모습이니 후세 사람의 재능이 옛 사람의 그것에 멀리 미치지 못함을 알겠다.

> 판전은 무릇 60칸이나 되며 경판은 아주 단정하고 반듯하게 쌓아올려져 있다. 보는 사람의 마음이 절로 숙연해진다. 그러나 여기에는 관리하며 지키는 사람이 없어 선비나 승려나 세속의 남녀 할 것 없이 하루에 수백 명이 관람하는데, 이 사람들이 혹은 마음대로 경판을 꺼내보고 아무 곳에나 놓아두거나, 혹은 경판을 손상시키기도 하니 매우 안타까운 일이 아닐 수 없다.[19]

퇴계 학파의 선비인 정시한(丁時翰, 1625~1707)이 해인사를 답사하고 팔만대장경 경판을 본 소감이다. "보는 사람의 마음이 절로 숙연해진다."고 하였다. 관리는 안 되고 있지만 승속 남녀를 불문하고 하루에

[그림 3-6] 해인사 판전

19) 정시한(신대현 역주), 『산중일기』, 혜안, 2005, 55-56쪽.

수백 명씩 관람을 하는 상황이라 하였다. 1305년에 청주의 원흥사에서 『금강경』이 인쇄되었고, 1377년에는 청주의 흥덕사에서 세계 최초의 금속 활자본인 '직지(直指)'가 만들어졌다. 14세기 초 충렬왕 때의 타락한 사회 분위기에서 『금강경』의 인쇄와 보급은 정신사적, 문화사적 의미가 있다.[20] 뿐만 아니라 사원에서의 인쇄는 미디어의 관점에서 본다면 획기적인 것이다. 그것이 다른 곳이 아닌 미디어의 획일성을 거부하는 사원에서 이루어졌다는 것은 아이러니컬한 것이기도 하지만 이것으로 불교가 획일적 문자문화에 굴복하였다고 할 수는 없다.

Ⅲ. 학교의 대체공간으로서 사원

동아시아 문화권에서 본다면 '학교(學校)'는 유가문화의 산물이자 발명품이다. 한(漢) 무제의 태학(太學) 이래 학교는 유학 연구기관이자 그 유학을 통치이념으로 하는 국가의 관리를 양성하는 기관이었다. 이런 학교라는 문명이 동아시아 여러 나라로 퍼졌고, 동아시아는 학교를 기반으로 공통의 문화권을 형성하게 되었다. 대만대학(臺灣大學)의 高明士 교수는 이를 '동아교육권(東亞教育圈)'이라 명명했고, '동아교육권'에 의해 형성된 세계를 '동아세계(東亞世界)'라고 하였다. 물론 高 교수가 말한 '동아세계'의 구성 요소로는 '한자' '유교' '율령' '과학기술' 이외에 '불교'가 있으며, 이러한 '동아세계'는 당대(唐代)에 이

20) 김승환은 이 시기의 『금강경』의 인쇄가 '타락의 힘'에서 '경건의 힘'을 회복하는 시대적 의미가 있다고 보았다. 김승환, 「원흥사와 흥덕사의 문화사적 의미」, 『충북문화론』, 불교방송 주최 세미나, 2003년 7월 22일 청주시의회 회의실(http://web.chungbuk.ac.kr/~whan86/cbc1.htm).

루어졌다.[21] 확실히 '동아세계'는 유교로서만 설명될 수 있는 것은 아니다. 학교 또는 학교교육은 유교로서 설명이 가능하겠지만 그것만으로 '동아교육' '동아세계'를 충분히 설명하기는 부족하다. 성리학의 성립에 불교가 끼친 영향은 이미 널리 알려져 있듯이, 교육에서도 유교만 가지고 동아시아 교육문화를 설명한다는 것은 한계가 있다. 사실 학교교육만 하더라도 국가 차원의 관학은 유교라는 틀 안에서 설명을 하더라도 무리가 없겠지만, 문자 계몽을 위한 초등교육으로 내려오면 유·불을 엄격히 구분하기 힘든 것이 적어도 14세기까지의 현실이다. 『고려사』「열전」의 민적(閔頔, 1269~1335) 관련 기사에서는 이런 모습이 잘 드러난다.

> 나라의 풍습에 따르면 어릴 때는 반드시 승려에게서 구두(句讀)를 익힌다. 면수(面首)라는 사람이 있었는데 승과 속이 다 그를 받들며 선랑(仙郎)이라 불렀다. 무리를 보았는데 천여 명이나 되었다. 이런 풍속은 신라 때부터 있어 온 것이다. 민적은 10세에 절에 가서 공부를 했는데 자질이 영민하여 책을 보면 그 뜻을 환히 깨우쳤다.[22]

이처럼 당시 아이들은 절에 가서 구두점을 떼는 공부를 하는 것이 나라의 일반적인 풍습이었으며, 사원이 타 종교나 이데올로기를 수용할 수 있는 강학공간으로 변화될 수 있었다는 것[23]도 그리 이상한 일이 아니었다. 그러니 11세기의 사학 십이도의 교육과정의 일부가 사원

21) 高明士, 『唐代東亞教育圈的形成』, 國立編譯館中華叢書編審委員會, 1984.

22) 『高麗史』 卷108, 「列傳 21 · 閔宗儒」.

23) 정순우, 「교육공간에 대한 역사적 고찰」, 한국교육사학회, 『역사 속의 교육공간, 그 철학적 조망』(2008년 연차학술대회 발표 자료집), 2008, 7-8쪽.

에서 수행된 것도 하등 이상한 것이 아니다.

고려의 사학 십이도는 고려의 관학 국자감이 부진하여 제 기능을 발휘하지 못하고 있을 때 당시 해동공자라 불리던 문헌공 최충(崔沖, 984~1068)이 세운 문헌공도를 비롯한 개경의 12개 사학을 말한다. 『고려사』에 의하면 문헌공도는 매년 귀법사(歸法寺)의 승방을 빌려 '하과(夏課)'라는 특별 강회를 열었으며, 도중(徒中)에 급제하여 학문이 우수하고 재능이 많으나 아직 관직에 나아가지 않은 자를 택하여 교도(敎導)로 삼아 구경(九經)과 삼사(三史) 등을 교육시켰다 한다. 또 간혹 선배들이 찾아오면 초에 금을 그어 놓고 시와 부를 짓는 '각촉부시(刻燭賦詩)'를 행하였으며, 그 성적을 방에 붙여 술을 권하는데 예의와 절도가 있어 모두 감탄하였다는 기록이 있다.[24] 이런 사원에서의 특별 강습은 다른 도(徒)에서도 모두 실시되었다.[25] 예종대에는 국학 부흥을 위해 십이도가 국자감에 예속되었다. 인종 17년에는 과거 최종시인 동당시가 끝난 후 십이도의 재생은 모두 모여 50일간의 특별 학습을 하여야 하였는데, 이때 절에서 30일 동안 의무적으로 학습[接寺]을 하여야 했다.

> (인종 17년 6월) 동당감시가 끝난 후에 모든 도(徒)의 유생들이 도회(都會) 일시를 국자감에서 알려 주어야 하는데, 50일 동안 학습한 다음 마치게 한다. 접사(接寺) 30일, 사시(私試) 15수 이상을 지은 자들에 한해 교도(敎導)가 정밀히 심사하여 각기 그 이름 아래 접사 며칠, 사시

24) 『高麗史』 卷74, 「志 28 · 選擧 2 · 學校」.

25) 이규보의 『동국이상국후집』 卷74의 「김학사 폐에게 병서」에는 "儒門의 선현들이 십이도를 만들어 徒마다 齋를 설치하고 門徒가 많건 적건 늘 여름에 한 차례씩 課業을 익히며 명칭을 하천도회라 했다."는 기록이 있다. 황인규, 「고려유생의 하과와 사찰」, 한국종교교육학회, 『종교교육학연구』 제22집, 2006. 6, 23쪽.

> 몇 수라고 기록하고 의견을 붙여 보고한 다음에야 모임에 참가하게 한다.[26]

하과가 열렸던 절 가운데 대표적인 절인 송악산 아래의 귀법사는 963년(광종 14)에 왕이 대원을 발하여 창건한 국찰로 균여(均如, 923~973)가 초대 주지였다. 이 절은 광종 이후 목종 · 선종 · 의종 등 여러 왕의 행차가 있었으며, 중요한 법회의식이 거행되어 당시로서는 최대의 국찰이었다. 특히 1087년에는 선종이 대장경을 봉안하는 법회에 참석하였고, 의종은 1161년 4월 초 이 절에 들러 한 달 넘게 머물렀고, 1166년에는 백고좌회를 열기도 하였다. 귀법사 이외에도 용홍사(龍興寺), 일월사(日月寺), 귀산사(龜山寺), 안심사(安心寺) 등에서 하과가 열린 기록이 있다.[27] 『보한집(補閑集)』에는 다음과 같은 기록이 있다.

> 십이도의 관동들이 매년 여름 산림에 모여 학업을 익히다가 가을이 되면 파했다. 주로 용홍사와 귀법사 두 절에 우거했다. 어느 날 저녁 가을 하늘엔 달이 밝게 비추고 상쾌한 기운이 사람을 엄습했다. 사직(司直) 한순(咸淳), 선달(先達) 이담지(李湛之), 선달(先達) 옥화우(玉和遇) 등이 관동(冠童) 예닐곱 명을 데리고 귀법사의 돌다리 위에 모여 작은 주연을 열고, 옛 사람의 운을 써서 시를 읊었다.[28]

귀법사와 용홍사는 가까이 있었던 절이었고, 일월사는 고려 태조 5년

---

26) 『高麗史』 卷74, 「志 28 · 選擧 2 · 學校」.

27) 황인규, 앞 논문, 24-29쪽.

28) 崔滋, 『補閑集』 卷上(이하 『파한집』과 『보한집』의 번역문은 대양서적에서 1975년에 간행한 『파한집/보한집/역옹패설』을 참조하였음).

(922)에 송악산 기슭에 세워진 절인데, 여기서는 인종 21년 하과가 열렸고, 명종의 명에 의해 절 경내 낙성재(樂聖齋) 학당을 두었다는 기록이 있다.[29] 서긍(徐兢, 1091~1153)은 송(宋) 휘종(徽宗)의 사신으로 송도(松都)에 와서 "아래로는 민간 마을에 경관(經館)과 서사(書舍)가 두셋씩 늘어 있다. 그리하여 그 백성들의 자제로 결혼하지 않은 자들이 무리를 지어 살면서 스승으로부터 경서를 배우고, 좀 장성하여서는 벗을 택해 각각 그 부류에 따라 절간에서 학습하고, 아래로 졸병과 어린 아이들에 이르기까지도 향선생(鄕先生)에게서 글을 배운다."[30]고 사원 강습에 대해 말하였다. 이 역시 십이도의 교육 상황을 이야기한 것이거나 십이도가 아니어도 젊은이들이 자발적으로 사원에서 공부한 상황을 말한 것이 아닌가 한다. 이러한 하과는 고려 말에 이르러 향교에서 흡수 시행되었다.[31]

조선조의 교육제도 가운데 사부학당은 고려의 동서학당과 오부학당의 전통을 이은 것인데, 처음에는 오부학당 체제를 갖추려고 하였다. 그러나 초기에는 국가체제가 정비되지 못하여 사부학당에 그쳤는데, 태종대에서부터 세종대에 이르기까지 한성의 남부, 중부, 서부, 동부에 차례로 독자적인 건물을 세웠다. 성균관의 부속학교 성격을 지닌 사부학당은 개국 직후 학당의 건물을 제대로 갖추지 못하였고, 이때 임시로 사원 건물을 빌려서 사용하였다. 동부학당은 순천사(順天寺), 서부학당은 미륵사(彌勒寺)를 이용하였다. 『정종실록』에는 다음과 같은 기록이 있다.

29) 李仁老, 『破閑集』 卷上.

30) 민족문화추진회, 『국역 고려도경』, 1977, 223-224쪽.

31) 황인규, 앞 논문, 32쪽.

> 동서부학당의 생도를 내보냈다. 처음에 오부학당을 설치하고 학사(黌舍)를 세우지 못하였기 때문에, 동부에서는 학생을 순천사에 모으고 서부에서는 미륵사에 모았는데, 두 절의 중이 삼보를 파괴하고 더럽힌다고 아뢰므로 곧 학당을 없애도록 명하였다.[32]

여기서 오부학당 체제는 마련되었으나 학사(黌舍)가 마련되지 않았으며, 순천사와 미륵사 내에 학당을 설치하였음을 알 수 있다. 그러나 이때까지는 불교의 위세가 있어서 승려들의 항의에 학당을 없앨 수밖에 없었다. 사실 이러한 사정은 태조 즉위 초부터 있었던 것 같다.

> 임금이 동부 유하 교수관(東部儒學敎授官) 이격(李格)을 책망하여 말하기를, "그대는 어찌하여 못된 동자(童子)를 놓아주어 절[佛事]을 더럽히고 훼손하게 하였는가?" 하면서 곤장을 치려고 하다가 그만두었다. 이내 오부학당(五部學堂)에 명하여 절에 가지 못하게 하였다.[33]

이것은 오부학당 가운데 동부의 학동들이 절을 찾아 절을 훼손하는 행위가 있어 태조가 엄명을 내려 절에 출입을 금한 것이다. 그러나 태종대에 정식 공간을 마련하기까지는 사원을 이용할 수밖에 없었다. 선초 유생들이 사원을 이용한 것은 그리 이상한 일이 아니었다. 원각사(圓覺寺)는 원래부터 큰 절이었는데, 유불 교체기에는 관청이 사찰을 활용하는 경우가 있었다. 원각사 역시 서선당(西禪堂)에는 음악을 담당하는 관청인 관습도감(慣習都監)이, 동선당(東禪堂)에는 국장(國葬)을 담당하던 관청인 예장도감(禮葬都監)이 있었으며, 대전(大殿) 북쪽에

32) 『정종실록』 2년 8월 21일.
33) 『태조실록』 2년 3월 20일.

있는 중부에는 유생들이 모여 살았다.[34] 이렇듯 사원은 선초까지 학교의 대체공간 혹은 특별 강습회의 공간으로 널리 활용되었다. 이것은 꼭 교육공간의 부족 때문만은 아니었다. 아래에서 보겠지만, 우리나라의 사원은 주로 풍광이 뛰어난 산중에 위치하여 사원의 별칭을 '산사'라고 해도 어색하지 않듯이 선비들에게는 더할 나위 없이 좋은 독서처였기 때문이기도 하다.[35] 그러나 조선 중기 이후에는 관의 차원이 아닌 개인 차원의 학습공간, 강학공간으로 그 활용 경향이 바뀌게 된다.

Ⅳ. 지식인의 독서공간으로서 사원

불교 사원이 지식인의 독서공간이 된 것은 이미 신라 말기부터 조선시대까지 일관된 경향이다. 절에 아예 독서당을 만든 사례는 고운(孤雲) 최치원(崔致遠, 857~?)에게서 처음 볼 수 있다. 최치원이 당에서 귀국하여 국정에 참여하다 뜻을 이루지 못하자 만년에 해인사에 들어갔는데, 이때 해인사에 그의 독서당을 두었다. 『동문선』에는 '제가야산 독서당(題伽倻山讀書堂)'이라는 7언절구가 남아 있다.

첩첩 바위 사이를 미친 듯 달려 겹겹 봉우리 울리니(狂奔疊石吼重巒),
지척에서 하는 말소리도 분간키 어려워라(人語難分咫尺間).
늘 시비하는 소리 귀에 들릴세라(常恐是非聲到耳),
짐짓 흐르는 물로 온 산을 둘러 버렸다네(故教流水盡籠山).

34) 『용재총화』 권7.

35) 이러한 경향은 중국의 경우도 마찬가지다. 중국 당대의 경우는 嚴耕望, 「唐人習業山林寺院之風尙」, 『嚴耕望史學論文選集』, 臺北: 聯經出版公司, 1991에 상세한 사례가 있다.

또 이인로(李仁老, 1152~1220)의 『파한집(破閑集)』에 "공의 구름 같은 수염과 옥 같은 뺨에는 항상 백운이 그 위를 덮고 있었으므로 진영(眞影)을 그려 독서당에 걸어두었는데 지금도 보존되어 있다."[36]라고 하여, 최치원의 독서당에는 자신의 모습을 그린 상을 걸어두었다는 것을 알 수 있다. 조선 중기 때 편찬된 『신증동국여지승람』에서는 "세상에 전해 오는 말에는 최치원이 가야산에 숨어 살았는데, 하루 아침에는 일찍 일어나서 문밖을 나갔더니 갓과 신을 숲 사이에 버려두고 간 곳을 몰랐다. 최치원이 죽은 그날이 오면 절의 승려가 명복을 빌고 유상(遺像)은 독서당에 남겨두었다 한다. 당(堂) 터는 절 서쪽에 있다."[37]고 하였다. 이미 이때 독서당은 유허가 된 것이다. 그런데 최치원의 독서당은 해인사에만 있었던 것은 아니고 지리산 단속사(斷俗寺)와 경주 낭산(狼山)의 독서당 등도 확인된다. 단속사의 독서당에 대해서는 『신증동국여지승람』에 "지리산 동쪽에 있다. 골 입구에 최치원이 쓴 '廣濟嵒門' 네 글자를 세긴 돌이 있다. 또 치원의 독서당이 있었는데, 뒤에는 중 대감(大鑑)의 영당(影堂)으로 되었다."[38]고 기록되어 있다. 이 밖에 서원은 아니지만 최치원의 독서당이 경주 낭산에도 있었다. 『동경통지(東京通志)』(卷上 「壇廟條」)에서는, "在府東排盤狼山上 崔致遠讀書堂 後孫隨毁修補 至今翼然 遠壓城市 府面瞰平野"라 하여 뒷날 낭산서당이라 불린 독서당이 있었던 기록과 유적이 남아 있는데,[39] 그곳과 사원의 관계는 확인되지 않는다.

지식인의 사찰 활용은 고려시대에도 이어진다. 황인규의 연구에서

---

36) 李仁老, 『破閑集』 卷中.

37) 이행 외, 『신증동국여지승람』 권30, 「합천군 · 고적(증보)」.

38) 같은 책, 권30, 「진주목 · 불우」.

39) 동국대경주캠퍼스 박물관, 신라낭산유적조사 보고서, 1985(http://www.gcp.go.kr/cultural/cul_view.jsp?id=312&category=2&subtype=0).

는 고려시대의 가장 중요한 사료인 『고려사』나 『고려사절요』는 성리학자의 유교적 사관에 의해 서술되었기 때문에 사찰 독서 사실이 충분히 기록되지 않았으며, 고려 중엽 이후 개인 문집류에서 일부 기록들이 발견된다고 한다.[40] 즉, 무신집권기에는 강좌칠현(江左七賢)의 예로 이인로(李仁老, 1152~1220)가 농서(隴西) 이담지(李湛之)와 함께 단주(湍州) 앙암사(仰巖寺)에서 독서를 한 기록이 있고, 명종 때의 황빈연(黃彬然)이 단주(湍州) 감악사(紺岳寺)에서 독서를 한 기록도 있다. 또 원 간섭기에 신진사류로서 이곡(李穀, 1328~1396)과 그의 아들·손자들이 산사에서 독서를 하였으며, 이색과 그의 친구 오동(吳仝)이 산사에서 독서를 하였다. 또 이색의 친구 백린(白璘)이 숭정사(崇政寺)에서 독서를 한 기록과 이집(李集, 1314~1387)의 아들이 증산사(甑山寺)와 불국사(佛國寺)에서 독서를 한 기록도 있다. 박생(朴生)의 아들 박장(朴章)이 법천산중(法川山中)과 흥국사(興國寺)에서 『소학(小學)』을 독서한 기록도 있다. 그리고 고려 말 성리학 온건파로 분류되는 이존오(李存吾, 1341~1371)는 삼각산(三角山) 사찰에서 독서하였으며, 이숭인(李崇仁, 1346~1392)은 현성사(玄聖寺)에서 독서하였고, 길재(吉再, 153~1419) 역시 냉산(冷山) 도리사(桃李寺)에서 독서한 기록이 있다. 그리고 성리학 관학파로 분류되는 이첨(李詹, 1345~1405) 역시 부동사(不動寺)에서 독서를 하였고, 조준(趙浚, 1346~1405)은 월배사(月背寺)에서, 하륜(河崙, 1347~1416)은 진주(晉州) 오대사(五臺寺)에서 독서를 하였다는 기록이 있다 한다. 그런데 주목할 만한 것은 독서당의 기록 가운데 무인 이성계 역시 귀주사(歸州寺)에 독서당을 두었다는 내용이 있다는 것이다.

40) 황인규, 「고려후기 유생의 사찰독서」, 한국불교학회, 『한국불교학』 제45집, 2006, 237~238쪽.

> 함흥의 동쪽 10리쯤 되는 곳에 귀주동(歸州洞)이 있고 설봉산(雪峰山) 아래에 절이 있는데 절 옆에 독서당이 있다. 곧 태조헌강대왕이 왕위에 오르기 전에 독서하던 곳으로, 함산지(咸山志)에 이른바 "푸른 시냇물 흐르는데 섬돌은 아직도 남아 있다."고 한 것이 이곳이다. 여러 차례 전란을 거치면서 독서당은 무너지고 터만 남아 세월이 흘러갔다.[41]

억불숭유책을 표방한 조선조에서도 불교 사원은 지식인의 독서공간, 학문공간, 나아가 교육공간이 되었다. 조선 초기의 조정 관리를 대상으로 한 재교육제도인 사가독서(賜暇讀書) 공간으로서 사원과 조선 중기 사림의 독서와 강학 공간으로서 사원의 교육적 활용 상황을 알아보자.

사가독서는 세종 때 처음 만들어졌는데 초급 관리들을 대상으로 그들에게 휴가를 주어 독서를 하게 한 것이다. 그 설치 이유와 선발 인원, 독서 장소 등에 대해서 『세종실록』에서는 "집현전부교리(集賢殿副校理) 권채(權綵)와 저작랑(著作郞) 신석견(辛石堅), 정자(正字) 남수문(南秀文) 등을 불러 명하기를, 내가 너희들에게 집현관(集賢官)을 제수한 것은 나이가 젊고 장래가 있으므로 다만 글을 읽혀서 실제 효과가 있게 하고자 함이었다. 그러나 각각 직무로 인하여 아침저녁으로 독서에 전심할 겨를이 없으니, 지금부터는 본전(本殿)에 출근하지 말고 집에서 전심으로 글을 읽어 성과를 나타내어 내 뜻에 맞게 하고, 글 읽는 규범에 대해서는 변계량의 지도를 받도록 하라 하였다."[42]고 기록하고 있

41) 金演, 『朝鮮太祖讀書堂重建事蹟碑』, 『조선금석총람』(하), 황인규, 같은 논문, 233쪽에서 재인용.

42) 『조선왕조실록』 세종8년 12월 11일(왕조실록의 내용은 http://sillok.history.go.kr에서 인용).

다. 그러나 집에서 독서를 하다 보니 찾아오는 사람이 많아 효율적이지 못하여 장소를 산사로 바꾸었다. 이러한 내용은 서거정이 편찬한 『계원잡기(筆苑雜記)』에 다음과 같이 기록되어 있다.

세종이 집현전을 설치하고 문학하는 선비를 모아서 수십 년 동안을 양성하니 인재가 많이 나왔으나, 오히려 아침에는 관청에 나가고 저녁에는 숙직하여 공부에 전념하지 못할까 염려하여, 나이가 젊고 재주와 덕행이 있는 몇 사람을 뽑아서 휴가를 주어 산에 들어가 글을 읽게 하고, 관에서 그 비용을 공급하여 경사(經史), 백자(百子), 천문, 지리, 의약, 복서(卜筮) 등을 마음껏 연구하여 학문이 깊고 넓어 통하지 못하는 것이 없게 함으로써 장차 크게 쓰일 기초가 되게 하였으니, 앞에는 문희공(文僖公) 신석조(辛碩祖), 승지 권채, 직전(直殿) 남수문(南秀文)이 있었고, 뒤에는 문충공 신숙주가 있었으며, 그 밖의 사람도 모두 名士들이었다. 문종조(文宗朝)에는 남양 부원군 홍응(洪應)과 한산(韓山) 이파(李坡)가 있었고, 비록 거정(居正)과 같은 무재(無才)로 여기에 뽑힘을 얻었으니, 참으로 일세의 거룩한 일이다.[43)]

즉, 업무로 공부에 전념하지 못하기 때문에 산사에 들어가 글을 읽게 하였다는 것이다. 그런데 그들이 초기에 이용한 사원은 진관사(津寬寺)나 장의사(藏義寺)였다. 세종 24년(1442)에 사가독서로 선발한 사람은 박팽년(朴彭年), 이개(李塏), 성삼문(成三問), 하위지(河緯地), 신숙주(申叔舟), 이석형(李石亨)의 6인이었다. 그들은 삼각산 진관사에서 자유롭게 책을 읽고 시를 지었다. 그들이 삼각산의 웅대한 모습을 경쟁

43) 『필원잡기』 권3.

[그림 3-7] 삼각산 진관사

적으로 묘사한 시 '삼각산연구(三角山聯句)'에는 "경전을 익히려 산사를 찾았더니/정신을 수양함에 하늘의 도움을 받았네/아침저녁 푸른 산빛 바라보고/앉거나 서거나 훈고서를 찾는다네/시 짓는 일 비록 좋지만/학술이 거칠어지지 않겠나."라는 내용도 있다.[44] 그리고 언제부터인가 사가독서의 장소는 장의사(藏義寺)로 옮겨졌다. 장의사는 인왕산과 백악산 북쪽 삼각산 서쪽에 있었는데, 『용재총화』의 기록에는 절의 모습이 다음과 같이 묘사되어 있다.

> 성 밖의 놀 만한 곳으로는 장의사 앞 시내가 가장 아름답다. 시냇물이 삼각산 여러 골짜기에서 흘러나오고 골짜기 속에 여제단(厲祭壇)이 있으며, 그 남쪽에 무이정사(武夷精舍)의 옛터가 있다. 절 앞에 돌을 쌓은 것이 수십 길[丈]이나 되어 수각(水閣)을 이루고, 절 앞 수십 步에 차

44) 이종묵, 「사가독서제와 독서당에서의 문학 활동」, 한국한시학회, 『한국한시연구』 제8집, 2000, 7쪽.

> 일암(遮日巖)이 있는데, 바위가 절벽을 이루어 시내를 베고[枕] 있는 것 같으며, 바위 위의 장막을 둘렀던 우묵한 곳이 있다. 바위가 층층으로 포개져 계단과 같으며, 분류(奔流)가 어지러이 쏟아지는데, 청천(晴天)의 우뢰처럼 귀를 시끄럽게 한다. 물은 맑고 돌은 희어 선경(仙境)이 완연하니, 와서 노는 의관자(衣冠者)들이 그치지 않는다.[45]

신숙주, 이석형, 성삼문 등이 이곳에서 시를 짓고 독서를 하였으며, 그들과 친하게 지내던 승려 일암(一菴)도 참여하였다 한다.[46] 사가독서는 문종대, 단종대에도 지속되었으나 세조대에 와서 집현전이 폐지되면서 함께 폐지되었다. 그러나 성종대에 홍문관을 열면서 사가독서는 부활되었고, 독서당이라는 독자적 건물을 지어 계속 이어나가게 된다.

이렇게 관에서 실시하는 사가독서가 사원을 이용한 것은 독자적인 건물을 짓지 못한 탓도 있지만 사원의 조용함과 풍광이 선비들에게는 좋은 학문의 공간이 되었기 때문이기도 하다. 사가독서가 아니어도 선비들이 사원을 강학처로 이용한 것은 조선시대에서도 그리 낯선 일이 아니었다. 원주의 법천사(法泉寺)는 725년 성덕왕 때 창건된 절인데, 고려 문종 때 지광국사(智光國師)가 머무르면서 융성했다. 선초 권근의 조카사위이자 변계량에게 수학한 류방선(柳方善, 1388~1443)이 이곳에서 권람(權擥), 서거정(徐居正), 이승소(李承召), 한명회(韓明澮), 강효문(康孝文), 성간(成侃) 등 당대의 학자들에게 글을 가르친 곳이 법천사다. 서거정은 이곳에서 「독서법천사차정경운(讀書法泉寺次正卿韻)」을 짓는다.

---

45) 『용재총화』 권1.

46) 이종묵, 앞 논문, 9쪽.

발에 각반 차고 산중을 오가는 것은(山中來往有行縢)
고요한 절간과 한가한 스님을 좋아해서이지(靜愛招提閑愛僧)
종이휘장은 찬바람을 막느라 울어대고(紙帳遮寒風慽慽)
바닥에 피운 화로는 온기를 전하여 불꽃을 날리네(地爐通暖火騰騰)
한밤 창밖에 눈 오는 줄도 모르고(不知窓外三更雪)
새벽녘까지 등불심지 다 돋우었네(挑盡釭頭五夜燈)
내년 봄 과거에 힘을 다하느라(努力明春場屋事)
때때로 실처럼 가늘게 글자를 쓰네(時時寫字細如繩)[47]

『신증동국여지승람』에는 이들이 법천사에서 공부하였기에 법천사의 명성이 널리 퍼졌다 한다. 사실 선초만 하더라도 유교는 여전히 국가의 이념으로만 머물렀으며, 일반 서민은 말할 것도 없고 사대부가에서도 여전히 불교는 생활의 한 부분으로 자리하고 있었다. 『용재총화』에서는 이러한 사정에 대해 다음과 같이 기록하고 있다.

> 신라, 고려는 불교를 숭상하여 상사(喪事)는 오로지 불공하고 중에게 밥 먹이는 것을 상례로 하였다. 우리 본조에 이르러 태종께서 사사(寺社)의 노비까지 개혁했으나 그 풍습이 아직도 남아 있어 공경, 유사(儒士)의 집에서도 빈 당에서 중을 불러 설경(說經)하는 것을 예사로 하고 이름을 법석(法席)이라 했다. 또 산사에서 칠일재를 베푸는데, 부자는 서로 사치스럽게 꾸미는 데에 힘쓰고 가난한 자 역시 예에 따르려고 구차히 마련하였다. (…)성종께서 정학(正學)을 숭상하여 이단을 배척하고 불사(佛事)에 관해서는 대간(臺諫)이 그 폐단을 극언하니 사대부

47) 「讀書法泉寺次正卿韻」, 『四佳集』; 이종묵, 『조선의 문화공간1』, 휴머니스트, 2006, 232-233쪽에서 재인용.

> 집안은 헌장과 물의를 두려워하여 상기(喪忌)를 만나더라도 모두 법에 의해 제사를 행하고 승불(僧佛)을 공양하지 아니하는데, 아직도 그것을 폐지하지 않는 자는 다만 무뢰한 하민(下民)들 뿐이며, 이들도 또한 마음대로 하지는 못하게 하고 또 중의 도첩법을 엄하게 하여 주, 군에서 도첩 없는 자를 찾아 머리를 길러 환속하게 하니 중외에 있는 사찰이 모두 텅 비었다.[48]

이 글을 보면 조선 초기를 넘으면서 국가의 강력한 억불정책에 의해 사원은 점차 세력을 잃어가고 '중외에 있는 사찰이 모두 텅 비었다'고 할 정도가 되었다. 그리하여 사림파가 형성되던 시점에는 많은 사원의 경제력이 서원의 경제적 기반으로 바뀌게 된다. 즉, 사원의 공간에 서원이나 향교가 들어서고, 사원의 전민(田民)도 서원으로 귀속처가 바뀌게 된 것이다.[49] 심지어 재지사족의 경제적 기반 구축의 수단이 되는 '복거(卜居)'의 경우에도 폐사가 이용되기도 했는데, 15세기 김종직은 유승식(柳承湜), 손효조(孫孝祖)와 함께 밀양의 월영사고기(月影寺古基)에 가서 복거할 만한 곳을 답사하기도 하였다.[50] 그럼에도 불구하고 사림의 '유상독서지처(遊賞讀書之處)'로 사원이 활용된 것을 이런 경제적인 면에서만 찾을 수는 없다. 조선 중기의 유학자들이 사원을 어떻게 인식하였나 하는 것은 퇴계로부터 짐작할 수 있다.[51]

48) 『용재총화』 권1.

49) 이수건, 『영남 사림파의 형성』, 영남대 민족문화연구소, 1979, 169쪽.

50) 이수환, 「영남지방 서원의 경제적 기반(II)」, 대구사학회, 『대구사학』 제26집, 1984, 6-7쪽.

51) 안경식, 「교육공간을 향한 퇴계의 시선」, 한국교육사학회, 『역사 속의 교육공간, 그 철학적 조망』(2008년 연차학술대회 발표 자료집), 2008, 25-29쪽 참조. 이 글 전문은 이 책 5장에 실려 있다.

정통 유학자인 퇴계는 불교에 대해서는 긍정적인 인식을 가지고 있지 않았으나, 불교 사원이라는 공간에 대해서는 부정적인 인식을 탈피하여 적지 않은 관심을 가지고 적극적으로 '활용'하기까지 하였다. 퇴계가 머물렀던 사원은 헤아릴 수 없이 많다. 그가 교육공간으로 적극적으로 활용한 사원만 하더라도 10여 곳은 된다. 퇴계의 집에서 그리 멀리 떨어져 있지 않은 용수사(도산면 운곡리 소재)는 대대로 퇴계 집안의 공부방, 즉 가숙이었다. 퇴계는 말할 것도 없고 퇴계의 할아버지대부터 손자대에 이르기까지 여기서 독서하였다. 청량산의 청량정사(오산당)와 월란사(월란정사) 등은 퇴계가 공부하던 절 혹은 절터를 독서당[精舍]으로 바꾼 곳이다. 봉정사를 비롯하여 보문암, 성천사, 광흥사, 운암사 등도 그의 독서당이자 유식처(遊息處), 장수처(藏修處)였다. 조선 중기 사림의 독서, 교육 공간으로서 사원이 일정한 역할을 하였다는 것은 퇴계에게서만 볼 수 있는 것은 아니다. 남명 조식(1501~1572)의 경우도 마찬가지다.

[그림 3-8] 안동 청량산 청량사

그의 글에 따르면, 남명이 머물렀던 절은 쌍계사, 칠불암, 단속사, 오대사, 신응사, 지곡사 등의 지리산 자락의 절과 해인사, 구암사(김해), 운문사, 명월사, 문견사 등의 절이었다. 남명은 열다섯(1515)에 부친이 단천 군수로 부임하자 그곳에서 공부에 힘썼는데, 유교 경전만 공부하지 아니하고 천문, 지리, 의학, 병서와 같은 잡학과 노장(老莊)이나 불교와 같은 이단 서적들도 폭넓게 공부하였다. 남명학의 노장적 성격은 주지의 사실이나 불교와의 관계는 그다지 알려진 바가 없다. 그러나 남명 역시 젊은 시절 처가 부근의 절에서 독서하였으며,[52] 지리산 부근의 산사에서 며칠씩 머물며 강학과 한거의 시간을 보내며 산사를 소재로 시를 짓기도 하였다. 지리산 신응사에서 독서를 하다, '신응사에서 글을 읽다가(讀書神凝寺)'라는 시를 지었다.

> 아름다운 풀로 봄 산에 푸르름 가득한데(瑤草春山綠滿園),
> 옥 같은 시냇물 사랑스러워 늦도록 앉아 있노라(爲憐溪玉坐來遲).
> 세상을 살아가노라면 세상 얽매임 없을 수 없기에(生世不能無世累),
> 물과 구름을 다시 물과 구름에 돌려보낸다(水雲還付水雲歸).[53]

또 '희감 스님에게 줌(贈熙鑑師)'란 시를 지어 스님과 교유하기도 하였다.

> 암자는 쓸쓸히 황혼에 잠겨 고요한데(上房岑寂鎖黃昏),
> 대 그림자 솔바람 소리에 도는 저대로 존재하네(竹影松聲道自存).

---

52) 28세에 부친상을 마치고 처가가 있는 의령 가례에서 자굴산 명경대 아래 산사에서 독서하였다 한다.

53) 경상대학교 남명학연구소 편역, 『교감 국역 남명집』, 이론과실천, 1995, 72쪽.

機心은 끊었어도 시 좋아하는 버릇은 남아 있어(斷盡機心詩癖在),
굳이 아름다운 시구를 갖고서 남의 문을 두드리네(强將佳句拘人門).[54]

이 밖에도 사원과 관련된 시로는, '제오대사(題五臺寺)', '증오대승(贈五臺僧)', '산사우음(山寺偶吟)', '제구암사(題龜巖寺)' 등이 있다. 또 지리산 단속사에는 고려 말기 통정 강회백(姜淮伯)이 어린 시절 공부할 때 심은 매화가 있는데, 회백의 벼슬이 정당문학(政堂文學)에 이르러 그 매와의 이름을 정당매(政堂梅)라 한다. 회백이 고려가 망하자 조선에 벼슬을 하였는데, 남명은 '단속사정당매(斷俗寺政堂梅)'라는 시를 써서 "어제도 꽃을 피우고 오늘도 꽃을 피웠구나(昨日開花今日花)."라고 풍자한 바 있다. 이 단속사에서는 선비들이 거접(居接)을 하였는데, 그때 불상에 불을 내고 경판을 태운 일이 있었다. 뒤에 그들이 남명 선생을 뵙고 이 일에 대해 사과를 한 바 있다.[55]

남명이 66세 되던 해 정월에 옥계 노신, 개암 상익, 덕계 오건, 동강 김우옹이 남명과 지곡사(智谷寺)에서 만났는데 사방의 많은 제자들이 모여 다 수용할 수가 없었다고 한다.[56] 그리고 이 해 2월에 구암(龜岩) 이정(李楨)과 단속사에 모여 대소헌(大笑軒) 조종도(趙宗道)와 약간의 선비들이 모여서 성리학의 문제를 논변한 바도 있다.[57]

이상에서 보았듯이 조선시대 지식인들에게 사원은 좋은 독서처였다. 『용재총화』에 "시승(詩僧)이 관리들과 서로 수창(酬唱)하는 일이 자못 많았으며, 독서하는 유생은 모두 절에 올라가서 하였다."[58]는 기

54) 같은 책, 68쪽.
55) 권정석 역, 『남명선생언행총록』, 김해문화원, 1991, 13쪽.
56) 같은 책, 51쪽.
57) 같은 책, 51-52쪽.
58) 『용재총화』 권8.

록이 있듯이, 사원은 단지 불교교육의 공간만이 아니었다. 승속, 남녀, 유불을 불문한 한국인의 교육공간이었던 것이다.

Ⅴ. 맺음말

우리에게 교육공간으로서 전형적인 모습은 '학교'인데, 그것은 현대나 전통 사회나 마찬가지다. 현대의 학교가 규격화되고 획일화된 모습의 콘크리트 건물 속에 꽉 짜인 시간표에 따라 움직이는 학생들의 모습으로 형상화된다면, 전통사회의 학교의 모습은 오로지 유교식 교육으로 과거를 준비하는 모습으로 형상화된다. 그러나 이러한 모습만이 교육공간의 전부는 아니다. 또 다른 모습의 교육공간을 본문에서는 불교 사원에서 찾았다. 학교의 정의를 법규나 사상에 얽매이지 않고 교육의 미디어라는 측면에서 본다면, 또 교육을 '지(知)'의 창조이자 전달이라는 관점에서 본다면, 교육사는 지금과는 다른 모습으로 쓰일 수 있을 것이고 지금 우리에게 주는 역사적 함의도 훨씬 풍부해질 수 있을 것이다.

그러면 교육 미디어로서 불교 사원이라는 공간의 특성은 어떻게 정리될 수 있을까. 우선 그것은 교화의 공간이라는 것이다. 사원의 설계와 조영은 일차적으로 불교사상에 의거하여 이루어진다. 신라 이래 조영된 많은 이 땅의 사원들은 아미타신앙, 미륵신앙, 관음신앙을 비롯한 화엄사상과 선사상 등 우리나라에 들어온 종교이념을 공간적, 건축적, 예술적으로 실현한 것이고, 그러한 공간적 매체를 통해 사상을 체득하게 되는 것이다. 다시 말해, 사상을 경전이라는 '문자적 도구'에 의존하는 것과는 다르게 불탑, 불상, 불화와 함께 사원이라는 '비문자적 도구'에 의해 중생의 교화가 이루어지도록 한 것이 사원공간의 특성이고, 그 공간의 일차적 기능은 교화와 교육이라는 것이다. 그리하여 그 공간은 수도승만을 위한 공간일 수 없고, 승속을 위한 열린 공간, 개방 공간이라는 또 하나의 특성이 생기게 된다. 퇴계가 만들었고 이후 조선 서원 원규의 모범이 된 이산원규(伊山院規)에 따르면, 서원은 부녀자와 아이들이 드나들 수 있는 공간이 아니다.[59] 그에 반해, 사원은 위로는 왕으로부터 공경대부나 선비는 말할 것도 없고, 아래로는 서민, 심지어 계집종까지도 드나들 수 있고 참여할 수 있는 개방되고 포용된 공간이다. 그러면서도 우리 나라의 사원은 대부분 격리된 공간이다. 사원을 산사라고도 하듯이 대부분의 사원은 산속에 있어 세속의 번잡함을 피할 수 있다. 내면에 침잠할 수 있는 공간이고 번뇌를 잊을 수 있는 공간이다. 또한 사원은 그 자체만으로 구성되지 않고 풍광이 뛰어난 산수를 부가적인 학습공간으로 가지고 있다. 본문에서도 보았지만, 선사(禪師)들이 사원을 건립할 때는 그 공간의 위치를 상당히 중시했다. 그리하여 뒤로는 저녁 노을이 끼는 봉우리에 의지하고 앞으로는 구름이 비치는 산수(澗水)를 내려다볼 수 있는 곳에 자리를 잡았고, 강 너머 먼 산이 시야를 맑게 하는 곳, 돌에서 솟구쳐 흐르는 여울물 소리가 귓부리를 시원하게 하는 곳에 자리를 잡았던 것이다. 봄이 되면 시냇가에 온갖 꽃들이 피고, 여름이 되면 길가에 소나무가 그늘을 드리우고, 가을이 되면 두 산 사이의 오목한 구렁에 밝은 달이 떠오르고, 겨울이 되면 산마루에 흰 눈이 뒤덮여 철마다 모습을 달리하고, 온갖

59) 이산원규에 따르면 색(色)은 문을 들어올 수 없다고 하였으며, 그 이유는 여색이 들어오면 더럽혀지기 때문이라 했다. 또 아이들은 업을 받거나 유생을 불러오는 일이 아니면 입덕문(入德門) 안에 들어오지 못한다고 하였다. 물론 이는 당시 학교의 기강이 너무 무너진 탓에 공부하는 학풍과 기강을 세우려는 뜻이기는 하였지만, 그것을 감안하더라도 서원을 개방적 교육공간으로 보기는 힘들 것이다.

물상(物像)이 빛을 나누며, 여러 울림소리가 어울려 읊조리고, 수많은 바위들이 빼어난 곳에 자리를 잡는 것은 불교 공부의 특성 때문이다.

맥루한(M. McLuhan, 1911~1980)에 따르면 미디어에는 핫 미디어와 쿨 미디어가 있다. 핫 미디어는 단일 감각을 높은 정세도까지 확장하는 것이다. 높은 정세도라는 것은 자료가 충족되어 있는 상태를 말한다. 사진은 시각적으로 높은 정세도를 가지고 있으며 만화는 낮은 정세도를 가지고 있다. 이런 관점에서 사원공간은 핫 미디어가 아닌 쿨 미디어다. 핫 미디어는 정세도가 높은 대신 참가 정도가 낮고, 쿨 미디어는 정세도가 낮아 참가 · 보완 정도가 높다.[60)]

사원공간은 많은 부분을 참여자에게 맡겨 놓는다. 텅 빈 선방에서 선객에게 선사는 아무 말도 않지만 선객은 온 몸으로 참여한다. 선사의 메시지 내용이 중요한 것이 아니라 선방이라는 메시지 형식이 중요하다. 선사가 중생에게 무엇을 말해 주어야 하는 것이 아니라 절이라는 공간 자체가 의미를 만든다는 말이다. 오늘날 교육공간이 인간을 만드는 방식, 지식을 만들고 전달하는 방식과 전통 사원이 인간을 만들고 의미를 창출하는 방식은 적지 않은 차이가 있어 보인다. 우리가 합리적 지식이라고 생각하고 있는 근대 과학적 지식은 시각화된, 시각에 의존하는 지식이다. 개개의 고유한 특질을 지닌 사물을 유한의 음소, 원소 혹은 변인으로 환원시키고 순차적이고 인과적인 형태로 조합하여 선형적으로 제시하는 것이 맥루한이 보는 근대적 지식의 성격이다.[61)] 사원은 이런 근대적 지식을 거부한다. 사원은 시각에 의존하여, 활자에 의하여 하나의 정형적 인간을 '만드는' 공장과 같은 공간이 아

---

60) M. McLuhan(박정규 역),『미디어의 이해』, 커뮤니케이션북스, 1997, 25-38쪽.

61) 임상원,「맥루한의 사상과 철학」, M. McLuhan(임상원 역),『구텐베르크 은하계』, 커뮤니케이션북스, 2001, 555-556쪽.

니라 본래 성품을 '기르고' '찾는' 공간이다. 이 시대의 대표적 교육공간인 학교가 사적 욕망과 지식 소비의 공간으로 고정되어 가고 있는 이 시점에서 또 하나의 교육공간으로서의 사원이 우리에게 줄 수 있는 메시지는 무엇일까. 그것은 제행이 무상하고 제법이 공하다는 불교의 메시지를 말이 아닌 공간 자체로 구현할 수 있는 곳, 즉 '존재의 장'이어야 한다는 것이다.

참고문헌

『三國遺事』, 『高麗史』, 『高麗圖經』, 『破閑集』, 『朝鮮王朝實錄』, 『補閑集』, 『新增東國輿地勝覽』, 『慵齋叢話』, 『筆苑雜記』, 『大東野乘』, 『五山說林草藁』

경상대학교 남명학연구소 편역, 『교감 국역 남명집』, 이론과실천, 1995.

권오봉, 『退溪家年表』, 퇴계학연구원, 1989.

권정석 역, 『남명선생언행총록』, 김해문화원, 1991.

김문경, 「삼국 신라시대의 불교 신앙결사」, 『당대의 사회와 종교』, 숭전대학교 출판부, 1984.

김봉렬, 『김봉렬의 한국 건축 이야기 3』, 돌베개, 2006.

김승환, 「원홍사와 홍덕사의 문화사적 의미」, 『충북문화론』, 불교방송 주최 세미나, 2003년 7월 22일 청주시의회 회의실(http://web.chungbuk.ac.kr/~whan86/cbc1.htm).

동국대경주캠퍼스 박물관, 신라낭산유적조사 보고서, 1985(http://www.gcp.go.kr/cultural/cul_view.jsp?id=312&category=2&subtype=0).

목경찬, 『사찰 어느 것도 그냥 있는 것이 아니다』, 조계종출판사, 2008.

안경식, 「아미타신앙이 한국 고대 교육문화에 끼친 영향」, 한국교육사상연구회, 『교육사상연구』 제3집, 1993.

안경식, 「관음신앙이 한국 고대 교육문화에 끼친 영향」, 『교육사상연구』 제4집, 1994.
안경식, 「미륵신앙이 한국 고대 교육문화에 끼친 영향」, 한국교육사학회, 『한국교육사학』 제16집, 1994.
안경식, 「신라화엄사상이 한국 고대 교육문화에 끼친 영향」, 『교육사상연구』 제5집, 1996.
안경식, 「교육공간을 향한 퇴계의 시선」, 한국교육사학회, 『역사 속의 교육공간, 그 철학적 조망』(2008년 연차학술대회 발표 자료집), 2008.
안계현, 『한국불교사연구』, 동화출판사, 1982.
이종묵, 「사가독서제와 독서당에서의 문학 활동」, 한국한시학회, 『한국한시연구』 제8집, 2000.
이종묵, 『조선의 문화공간 1』, 휴머니스트, 2006.
이수건, 『영남 사림파의 형성』, 영남대 민족문화연구소, 1979.
이수환, 「영남지방 서원의 경제적 기반(II)」, 대구사학회, 『대구사학』 제26집, 1984.
임상원, 「맥루한의 사상과 철학」, M. McLuhan(임상원 역), 『구텐베르크 은하계』, 커뮤니케이션북스, 2001.
정석태 편저, 『退溪先生年表日月條錄1』, 퇴계학연구원, 2005.
정순우, 「교육공간에 대한 역사적 고찰」, 한국교육사학회, 『역사 속의 교육공간, 그 철학적 조망』(2008년 연차학술대회 발표 자료집), 2008.
정시한(신대현 역주), 『산중일기』, 혜안, 2005.
정진홍, 「교육사와 종교학」, 한국교육사연구회, 『교육사연구의 새방향』, 집문당, 1982.
진성규, 「고려 후기 신앙결사운동」, 중앙승가대학교, 『승가』 제9집, 1992.
최영성 역주, 『역주 최치원전서1(사산비명)』, 아세아문화사, 1998.
퇴계학연구원, 『退溪全書20』, 1997.
황인규, 「고려유생의 하과와 사찰」, 한국종교교육학회, 『종교교육학연구』 제

22집, 2006. 6.

황인규, 「고려후기 유생의 사찰독서」, 한국불교학회, 『한국불교학』 제45집, 2006.

高明士, 『唐代東亞教育圈的形成』, 國立編譯館中華叢書編審委員會, 1984.

嚴耕望, 「唐人習業山林寺院之風尙」, 『嚴耕望史學論文選集』, 臺北: 聯經出版公司, 1991.

辻本雅史, 「동아시아 속의 일본 교육사」, 한국교육사학회, 『교육사 연구의 지평 확대』(2006년도 연차학술대회 자료집), 2006.

McLuhan, M.(박정규 역), 『미디어의 이해』, 커뮤니케이션북스, 1997.

제 4 장

정치와 교육이 공존하는 궁궐

Ⅰ. 머리말

Ⅱ. 한성 건설과 궁궐 건립

Ⅲ. 궁궐의 배치 구조와 원리

Ⅳ. 의례와 교육 공간으로서 궁궐

Ⅴ. 맺음말

제4장

정치와 교육이 공존하는 궁궐[1)]

Ⅰ. 머리말

유교가 지향하는 공부론은 일상과 공부가 연속선상에 존재한다는 것이다. 일상과 괴리된 공부나 공부와 괴리된 일상은 무의미한 것으로 치부하였다. 그래서 일상을 살아가는 공간에도 교육적 의미를 부여하며 교육환경을 구축해 나갔다. 국가 권력의 상징인 궁궐 또한 이러한 기능에서 예외는 아니었다. 오히려 정교일치를 표방한 유교 국가에서의 궁궐은 정치적인 기능 못지않게 교육적인 기능을 강조해 왔다. 내성외왕(內聖外王)을 구현하는 유교의 이상적인 모델이자 백성들의 모범이 되어야만 했던 것이 바로 왕이었다. 때문에 그들은 더욱 엄격하고 치열한 일상을 통해 수기치인의 이상을 실현해 나가야만 했다

1) 이 글은 『국학연구』 제17집에 실린 논문을 정리한 것이다.

궁궐은 당대 최고의 건축기술과 건축예술이 집약적으로 표현된 것이고, 이데올로기가 투영된 철학적 공간이기도 하다. 궁궐은 정치의 공간, 교육의 공간, 의례의 공간 및 생활의 공간으로, 공적인 공간이면서도 사적인 기능을 아우르고 있었다.

그렇다면 공적인 영역과 사적인 영역은 어떻게 구분하여 배치하였는가? 유교문화가 지향하는 이념이나 가치체계는 유교 건축에도 그대로 투영되는데, 궁궐 배치의 원리와 이념은 어디에 전거(典據)를 둔 것인가? 그리고 각 공간의 역할은 무엇인가?

지금까지 궁궐에 대한 연구는 주로 역사학과 건축학 분야에서 역사적인 배경과 공간분석을 중심으로 연구가 진행되어 왔다. 그럼에도 불구하고 궁궐공간이 지닌 철학적 함의와 정교적(政敎的) 특성에 대해서는 제대로 논의가 이루어지지 못하고 있는 실정이다.

따라서 이 장에서는 역성혁명으로 건국한 조선이 개경에서 한양으로 천도하면서 조성된 한성의 건립과 그 과정 속에 투영된 유교이념을 사상적 배경과 함께 고찰해 보고자 한다. 그리고 궁궐의 전각 명칭과 배치구조 등에 반영된 공간철학적 함의, 의례와 교육 공간으로서의 궁궐의 역할에 대해서도 상고해 보고자 한다.

Ⅱ. 한성 건설과 궁궐 건립

역성혁명을 이룩한 태조 이성계는 건국 후 중국 황제의 재가를 거쳐 1393년(태조 2) 2월 15일에 조선으로 국호를 개정하였다.[2] 태조는 국

2) 『太祖實錄』 卷3, 2년 2월 15일 庚寅.

호 개정에 앞서 즉위 초기부터 천도를 계획하고 있었다. 그러나 천도라는 거대한 프로젝트는 정치 · 경제 등 여러 가지 이해관계가 거미줄처럼 복잡하게 얽혀 있는 사안이었기에 그리 쉽게 내릴 수 있는 결정이 아니었다. 더욱이 신료들의 반대에 봉착하고 있었다.

이에 태조는 "왕조가 바뀌고 천명을 받은 군주는 반드시 도읍을 옮기게 마련"이라며, 당대에 천도를 실현시키지 못한다면 후대에는 불가능해질 것을 염려하여 천도에 대한 강력한 입장을 피력하였다.[3] 이후 신하들의 계속된 반대에 부딪히면서 천도가 지연되자, 태조는 한양으로 행차를 하며 자신의 신념을 굽히지 않았다.[4]

당시 천도 후보지로는 계룡산 부근과 무악(현재 서울의 서쪽) 그리고 한양 등이 물망에 올랐는데, 중신들과의 오랜 논의 끝에 마침내 1394년(태조 3) 8월 13일 한양을 천도지로 최종 확정하기에 이르렀다.[5] 이후 태조는 정도전 등을 한양으로 파견하여 종묘 · 사직 · 궁궐 · 시장 등의 터를 정하게 함으로써 천도를 본격화하였고,[6] 1394년(태조 3) 10월 25일 한양으로 도읍을 옮겼다.[7]

> (三代의) 왕이 나라를 세워서 동서남북의 방위를 분별하고 천자와 군신 간의 지위를 바르게 하여, 도시를 정비하고 邑이나 里를 구획하고, 관직을 설치하고 직분을 나누어, 백성들이 생활하는 데 알맞게 하였다. 이에 天官인 冢宰를 세워서 모든 관원을 통솔하고, 나라를 다스

---

3) 『太祖實錄』 卷3, 2년 2월 1일 丙子.

4) 『太祖實錄』 卷6, 3년 8월 12일 己卯.

5) 『太祖實錄』 卷6, 3년 8월 13일 庚辰. 처음 태조가 계룡산 아래를 천도지로 잡았으나, 꿈에 한 신인(神人)이 나타나 "이곳은 奠 邑(奠+邑=鄭)의 살 곳이고 그대의 터가 아니니 급히 떠나가 머물지 말라."고 하여 태조가 즉시 한양으로 옮겼다는 설이 있다.

6) 『太祖實錄』 卷6, 3년 9월 9일 丙午.

7) 『太祖實錄』 卷6, 3년 10월 25일 辛卯.

리는 일을 관장하게 하여, 왕을 도와 나라를 공평무사한 마음으로 다스리게 하였다.[8)]

이것은 조선의 청사진을 제시한 정도전이 조선 통치규범의 모델로 삼았던 『주례』의 첫머리에 나오는 말이다. 정도전의 『조선경국전』은 『주례』의 육관제도(六官制度)를 기본 모델로 삼은 것이며, 왕의 권력 독점을 견제한 의정부서사제(議政府署事制) 또한 이에 입각한 것이었다.[9)] 그는 태조의 핵심 참모로서 조선의 통치체제는 물론 건국 후 단행된 한양 천도와 한성 건설 그리고 궁궐 건립에 이르기까지 깊숙이 관여함으로써 조선의 밑그림을 그리고 설계한 정치가이자 사상가였다. 조선이 유교 국가로서 체제를 온전히 정비할 수 있었던 것은 정도전의 역할이 거의 절대적이었다고 해도 과언이 아니다. 드디어 1395년(태조 4) 6월 6일에 한양부를 한성부로 고쳤고,[10)] 한성의 건설이 가속화되어 1395년(태조 4) 9월 29일에 새 궁궐과 종묘가 완공되었다.[11)]

도성을 건설함에 있어서 궁궐의 배치는 다음 두 가지를 충족해야만 했다. 첫째는 택중입궁(擇中立宮)의 원칙이다. 도읍을 중앙에 택정하려는 논의는 중국 고대의 도성제인 택중론에 영향을 받았다. 『순자』에서

8) 『周禮』, 「天官冢宰第一」, "惟王建國, 辨方正位, 體國經野, 設官分職, 以爲民極. 乃立天官, 冢宰 使帥其屬, 而掌邦治, 以佐王均邦國."

9) 정도전은 의정부의 정승들이 육조(六曹)의 행정 사항을 먼저 심사한 후 왕에게 보고하고, 또 왕의 재가도 의정부를 거친 후 각 관서에 전달되는 의정부서사제를 채택하여 왕권의 독단을 견제함으로써 신권 강화를 통한 관료정치를 지향하였다. 곧 군신공치(君臣共治)의 입장을 견지하고 있었다고 하겠다. 이에 반해 태종은 강력한 왕권을 구축하기 위해 1414년(태종 14) 의정부서사제를 폐지하고, 모든 정무를 의정부를 거치지 않고 6조에서 국왕에게 직접 보고하여 지시를 받도록 하는 육조직계제(六曹直啓制)를 실시함으로써 왕권 강화의 기틀을 구축하였다.

10) 『太祖實錄』 卷7, 4년 6월 6일 戊辰.

11) 『太祖實錄』 卷8, 4년 9월 29일 庚申.

는 "사방을 가까이 하려면 중앙이 가장 적합하기 때문에, 왕은 반드시 천하의 중앙에 거처하는 것이 예다."[12]라 하였다. "중앙은 천지가 합하고, 사계절이 교합하여 바람과 비가 모이고, 음양이 화합하는 길지여서 만물이 왕성하고 편안하므로 여기에 왕국을 건설하고, 사방천리를 기내(畿內)로 제정한다."는 것은 『주례』의 택중론이다.[13] 사방의 공부(貢賦)와 통제를 편리하게 하기 위해서도 도성은 중앙에 위치해야 한다. 중앙은 왕을 상징하는 것이기도 하며, 중정(中正)의 의미도 내포되어 있다.

둘째는 좌묘우사(左廟右社) · 면조후시(面朝後市)의 원칙이다. 이는 도성의 배치에 있어서 좌측에는 종묘를, 우측에는 사직을 두고, 전면에는 궁궐을, 후면에는 시장을 둔다는 것이다. 이러한 원칙은 주대에 이미 확정된 것으로, 『주례』「동관고공기」에는 그 내용이 구체적으로 제시되어 있다.

> 장인이 왕성을 경영할 때 왕성은 9里로 하고, 각 면마다 세 개의 성문을 내어야 한다. 왕성 안에는 남북으로 아홉 길, 동서로 아홉 길로 하되, 아홉 수레바퀴의 길을 통하게 하고, 왼쪽에는 宗廟를, 오른쪽에는 사직을 배치하고, 앞에는 조정을, 뒤에는 시장을 조성하여 시장과 궁궐을 한 구역으로 두어야 한다.[14]

---

12) 『荀子』, 「大略」, "欲近四旁, 莫如中央, 故王者必居天下之中, 禮也."

13) 『周禮』, 「地官司徒第二」, "以土圭之法測土深. 正日景. 以求地中. 日南則景短多暑, 日北則景長多寒, 日東則景夕多風, 日西則景朝多陰. 日至之景尺有五寸謂之地中, 天地之所合也, 四時之所交也, 風雨之所會也, 陰陽之所和也. 然則百物阜安, 乃建王國焉, 制其畿方千里, 而封樹之."

14) 『周禮』, 「冬官考工記第六」, "匠人營國, 方九里, 旁三門. 國中九經九緯, 經涂九軌, 左祖右社, 面朝後市, 市朝一夫."

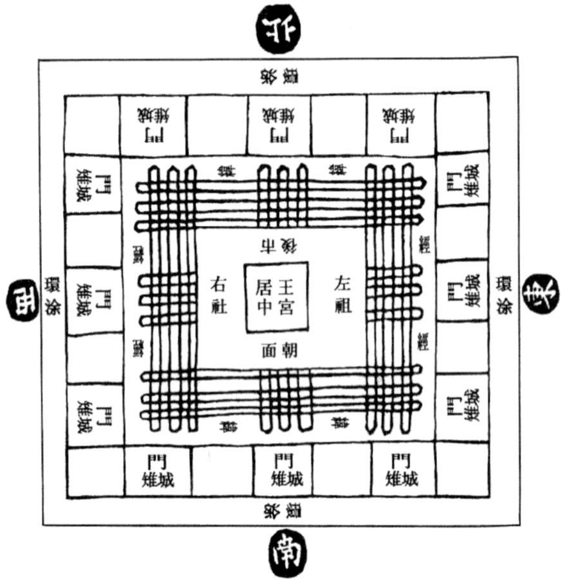

[그림 4-1] 왕국경위도궤도

좌묘우사 · 면조후시의 기본 원칙은 자금성과 경복궁의 배치에 모두 적용되었다. 다만 조선의 경우 경복궁의 배치가 한성의 정중앙에 위치한 것이 아니라 북서쪽으로 치우쳐 있었던 까닭에, 지역관계상 시장을 궁궐의 전면에 조성한 후조면시의 구조를 띠고 있다는 점에서 그 차이가 있다.[15)]

종묘와 사직의 설립은 종통(宗統)의 계승과 함께 국가의 정통성을 확립시키려는 중요한 정치적 상징이었다. 이는 곧 통치질서를 확립하고 그 정당성을 확립하려는 중요한 정치적 행위였던 것이다. 더욱이 조선

15) 이처럼 시장을 궁궐의 후면 혹은 전면에 배치하는 이유는 궁중과 관청의 수요품 전달을 원활히 하기 위해서다. 조선의 경우 시전이 이러한 역할을 하였는데, 특히 육의전은 그 특혜가 막대하여 17세기 초에는 금난전권을 부여받음으로써 시장을 독점적으로 운영하였다.

의 경우 역성혁명으로 건국되었기 때문에 통치질서를 확립하기 위해서는 정통성의 확보가 무엇보다 중요한 선결 과제였다.

이에 태조는 등극 후에 사대조인 이안사, 이행리, 이춘, 이자춘을 목조, 익조, 도조, 환조로 추존함으로써 왕위 정통성의 확보와 종통의 계승을 표방하였다. 곧 종묘는 종통의 계승, 왕위 계승의 합법성, 국왕일원의 지배를 상징하는 것이다.

왕실에 종묘가 있듯이, 사가에서는 가묘를 설치하여 종통을 계승해 나갔다. 건국 직후 "가묘를 세우고 기제를 설치하는 것은 백성의 덕을 후하게 하는 까닭이고, 학교를 넓히고 교수를 두는 것은 인륜을 밝히는 까닭이다."[16]라고 한 데서 알 수 있듯이, 태조는 가묘의 설치, 삼년상의 시행, 학교의 설립 등을 적극적으로 시행함으로써 유교이념을 확대해 나가고 국초의 체제 안정과 사회질서를 확립해 나갔다.

Ⅲ. 궁궐의 배치 구조와 원리

왕실문화는 당대 최고의 예술로 승화된 기술과 이데올로기가 결집된 유교문화의 정수다. 궁궐 또한 당대 최고의 건축기술과 건축예술이 집약적으로 표현된 유교 건축의 최고봉이다. 그러나 "궁궐이란 왕이 정사하는 곳이고, 사방에서 우러러 보는 곳이며, 신민들이 다 조성한 바이므로, 그 제도를 장엄하게 하여 존엄성을 보이게 하고 그 명칭을 아름답게 하여 보고 감동되게 해야 한다."[17]고 상소한 정도전의 언급에서도 알 수 있듯이, 궁궐은 건축물 이상의 의미를 지닌다. 그 배치에

16) 『太祖實錄』 卷2, 태조원년 12월 16일 壬戌.

17) 『太祖實錄』 卷9, 4년 10월 7일 丁酉.

서도 일정한 원리와 규범이 작용하였고, 각 건물의 명칭 속에도 철학이 담겨 있었다. 곧 궁궐은 물리적 공간이자 철학적 공간으로, 그 자체가 바로 유교문화의 상징이자 이데올로기의 결정체였던 것이다.[18)]

1. 내외 분리의 배치

궁궐은 공적인 기능과 사적인 기능을 동시에 수반하고 있다. 부연하자면, 궁궐은 국정이 논의되는 정치적인 공간임과 동시에 왕을 비롯한 왕실 가족들이 일상을 보내는 사적인 공간이 공존이었다. 때문에 궁궐 배치에 있어서 공적인 영역과 사적인 영역은 반드시 엄격히 구분하여 배치하였다. 곧 정무가 이루어지는 공적인 공간은 전면에, 취침이나 휴식 공간은 후면에 배치하는 전조후침(前朝後寢)의 구조를 취하고 있다. 사적인 영역에서는 다시 남녀의 공간을 구분함으로써 서로의 공간을 함부로 침범할 수 없었다. 이는 서로에 대해 존중하면서 동시에 남녀의 분별을 엄격히하고자 함이었다. 이렇듯 남녀공간을 구분 짓게 된 것은 어디에서 비롯된 것인가?

---

18) 정치학의 관점에서 궁궐, 종묘, 사직 등은 모두 정치적 상징 조작이다. 지배자가 권력을 지속시키기 위해서는 합리적이든 비합리적이든 반드시 피지배자의 동조를 이끌어 내야만 한다. 이를 위해서 지배자들은 상징 조작을 동원하여 권력을 미화시키거나 합리화시킴으로써 피지배자의 자발적 동의에 기초한 복종을 유도하기도 한다. 메리엄(C. E. Merriam)에 의하면 정치적 상징 조작은 인간의 감성적 혹은 비합리적 측면에 호소하여 정치적 지배가 가능하도록 하는 미란다(Miranda)와 이성적 혹은 합리적 방법으로 정치적인 지배를 이끌어 내는 크레덴다(Credenda)로 구분된다. 크레덴다는 권력의 정당성과 합리성에 대하여 신념을 갖게 만드는 장치인 것이다. 조선 초기 교육기관의 정비와 확대를 통해 유교적 이데올로기의 전파에 주력한 것은 바로 크레덴다에 해당하며, 궁궐을 웅장하게 지어 존엄성을 보이게 하고 종묘와 사직을 건립하여 정통성을 확보하며 각종 의례를 통해 권력에 대한 신성함과 아름다움을 느끼도록 예찬하는 것은 미란다에 해당한다. 성균관을 중심으로 한 관학의 정비와 국가 통치구조의 기본 틀을 예악에 두고 있다는 정도전의 정치의식은 바로 이를 반영하고 있다.

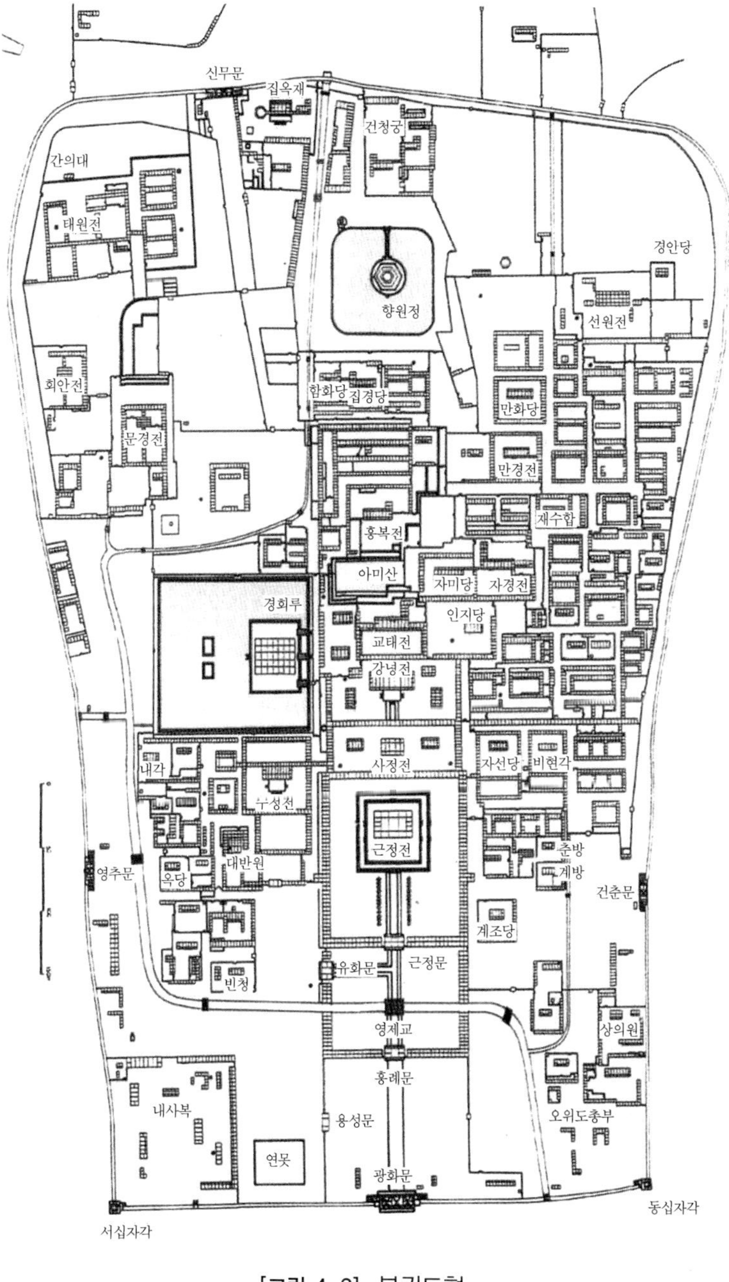
신무문
집옥재
건청궁
간의대
태원전
경안당
향원정
선원전
회안전
함화당
집경당
만화당
문경전
만경전
재수합
홍복전
아미산
자미당
자경전
경회루
인지당
교태전
강녕전
내각
사정전
자선당
비현각
수성전
근정전
춘방
계방
영추문
옥당
대반원
건춘문
계조당
유화문
근정문
빈청
영제교
상의원
홍례문
내사복
용성문
오위도총부
연못
광화문
동십자각
서십자각

[그림 4-2] 북궐도형

> 예는 부부 사이의 도리를 삼가는 데에서부터 비롯된다. 그러므로 宮室을 지을 때에는 안과 밖의 구분을 두어, 남자는 밖에 거처하고 여자는 안에 거처한다. 아주 깊은 궁중은 문을 굳게 하여 내시에게 지키게 하여, 남자는 들어오지 못하게 하고 여자는 나가지 못하게 한다.[19)]

이는 『예기』에 연원을 둔 것이다. 남녀유별의 유교적 이데올로기는 유교 건축의 공간 배치에도 그대로 적용되어 남성의 공간은 밖에, 여성의 공간은 안에 배치함으로써 내외를 엄격히 구분하였다. 궁궐에서는 이를 내전(內殿)과 외전(外殿)으로 구분할 수 있다.

내전은 왕과 왕비를 비롯한 왕실 가족들이 일상을 영유하는 공간으로 사적인 성격이 강하다. 대표적으로 왕이 잠을 자던 정침, 왕비의 공간인 중궁전을 들 수 있다. 외전으로는 국정의 선포와 의식이 거행되는 정전을 들 수 있다.

궁궐 배치에 있어서 핵심은 최고통치자인 왕의 공간에 있다. 왕의 공간은 통상 연조(燕朝), 치조(治朝), 외조(外朝)의 삼조(三朝)로 구성되어 있으며, 궁궐에서 가장 중심적인 위치를 점한다. 이는 『주례』에서 비롯된 것이다. 연조는 곧 왕의 정침으로, 평소 한가히 머무는 공간이라는 의미에서 연침, 연거지소(燕居之所)라고도 한다. 치조는 매일 신하들과 국정을 논의하는 공간으로, 국정을 살피는 곳이라 하여 시사지소(視事之所)라고도 한다. 편전이 바로 이에 해당되는데, 왕의 경연 또한 이 편전에서 이루어진다. 따라서 편전은 정치와 교육이 함께 이루어지는 '정교일치의 장'인 것이다. 외조는 정전으로 국정의 반포와 왕실의 중요 의식이 거행되는 공간으로, 신료들의 조하를 받는 곳이라

---

19) 『禮記』, 「內則」, "禮 始於謹夫婦. 爲宮室, 辨外內, 男子居外, 女子居內. 深宮固門, 閽寺守之, 男不入, 女不出."

〈표 4-1〉 궁궐의 삼조(三朝)

전각 \ 궁궐		景福宮	昌德宮	昌慶宮	慶熙宮	慶運宮	紫禁城
內殿	中宮殿	交泰殿	大造殿	通明殿	會祥殿	浚明殿	坤寧宮
	燕朝(寢殿)	康寧殿	熙政堂	歡慶殿	隆福殿	咸寧殿	乾淸宮
外殿	治朝(便殿)	思政殿	宣政殿	文政殿	資政殿	德弘殿	保和殿
	外朝(正殿)	勤政殿	仁政殿	明政殿	崇政殿	中和殿	太和殿

하여 수하지소(受賀之所)라고도 한다. 〈표 4-1〉은 조선의 5대 궁궐과 중국 자금성의 삼조(三朝)에 해당하는 건물의 명칭을 정리한 것이다.

자금성의 경우 건청궁과 곤녕궁 사이에 별도로 교태전이 자리 잡고 있으며, 태화전과 보회전 사이에 중화선이 있다. 경복궁은 5대 궁궐 중에 유일하게 삼문삼조(三門三朝)를 띠고 있다. 이는 법궁으로서의 상징성과 품격을 고려한 배치라고 할 수 있다.

2. 음양오행의 원리

음양오행설은 전국시대 중엽에 하나의 사상으로 체계화되었다. 전한의 동중서(董仲舒)에 이르러서는 음양오행설과 유교 정치사상을 결합한 천인감응(天人感應)과 휴상재이(休祥災異)의 사상이 완성되어 유교사상에 커다란 반향을 일으켰고, 송나라 주돈이(周敦頤)의 '태극도설(太極圖說)'은 성리학의 이기(理氣) 개념에 의한 만물의 생성과 운동을 설명하는 기초가 되었다.

유교의 우주관은 우주를 질서와 조화를 이루고 있는 코스모스로 상정하고 있다. 그리하여 자연세계에 대해서 모든 것이 생겨나서(元) 자라고(亨) 이루어지고(利) 거두어지는(貞) 네 가지 덕을 부여하여, 자연

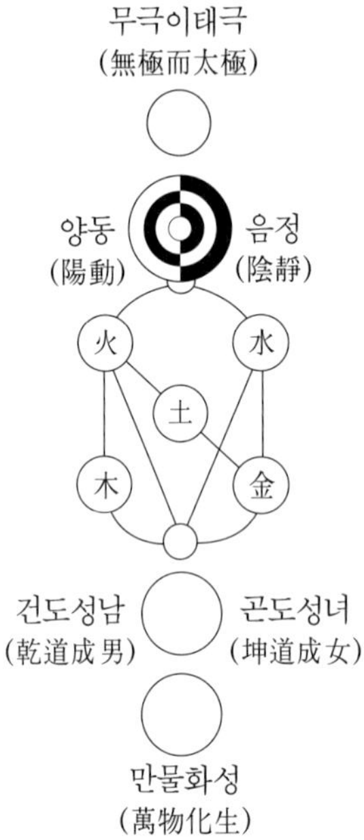

[그림 4-3] 태극도설

세계의 섭리를 인간사회의 도덕과 결부시킴으로써 천인합일(天人合一)의 전통적인 세계관으로 발전시켰다.

이러한 음양오행론의 영향은 한성부의 사대문과 사소문, 그리고 궁궐의 배치와 명칭에 잘 표명되어 있다. 궁궐의 사방 혹은 오방은 사계와 오행 및 오상과 유관하게 명칭을 부여하였다. 아울러 주역의 원리도 건물의 배치와 구조에 상당한 영향을 미쳤다. 특히 경회루는 철저히 주역의 원리에 입각하여 건립되었으며, 교태전과 그 부속 전각의 명칭 또한 음양오행과 주역의 원리에 입각하여 부여되었다.

경회루는 정면 7칸 측면 5칸의 2층 건물이다. 우선 기둥을 자세히 살펴보면, 가장 바깥둘레 기둥은 사각형이고 그 안둘레 기둥은 둥근형이다. 이는 곧 천원지방(天圓地方)을 형상하고 있다. 궁궐 안의 연못 또한 대개 천원지방을 모델로 하고 있다. 외곽은 네모로 만들고, 연못 안쪽

〈표 4-2〉 오행(五行) · 오상(五常) · 오방(五方)

五行	木	金	火	水	土
五常	仁	義	禮	智	信
五方	東	西	南	北	中
五方色	靑	白	朱	玄	黃
四季	春	秋	夏	冬	
四德	元	利	亨	貞	

에는 둥근 모양의 섬을 만들어 놓음으로써 그 형상을 그려내는 것이다.

2층 중앙의 가장 높은 3칸의 정당(正堂)은 왕의 자리로, 천 · 지 · 인의 삼재(三才)를 상징하고, 그 3칸을 둘러 있는 여덟 기둥은 8괘를 상징한다. 그다음 12칸은 정당을 보조하는 헌(軒)으로 1년 12개월을 상징하며, 16개의 기둥 사이에는 4짝씩의 문이 있어 64괘를 상징한다. 가장 바깥 20칸은 회랑으로서 기둥이 24개로 24절기를 상징한다.[20)]

교태전의 '태(泰)'는 주역의 괘 이름이다. 태괘는 위는 곤괘로, 아래는 건괘로 형상된 것이다. 양인 건괘가 아래에 있고 음인 곤괘가 위에 있는 형국이라 음과 양이 서로 엇갈리게 되는데, 교(交)자를 붙여 이 둘이 서로 교합한다는 의미를 내포하고 있다. 이는 곧 음양의 조화를 상징하며, 남녀가 교통함으로써 자손을 잘 생산하기를 바라는 뜻이 담겨 있다.[21)]

교태전과 강녕전을 잇는 문은 양의문(兩儀門)이다. 양의는 곧 양과 음, 하늘과 땅을 의미하는 것으로, 왕의 침진과 왕비의 침전을 이어 주는 것이기에 부여된 것이다. 건순(健順)은 양의 덕과 음의 덕을 의미한다. 교태전의 부속건물에는 내순당(乃順堂), 승순당(承順堂), 건순각(健順閣), 건순문(健順門) 등과 같이 순(順)이 부여된 것이 많다. 이는 순이 음의 덕을 함의하고 있기 때문이다. 이상에서 살펴본 것처럼 궁궐의 건물에는 음양오행이 함의된 명칭들이 많다.

3. 상하분별의 예교

국가 통치질서의 확립은 상하분별의 의례를 제도화하는 것에서 비

20) 홍순민, 『우리 궁궐 이야기』, 청년사, 1999, 165쪽 참조.

21) 같은 책, 158-159쪽.

롯된다. 의례 정비를 통한 질서의 확립은 왕권을 강화하려는 국왕의 뜻과 부합한다. 이에 대해서는 뒤에서 다시 논의하기로 하겠다. 유교 사회에서 사람들의 행동양식을 규정하고 사회적 질서를 안정시키는 장치는 바로 예다. 예는 '국가를 경영하고 사직을 안정시키며 인민을 서열화하는'[22] 주요 통치 수단이었다.

예는 통치의 근본 원리로서 지배체제를 유지하는 근간이요, 상하분별의 질서체계를 지지하는 원동력이었다. 통치자들은 교육과 각종 의례를 통해 상하 · 존비 · 장유 · 귀천의 이원적 사회체제를 자연질서의 원리와 배치시킴으로써 정당화시켜 나갔다. 조선 초기 국조오례의와 삼강오륜의 보급은 바로 이러한 노력의 일환이었다. 유교의 상하질서는 건축에도 그대로 적용되어, 궁성의 건설에 있어서 천자와 제후는 위상에 차등을 두었다. 이는 세종대 한성부의 도로를 새롭게 개선하기 위한 정책에서 잘 드러난다.

> "지금 도성의 도로제도를 상고해 보건대, 永樂 13년 8월 초7일의 受教에 '도성의 도로는 『周禮』의 冬官 匠人이 나라를 경영함에 있어 나라 안에 남북으로 아홉 길[九經], 동서로 아홉 길[九緯]로 하되, 천자는 남북으로 아홉 수레바퀴[軌]의 길을 통하게 하고, 제후는 남북으로 일곱 수레바퀴의 길을 통하게 하고, 빙 둘러서[環]는 다섯 수레바퀴의 길을 통하게 하고, 들[野]에서는 세 수레바퀴의 길을 통하게 하는 법에 따른다.' 하였으니, 큰 길은 일곱 수레바퀴가 되어야 할 것입니다. 이제 도성 안의 중로(中路)와 소로(小路)는 들에서의 세 수레바퀴 길의 법에 따라, 중로는 두 수레바퀴로 하고 소로는 한 수레바퀴로 하되, 그 양쪽 가

22) 『春秋左傳』, 「隱公 十一年」, "禮 經國家, 定社稷 序民人, 利後嗣者也."

의 수구(水溝)는 함께 계산에 넣지 마소서." 하였다.[23)]

도성 안의 동서남북으로 뻗은 도로를 아홉 길로 하는 것은 천자와 동일하지만, 도로의 폭에 있어서는 차등을 두어 구분하였다. 즉, 천자의 경우 경도구궤 · 환도오궤 · 야도삼궤의 법을 따르고, 제후의 경우에는 경도칠궤 · 환도삼궤 · 야도일궤을 따랐던 것이다.[24)]

궁궐의 건립에서도 천자의 문은 노문(路門) · 응문(應門) · 치문(雉門) · 고문(庫門) · 고문(皐門) · 성문(城門) · 근교문(近郊門) · 원교문(遠郊門) · 관문(關門)의 구문(九門)으로 구성되는데,[25)] 이 중 대궐문은 천자의 경우 오문, 제후의 경우 삼문으로 차등을 두었다. 오문은 노문 · 응문 · 치문 · 고문 · 고문이고, 삼문은 노문 · 치문 · 고문이다.[26)] 고려의 궐문제도는 제후의 제도를 따랐으며, 조선의 궐문제도도 고려와 마찬가지로 제후의 예에 따라 삼문을 갖추었다. 이러한 삼문삼조는 주나라 궁실제도에서 기인한 것이다.

의례 정비를 통한 국가 통치질서의 확립은 왕권을 강화하려는 국왕의 뜻과 부합한다. 세종대의 『국조오례의』 등 국가 의례 정비와 영 · 정조대 국가 의례의 재정비는 바로 이를 증명한다. 특히 영조는 대대

23) 『世宗實錄』 卷32, 8년 4월 5일 戊辰, "漢城府啓: 今詳都城道路之制, 永樂十三年八月初七日受敎: 都城道路, 依 周禮冬官, 匠人營國, 國中九經九緯, 天子經涂九軌, 諸侯經涂七軌, 環涂五軌, 野涂三軌之法, 大涂可容七軌. 今都城內中小路, 請依野涂三軌之法, 中路容二軌, 小路容一軌, 其兩傍水溝, 勿令幷計."

24) 천자와 제후의 차등은 복식 등에도 그대로 적용되어, 천자의 경우 십이장복에 십이면류관을, 제후의 경우 구장복에 구면류관을 착용하였다. 조선의 경우는 제후국임을 자처하여 구장복에 구면류관을 착용하였다.

25) 『禮記』, 「月令 第六」, 田獵罘 · 羅網 · 畢翳 "獸之藥, 毋出九門(天子九門者, 路門也, 應門也, 雉門也, 庫門也, 皐門也, 城門也, 近郊門也, 遠郊門也, 關門也)."

26) 『高麗圖經』 卷4, 「門闕」, "天子之門, 曰皐, 曰庫, 曰雉, 曰應, 曰路, 凡五. 諸侯則去其二焉, 曰庫, 曰雉, 曰路而已…高麗門闕之制, 亦頗遵古侯禮."

적인 국가 의례의 재정비와 함께 왕실의 위상 제고에 남다른 노력을 기울인다.[27] 영조의 이러한 왕실 의례의 정비는 『국조오례의』를 당대에 부합하도록 재정비한 것이지만, 그 스스로가 왕위 계승에 있어서 정통성이 미약했기 때문에 통치질서의 확립이 무엇보다 중요했던 것이다.

부연하자면, 왕위 계승에 있어서 정통성과 도덕성의 결여는 위상과 권력을 취약하게 만드는 요인이 되어 재위기간 내내 족쇄가 된다. 물론 영조는 신료들보다 학문적으로 우위를 점함으로써 콤플렉스를 극복해 갔지만 여전히 위상 정립에는 한계가 있었다. 때문에 사도세자와 정조에 대한 집착에 가까운 교육적 열의를 보였고, 나아가 의례의 재정비를 통한 왕실의 위상 제고와 왕권 강화에 노력을 기울였던 것이다. 탕평책 또한 그러한 노력의 일환이었다.

이러한 그의 노력은 정조에게로 이어졌다. 군사(君師)임을 강조한 정조는 더 나아가 절대왕권을 꿈꾸었다. 즉위 초년부터 창덕궁의 인정전 마당에 품계석을 세웠다.[28] 이듬해에는 「정아조회지도(正衙朝會之圖)」를 간행하였는데,[29] 이는 조하에서 준수해야 할 규칙으로, 도식 아래에는 배설(排設)공간에 대한 설명이 적혀 있다. 세종대의 예치를 회복하고자 했던 영·정조대의 의례 정비는 국가의 기강과 통치질서를 확고히 함으로써 왕권을 강화하려는 데 목적이 있었다.

절대왕권에 대한 정조의 의지는 그의 호(號)에서도 확인할 수 있다.

---

27) 1744년(영조 20)에는 윤급(尹汲, 1697~1770)에게 명하여 성종대에 찬정된 『국조오례의』와 『국조오례의서례』 내용 중에서 시대의 변천에 따라 첨삭되어야 할 부분을 보완하게 하여, 『국조속예오례의』와 『국조속오례의서례』를 찬정하도록 하였으며, 또한 1751년(영조 27)에는 신만(申晩, 1703~1765)에게 『국조속오례의』와 『국조속오례의서례』에서 누락된 부분을 보완하여 『국조속오례의보』와 『국조속오례의보서례』를 찬정하도록 하였다. 여기에 왕세손의 의례와 관련된 조항들이 많이 첨기되었다.

28) 『正祖實錄』 卷4, 1년 9월 6일 戊辰.

29) 『正祖實錄』 卷5, 2년 1월 7일 丙申.

[그림 4-4] 인정전 진하도

1798년(정조 22) 12월 정조는 자신의 호를 만천명월주인옹(滿川明月主人翁)이라 지었다. 「만천명월주인옹자서(滿川明月主人翁自序)」에 그 뜻을 자세히 소개하고 있는데, "달은 하나뿐이고 물의 종류는 일만 개나 되지만, 물이 달빛을 받을 경우 앞 시내에도 달이요 뒤 시내에도 달이어서 달과 시내의 수가 같게 되므로 시냇물이 일만 개면 달 역시 일만 개가 된다. 그러나 하늘에 있는 달은 물론 하나뿐인 것이다……. 거기에서 나는 물이 세상 사람들이라면 달이 비춰 그 상태를 나타내는 것은 사람들 각자의 얼굴이고 달은 태극인데, 그 태극은 바로 나라는 것을 알고 있다."[30]고 하였다. 이는 덕화가 만민에게 두루 미치기를 염원하는 것이지만, 그 이면에는 절대왕권을 표방한 그의 속내가 표출된 것이라 하겠다. 1800년(정조 24)에는 자신의 문집을 간행하며 『홍우일인재전서(弘于一人齋全書)』라고 하였는데, 이 또한 "해와 달의 광채가 한 사람에 의하여 널리 펴진다."[31]는 『상서대전(尙書大全)』「우하전(虞夏傳)」에 전거를 둔 것으로 만천명월주인옹과 비슷한 의미를 담고 있다.

30) 『弘齋全書』 卷10, 「滿川明月主人翁自序」 "月一也, 水之類萬也. 以水而受月, 前川月也, 後川亦月也. 月之數與川同, 川之有萬, 月亦如之, 若其在天之月, 則固一而已矣. (中略) 吾知其水者, 世之人也, 照而著之者, 人之象也. 月者太極也, 太極者吾也."

31) 『尙書大全』, 「虞夏傳」, "日月光華 弘于一人."

[그림 4-5] 주합루와 규장각

궁궐은 왕이 다니는 어로(御路)와 신하들이 다니는 길이 구분되어 있다. 상하를 분별하는 위계의 극치를 보여 주는 것이라 하겠다. 창덕궁의 규장각과 주합루로 올라가는 계단에는 어수문(魚水門)이 있다. 이는 물고기와 물, 곧 신료들과 왕을 비유한 것이다. 물고기가 물을 떠나서 살 수 없듯이 신료들도 왕의 뜻 안에서 활약하라는 의미가 내포되어 있다. 어수문은 왕만이 드나들 수 있었으며, 신료들은 어수문 옆에 붙어 있는 작은 문을 통해서만 드나들 수 있었다. 그런데 이 협문은 아주 작아 머리를 숙이지 않으면 들어갈 수 없었다. 통행하는 신하들에게 겸손을 요하는 취지도 있겠으나 왕에게 절대적으로 머리를 숙이라는 의미 또한 배제할 수 없다고 하겠다.

Ⅳ. 의례와 교육 공간으로서 궁궐

1395년(태조 4) 10월 7일 정도전은 궁궐 및 전각의 명칭과 부여한 뜻을 함께 적어서 올렸다.[32] 그러나 1398년(태조 7) 8월에 1차 왕자의 난으로 정종이 즉위하면서 태조는 정계에서 물러나게 되었고, 정종이 즉위 후 이듬해 3월 개경으로 다시 환도하면서 경복궁은 퇴로의 길을 걷게 되었다. 이후 1401년(태종 1) 태종이 즉위하면서 다시 한양으로

32) 『太祖實錄』 卷8, 4년 10월 7일 丁酉.

의 재천도 논의가 조심스럽게 거론되었고, 마침내 1404년(태종 4) 10월 한양으로의 재천도가 확정되었다. 이때 태종은 향교동 동쪽에 이궁(離宮)을 짓도록 명하였는데[33] 이것이 바로 창덕궁이다. 경복궁은 한양으로 재천도하면서 법궁으로서의 위상은 회복하였지만 태종에게는 골육상잔의 피비린내 나는 정쟁의 장소였다. 그래서 천도 이전에 이궁인 창덕궁을 짓게 하고, 한양 재천도 후 그곳에서 머물면서 정무를 살폈다. 그러나 당시 한양으로의 재천도가 이루어졌음에도 불구하고 여전히 수도로서의 기능은 불안정하였다. 한양이 온전한 수도로서의 역할을 수행하고, 경복궁이 명실상부한 법궁으로서의 기능과 체제를 회복하게 된 것은 세종대 이후의 일이다.

1. 의례공간으로서 궁궐

앞서 소개한 바와 같이, 궁궐을 창건한 후 정도전은 태조에게 전각의 명칭과 함께 각각의 부여한 뜻을 적어 올렸다. 궁궐은 경복궁이었고, 당시 명칭을 부여한 전각으로는 왕의 공간인 근정전(勤政殿) · 사정전(思政殿) · 강녕전(康寧殿)과 강녕전의 소침인 연생전(延生殿) · 경성전(慶成殿), 근정전의 근정문(勤政門)과 동서루인 융문루(隆文樓) · 융무루(隆武樓), 정문인 오문(午門)이었다.[34]

33) 『太宗實錄』 卷8, 4년 10월 6일 甲戌.

34) 『太祖實錄』 卷8, 4년 10월 7일 丁酉. 근정전의 좌우에는 융문루와 융무루가 위치하고 있다. 이는 곧 사람에게 있어서 양팔과 같은 것으로 문 · 무를 모두 숭상함을 상징하고 있다. 문으로써 안을 다스리고, 무로써 밖을 안정시켜야만이 나라를 유지 · 강화할 수 있고, 정치가 안정될 수 있는 것이다. 경복궁의 오문을 정문이라고 한 것은 명령과 정교가 모두 이 문으로부터 나가게 되기 때문이라는 것이다. "문을 닫아서 이상한 말과 사특한 백성들을 끊게 하고, 문을 열어서 사방의 어진 이들을 들어오게 하는 것이 正의

경복궁의 명칭은 『시경』「주아」의 "술에 취하고 덕에 배부르니, 군자는 영원토록 그대의 크나큰 복을 모시리라(旣醉以酒 旣飽以德 君子萬年 介爾景福)."라는 구절에서 연원한 것이다. 이는 곧 왕실의 무궁한 발전을 기원하고 백성들의 자발적 복종을 이끌어 내려는 의미가 서려 있다. 그러면서도 정도전은 화려한 궁궐 속에 자칫 방만할 수 있는 마음을 경계하고 백성들에 대한 연민을 잊지 말 것을 당부하고 있다. 때문에 왕의 일상적 공간 속에 성군의 마음가짐을 견지할 수 있도록 의미를 부여하며 부단한 자기 수양을 요구하였던 것이다.[35)] 전각의 명칭은 바로 이러한 그의 사상이 내재되어 있다. 물론 이는 정도전의 개인적인 요구가 아니다.

근정전은 경복궁의 중심 건물로 대내외적인 국가 의식이 거행되었다. 곧 경복궁의 상징이요 왕권의 상징이라고도 할 수 있다. 정도전은 "천하의 일은 부지런하면 다스려지고 부지런하지 못하면 폐하게 된다."며 정전(正殿)을 근정전이라고 명명하게 된 이유를 다음과 같이 밝히고 있다.

> 근정전과 근정문에 대하여 말씀드리면, 천하의 일은 부지런하면 다스려지고 부지런하지 못하면 폐하게 됨은 필연한 이치입니다…. 왕의 부지런하지 않을 수 없음이 이러하니, 편안히 쉬기를 오래하면 교만하

큰 것이라." 하였다(『太祖實錄』 卷8, 4년 10월 7일 丁酉). 공자는 "정(政)은 정(正)이다."고 하였다(『論語』, 「顔淵」, "孔子對曰, 政者正也, 君爲正, 則百姓從正也.") 곧 왕이 바르면 백성들이 정치를 따르게 된다는 것이다. 정문이 광화문(光化門)으로 개칭된 것은 1426년(세종 8)이다. 왕의 큰 덕이 온 나라를 비추고 교화가 사방에 미친다(光被四表 化及萬方)."는 의미다. 궁궐의 배치 구조와 원리 또한 이러한 유교적 이데올로기를 바탕에 깔고 있었다.

35) 『太祖實錄』 卷8, 4년 10월 7일 丁酉.

고 안일한 마음이 쉽게 생기게 됩니다…. 왕의 부지런한 것만 알고 그 부지런할 바를 알지 못한다면 그 부지런한 것이 너무 복잡하고 너무 세밀한 데에만 흘러서 볼 만한 것이 없을 것입니다. 先儒들이 말하기를, "아침에는 정사를 듣고, 낮에는 어진 이를 찾아보고, 저녁에는 법령을 닦고, 밤에는 몸을 편안하게 한다."는 것이 왕의 부지런한 것입니다. 또 말하기를, "어진 이를 구하는 데에 부지런하고 어진 이를 쓰는 데에 빨리 한다." 했으니, 신은 이로써 이름하기를 청하옵니다.[36]

[그림 4-6] 근정전

근정이 담고 있는 의미는 치도(治道)는 인도를 실천하는 것이고 인도는 천도를 드러내는 것이기에 부지런하고 성실하게 정치를 하라는 것이다. 성실한 것(誠)은 하늘의 도이고, 성실해지려고 하는 것(誠之)은 사람의 도라고 했다. 그 성실을 얻는 데는 다섯 가지 덕목이 있다. 즉, 널리 배우는 것(博學), 자세히 묻는 것(審問), 조심스럽게 생각하는 것(愼思), 분명하게 판별하는 것(明辯), 독실하게 행하는 것(篤行)이다.[37] 박학, 심문, 신사, 명변은 결국 독행을 위한 전제 조건으로, 행동하지 않는 지식은 무의미한 것이다. 따라서 이 글은 치자로서 치자가 이행해야 할 의무, 곧 정치를 부지런히 행하라는 뜻을 내포하고 있다.

앞서 언급한 바와 같이, 근정전은 즉위 · 양위 · 책례 · 가례 등 국가

---

36) 『太祖實錄』 卷8, 4년 10월 7일 丁酉.

37) 『中庸』, "誠者, 天之道也, 誠之者, 人之道也. 誠者, 不勉而中, 不思而得, 從容中道, 聖人也. 誠之者, 擇善而執之者也. 博學之, 審問之, 愼思之, 明辯之, 篤行之."

의 주요 의식이 거행되었던 곳이다.[38] 1421년(태종 12) 5월 경회루가 지어지기 전까지 중국 사신들의 접대 또한 여기에서 이루어졌다. 근정전에서 가장 먼저 즉위한 왕은 정종이다. 1398년(태조 7) 9월 5일 정종은 1차 왕자의 난 이후 태조의 양위로 근정전에서 즉위하게 되었던 것이다.[39] 경복궁 이외에 나머지 4대 궁궐의 정전을 살펴보면, 창덕궁의 인정전, 창경궁의 명정전, 경희궁의 숭정전, 경운궁의 중화전 등이 있다. 조선전기에는 경복궁에서 주로 국가 의례가 거행되었지만, 조선후기에는 광해군대에 중건된 창덕궁과 창건된 경희궁이 이를 대신하였다. 이는 임진왜란으로 경복궁, 창덕궁, 창경궁 등이 소실되었지만, 경복궁의 중건은 재정 문제와 기타 풍수지리 등을 이유로 1865년(고종 2)에 중건이 시작되어 1868년(고종 5)에야 완공되었기 때문이다. 〈표 4-3〉은 조선후기 왕들이 책례 · 관례 · 가례 등이 거행된 장소를 정리한 것이다.

조선시대 왕위 계승자들을 대상으로 한 의례는 그들에게 권위를 상징화하고, 왕위 계승자로서 지녀야 할 소명의식을 내면화한다는 점에서 교육적 의의를 지닌다. 책례는 왕세자 · 왕세손 · 왕세제와 비 · 빈 등을 책봉하는 의식으로, 자신의 의지를 관철할 수 있는 힘과 모든 사람들이 복종할 수 있는 권위를 부여하였다. 더욱이 정교일치를 표방한 유교사회에서 강력한 지배력을 행사하기 위해서는 종통과 학통이 전제되어야 하는데, 책례는 곧 '종통의 승계'를 상징하는 의식이었던 것이다.

---

38) 근정전을 지은 후, 태조는 이곳에서 승려 800명으로 하여금 『금강경』을 외우게 한 사실(『太祖實錄』 卷10, 5년 10월 11일 乙未), 자신의 생일과 내전에서도 『금강경』을 읽게 한 사실이 있다. 이는 조선이 정치적으로는 유교를 국시로 하고 있었지만, 종교적으로는 여전히 불교의 영향을 받고 있었음을 알 수 있다.

39) 『太祖實錄』 卷15, 7년 9월 5일 丁丑.

〈표 4-3〉 조선후기 왕들의 책례(冊禮)·관례(冠禮)·가례(嘉禮) 거행 장소

王	재위기간	冊禮	장소	冠禮	장소	嘉禮	장소	字
顯宗 (1641~1674)	1659~1674	왕세손-9(1649)	昌德宮仁政殿	11(1651)	昌德宮儲承殿	11(1651)	昌德宮仁政殿	景直
		동궁-11(1651)	昌德宮仁政殿					
肅宗 (1661~1720)	1674~1720	왕세자-7(1667)	昌德宮仁政殿	10(1670)	昌德宮時敏堂	11(1671)	慶熙宮崇政殿	明普
景宗 (1688~1724)	1720~1724	왕세자-3(1690)	昌德宮仁政殿	8(1695)	昌德宮時敏堂	9(1696)	昌德宮仁政殿	輝瑞
英祖 (1694~1776)	1724~1776	왕세제-28(1721)	昌德宮仁政殿	10(1703)	-	11(1704)	-	光叔
正祖 (1752~1800)	1776~1800	왕세손-8(1759)	昌慶宮明政殿	10(1761)	慶熙宮景賢堂	11(1762)	慶熙宮明光殿	亨運
		동궁-11(1762)	慶熙宮建明門					
純祖 (1790~1834)	1800~1834	왕세자-11(1800)	昌慶宮集福軒	11(1800)	昌慶宮集福軒	13(1802)	昌德宮仁政殿	公寶
憲宗 (1827~1849)	1834~1849	왕세손-4(1830)	昌德宮仁政殿	8(1834)	慶熙宮景賢堂	11(1837)	昌德宮仁政殿	文應
哲宗 (1831~1863)	1849~1863	즉위-19(1849)	昌德宮仁政門	19(1849)	昌德宮熙政堂	21(1851)	昌德宮仁政殿	道升
高宗 (1852~1919)	1863~1907	즉위-12(1863)	昌德宮仁政門	12(1863)	昌德宮重熙堂	15(1866)	昌德宮重熙堂	聖臨
純宗 (1874~1926)	1907~1910	왕세자-2(1875)	昌德宮仁政殿	9(1882)	昌德宮重熙堂	9(1882)	昌德宮重熙堂	君邦
		황태자-24(1897)	慶運宮太極殿					

왕위 계승자를 택정하는 논의를 건저의(建儲議)라 한다. 이는 형식적으로는 중신들이 왕자들 중에서 군도(君道)를 갖춘 이를 추대하는 방식으로 이루어지지만, 실질적으로는 왕의 뜻으로 결정되었으며 장자 계승을 원칙으로 하였다. 이처럼 책례를 통하여 왕위 계승자를 미리 결정하는 목적은 왕위 계승을 둘러싼 정국의 혼란을 막고 왕위의 공백을 최소화하여 전대 왕의 정치를 안정적으로 계승하려는 데 있었다. 그러나 일찍부터 체계적인 교육을 통해 예비 왕으로서 갖추어야 할 교양과 덕목을 쌓아 군주로서의 자질을 함양하려는 교육적 의미가 더욱 컸다고 할 수 있다.

신하들이 왕세자는 '저하(低下)'라고 칭하고, 왕세손은 '각하(閣下)'라고 칭하는데, 동궁이 된 왕세손의 경우에는 '왕세손저하(王世孫低下)'라고 칭한다. 왕세제의 경우는 '왕세제저하(王世弟低下)'라 칭한다. 왕위 계승자들의 의례는 책례가 거행된 이후에 입학례와 관례가 거행되었다. 순조의 경우와 같이 관례와 책례가 동시에 이루어지기도 하였으나, 통상적으로는 입학례 이후에 관례가 거행되었다.

관례는 성년이 되는 의식이다. 남자의 경우 관례(冠禮)를 치르고, 여자의 경우 계례(冠禮)를 치른다. 관례 후 남자는 자(字)를, 여자는 당호(堂號)를 불러 성인으로 대우하였다. 옛 성왕들은 관례를 예의 시초로 삼아 매우 중시하였다. 이는 사람의 자식, 사람의 아우, 사람의 신하 및 사람의 젊은이로 만드는 예를 행하기를 권하는 것이며, 장차 효(孝)·제(悌)·충(忠)·신(信)을 사람들에게 행하기를 권하는 의미를 가지고 있었다. 이것이 성립되어야만 사람을 다스릴 수 있기 때문에 성왕들이 중시하였던 것이며, 예의 시작이라 하였던 것이다.[40]

40) 『禮記』, 「冠義」, "冠而后服備, 服備而后容體正 · 顔色齊 · 辭令順. 故曰 冠者, 禮之始也. 是故古者聖王重冠. …責成人禮焉者, 將責爲人子 · 爲人弟 · 爲人臣 · 爲人少者之禮行

[그림 4-7] 효명세자관례진하도 계병(孝明世子冠禮陳賀圖契屛, 어좌 부분)

사대부의 경우 관례는 15~20세 사이에 이루어지지만 예로부터 제왕의 경우에는 비록 10세 전이라 하더라도 관례와 책례가 행해졌다. 왕실에서 관례가 일반인들보다 빠르게 이루어진 것은 제왕학의 일환으로 일찍부터 제왕으로서의 책무를 부여하고자 하였기 때문이다.

적자(嫡子)의 관례를 당의 조계(阼階)에서 거행하는 것은 언젠가는 아버지의 대를 이어 주인이 된다는 것을 표시하는 것이다.[41] 왕세자와 왕세손의 관례를 동쪽 조계에서 거행하고, 초가(初加)에 곤룡포(袞龍袍)를, 재가(再加)에 강사포(絳紗袍)를, 삼가(三加)에 면복(冕服)을 입는 것은 곧 왕위 계승을 상징하는 것이기도 하였다.

관례에서는 관을 세 번 바꾸는데, 바꿀 때마다 상급의 관을 씌우는

焉. 將責四者之行於人, 其禮可不重與. 故孝弟忠順之行立, 而后可以爲人, 可以爲人, 而后可以治人也. 故聖王重禮. 故曰 冠者, 禮之始也, 嘉事之重者也."

41) 『禮記』, 「郊特生」, "適子冠於阼, 以著代也."

것은 앞으로 점차 뜻을 높여가라는 교훈을 가르치는 것이다. 그리고 자를 정하는 것은 본명을 존중하기 때문이며, 초례(醮禮)를 행하는 것은 관례를 행함으로써 성인의 신분이 되었음을 가르치는 것이다.[42] 또한 관례를 중요하게 여겼던 까닭은 예를 중시했기 때문인데, 이는 예가 곧 나라를 다스리는 근본이 되기 때문이다.[43]

왕실에서의 관례는 그 대상이 왕세자인가, 왕세손인가, 왕세제인가, 또는 여타의 왕실 자손인가에 따라 격조와 절차에 차등을 두었다.[44] 왕세자 관례의 경우 크게 '告宗廟 → 冠禮 → 會賓客 → 朝謁'의 순으로 거행되었다. 보다 세부적으로는 '告宗廟 → 臨軒命賓贊 → [陳設 → 世子受宮官及執事拜 → 世子與二品以上答拜 → 世子受三品以下拜 → 世子降階拜師傅賓客 → 世子與主人答拜 → 世子迎教書 → 世子受教 → 世子陞階入東序] → 三加[初加-再加-三加] → 世子受醴 → 賓字世子 → [冠畢拜師傅賓客 → 冠畢與二品以上相答拜 → 冠畢受三品以下拜] → 會賓客 → 朝謁'의 절차를 거친다.[45] 〈표 4-4〉는 왕실과 사대부의 관례를 비교한 것이다.

왕세자나 왕세손의 탄강 · 책례 · 입학례 · 관례 후에는 나라에 경사가 있을 때 정규 과거 외에 임시로 실행된 별시(別試)를 시행하여 인재들을 등용하며, 죄상이 가벼운 자들은 사면조치를 취하여 국가의 경사를 기린다. 관례 후에 별시를 시행하게 된 것은 1522년(중종 17) 왕세자의 관례 이후 행해진 것으로, 이는 뒤에 상례가 되었다.

---

42) 『禮記』, 「郊特生」, "醮於客位, 加有成也. 三加彌尊, 喻其志也. 冠而字之, 敬其名也."

43) 『禮記』, 「冠義」, "古者冠禮筮日筮賓, 所以敬冠事, 敬冠事所以重禮, 重禮所以爲國本也."

44) 『春官通考』에는 숙종과 영조 연간에 새롭게 제정된 왕자, 왕세손, 왕손의 관례 조항이 왕세자의 관례와 함께 수록되어 있다.

45) 사대부의 경우는 '戒賓 → [陳設-序立-賓至]→ 三加[初加-再加-三加] → 醮禮 → 定字 → 告祠堂 → 見尊長 → 禮賓'의 절차를 거친다.

〈표 4-4〉 왕실과 사대부의 관례 비교표

	왕세자	왕세손	왕자	왕손	사대부[46]	
					전기	후기
初加	衮龍袍	衮龍袍	烏紗帽 黑團領	笠子 道袍	常服 笠子	深衣 緇布
再加	絳紗袍	絳紗袍	幞頭	幞頭 公服	常服 紗帽	道袍 笠子
三加	冕服	冕服	梁冠 朝服	烏帽 黑團領	公服 幞頭	靑袍 儒巾
賓	정1품 (議政)	정2품 (參贊)	정2품	당상 정3품	친구(어질고 예의 있는 이)	자제나 친척 (연장자)
贊	정2품 (예조판서)	정2품 (예조판서)	종3품	당하 정3품 (혹은 司藝)	자제나 친척 (예에 익숙한 이)	자제나 친척 (연하자)
贊官 (執禮)	輔德	翊善	–	宗簿寺直長	자제나 친척 (예에 익숙한 이)	친구 (예에 익숙한 이)

비 · 빈을 맞이하는 가례 또한 정전에서 이루어진다. 가례가 행해지기 전에 결혼 적령기에 접어든 처자들의 결혼을 금하는 금혼령이 내려지며, 이후 왕실에서 대상 후보자들을 궐내에 모아 놓고 선발하는 간택이 행해진다. 태종대에 시행하게 된 간택제도는 통상 초간택, 재간택, 삼간택으로 진행되며, 왕실 어른들과 고위 신료들이 직접 참여하여 선발하게 된다. 삼간택에서 최종 선발될 경우 집으로 가지 않고 별궁에서 가례가 행해지는 날까지 왕실의 법도를 배우고 익히게 된다.

가례에는 육례(六禮)의 절차가 있는데, 납채(納采) · 납징(納徵) · 고

46) 사대부 관례의 경우, 조선전기는 『國朝五禮儀』, 「文武官冠禮」에 의거하였으며 조선후기는 『順菴集』, 「冠禮酌宜儀節」에 의거하였다.

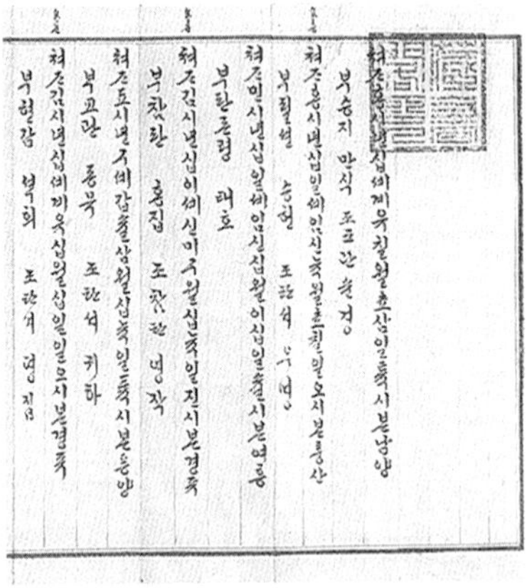

[그림 4-8] 당색을 표시한 간택단자

기(告期)·책비(冊妃)·친영(親迎)·동뢰연(同牢宴)이 그것이다. 동뢰연을 마치면 왕실 어른들을 뵙고 인사드리는 조현례(朝見禮)를 행하게 된다. 순조의 가례 절차를 살펴보면, 인정전에서 1802년(순조 2) 9월 18일에 납채례를, 20일에 납징례를, 10월 2일에 고기례를, 13일에 책비례를 행하고 교명을 내렸다. 비·빈을 직접 맞이하는 친영례는 어의동 별궁에서 거행되었고, 동뢰연은 대조전에서 거행되었다. 17일 인정전에 나아가 하례를 받고 교문을 반포하였으며, 그날 조현례를 행하였다.[47]

국혼은 정치적인 사안과 불가분의 관계에 있었기 때문에, 간택조차 당론과 당색에 따른 정치적인 문제들이 결부되어 있었다. 심지어는 처자들의 간택단자 상단에 처자들의 당색을 표시하기도 하였다. 이처럼 국혼은 사가의 입장에서는 그들의 권력을 유지하고 확대 강화하기 위한 최선의 방편이 되기도 하였지만, 왕실의 입장에서도 정치적인 지지기반을 확충하기 위한 정치적 이해관계에 놓여 있었다.

47) 『純祖實錄』 卷4, 2년 9월 18일 丙戌; 『純祖實錄』 卷4, 2년 9월 20일 戊子; 『純祖實錄』 卷4, 2년 10월 3일 辛丑; 『純祖實錄』 卷4, 2년 10월 13일 辛亥; 『純祖實錄』 卷4, 2년 10월 16일 甲寅; 『純祖實錄』 卷4, 2년 10월 17일 乙卯.

2. 교육공간으로서 궁궐

정치는 인도를 실현하는 과정이다. 유교사회에서는 성인이 제왕이 되는 것을 정치 이상으로 여기고 있으므로, 치자의 최고 전범은 바로 '내성외왕'에 있어 왔다. 사정전(思政殿)은 정치의 공간으로서 나라를 다스리는 일이 여기에서 비롯된다. 통상 편전(便殿)이라고도 하는데, 왕의 집무공간으로서 평상시에 거처하게 된다. 정도전은 편전을 사정전이라고 명명하게 된 이유를 다음과 같이 밝히고 있다.

> 사정전에 대해 말씀드리면, 천하의 이치는 생각하면 얻을 수 있고 생각하지 아니하면 잃어버리는 법입니다…. 백성의 왕이 된 이가 만일에 깊이 생각하고 세밀하게 살피지 않으면 어찌 일의 마땅함과 부당함을 區處하겠으며, 사람의 착하고 착하지 못함을 알아서 등용할 수 있겠습니까? …『書經』에 말하기를, "생각하면 슬기롭고 슬기로우면 성인이 된

[그림 4-9] 사정전

다." 했으니, 생각이란 것은 사람에게 있어서 그 쓰임이 지극한 것입니다. 이 殿에서는 매일 아침 여기에서 정사를 보시고 萬機를 거듭 모아서 전하에게 모두 품달하면 조칙을 내려 지휘하시매 더욱 생각하지 않을 수 없사오니, 신은 사정전이라 이름하기를 청하옵니다.[48]

왕의 판단은 국가의 안위와 직결되는 것이니만큼 신중을 기하지 않을 수 없다. 때문에 모든 결정에 앞서 생각에 생각을 더하라는 것이다. "오직 어진 사람이고서야 높은 지위에 있어야 하는 것이지, 어질지 않은 사람이 높은 지위에 있으면 그 악이 아래로 파급된다."[49]는 맹자의 말은 지도자의 위치가 얼마나 중요한 것인가를 잘 대변해 준다고 하겠다.

정치뿐만 아니라, 왕과 신하가 경사(經史)를 강론하는 경연(經筵) 또한 이곳에서 이루어진다. 경연은 중국 전한 때에 황제에게 유교 경전을 강의하는 관례가 생겼던 것이 원류로 추정된다. '경연'이라는 용어는 송나라 태종 때 처음 사용되었으며, 우리나라에는 고려 문종대에 처음으로 도입되었다. 조선에 들어와서는 제도가 더욱 정비되고 그 기능 또한 강화되었다. 경연을 마치면 그 자리에서 국왕과 신하들이 정치 현안들을 협의하는 것이 관례가 되면서 일명 '경연정치'가 이루어지기도 하였다. 특히 조강에는 국왕을 비롯하여 의정부 · 육조 · 승정원 · 홍문관 · 사헌부 · 사간원 등 권력의 핵심부가 한자리에 모였기 때문에 정책을 협의하기에 편리하였다. 1894년 갑오개혁으로 그 기능과 역할이 축소되기는 하였으나. 경연은 대한제국이 멸망할 때까지도 존속하였다.

경연은 매일 정규적으로 이루어지는 법강(法講)인 조강(朝講) · 주강(晝講) · 석강(夕講)과 시간에 구애되지 않고 이루어지는 소대(召對), 그

48) 『太祖實錄』 卷8, 4년 10월 7일 丁酉.

49) 『孟子』, 「離婁章句上」, "是以惟仁者宜在高位 不仁而在高位, 是播其惡於衆也."

리고 밤에 이루어지는 야대(夜對)가 있다. 법강의 경우, 조강은 해뜰 무렵에, 주강은 정오 12시에, 석강은 오후 2시에 시작한다. 그리고 밤에 이루어지는 야대는 궁궐문을 닫았을 때 이루어진다.[50]

법강에서는 사서오경과 같은 경서가, 소대에서는 역사서가 주로 진행되었다. 조선후기에 이르면 법강에서 경서류 외에 퇴계의 『성학십도』와 율곡의 『성학집요』 같은 선유들이 저술한 책으로 진강하기도 하였으며, 소대에서는 유신들을 불러 『강목』이나 『송감』 같은 사서로 글의 뜻을 밝히고 검토하였다.[51]

경복궁 창건 당시 동궁은 궐 밖에 있었다. 1412년(태종 12) 동궁을 본궁 가까이에 짓도록 여러 차례 건의하였지만[52] 결국 실행되지 못하였다. 이후 세종대에 이르러 첨사원을 설치하게 되자, 1443년(세종 25) 5월 12일 왕세자가 조하를 받을 계조당(繼照堂)을 창건함으로써 섭정을 보좌하도록 하였다. 그러나 이때까지만 해도 왕세자의 동궁은 궐 밖에 있었다. 1449년(세종 31) 6월 세종은 신하들의 반대에도 불구하고 동궁을 궐 내 인지당(麟趾堂)에 거처하게 하였다.[53] 경복궁 안에 동궁의 공간이 확보된 것은 이후의 일로서 세조대에 이르러 동궁의 터가 잡히게 되었다.[54]

북궐도(北闕圖)에 의하면 동궁은 정당(正堂)인 계조당(繼照堂), 왕세자와 세자빈의 거처로 쓰인 내당(內堂)인 자선당(資善堂) 비현각(丕顯

50) 『六典條例』 卷6, 「禮典 · 弘文館」, "朝講正時用平明…晝講正時用午正…夕講正時用未正…召對(不拘時)…夜對用閉門時…法講(朝晝夕經筵)."

51) 『六典條例』 卷6, 「禮典 · 弘文館」, "所講書册(法講, 則四書五經, 或先儒所述之書, 召對, 則召儒臣, 講討文義, 如綱目宋鑑之類)."

52) 『太宗實錄』 卷24, 12년 12월 5일 丙辰.

53) 『世宗實錄』 卷124, 31년 6월 18일 丙寅.

54) 『世祖實錄』 卷27, 8년 2월 11일 丙子.

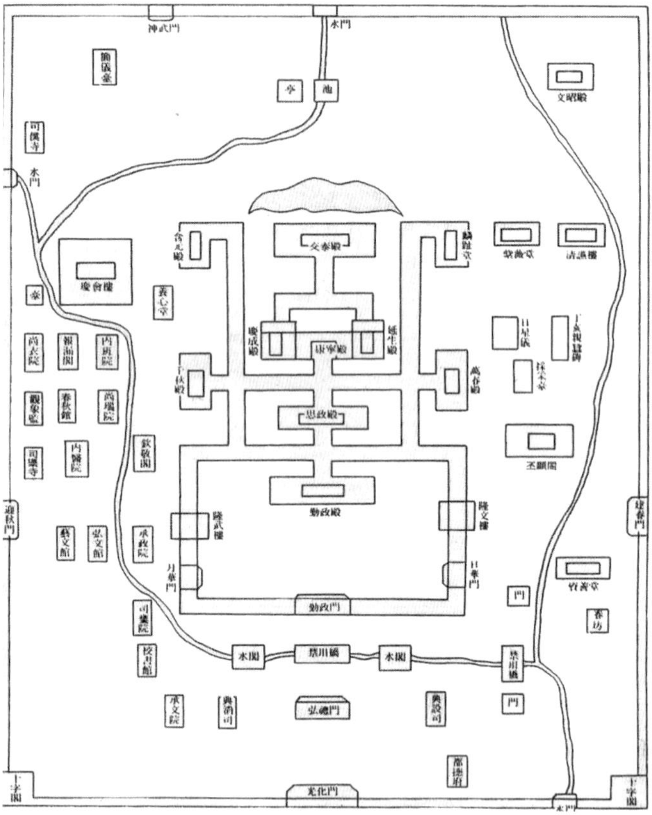

彰義門					肅清門					弘化門
					神武門					
		慶會樓	含元殿		交泰殿		麟趾堂			
				慶成殿	康寧殿 (燕朝)	延生殿				
			千秋殿		思政殿 (治朝)		萬春殿			
敦義門	迎秋門	欽敬閣			勤政殿 (外朝)			丕顯閣	建春文	興仁門
			隆武樓				隆文樓	資善堂		
			月華門		勤政門		日華門	春坊		
					弘禮門					
					光化門					
昭義門					崇禮門					光熙門

[그림 4-10] 경복궁전도(임란 이전)

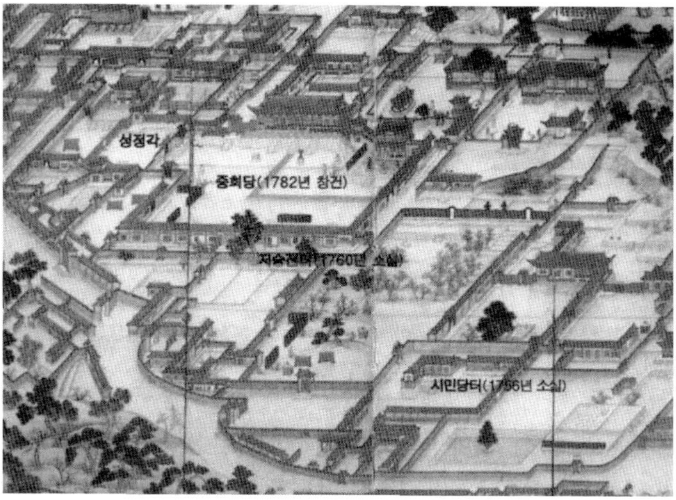

[그림 4-11] 〈동궐도〉의 동궁

閣), 왕세자가 스승을 모시고 공부를 하던 춘방(春坊, 세자시강원), 왕세자를 호위하는 군사가 머물던 계방(桂坊, 세자익위사) 등으로 구성되어 있었다. 경희궁은 승휘전과 경현당이, 창덕궁은 저승전, 시민당, 중희당, 성정각 등이 동궁으로 활용되었다.[55]

조선시대 왕위 계승자를 위한 최초의 기구를 둔 것은 태종대의 일이다. 당시 원자였던 양녕대군을 위해 유신 중에 문행이 있는 사람을 선발하여 좌우유선 · 좌우시학 · 좌우동시학 등 원자요속으로 삼고, 며칠 후 성균관의 동북쪽 모퉁이에 원자의 학궁을 짓고 경승부(敬承府)라는 원자부를 두었는데,[56] 이것이 바로 강학청의 전신이다.

태종대는 왕실 교육기관의 기반이 조성된 시기다. 물론 태조도 조선을 건국한 직후 세자관속을 두어 왕세자의 시강과 배위를 담당하게 하

55) 이강근, 「조선왕조의 궁궐건축과 정치」, 『미술사학』 22, 2008, 239-248쪽 참조

56) 『太宗實錄』 卷3, 2년 4월 28일 庚辰, "置元子府 號敬承."

였다.[57] 그러나 이는 고려의 동궁관(東宮官)을 계승한 것이었고, 아직 체계를 갖추지 못하여 시강과 배위가 일원화되어 있었다. 시강과 배위가 이원화된 것은 1418년(태종 18)에 배위를 담당하는 세자익위사가 별도로 설치되면서부터다. 이후 세종대에 이르면 왕실 교육기관의 체계가 어느 정도 완성된다.

1420년(세종 2)에 집현전을 궁궐 안에 설치하여 처음으로 집현전학사를 두었다.[58] 당시 서연관은 모두 겸관이었으므로[59] 서연관 입장에서는 왕세자 교육에 전념할 수 없었다. 그리고 어린 왕세자의 입장에서는 잦은 체직으로 새로운 서연관이 들어오면 낯설고 부끄러워 제대로 말을 하지 못하였다. 이에 1431년(세종 13)에는 서연관을 모두 녹관으로 삼고 구임(久任)하게 함으로써 오로지 왕세자 교육에만 전념할 수 있도록 하였다.[60] 그러나 1435년(세종 17) 7월 서연의 녹관은 혁파되고 다시 집현전에 통합되었다.[61] 이후 세종은 1438년(세종 20)에 집현전학사의 정원을 20명으로 한정하여, 10명은 경연을 겸임하고 10명은 서연을 겸임하게 하였다.

1442년(세종 24) 9월 세종은 중국의 첨사부(詹事府)를 모방하여 서

57) 『太祖實錄』 卷1, 태조원년 7월 丁未, "世子官屬, 皆兼掌講學侍衛等事. 左右師各一正二品, 左右賓客各一從二品, 左右輔德各一從三品, 左右弼善各一正四品, 左右文學各一正五品, 左右司經各一正六品, 左右正字各一正七品, 左右侍直各一正八品 書吏四八品去官."

58) 『侍講院志』 卷1, 「官職 · 官職舊制」 "世宗二年庚子, 始置集賢殿學士."

59) 『侍講院志』 卷1, 「官職 · 官職今制」 "(臣)謹按, 在世宗朝, 春坊皆爲兼官."

60) 『世宗實錄』 卷54, 13년 10월 庚申, "上曰, 書筵官, 皆以兼官爲之, 未便. 且崔萬理 · 朴仲林入講之時, 世子頗與問難, 無他, 以二人侍從之日久相親故他. 餘員更日入講, 俱是新面, 故世子羞澁不言, 以此觀之, 書筵官除兼官, 設祿官久任, 以專其任可也."

61) 『世宗實錄』 卷69, 17년 7월 庚辰, "吏曹啓, '本朝書筵官, 皆以他官兼職, 其來已久, 歲在辛亥冬, 別立祿官. 臣等參詳, 集賢殿書筵官, 皆職在進講, 其任不異. 願革書筵祿官, 合於集賢殿, 直提學以下每品, 各加設一人, 總三十二人, 其二十二人兼經筵, 十人兼書筵, 庶乎便益.' 從之."

연에 서무기관인 첨사원(詹事院)을 별도로 설립하여 왕세자가 정무를 보는 것을 제도화하였다. 당시 첨사원의 관리로는 첨사(종3품) 1원과 동첨사(정4품) 2원을 두었으며, 아울러 서리 10인을 두었다.[62] 이 첨사원이 시강원의 시초로 여겨진다.[63] 이후 1456년(세조 2) 단종복위 사건을 계기로 집현전이 혁파되면서 왕세자 교육을 담당하는 시강원을 별도로 설치하게 되었고, 추후 여러 번의 관직 개편을 통해 시강원은 재정비되었다.[64]

내성외왕을 구현하는 유교의 이상적 모델이자 백성들의 모범이 되어야만 했던 것이 바로 조선의 왕이다. 때문에 그들은 엄격하고 치열한 교육과정을 통해 수기치인을 실현해 나가야만 했다. 이에 왕실과 국가는 왕위 계승에 부족함이 없는 후계자를 양성하기 위한 최고의 교육환경과 교육체계를 구축해 나갔다. 성장과정에 따라 그 시기에 적합한 교육기관이 설치되었다.

원자와 원손의 경우에는 대개 3세 이전에 보육기관인 보양청(輔養廳)을 설치하였는데, 다른 왕실 자손들을 위해서는 설치하지 않았다. 보양청은 원자보양청과 원손보양청으로 구분하여 그 위상에 차등을 두었다. 원손보양청의 의례와 절목 등은 원자보양청에 의거하여 이루어졌다. 보양청의 설치는 숙종대에 경종을 위해 처음으로 설치하였으나, 보양관은 이미 중종대에 설직되었다. 다만 중종대에는 삼정승이 보양관을 겸직하였으므로 별도의 관청을 두지 않았던 것이다.

원자와 원손이 글을 읽기 시작할 무렵이 되면 조기교육 기관인 강학

62) 『世宗實錄』 卷97, 24년 9월 庚申, "議政府改定詹事院之制, '啓曰 詹事一人從三品, 同詹事二人正四品. 以書筵官及東西班閑官, 擇其人器相當者兼差, 班在輔德弼善之上. 從之."
『世宗實錄』 卷97, 24년 9월 庚午, "置詹事院書吏十人."

63) 『肅宗實錄』 卷60, 43년 7월 25일 丁丑.

64) 『侍講院志』 卷1, 「官職·官職舊制」, "世祖朝, 置侍講院僚屬, 永爲定制."

청(講學廳)이 설치된다. 보양청과 강학청은 별개로 설치되는 것이 아니다. 어려서 보육을 위주로 할 경우에는 보양청을 설치하였다가, 글을 읽을 무렵이 되면 그대로 이어 강학청을 설치하였다. 강학청은 통상 5세를 전후하여 설치되었다. 이때의 교육과정으로는 『효경』, 『소학』, 『동몽선습』 등이 이수되었다. 개강일자는 길일을 가려 정하였고, 진강 책자의 선정은 왕의 특교나 계품을 통해 이루어졌다. 보양관이 선발되면 상견례를 거행한 이후에 진강 날짜를 정하여 진도를 나갔다.

다른 왕실 자손들을 위해서도 조기교육 기관이 설치되었다. 대개 6세가 되면 스승을 두어 취학하였는데, 대군과 왕자군의 교육기관은 강학청(講學廳)이라 하고, 왕손의 교육기관은 교학청(教學廳)이라 하였다. 대군과 왕자군의 스승은 사부라 하고, 왕손의 스승은 교부(教傅)라 한다. 왕위 계승자들의 교육은 국가적인 차원에서 이루어진 데 비해, 왕실 자손들의 교육은 종친부의 소관이었다. 그리고 대군 및 왕자군의 사부와 왕손의 교부는 모두 종9품으로, 왕위 계승자들과는 현격히 차등을 둠으로써 위계질서를 철저히 지켰다.

왕세자와 신하들이 경사를 강론하는 서연의 경우 법강은 경연과 마찬가지로 선유들이 저술한 책으로 진강하기도 하였으나 경서를 위주로 하였다. 소대의 경우에는 역사서로 하였는데, 소대의 책자는 수시로 품의하여 정하였다.[65]

강의방법으로는 우선 진도를 나가기 전에 복습 차원에서 이전에 배웠던 수음(受音)의 내용을 외운다. 수음은 강관에게 글의 독법(讀法)을 배우는 것으로, 전수음(前受音)은 이전에 배운 것을 수음하는 것이고 신수음(新受音)은 새로 배울 내용을 수음하는 것이다. 외우기를 마치면

---

65) 『六典條例』 卷6, 「禮典 · 世子侍講院」, “講書, 法講以經書, 召對以史記.”
『侍講院志』 卷1, 「講規」, “法講, 則經書. 召對, 則史記(召對冊子, 隨時稟定).”

강관이 신수음할 내용을 읽고, 왕세자 또한 따라 읽는다. 그다음 강관이 신수음한 내용을 구절을 따라 해석하며 설명한다. 경연의 강의방법도 이와 동일하게 이루어졌다.[66]

왕위 계승자의 경우 법강 이외에도 매달 왕과 사부 이하 관원들 앞에서 그간의 교육 정도를 평가받는 회강(會講)이 거행되었다. 회강에 대한 법은 세종대에 처음 세워진 듯하다.[67] 조선중기에는 초하루와 보름에 회강이 이루어졌는데, 광해군이 동궁에 있을 때부터 초하루와 보름에는 대전에 아침 문안을 드려야 하기 때문에 다음 날인 2일과 16일에 회강하는 것으로 바뀌었다.[68] 이후 1669년(현종 10) 7월에 왕세자의 나이 11세가 된 이후에야 회강을 시작하는 것이 정례화되면서 조선후기에는 왕세자의 나이 11세가 되면 매달 2일과 16일에 행하는 것을 원칙으로 하였다.[69]

왕세자의 회강에는 사부와 빈객 및 시강원 요속들 그리고 사헌부와 사간원의 장관이 입참한다. 『국조속오례의보』에는 왕세손이 서연에서 회강하는 의식은 왕세자가 서연에서 회강하는 의식과 같다고 되어 있다.[70] 회강을 할 때 사·부 이하 서연관들의 자리 배석을 살펴보면 사·부는 전반에, 다음은 빈객과 사헌부와 사간원의 장관이, 그다음은 시강원의 실무관원들이 좌정한다.[71]

---

66) 『弘文館誌』, 「朝講」, "諸臣各持其册, 以座目次第入, 進講御前, 各於其位, 俯伏開册, 上先讀前受音遍訖, 講官讀新受音訖, 上讀新受音一遍訖, 講官講論旨義而罷."

67) 『世宗實錄』 卷38, 9년 10월 戊辰.

68) 『光海君日記』 卷60, 4년 윤11월 丁丑, "傳曰 '自古會講, 行於朔望日矣. 予在東宮時以爲, 朔望之日, 大殿朝問安, 不可不爲, 故以翌日行會講.'"

69) 『顯宗實錄』 卷17, 10년 7월 甲午, "太和以世子會講, 不必續續煩稟, 請定限以敎. 上曰 '待其十一歲後, 取稟可矣.'"

70) 『國朝續五禮儀補』 卷2, 「嘉禮」.

71) 『六典條例』 卷6, 「禮典 · 世子侍講院, "會講坐次, 師傅前班, 其次賓客兩司長官, 其次本院."

회강은 단순히 학문 성취도를 평가하는 것뿐만이 아니라 회강에서 이루어지는 각종 행례를 통해 오르내리고 읍하고 겸양하는 예절을 익히는 것이고, 스승을 존대하고 어른을 공경하는 마음이 일어나게 하는 것이다. 그러므로 행례 자체가 곧 교육적 의의를 갖고 있었다. 그 위상은 다르지만 원자와 종친의 경우에도 회강이 이루어졌다. [그림 4-12]에서 [그림 4-16]까지는 규장각에 소장되어 있는 〈회강반차도첩(會講班次圖帖)〉으로 연도와 대상은 미상이다.[72)]

조선후기에 이르면 조선전기에 비해 왕위 계승에 있어서 종법적 정통성이 상대적으로 미약하였으므로 군왕으로서의 강력한 리더십을 확보하기 위해서는 신료들을 제압할 수 있는 지적 능력이 요구되었다. 영조의 경우 풍부한 지식을 바탕으로 경연을 주도함으로써, 치세 후반에 이르러서는 기존 국왕을 대상으로 진강하던 경연이 오히려 신하를 대상으로 강론하는 형식으로 변하였다. 이렇듯 신하들을 압도하는 영조의 학식은 자신에게 미약했던 왕위 계승의 정통성을 극복할 수 있는 발판이 되었을 뿐더러, 나아가 왕권을 강화할 수 있는 초석이 되었다. 이에 왕실교육을 확대 강화하는 여러 가지 정책을 폄으로써 왕실의 위상 제고와 왕권 강화에 주력하였던 것이다. 왕세손의 교육기관인 강서원을 확대하고 격상시킨 것과 사도세자의 서자들인 은언군과 은신군을 위해 왕손교부(王孫敎傅)를 둔 것 또한 이러한 맥락에서 이루어진 정책이었다.

72) 부가 설명은 『國朝五禮儀』와 『조선왕실의 행사그림과 옛지도』에 수록된 내용을 바탕으로 한 것이다.

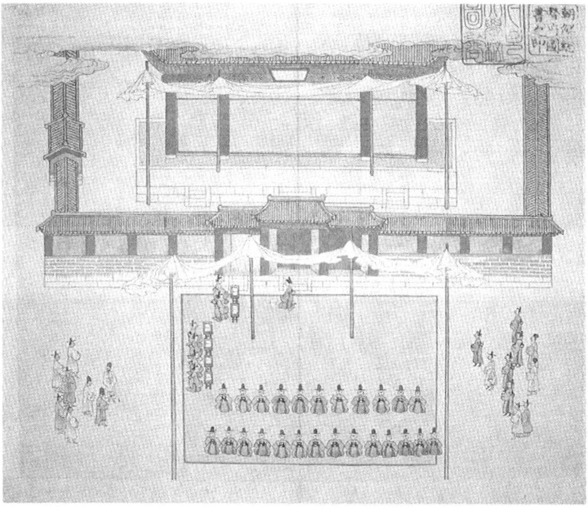

[그림 4-12] 회강반차도첩-1

회강을 시작하기 2각(刻) 전에 상 · 하번 서연관과 입대한 신하들이 회강할 장소의 문 밖에 모여 진강할 내용을 미리 확인하는 습강(習講)을 묘사한 것이다.

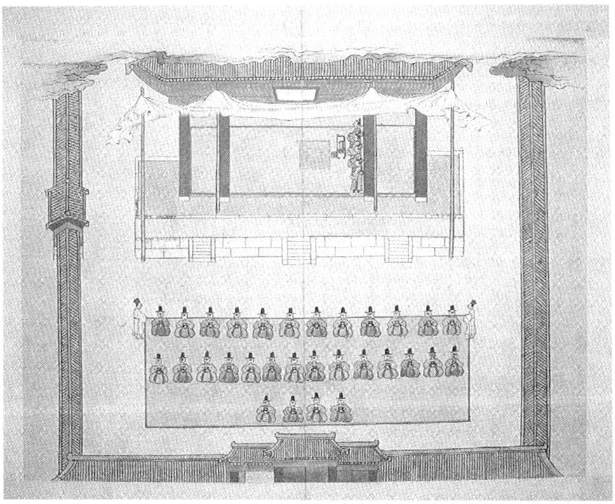

[그림 4-13] 회강반차도첩-2

왕세자의 자리(交倚)가 동쪽벽 서향으로 설치된다. 흑단령을 입은 사 · 부 이하 관원들이 왕세자를 향해 북향으로 겹줄로 열좌해 있다.

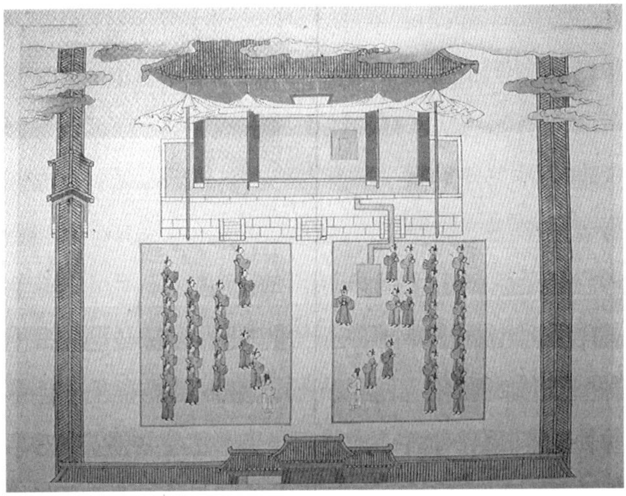

[그림 4-14] 회강반차도첩-3

왕세자가 계단에 내려와 사 · 부를 맞이하는 순서를 묘사한 것이다.

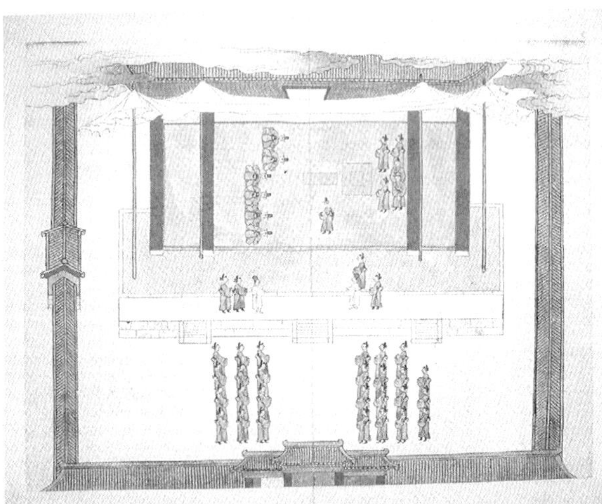

[그림 4-15] 회강반차도첩-4

당 안에서 왕세자와 사 · 부 · 빈객이 재배와 답배를 하는 모습을 묘사한 것이다. 좌차(座次)로는 사 · 부의 약간 뒷자리에 빈객의 자리가 있다.

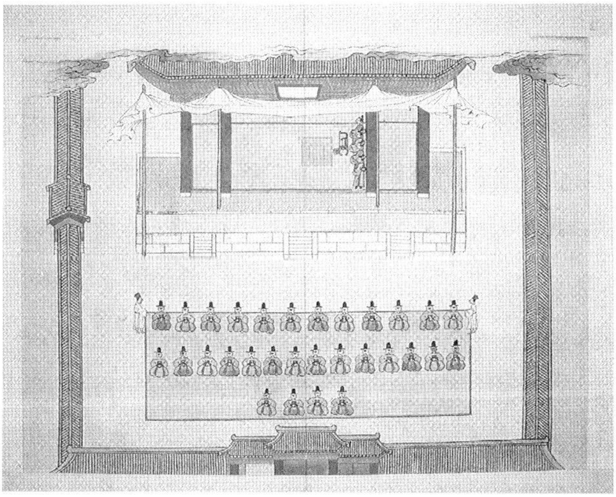

[그림 4-16] 회강반차도첩-5

회강을 시작하는 모습을 묘사한 것이다. 회강이 시작되면 보덕 이하가 당 안으로 올라가고, 익위사는 월대(月臺)의 동쪽과 서쪽에 선다.

V. 맺음말

국가 권력과 정치공간의 대명사인 궁궐. 그러나 정교일치를 표방하는 유교사회에서의 궁궐은 정치적인 기능 못지않게 교육적인 기능을 가지고 있었다. 내성외왕을 구현하는 유교의 이상적 모델이자 백성들의 모범이 되어야만 했던 것이 바로 왕이었다. 때문에 그들은 더욱더 엄격한 교육을 통해 수기치인의 이상을 실현해 나가고자 했다.

이에 궁궐은 정치의 공간이면서 교육의 공간이었고, 의례의 공간이자 생활의 공간으로서 공적이면서도 사적인 기능을 아우르고 있었다.

궁궐에는 국정이 논의되는 공적인 공간과 왕실 구성원들이 일상을 보내는 사적인 공간이 공존한다. 그래서 배치구조로 공적인 공간은 전면에, 사적인 공간은 후면에 배치하는 전조후침의 구조를 취하고 있다. 또한 사적인 영역에서는 다시 남녀공간을 구분하여 여성의 공간은 안에, 남성의 공간은 밖에 배치함으로써 내외 분리를 엄격히 하였다. 아울러 궁궐의 배치와 명칭은 음양오행의 원리에 입각하여 부여되었다.

유교 국가의 통치질서 확립은 상하분별의 의례를 제도화하는 것에서 비롯되기 때문에 궁궐의 건립 또한 천자국과 제후국에 따라 차등을 두었으며, 강력한 왕권을 지향하는 군주일수록 군신 간의 상하분별을 확고히 하는 방식으로 구조와 배치를 달리하고 건물 명칭을 부여하였다. 조선의 경우 세종대와 영 · 정조대에 이르러 이러한 경향이 두드러졌다.

궁궐은 또한 의례와 교육 공간으로서의 역할도 중요하였다. 궁궐은 내전과 외전으로 구분된다. 내전은 정치가 이루어지는 치조(편전)와 평소 한가히 머무는 연조(침전)로 나누어진다. 외전은 정전으로 국정의 반포와 왕실의 중요 의식이 거행되는 곳으로서 신료들의 조하를 받는 곳이다.

각 궁궐의 외조인 정전에는 경복궁의 근정전, 창덕궁의 인정전, 창경궁의 명정전, 경희궁의 숭정전, 경운궁의 중화전이 속한다. 치조인 편전의 경우 경복궁의 사정전, 창덕궁의 선정전, 창경궁의 문정전, 경희궁의 자정전, 경운궁의 홍덕전이 속한다. 연조인 침전의 경우 경복궁의 강녕전, 창덕궁의 희정전, 창경궁의 환경전, 경희궁의 융복전, 경운궁의 함녕전이 속한다. 왕비의 처소인 중궁전은 내전에 해당하는데, 경복궁의 교태전, 창덕궁의 대조전, 창경궁의 통명전, 경희궁의 회상전, 경운궁의 준명전이 속한다.

편전은 정치공간이지만, 왕과 신하가 경사를 강론하는 경연이 이루어지는 교육공간으로서도 중요한 역할을 하는 곳이다. 왕세자와 신하가 경사를 강론하는 것을 서연이라고 한다. 왕세자의 공간은 경복궁의 창건 당시에는 궁궐 밖에 있었는데, 세조대에 이르러 궁궐 안에 자리 잡게 되었다.

왕조국가에서 왕위 계승자의 교육은 국가의 존망과 직결되는 사안이었으므로, 왕실과 국가는 왕위 계승에 부족함이 없는 후계자를 양성하기 위한 최고의 교육환경과 교육체계를 구축하였다. 원자와 원손의 보육기관인 보양청, 조기교육 기관인 강학청이 설치되었고, 왕세손을 위한 세손강서원, 왕세자를 위한 세자시강원이 성장과정에 따라 설치되었다. 다른 왕실 자손들을 위한 교육 또한 차등을 두어 시행함으로써 교육공간으로서의 궁궐의 역할을 대변하고 있었다.

참고문헌

『論語』, 『中庸』, 『禮記』, 『周禮』, 『荀子』, 『尙書大全』, 『春秋左傳』, 『高麗圖經』, 『太祖實錄』, 『世宗實錄』, 『中宗實錄』, 『正祖實錄』, 『弘齋全書』.

김동욱, 『조선후기 궁궐건축의 조영에 관한 연구: 순조조의 서궐 · 동궐 조영에 대해서』, 문화재관리국, 1990.

김동현, 『서울의 궁궐건축』, 시공사, 2002.

樓慶西, 『궁궐건축』, 발언, 1996.

육수화, 『조선시대 왕실교육』, 민속원, 2008.

윤정현, 「朝鮮時代 宮闕 中心空間의 構造와 變化」, 서울대학교 대학원 박사학위논문, 2000.

이강근, 『한국의 궁궐』, 대원사, 1991.

이강근, 『경복궁』, 대원사, 1998.

이강근, 「조선왕조의 궁궐건축과 정치」, 『미술사학』 22, 2008.

이덕수, 『(新)궁궐기행: 경복궁 · 창덕궁 · 창경궁 · 경운궁 · 경희궁 · 종묘의 건축과 역사읽기』, 대원사, 2004.

이상해, 『궁궐 · 유교건축』, 솔, 2004.

李孝石, 「朝鮮時代 世子의 宮闕 空間 使用에 關한 硏究」, 서울대학교 대학원 석사학위논문, 2005.

曺在模, 「조선시대 궁궐의 의례운영과 건축형식」, 서울대학교 대학원 박사학위논문, 2003.

鄭裕那, 「朝鮮時代 宮闕建築의 建築彩色 特性에 관한 硏究」, 서울대학교 대학원 박사학위논문, 1995.

韓國傳統建築硏究會, 『韓國傳統建築(1-7)』, 黃土, 1997.

홍순민, 『우리 궁궐 이야기』, 청년사, 1999.

제 5 장

교육공간을 향한 퇴계의 시선

제5장

교육공간을 향한 퇴계의 시선[1)]

Ⅰ. 머리말

인간의 삶은 공간의 제약을 받을 수밖에 없다. 인간은 공간 '속에서' 한평생을 살게 된다. 이렇게 공간은 삶을 제약하고 한계 짓기도 하지만, 한편으로는 삶이 실현되기도 한다. 학생과 교사의 삶을 제약하는 것이 교실, 학교라는 공간이지만, 동시에 교실과 학교는 학생과 교사의 삶이 전개되는 장이기도 하다. 삶이 이루어지고 교육이 이루어지는 공간으로서 교육공간은 교육사의 중요한 한 부분이 된다. 각 시대에는 나름대로의 교육 이상과 실천이 있을 것이고, 그러한 이상과 실천은 공간 '속에서' 그리고 공간을 '통하여' 이루어질 수밖에 없다. 오늘날 교실과 학교가 근대사회를 대표하는 교육공간이라면, 조선시대는 또 조선

1) 이 글은 『교육사상연구』 제22권 3호에 실린 내용을 보완한 것이다.

시대를 대표하는 교육공간의 형식이 있었을 것이다. 각 시대는 나름대로의 공간을 '통하여' 교육활동을 전개하게 되는 것이다. 그런데 우리는 교육공간의 의미에 대해 그다지 관심을 기울여 오지 않았다. 그것은 아마 공간을 지나치게 물리적 공간으로만 이해해 온 탓도 클 것이다.

이 장에서는 퇴계를 텍스트로 삼아 퇴계가 그의 삶의 과정에서 관계를 맺은 교육공간들에 대해 어떻게 인식했는가를 고찰한다. 퇴계(退溪) 이황(李滉, 1501~1570)은 지금으로부터 500여 년 전의 인물이다. 퇴계라는 인물이 상징하는 바가 무엇이길래, 교육공간을 고찰하면서 500년 전의 인물을 텍스트로 삼으려 하는가. 퇴계라는 인물이 상징하는 바는 다의적이겠지만, 여기서는 전통사회라는 시대와 사회의 상징, 유가라는 사상의 상징 그리고 선비라는 인간상의 상징으로 퇴계를 읽고자 한다. 인간의 삶이 시공의 좌표 속의 흔적이라면, 근대교육의 시공은 학교로 대표되는 콘크리트 건물공간과 수업시간표로 대표되는 규칙적이고 기계적인 시간으로 요약할 수 있을 것 같다. 그러면 전통사회에서의 교육 공간과 시간은 어떻게 말해질 수 있을까. 이를 퇴계의 시선을 통해 읽어 보고자 한다. 자본주의 사회에서의 교육공간의 조영과 운영이 경제성과 효과성을 중시하는 방향에서 이루어진다면 유가사회에서의 그것은 어떤 철학과 원리 속에서 이루어졌는지를 퇴계의 시선을 통해 보고자 한다. 또 오늘날 학교라는 공간에서 지식인의 학문과 교육활동이 멈춤[止], 안정[定], 고요함[靜], 편안함[安], 사려[慮]도 없는 분주함을 학문과 교육활동[得]으로 여기며(『大學』에서는 "知止而后有定, 定而后能靜, 靜而后能安, 安而后能慮, 慮而后能得."이라고 하였다) 욕망의 실현을 자아실현이라 여긴다면, 조선시대의 지식인인 선비들은 어떤 공간에서 어떤 활동을 학문과 교육 활동으로 여겼는지를 퇴계의 일상을 통해 살펴보고자 하는 것이다.

Ⅱ. 퇴계의 교육공간

1. 산수

유가에서 산수는 천지, 만물, 인간과 때로는 위계의 관계로, 때로는 대립, 포섭, 조화의 관계로 설정된다. 염계(濂溪) 주돈이(周敦頤, 1017~1073)는 「태극도설(太極圖說)」에서 음양과 오행의 기운이 교감하여 만물을 낳고[化生萬物], 그 만물은 끊임없이 생겨나고 변화하는 것[萬物生生而變化無窮]이라고 하였다. 퇴계는 이 「태극도설」을 『성학십도(聖學十圖)』의 머리에 두고, 성인(聖人)이 되고자 하는 공부는 여기서 실마리를 얻어야 한다(學聖人者求端自此)고 하며 공부와 교육의 문제가 천지만물이 화생(化生)하고 변화하는 원리와 무관하지 않다고 보았다. 횡거(橫渠) 장재(張載, 1020~1077)도 「정완(訂頑)」(西銘)에서 "하늘을 아버지라 하고, 땅을 어머니라 하며, 나는 여기에 미소(微小)한 존재로 혼연히 그 가운데 존재하므로, 천지에 가득 찬 것은 나의 몸이요, 천지의 주재자는 나의 성품이라(天地之塞, 吾其體, 天地之帥, 吾其性)."고 하였고, 퇴계는 이 「서명(西銘)」을 성학십도 가운데 제2도에 위치시켰다. 그리고 「서명고증강의(西銘考證講義)」에서 "천지의 기가 내 몸에 부여되었기에 나의 몸이라 하였고, 천지의 리가 내 성품에 깃들어 있으므로 나의 성품이라 하였다(天地之氣, 在吾爲體, 故曰吾其體, 天地之理, 在吾爲性, 故曰吾其性)."고 하며 자신이 곧 천지임을 말하였다.[2] 퇴계는 또 "사람은 형기(形氣)의 구속을 받기 때문에 비록 천지의 변화와 무관한 듯 보이지만 감응(感應)과 소장(消長)의 이치는 실로 천지와 함께 흐르

2) 민족문화추진회, 『국역 퇴계집1』, 「서명고증강의」, 1977, 164-165쪽.

고 통하는 것이다(人爲形氣之拘, 雖與天地之化, 似不相干, 而感應消長之理, 實與天地相爲流通)."라고도 하였다.[3] 천지와 인간은 하나가 되기도 하고, 천지는 인간과 만물을 맞이하여 기르는 보금자리[天地萬物之逆旅]가 되기도 한다. 우리는 천지 속에서 태어나고 자라고 죽어 간다. 천지는 삶의 공간이며 교육의 공간인 것이다. 산수와 인간은 바로 그 천지만물의 구성체인 것이다.

퇴계는 향촌 사족 출신으로 성품이 번잡한 것을 싫어하여 태생적으로 산수의 훈도를 받으며 한평생을 지냈다 할 수 있다. 퇴계가 태어난 예안은 퇴계의 산이라 할 수도 있는 청량산이 머지않고 안온한 낙동강 변에 있다. 『택리지』를 쓴 이중환(1690~1752)은 「복거총론(卜居總論)」에서 도산을 살 만한 시냇가라고 하면서, "도산은 양쪽의 산이 합쳐져서 긴 골짜기가 되었는데 산이 별로 높지 않다. 황지(潢池) 물이 여기에 와서 비로소 커지고, 골짜기 어구(魚區)에 이르러 큰 시냇물이 되었다. 양쪽 산발치는 모두 석벽이며 물가에 위치하여 경치가 훌륭하다. 물은 거룻배를 이용하기에 족하고, 골 복판에는 고목이 매우 많아 조용하고 시원하다. 산 뒤와 시내 남쪽은 모두 좋은 밭과 평평한 밭골이다. 퇴계가 거처하던 암서헌 두 칸이 아직도 있고, 그 안에는 퇴계가 쓰던 벼룻집과 지팡이, 신과 함께 종이로 만든 선기옥형을 간직하고 있다."라고 하였다.[4] 이어서 그는 "산수는 정신을 편안하게 하고 감정을 펼치게 하는 것이다. 살고 있는 곳에 산수가 없으면 사람이 비루해진다(夫山水也者, 可以怡神暢情者也, 居而無此則令人野矣)."[5]고 하였고, "살고 있는 주위에 즐길 만한 산수가 없으면 성정(性情)을 도야할 수 없다(近處無山

---

3) 민족문화추진회, 『국역 퇴계집2』, 「언행록」, 1977, 229-230쪽.

4) 이익성 역, 『택리지』(이중환, 1690~1572), 을유문화사, 2002, 209쪽.

5) 같은 책, 217쪽.

水可賞處則無以陶瀉性情)."고 하였다.[6] 산수는 정서를 도야하는 교육적 기능이 있는데, 퇴계가 사는 도산이 바로 그러한 곳이라는 것이다. 이러한 도산에 대해 퇴계는 "이 산은 그리 높거나 크지 않으며 그 골짜기가 넓고 형세가 뛰어나고 치우침이 없이 높이 솟아, 사방의 산봉우리와 계곡들이 모두 손잡고 절하면서 그 산을 사방으로 둘러 안은 것 같다. 왼쪽에 있는 산을 동취병이라 하고 오른쪽에 있는 것을 서취병이라 한다. 동병(東屛)은 청량산에서 나와 이 산 동쪽에 이르러 벌려 선 품이 아련히 트였고, 서병(西屛)은 영지산에서 나와 이 산 서쪽에 이르러 봉우리들이 우뚝우뚝 높이 솟았다. (…) 산 뒤에 있는 물을 퇴계라 하고, 산 남쪽에 있는 것을 낙천이라 한다."[7]고 하였다. 퇴계의 강학공간이 있는 도산을 중심으로 해서 말한다면 동쪽의 청량산과 서쪽의 영지산의 세 산과 도산 뒤의 퇴계와 산 앞의 낙동강이 퇴계 산수의 중심 무대이자 중심 공간이다.

영지산(줄여서 지산)은 퇴계의 젊은 시설의 삶의 장소다. 퇴계가 27세에 상처한 후 권씨 부인과 재혼하여 새로운 삶을 시작했던 장소이기도 하다. 퇴계는 이 산 뒤쪽에 작은 집을 지어 '지산와사(芝山蝸舍)'라 불렀다. 이곳에 거처를 정하고 대과를 준비하며 마침내 등과하게 된다. 후일 농암(聾巖) 이현보(李賢輔, 1467~1555)가 치사(致仕)하고 귀향하여 영지산에 있던 절을 수리하여 지산정사(芝山精舍)라 이름하였고, 때로 나막신을 신고 지팡이를 짚고 소요하며 시를 지어 퇴계에게 부쳐 주기도 하였다.[8] 퇴계 역시 이곳에 언젠가 돌아와 살아야겠다는 생각에

6) 같은 책, 135쪽.

7) 민족문화추진회, 『국역 퇴계집1』, 34-35쪽.

8) 권오봉, 『退溪家年表』, 퇴계학연구원, 1989, 109-110쪽(이하 이 책은 『年表』로 줄여 표기함.).

서 스스로 호를 '영지산인'이라 하였다. 그러나 농암이 먼저 돌아가 자리를 잡아 자신이 진짜 영지산 주인이 되었으니 누가 진짜 영지산 주인인지는 송사를 통해 가려야겠다고 하였다. 퇴계는 그 해학에 '영지산인'의 호를 농암에게 돌리면서 "메 북녘 달팽이 집을 빌어 이 몸 담으렸더니(山北蝸廬是假容) 벼슬에 얽히어 병이 거듭 찾아드네(久纏繮鎖病仍攻)."라고 돌아가지 못함을 아쉽게 여겼다.[9)]

청량산 역시 퇴계가 스스로를 '청량산인'이라 하여 산과 자신을 동일시할 만큼 그의 삶과는 떼어놓고 생각하기 힘든 공간이다. 퇴계가 처음 청량산을 찾은 것은 1515년, 그의 나이 열다섯 때였다. 이때 숙부 우(堣, 1469~1517)가 청량산을 유람할 때 형들과 함께 와서 절에서 독서를 하였다. 그로부터 40년이 지난 1555년 11월, 퇴계는 손자 안도(安道)와 함께 다시 이곳에 와 한 달간 머무르며「십일월입청량산」시 40구를 지었다. 그리고 조카와 손자들에게 다음과 같은 시를 지어 보여 주었다.

> 이곳을 거듭 찾아 난 오히려 사람되이(重尋唯覺我爲人)
> 흐르는 물 복사꽃 몇 봄이나 지났던고(流水桃花幾度春)
> 다른 날 너희들도 나의 느낌 알 것이니(汝輩他年知我感)
> 그 당시엔 나 역시 너와 같은 젊은이들(當時同汝少年身)
> (이가원 역)

퇴계는 청량산에서 '사람이 되었다'고 하였다. 그리고 청량산을 '우리집 산(吾家山)'이라고도 하였다. 청량산은 사람을 품고 키우는 장소

---

9) 같은 책, 109쪽.

[그림 5-1] 오산당(청량정사)

출처: 문화재청.

였던 것이다. 이런 청량산을 퇴계는 '고상한 인물(高人)'과 같다고 하였으며, "지조를 안고 홀로 우뚝 서 있다(獨立懷介耿)"고 하였다('遊山書事十二首' 가운데 「登山」). 청량산은 퇴계 사후에는 '퇴계학의 성산(聖山)'이 되어 퇴계의 제자는 물론 조선후기의 많은 문인들까지 산과 관련된 기(記)·록(錄)·영(詠)·시(詩)·화(畵)·지(志)를 남겼다. 1832년에는 백운암 터에 퇴계의 후손이 중심이 되어 퇴계가 주세붕의 「유청량산록발」에서 말한 '오산(吾山)'을 따서 '오산당(吾山堂)'을 새로 지어 강도흥학(講道興學)의 공간으로 삼기도 하였다.[10)]

퇴계는 틈만 나면 산을 찾았다. "산림은 아무리 오래 있어도 싫증나지 않는 곳(山林久無厭)"(「宴坐」)이었다. 이런 산에 머물다 내려온 퇴계는 산놀이에서 얻은 것이 무엇이었는지 물으며 농사꾼이 가을에 수확한 것과 같은 풍성함이 있노라 자족한다. 그리고 이제는 속진을 벗어

10) 이종목, 『조선의 문화공간2』, 휴머니스트, 2006, 208-221쪽. 청량산을 '퇴계학의 성산'이라고 한 것은 이종목의 표현이다.

나 근심 없으니 산사람이 다 된 것 아니냐고 한다.

> 산놀이 얻은 것이 무엇이더뇨(遊山何所得)
> 농사꾼 수확 있는 그와 꼭 같네(如農自有秋)
> 거처하던 옛 서실로 돌아를 와서(歸來舊書室)
> 고요히 향 연기를 대해 있노라(靜對香烟浮)
> 오히려 산사람이 됨직도 하이(猶堪作山人)
> 먼지세상 근심 없는 것 다행 아닌가(幸無塵世憂)
> (신호열 역)

산이 퇴계의 수양처자 놀이터였다면 물 역시 그러하였다. 뒷날 이중환도 『택리지』에서 "무릇 물이 없는 곳은 사람이 살 곳이 못 된다. 산에는 반드시 물이 있어야 한다. 물과 짝한 다음이라야 바야흐로 생성의 묘를 다할 수 있다……. 비록 산중이라도 또한 시내와 간수(澗水)가 모이는 곳이라야 여러 대를 이어가며 오랫동안 살 수 있는 터가 된다."고 하였다.[11] 앞에서 언급했듯이 도산 자체가 산과 물, 즉 계곡과 강이 있는 곳이고, 퇴계 역시 계곡을 사랑하여 계곡가에 유거(幽居)와 학문의 공간을 마련하게 된다. 즉, 그는 1546년에 토계(兎溪)의 동암(東巖)에 유거지로 양진암(養眞菴)을 지었는데 계곡에 있다 해서 별칭으로 계장(溪莊)이라 하였다. 그리고 아예 토계를 자신의 호인 퇴계로 바꾸었다. 이때 황준량(黃俊良, 1517~1563) 등과 청량산에 가려 했으나 병 때문에 가지 못하고 시냇가에 앉아 다음과 같은 시를 짓는다.

11) 이익성, 앞 책, 138쪽.

우연히 시냇가 그늘에 와 앉아(偶來坐溪陰)

시 한 수를 길게 읊는다(詩至一長吟)

내 앓자 자네 또 성치 못하니(我病君亦病)

이 사이 푸른 산 가기로 한 것은 어떡하나(奈此碧山岑)

시냇물과 새는 저리도 즐기고(溪鳥自相樂)

구름은 뜻없이 저렇게 흘러가는데(溪雲本無心)

저 두 물같이 나도 그렇게 하여(安得如二物)

한평생 그윽한 마음 간직하고파(終年保幽襟)

(권오봉 역)

흐르는 시냇물을 바라보며 그와 같이 그윽한 마음을 간직하고 싶은 것이 당시 퇴계의 생각이었던 것이다. 이 무렵 퇴계는 거처를 자하산(紫霞山) 하명동(霞明洞)에서 죽동(竹洞)으로, 죽동에서 다시 계상의 서쪽으로 옮기게 된다. 하명동에서 죽동으로 옮긴 것은 하명동 앞 낙동강에 은어잡이 어량(魚梁)이 설치되어 있어서 자손들이 살 곳이 못된다고 생각한 까닭이고, 죽동에서 계상으로 옮긴 것은 죽동이 골이 좁고 시내가 없어서였다.[12] 훗날 그는 「도산서당기」에서 왜 청량산에 거처를 정하지 않고 도산에 정했느냐고 하니 청량산이 끌리기는 하지만 물이 없어 이곳으로 거처를 정했다는 말도 하였다.[13] 계상으로 거처를 정한 퇴계는 집 위쪽 시냇가에 정사를 지어 한서암(寒棲菴)이라 하였으며, 정사의 당호는 정습(靜習)이라 하였다. 이때부터 그는 자신의 호를 '퇴계노인(退溪老人)' '퇴옹(溪翁)' '계상병수(溪上病叟)'라 했다.[14] 그

12) 정석태 편, 『退溪先生年表日月條錄2』, 퇴계학연구원, 2005, 23-30쪽(이하 이 책은 『日月條錄』으로 줄여 표기함).

13) 민족문화추진회, 앞 책, 29쪽.

14) 권오봉, 앞 책, 219쪽.

리고 다음과 같은 시를 지었다.

> 바위와 시내 사이 띠이엉 옮겨 얽으니(茅茨移構澗巖中)
> 바위에 피는 꽃이 어지러이 붉었도다(正値巖花發亂紅)
> 예는 가고 오늘이 와 때는 이미 늦었으나(古往今來時已晩)
> 밭갈이와 글 읽기로 즐거움이 그지없네(朝耕夜讀樂無窮)
> (이가원 역)

유가만이 아니라 제가(諸家)의 선현이 요산요수한 것은 새삼스러운 일이 아니다. 퇴계는 이렇게 말하고 있다. “옛날 산림을 즐기는 사람들을 보면 거기에는 두 종류가 있다. 첫째는 현허(玄虛)를 사모하여 고상으로 일삼음을 즐기는 사람이요, 둘째는 도의를 즐기어 심성 기르기를 즐기는 사람이다. 첫째 사람으로 말하면 몸을 더럽힐까 두려워서 세상과 인연을 끊고, 심한 이는 새나 짐승같이 살면서 그것을 그르다고 생각하지 않는 사람이다. 둘째 사람으로 말하면 즐기는 것이 조박(糟粕)뿐이어서 전할 수 없는 묘한 이치에 이르러서는 구할수록 더욱 얻지 못하거늘 즐거움이 어디 있겠는가. 차라리 둘째 것을 위하여 힘쓸지언정 첫째 것을 위하여 스스로 속이지 않아야 할 것이거늘, 어느 여가에 이른바 세속의 번거로움이 내 영대(靈臺)에 들어오겠는가?”[15] 여기서 첫째 것은 도가의 치우침이고 둘째 것은 유가의 치우침이다. 퇴계는 차라리 유가의 치우침, 즉 묘한 이치를 얻지 못하고 다만 겉 형상만 즐기는 것이 되더라도 그쪽을 택하겠다고 하였다. 이어 그는 명산도 좋지만 자신과 같은 늙고 병든 처지에서는 산수를 겸한 좀 더 편안 곳을 삶의 공간으로 택하였다고 하였다.

15) 민족문화추진회, 앞 책, 39쪽.

퇴계의 삶에서 산수의 의미는 다의적이다. 병을 조섭하는 휴양의 공간이기도 하였고, 성품과 정서를 도야하는 성정도야의 공간이기도 하였으며, 생생지리(生生之理)의 활발발(活潑潑)을 체험하는 공간이기도 하였다. 그리고 독서공간, 공부공간, 놀이공간이기도 했다. 그래서 '글 읽기는 산에 노니는 것과 같다(讀書如遊山)'라는 시를 짓기도 하였다.

> 사람 말은 글 읽기가 산놀이 같다는데(讀書人說遊山似)
> 지금 보니 산놀이 글 읽기와 꼭 같은 걸(今見遊山似讀書)
> 공과 힘을 다할 때는 아래로부터서라(工力盡時元自下)
> 깊건 얕건 얻은 곳은 모두 저로 말미암네(淺深得處摠由渠)
> 이는 구름 바라보면 묘리를 알게 되고(坐看雲起因知妙)
> 원두에 당도하면 시초를 깨닫느니(行到源頭始覺初)
> 절정을 오르기는 그대들의 일이거니(絶頂高尋勉公等)
> 노쇠로 걷어치운 이 몸이 부끄러워(老衰中輟愧深余)
> (신호열 역)

이 시에서 퇴계는 글 읽는 선비의 입장에서가 아니라 산놀이를 하는 유인(遊人)의 입장에서 글 읽기를 논하고 있다. 그에게 산놀이는 글 읽기와 같으며 산중생활은 학문의 과정과 다를 바 없었던 것이다. 산중생활로부터 많은 것을 배우고 터득했으니, 그에게는 산이 '학교'였던 것이다.

이상을 정리하면, 퇴계가 산수를 훌륭한 교육공간으로 볼 수 있는 것은 인간 존재는 천지자연의 한 구성체라는 것, 천지자연의 상징으로서 산수는 만물생생 변화무궁의 유학적 우주관이 이 땅에 체현된 이상적 모습이라는 것을 전제로 한다. 그리하여 산수는 선비에게는 생생지리를 체험할 수 있는 교육적 공간이 되는 것이다. 이런 점에서 우리는 퇴계의 산수시에 주목해야 한다. 퇴계가 산수를 교육공간으로 논의한 논문이 없다 해서 산수를 교육공간으로 주목하지 않았다 할 수 없으며, 많은 산수시를 교육과 무관한 그의 문학적 취향으로 돌리는 것은 바람직한 시각이 아니다. 필자가 볼 때, 퇴계의 산수시들은 문학적 취향으로 돌릴 수밖에 없는 것들도 있지만 상당수는 그의 교육 체험담으로 보아야 하는 것들이다.[16)]

2. 사원

조선조에서 불교는 금단의 사상이었지만 불교 사원까지 금단의 공간은 아니었다. 퇴계가 머문 사원을 모두 조사하기는 어렵지만 용수사(龍壽寺), 월란암(月瀾菴), 보문암(寶文庵), 봉정사(鳳停寺), 백운암(白雲菴), 성천사(聖泉寺), 광흥사(廣興寺), 운암사(雲岩寺) 등 한두 곳이 아니었다. 이러한 사원은 퇴계의 삶에서 어떤 의미가 있었는가? 퇴계는 사원을 어떤 공간으로 보았는가? 퇴계에게 사원은 독서의 공간, 강학의 공간이었으며, 안거의 공간이기도 했다. 퇴계의 삶의 과정을 보면 일곱 살 때 그의 숙부 우(堣)가 진주 목사로 있었는데, 이때 셋째 형과 넷째 형이 숙부를 따라 진주 월아산 청곡사에서 공부를 하였다. 퇴계는

16) 이 글은 2008년 한국교육사학회 연차학술대회에서 발표한 논문이다. 당시 이 글의 토론자인 황금중 교수는 퇴계의 산수 사랑이 고래의 유오산수 전통과 무관하지 않음을 지적하였고, 화랑도로 대표되는 고유의 교육 전통의 맥이 퇴계와 같은 분에 의해 성리학적 공부의 흐름으로 '스며들어서' 전승되어 왔을 가능성에 대해 토론문에서 언급한 바 있다. 한국교육사학회, 『역사 속의 교육공간, 그 철학적 조망』(2008년 연차대회 발표자료집), 47-54쪽의 황금중 토론문 참조. 황 교수가 지적한 내용은 한국교육사상연구에서 대단히 중요한 문제라고 판단되고, 필자 역시 그 가능성에 대해 긍정적으로 생각된다. 이 문제는 이 책의 제2장을 참조하기 바란다.

아직 어려서 같이 가지는 못하였다. 그러나 이때부터 퇴계는 절을 수도하는 곳이라기보다는 독서하는 곳으로 인식하였다 할 수 있다. 퇴계가 실제 처음 절에서 공부한 것은 열다섯 살 되던 해의 봄이었다. 역시 숙부 우가 청량산을 유람할 때 여러 형들과 함께 갔다 청량암에 머물며 글을 읽었다. 퇴계에게 사원의 의미는 일차적으로 독서공간이었다. 유학자들에게 사원이 독서공간으로 인식된 것은 삼국시대부터 고려를 거쳐 조정에서 억불정책을 편 조선시대까지 이어진다. 퇴계 역시 등과 전뿐 아니라 등과 후에도 독서처로 사원을 즐겨 활용했으며, 자신뿐 아니라 자질들에게도 독서처로 사원을 적극 활용할 것을 권장했다. 퇴계가 독서공간으로 자주 찾았던 절은 청량암과 봉정사, 용수사, 월란사 등이다. 봉정암에서는 열여섯 살 되던 해에 처음 종제 수령(壽苓)과 함께 글을 읽었다. 등과 후, 서울로 갈 때는 가끔 쉬어가는 곳이기도 하였고 병을 조섭하던 곳이기도 하였다. 월란사(암) 역시 퇴계의 독서처였다. 퇴계는 등과 전인 서른한 살과 서른두 살에 이곳에서 책을 읽었다. 등과 후 벼슬살이를 하다 46세 되던 1546년 3월에는 고향에 돌아와 다시 월란사에서 독서를 했다. 이때 15년 전에 월란사에서 글을 읽던 것을 상기하며 홍진에 묻힌 자신을 돌아보고 고요함에서 마음 잡는 방법을 얻었다(靜中自得安心法)는 시구를 읊기도 하고, 찾아오는 문하생들과 학문을 논하기도 하였다. 47세 되는 해 3월에도 월란사에 우거하였는데, 이때 주자(朱子)가 려산(廬山) 서림사(西林寺)에서 읊은 시를 따라 자신도 도를 배우고 주자를 스승으로 삼기 위해 선림에 들었음을 밝히었다(從師學道寓禪林).[17] 퇴계는 만년인 1566년 11월에도 이곳에 와 '초은대(招隱臺)' '월란암(月瀾臺)' '고반대(考槃臺)' '응사

17) 권오봉, 앞 책, 146-160쪽.

대(凝思臺)' '낭영대(朗詠臺)' '능운대(凌雲臺)' '어풍대(御風臺)'란 시를 지었다.[18)]

용수사(현 도산면 운곡리)는 퇴계 집안의 가숙(家塾)이었다.[19)] 판서공 계양(繼陽)은 용수사에서 공부하던 자제 식(埴)과 우(堣)에게 권학시를 지어 보냈고, 그후 송재공 우 또한 퇴계 선생의 셋째, 넷째 형에게 권학시를 보냈다. 퇴계 역시 1566년 11월 손자 안도를 이 절로 데리고 가서 다음과 같은 권학시를 지어 주었다.

해 저무는 저 산방 너희들을 생각하며(念爾山房臘雪天)
학업에 근고하란 선조 말씀 추모한다(業成勤苦庶追前)

[그림 5-2] 월란정사

18) 같은 책, 489-490쪽. 월란사의 위치는 도산 동취병 산허리에 있었으며 퇴계 이외에도 聾巖, 錦溪, 月川, 惺齋, 赤巖, 坤齋, 晩翠堂, 蒙齋, 艮齋, 聾隱, 山川齋 같은 선현들이 寓寺한 기록이 있다. 그 후 1860년에 그 터에 월란정사를 창건하였다. 권오봉 편, 『월란지』, 1993 참조.

19) 정석태 편, 『日月條錄1』, 78쪽.

두시를 거듭 무궁한 끼친 뜻에(二詩三復無窮意)
밤 깊은 베갯머리에도 꿈을 절도 깨이리(一枕更闌夢覺邊)
젊었을 때 용수사를 우리집 글집 삼아(少年龍社擬書樓)
몇 차례나 관솔불로 등잔 기름 대신턴고(幾把松明代爇油)
가훈의 그날 경계 잊지를 말고(家訓未忘當日戒)
이치의 근원을 지금 더욱 탐구하여(理源仍昧至今求)
늙은 나의 이 마음 너희들이 이어받아(老情蘄汝承遺澤)
충고하는 벗 사귀어 원대한 꾀 지니거라(忠告資朋尙遠謨)
눈 덮인 산문에 인기척 사라질 제(門擁雲山人寂寂)
한치 광음이라도 함께 아껴 주려무나(好將同惜寸陰遒)
(권오봉 역)

이때 손자와 같이 용수사에서 공부하던 사람들에게 주자서를 강의하기도 하였다. 사원에서 퇴계가 강한 기록은 1546년 4월에도 보이

[그림 5-3] 용수사

는데, 이때 퇴계는 용수사에 우거하면서 찾아오는 문하생과 학문을 강론하였다.

이상에서처럼 퇴계에게 사원은 일차적으로 독서의 공간, 강학의 공간이었다. 그러나 그것이 다는 아니다. 1528년의 28세 때, 퇴계는 청량산 자하봉 아래 백운암의 스님 도청의 요청으로 지은 「백운암기」에서 다음과 같이 기술하고 있다.[20)]

> 청량산은 전체가 벼랑과 돌들이 불끈 솟아 흙을 이고 층을 이루어 층이 여러 개인데, 그중 백운암이 가장 윗층에 있다. 그러나 중간이나 아래에 있는 암자들은 천 길 벼랑을 굽어 보기도 하고 겨우 발 디딜 만한 좁은 공간에 처해 있기도 하지만 사람들의 번잡을 면할 수 없으니 위치가 낮고 가깝기 때문이다. 그런데 이 암자가 위치하고 있는 곳은 지극히 높고도 깊어서 인적이 드물고 사슴과 고라니와 함께 한다. 그러면서 그 지세가 편편하고 널찍하여 가히 숨어 살면서 약초나 가꾸고 소요하면서 한가로이 쉴 만하다. 내가 일찍이 산놀이 하는 몇 사람과 함께 지팡이를 짚고 수풀을 헤치며 들어가 만월암을 지나 느긋이 걸어 올라가다 보니, 문득 보이는 것이 영롱한 수석인데 거기서 유연히 창호(窓戶)가 나타나지 않는가! 그만 정신이 쇄탈하여 아득히 선경(仙境)에 이른 것 같았다. 여기에 이르러서야 산놀이의 오묘함을 알았다. (…) 예로부터 명산과 절경은 반드시 고인(高人)이나 일사(逸士)가 있어 숨어 살면서 유식(遊息)하는 장소로 삼아왔다. 려산(廬山)의 백련사(白蓮社)나 화산(華山)의 운대관(雲臺觀) 무이(武夷)의 정사(精舍)도 본래는 불사(佛舍) 아니면 도관(道觀)이 있었다. 유자(儒者)의 장수처(藏修處)로서 청량산의 백운암이 또한 어찌 우연이라 하겠는가?

20) 퇴계학연구원, 『退溪全書20』, 1997, 73-74쪽(이하 이 책은 『退溪全書』로 줄여 표기함).

여기서 절이라는 공간에 대한 퇴계의 시선은 종교적 성소가 아니라 유자의 유식처(遊息處)요 장수처(藏修處)였던 것이다.

퇴계가 사원을 찾은 것은 여러 가지 이유에서였다. 이유에 따라 머무는 시간도, 일과도 차이가 있었다. 퇴계 선생이 55세 되던 1555년에도 조정에서는 계속 그를 불러 올렸다. 그러나 퇴계는 이 구실 저 구실을 내세워 사양하고 있었나. 하도 올라오지 않으니 명종은 6월 15일 독서당에 '초현부지탄(招賢不至歎)'이란 시제를 주고 시 한 수씩 지어 올리게 하였다. 또 퇴계가 사는 도산을 그리게 하고 송인(宋寅, 1516~1584)으로 하여금 그 위에 「도산기」와 「도산잡영」을 써서 병풍을 만들게 하였다. 퇴계는 8월부터는 지난 봄에 자신이 병으로 사직을 청한 다음 임금의 명령도 기다리지 않고 곧바로 집으로 돌아온 일을 두고 여론이 분분한 것을 알고 빈객의 접대를 삼갔다. 이때 퇴계는 주로 계상에 있었다. 10월에는 어사가 방문한다는 소식을 듣고 10월 24일에 월란암으로 올라갔다 29일에 내려왔다. 이 며칠간 절에서의 일상을 정리해 보면 다음과 같다.[21]

24일: 월란암으로 갔다. 이덕홍과 금제순이 먼저 가서 기다리고 있었다. 도착하자마자 고반대에 올라서 오래도록 있다가 바람을 피해 절로 들어갔다. 이곳에 살고 있던 스님이 게을러 추수한 곡식을 대 위에 말리고 있었기 때문에 마음이 편하지 않았다. 그러나 치우라 하지 않고 그 대신 조용히 "중들은 이와 같은가." 할 뿐이었다. 뒤따르던 둘째 손자 순도가 아직 도착하지 않았다. 그래서 동자에게 물을 잘 건넜는지 살펴보고, 잘 건넜으면 즉시 알리라고 하였다. 밤이 되자, 말없이 위좌하

21) 정석태 편, 『日月條錄3』, 555-561쪽.

고 있었다. 술시(오후 7~9시)가 지나 잠자리에 들었다. 자시(오후 11~오전 1시)가 되자 일어나 아이를 불러 촛불을 밝히게 한 다음 주자서를 읽었다. 잠시 후 잠자리에 들었다 일어났다.

25일: 아침에 이덕홍이 『심경』의 「천명」, 「잠수복의」, 「성기의」 등의 장(章)에 대해 물었다. 낮에 고반대에서 오랜 시간 동안 앉아서 원근의 경치를 감상하며 시력이 전만 못함을 탄식하였다. 잠시 후 어풍대와 릉운대가 생각나서 동자 세 사람과 관자 두 사람을 데리고 어풍대에 올랐다. 주위의 빼어난 경치에 감탄하다가 한 식경이 지나 돌아왔다. 초저녁에 잠자리에 들었다가 자시가 못되어 일어나 의관을 정제하고 말없이 앉아 있는데, 이덕홍이 『참동계』에서 말하는 화법(火法)에 대해 질문을 하자 이에 답하였다.

26일: 새벽에 동틀 무렵에 일어나 세수하고 의관을 갖추고 꼿꼿이 앉아서 글을 읽었다. 둘째 손자에게 사서를 가르치다 측천무후와 양귀비의 일에 이르자 거듭 탄식하였다. 이덕홍이 『심경』 「수신재기정심」 등의 장에 대해 질문하였다. 식사를 마치고 주자서를 가지고 응사대에 올라 한 식경 가량 앉아 있다 낭영대에 올랐는데, 그곳에 오르기가 불편하여 중에게 돌을 져다가 계단을 만들게 하고, 어린 소나무를 사랑하여 그 가지를 솎아 주면서 또한 경치가 빼어남을 감탄하였다. 일이 끝나기 전에 경상도 관찰사에게서 편지가 와 이덕홍에게 읽어 보게 한 다음 바로 들어가서 답장을 하였다. 고을 사람들이 소어(樔魚)를 보내오니 갈무리를 해 두게 하였다. 이날 밤 등불을 밝히고 「유월란암칠절」을 지은 다음 밤이 깊어서야 잠자리에 들었다.

27일: 새벽에 일어나 등불을 밝히고 주자서를 읽었다. 아침에 어제 고을 사람에게서 받아 갈무리해 둔 소어를 이웃 노인들에게 나누어 준 다음 먹었다. 둘째 손자가 강학하는 것이 능통하지는 못했으나 친절하고 자세하게 일깨워 주었다. 식후에 큰 바람이 불자, 날씨가 춥다고 하면서 정상에서 낭영대를 쌓는 사람들에게 일을 중단하게 하였다. 이덕홍에게 『심경』을 강의하였다. 오후 바람이 잠잠해지자 다시 작업을 하도록 하였다. 그리고 주자서 한 권을 가지고 가서 소나무 밑에서 강독하였다. 식후에 고반대에 나가서 낭영대를 바라보다 돌아와 저녁이 되도록 위좌하였다. 해시(오후 9～11시)가 되기 전 잠자리에 들었다 자시에 다시 일어나 이덕홍에게 '경'자의 의미를 설명하였다.

28일: 새벽 축시(오전 1～3시)가 끝나기 전에 잠자리에 들었다 인시(오전 3～5시)가 되어서 일어나 전에 지었던 「유월란암칠절」을 적어 이덕홍에게 주었다. 그 칠질은 「조은대」, 「월란대」, 「고반대」, 「응사대」, 「낭영대」, 「능운대」, 「어풍대」였다.

29일: 아침에 이덕홍에게 "지금 부형들은 매양 『심경』과 『근사록』을 읽는 것을 그릇되게 생각하여 책망하는 사람들이 있고, 배우는 사람들도 시무에 겁을 먹고 있어 이 책을 배우는 사람들이 적다. 내가 『심경』을 강의하는 것이 미안한 마음이 없지는 않지만, 이 책을 놓아두고 다른 책을 강의할 수 없다."고 하였다. 이덕홍과 작별하고 월란암을 떠나 집으로 돌아왔다.

사원에서 퇴계의 일상은 독서, 강학, 산책, 작시, 위좌 등으로 구성된다. 이는 어떻게 보면 다른 교육공간에서의 일상과 크게 다르지 않다. 그런데 왜 퇴계는 굳이 사원을 찾았는가. 퇴계가 다른 유가의 교육공간을 두고 불가의 사원을 찾은 것은 종교적인 이유가 아니다. 그것은 우리나라 사원의 공간적인 특성인 '단절의 공간' 때문이다. 퇴계가 사원을 즐겨 찾은 것은 그 단절을 좋아했기 때문이다. 사원은 속세와 단절된 곳, 그러기에 장수(藏修)와 유식(遊息)과 독서가 가능한 곳이다. 아울러 성정도야가 가능한 산수가 부가적으로 자연스럽게 조성되어 있는 공간이 우리의 사원이고, 그곳을 퇴계는 공부공간으로 활용한 것이다.[22)]

3. 양진암과 한서암, 계상서당과 도산서당

퇴계의 교육공간 가운데 양진암과 한서암, 계상서당과 도산서당에 대해서는 권오봉[23)]을 위시하여 많은 선학들이 관심을 가지고 문학, 사상, 건축 등 여러 측면에서 고찰한 바가 있다.[24)] 이들 연구에서도 공통적으로 지적하고 있듯이 양진암과 한서암, 계상서당과 도산서당은 모두 퇴계가 조영한 것이기는 하지만, 건립목적에서 양진암과 한서암이 이신(頤神)공간으로서의 성격이 강하다면 두 서당은 강학공간으로서의 성격이 강하다는 차이가 있다. 여기서는 설립의 동기와 운영과정, 그리고 이들 공간에서의 퇴계의 일상을 통해 그가 이들 공간에 대해 어떠한 시선을 가졌는지를 살펴보고자 한다.

---

22) 우리 전통사회에서 불교 사원의 교육공간으로서의 기능은 이 책의 3장을 참조하라.

23) 권오봉, 『退溪의 燕居와 思想形成』, 포항공과대학, 1989.

24) 김동욱, 「퇴계의 건축관과 도산서당」, 『건축역사연구』 제9호, 한국건축역사학회, 1996; 윤일이, 조성기, 「퇴계 이황의 장옥 변천에 관한 연구」, 『부산대학교 생산기술연구소 논문집』 제59호, 1990; 이상해, 「도산서당과 도산서원에 반영된 퇴계의 서원건축」, 『퇴계학보』 제110호, 2001 등.

퇴계가 양진암을 조영한 것은 1546년이다. 퇴계는 1534년에 출사한 후 14년간을 국정에 참여하였으며, 그 사이 정치적으로나 개인적으로 적지 않은 일들이 있었다. 대내적으로는 아직 사화의 여파가 완전히 정리되지 않은 혼란기였고, 대외적으로는 왜와의 관계 정립의 방향을 잡지 못하고 있던 시기였다. 이런 가운데 현신들은 배척당하고 간신들이 국권을 전횡하는 것을 목도하면서 국정에 환멸을 느끼게 된다. 마침 이 해(1546년) 1월에 장인 권질의 장례(전해 12월에 사망)를 지내려 귀향했다가 자신도 병이 들어 상경하지 못하고 있다 5월에 해직되었다. 이때 시로써 '설경(舌耕)', 즉 글을 가르치며 생활할 뜻을 나타내었다. 7월에는 부인 권씨의 상을 당했다. 부인을 영지산록에 장례한 후 11월에 근처의 동암에 양진암을 조영했다.[25] 양진암을 조영한 뜻과 모습을 시 '동암언지(東巖言志)'로 나타내었다.

> 동편 높은 멧기슭에 새로이 집 지었으니(新卜東偏巨麓頭)
> 서고 누운 바위들이 모두가 깊숙해라(縱橫巖石總成幽)
> 내와 구름 아득히도 메 사이로 늙어가고(煙雲杳靄山間老)
> 시냇물 빽 둘러서 들판으로 흘러간다(溪澗彎環夜際流)
> 만권 사이 이 생애 의탁 있음 기쁘고녀(萬卷生涯欣有托)
> 한 보습 이 마음이 무엇을 구하리오(一犁心事歎猶求)
> 시승에 대해서는 정녕히 말을 마오(丁寧莫向詩僧道)
> 참으로 쉼이 아니라 병나서 이런 것이(不是眞休是病休)
> (이가원 역)

25) 권오봉, 앞 책, 31-37쪽.

퇴계는 동암에 머무는 뜻이 참다운 휴식[眞休]이 아니며 병을 치료하기 위한 휴식[病休]이라고 하였다. 시를 통해 본 양진암의 모습은 산기슭에 위치한 집으로 울쑥불쑥 솟은 바위[縱橫巖石]들이 있으며, 내와 구름 연기[煙雲]가 산속으로 흘러가는 모습, 그리고 시냇물이 휘둘러 가는[溪澗彎環] 그런 곳이었다. 이런 가운데 만권 서적에 삶을 의탁하는 것이 즐겁다 하였다[萬卷生涯欣有托]. 양진암은 퇴계에게 일차적으로 이신공간이었으나 그것만으로는 만족할 수 없었다. 만권서적을 곁에 두고서야 비로소 안심할 수 있었다. 이 점에서 양진암도 교육공간일 수밖에 없는 것이다.

이런 양진암 생활을 1년 하고는 왕명으로 다시 서울로 간 퇴계는 몇 달 만에 다시 사직서를 내고 이듬해(1548년) 1월에 단양군수를 자청하여 가게 된다. 10월에 넷째 형이 충청감사로 오자 풍기군수로 전근했고, 12월까지 감사에게 병으로 사직서를 세 번이나 내었으나 들어주지 않자 해관 명령도 없이 도산으로 돌아와 버렸다. 이로 인하여 두 등급 관직 강등 처분을 받았는데 그 와중에 상계 서쪽에 새로 지은 공간이 한서암이다. 한서암에서 자리를 잡은 퇴계는 다음과 같은 다짐의 '퇴계' 시를 읊는다.[26]

> 분수대로 살고 싶어 벼슬에 물러나(身退安愚分)
> 학문하러 돌아오니 나이 이미 늙었구나(學退憂暮境)
> 계상의 집을 짓고 할 일을 정하여(溪上始定居)
> 사람의 할 도리를 날로 더욱 힘쓰리라(臨流日有省)
> (권오봉 역)

---

26) 권오봉, 『退溪家年表』, 218-220쪽.

이곳에서 퇴계는 금계 황준량(1517~1563), 농암 이현보(1467~1555) 등과 교유하며 유인(幽人)의 절의(節義) 표상으로 송 · 죽 · 매 · 국 · 과를 심고, 광영당 둘레의 암석을 탄금석, 거문고를 얹어 두는 바위를 횡금석, 그리고 북쪽 시내를 장명뢰라 명명하였다.[27] 오종식(五種植)은 뒷날 계상서당에서는 육우원(六友園)과 방당(方塘)으로 변모하고 도산서당에서는 절우사, 정우당, 천광운영대로 바뀌어 나가면서 퇴계 나름대로의 교육공간 조영의 한 형식으로 자리 잡아 간다. 퇴계는 이러한 한서암의 모습과 일상을 '계거잡흥'으로 읊었다.

청하 골 밖에 땅을 사서(買地靑霞外)
맑은 시냇가에 옮겨와 산다(移居碧澗傍)
수석을 오죽 사랑하랴마는(深耽惟水石)
솔과 대는 더더욱 애상하고 싶어라(大賞只松篁)
고요한 이 가운데 때때로 흥취 일넌 살피는 것은(靜裏看時興)
옛사람의 어진 자취 조용히 더듬기(閒中閱往芳)
탁튀어 싸리문 내기에 좋은 곳(柴門宜逈處)
책상을 마주하면 한결같이 학문할 일에 마음 쓴다오(心事一書牀)
(권오봉 역)

병신년에 김성일(1538~1593)이 와 보니, 좌우는 책으로 둘러싸였고 향을 피워 고요히 앉으면 유연히 그곳에서 일생을 마칠 것 같은 생각이 들 정도였고, 사람들은 회계가 관인인 줄도 몰랐다고 한다.[28]

퇴계가 한서암을 짓고 입택한 그해 연말에 시내 건너 북쪽 산기슭에

27) 같은 책, 223쪽.

28) 민족문화추진회, 『국역 퇴계집2』, 289쪽.

제자교육을 위해 지은 집이 계상서당이다. 계상서당은 도산서당과 함께 퇴계가 역책(易簀)토록 사용하였는데, 서당 부근에는 계재(溪齋)라는 기숙사도 만들었다. 계상서당은 소문이 나서 서울에서 김취려, 이국필이 내려와서 입문하였으며, 강원도, 충청도, 경상도 등 여러 곳에서 많은 제자들이 수학하였다.[29] 율곡(1536~1584)이 1558년에 성주 처가에 갔다 장인 노경린의 인도를 받아 3일간 수업을 받은 것도 이 계상서당에서였다. 그러나 계당은 당주가 임금의 부름을 받아 자리를 비우는 일이 많고, 비바람을 걱정해야 할 정도로 얽어맨 건물이다 보니 찾는 이들이 생활의 불편함을 걱정할 정도가 되었다. 그러나 퇴계는 이곳에 수시로 거처하며 강학과 독서, 교유를 그치지 않았다. 특히 이곳은 『주역』을 읽기에 더없이 좋은 장소였다. 그는 시에서 『주역』을 공부하기 위해 창을 열었다고 하기도 하였고[還開讀易窓], 달을 관하며 번뇌를 가라앉혀 『주역』을 읽으리라고 노래하기도 하였다[靜鑑惺惺讀周易]. 그 상황을 다음과 같이 노래했다.

> 신선놀이 하노라니 베개에 꿈 이루고(已著遊仙枕)
> 주역을 읽으려고 창을 열어두었노라(還開讀易窓)
> 천 섬이나 많은 녹을 맨손으로 취할 건가(千鐘非手搏)
> 여섯 번 예 있으니 내 마음 후련하오(六友是心降)
> (이가원 역)

퇴계는 '계당우홍십절'에서 이렇게 계상서당에 방당을 만들고 송·죽·매·국을 심어 자신과 함께 여섯 벗이라 하고 지내는 생활에 대

29) 권오봉, 『퇴계선생일대기』, 교육과학사, 2006, 162-164쪽.

[그림 5-4] 계상서당

퇴계 종택 입구 언덕에 새로 복원하였다.

해, 남들은 깊은 두메라고 비웃건만[從他笑深僻] 자신은 본니 이런 곳을 좋아하니 마음껏 거닐리라[素履足徘徊]고 하였다.

퇴계는 계당의 공간적 불편함에 대해서는 걱정하지 않았다. 퇴계가 계당생활에서 걱정한 것은 비바람에 책상 하나 가리지 못하는 상황[風雨溪堂不庇牀], 장마에 책이 젖어 좀벌레 먹는 것[滿床書怕蠹魚殘]과 (장마로) 지척에 계당을 두고 가 보지 못하는 상황[咫尺溪堂歸不得]이 종종 생기는 것뿐이었다. 그러다 1554년 자신이 한양에 가 있는 동안 계상서당의 문을 도둑맞은 일이 생겼다. 이에 대해 퇴계는 맏아들 준에게 편지를 보내 이는 오랫동안 계당을 비워 둔 자신의 수치인 동시에 부조(父祖)의 서업(緖業)을 제대로 수호하지 못한 준에게도 수치라고 하면서 호되게 나무랐다. 그러면서 이번에 돌아가면 자하봉 기슭에 새로 터를 잡아 정사를 옮겨 지을 것이라 하였다.[30] 이것이 바로 도산서당

[그림 5-5] 도산서당

이다.

도산서당이 지어진 유래는 「도산기(陶山記)」에 기록되어 있다. 퇴계는 "처음에 내가 퇴계 위에 자리를 잡고, 시내 옆에 두어 칸 집을 얽어 짓고, 책을 간직하고 옹졸한 성품을 기르는 처소로 삼으려 했더니, 벌써 세 번이나 그 자리를 옮겼으나 번번이 비바람에 허물어졌다. 그리고 계상은 너무 한적하여 가슴을 넓히기에 적당하지 않기 때문에 다시 옮기기로 작정하고 산 남쪽에 땅을 얻었던 것이다."[31]라고 하였다. 퇴계는 이곳을 얻기 위해 안 다닌 곳이 없을 정도로 다녔는데[行盡高深界], 결국 찾고 보니 가까운 곳에 숨겨진 곳이었으니 괴이한 일로 여겼다[近秘良亦怪]. 백년 장수처가 평소 나물 캐고 고기 낚던 그 곁에 있을 줄 몰랐던 것이다[那知百歲藏修地, 只在平生採釣傍]. 서당 부근의 지리적 형세에 대해서 퇴계는 "조그마한 골이 있는데, 앞으로는 강과 들이 내

30) 정석태 편, 『日月條錄2』, 268쪽.

31) 민족문화추진회, 『국역 퇴계집2』, 35쪽.

려다보이고, 깊숙하고 아늑하면서도 멀리 트였으며, 산기슭과 바위들은 선명하고 돌우물은 물맛이 달고 차서 이른바 비둔(肥遯)할 곳(너그럽고 한가하게 자득하여 숨어 사는 곳)으로 적당하였다."고 하였다. 그리고 "도산 뒤에 있는 물을 퇴계라 하고, 산 남쪽에 있는 것을 낙천이라 한다. 퇴계는 산 북쪽을 돌아 낙천에 들어 산 동쪽으로 흐르고, 낙천은 동병에서 나와 서쪽으로 산기슭 아래에 이르러 넓어지고 물이 깊어졌다. 여기서 몇 리를 거슬러 올라가면 물이 깊어 배가 다닐 만한데, 금 같은 모래와 옥 같은 조약돌이 맑게 빛나며 검푸르고 차디차다. 여기가 이른바 탁영담이다."라고도 하였다. 퇴계는 이렇게 터를 잡은 뒤, 조정의 부름에 응하여 한양에 올라가 있을 때도 도산서당에 대한 설계도 두 종류를 만들어 공사를 담당할 법련과 논의를 계속했다. 그 과정 중에 설계도가 미진하여 다시 만들고 법련이 죽는 등의 과정을 거쳐 정일에게 공사를 맡겼다. 이때가 1559년 1월이었다. 서당이 완공된 것은 1560년 가을이었다. 터를 잡아 공사를 시작한 지 5년이 지나서였다. 그 사이 자금이 딸려 공사가 중단되기도 하는 등 우여곡절을 거쳐 도산서당과 농운정사를 기본으로 하는 건물이 완성되었다. 퇴계는 "당사는 세 칸인데 중간 한 칸은 완락재라 하였으니, 그것은 주선생의 명당실기의 '완상하여 즐기니(玩樂), 족히 여기서 평생토록 지내도 싫지 않겠다.'라는 말에서 따온 것이다. 동쪽 한 칸은 암서헌이라 하였으니 그것은 주선생 운곡의 시의 '학문에 대한 자신을 오래도록 가지지 못했더니 바위에 깃들여(巖棲) 조그만 효험이라도 바란다.'라는 말에서 따온 것이다. 합해서 도산서당이라 현판을 달았다."고 설명했다. 은사(隱士)의 거처를 지칭하는 농운정사는 모두 여덟 칸으로 구성되었는데 동쪽 마루를 시습재, 서쪽 마루를 관란헌, 방을 지숙료라 하였다. 제자들이 뒤에 농운정사 아래에 서재를 짓자 이름을 역락서재라 하였다. 서당 동쪽 구석에는 조그마한 연못을 파고 연을 심어 정우당이라 하였고, 그 동쪽에 샘을 만들어 몽천이라 하였다. 샘 위의 산기슭을 파서 추녀와 맞대고 평평하게 단을 쌓아 그 위에 매 · 죽 · 송 · 국을 심어 절우사라 하였다. 이 밖에 유정문이라는 사립문도 만들고 문 밖 오솔길을 따라 내려가 정자 지을 터도 마련해 두었다. 서당 앞 좌우에는 천연대와 천광운영대를 만들어 경치를 볼 수 있게 하였다.[32] 퇴계는 이곳에서 1월에서 5월 중순까지와 9월과 10월만 거처하였다. 퇴계가 5월 중순부터 8월까지 이곳에 거처하지 않는 것은 이 시기에 관가에서 은어잡이 어량을 설치하기 때문이었다. 즉, 서당 앞 강가에 어량을 설치하여 민간이 사적으로 고기를 잡는 것을 엄금하였기에 퇴계는 아예 이 시기에 계상에 가 있었던 것이다. 퇴계에게 교육공간은 비단 서당에만 한정된 것은 아니고 산수와 천지가 다 해당된다 하겠지만 사와 공(혹은 관)이 대립되었을 때는 공에 피해를 주지 않아야 한다는 생각이 있었던 것이다. 도산서당은 대표적인 퇴계의 교육공간이다. 그러나 퇴계의 일상은 강학만으로 채워지는 것은 아니었다. 그는 다음과 같이 말한다.

> 나는 항상 오랜 병의 시달림을 괴로워하기 때문에, 비록 산에서 살더라도 마음을 다해 책을 읽지 못한다. 깊은 시름에 잠겼다가 조식(調息)한 뒤 때로 몸이 가뿐하고 마음이 상쾌해지면, 책을 덮고 지팡이를 짚고 뜰마루에 나가 연못도 구경하고 단(壇)에 올라 절우사를 찾기도 하며, 밭을 돌면서 약초를 심기도 하고 숲을 헤치며 꽃을 따기도 한다. 또 돌에 앉아 샘물을 구경하기도 하고 대(臺)에 올라 구름을 바라보며, 여울에서 고기를 구경하고 배에서 갈매기와 친하면서 마음대로 시름 없이

32) 민족문화추진회, 『국역 퇴계집1』, 35-36쪽.

노닐다가 좋은 경치를 만나면 흥취가 절로 일어, 한껏 즐기다가 집으로 돌아오면 고요한 방 안에 쌓인 책이 가득하다. 책상을 마주하여 잠자코 앉아 삼가 마음을 잡고 이치를 궁구할 때, 간간이 마음에 얻는 것이 있으면 흐뭇하여 밥 먹기도 잊어버린다. 생각하다가 통하지 못한 것이 있을 때는 좋은 벗을 찾아 물어보며, 그래도 알지 못할 때는 스스로 분비(憤悱)한다. 그러나 감히 억지로 통하여 하지 않고 우선 한쪽에 밀쳐 두었다가, 가끔 다시 그 문제를 끄집어내어 마음에 어떤 사념도 없애고 곰곰 생각하면서 스스로 깨달아지기를 기다리며 오늘도 그렇게 하고 내일도 그렇게 하는 것이다.[33)]

도산서당은 강학의 공간이기도 하지만 삼심자늑의 공간이기도 하며, 존덕성과 도문학의 공간이기도 하면서 일상에서 이(理)의 구현을 확인할 수 있도록 조영된 공간이다. 건축가 김봉렬은 도산서당을 철저한 '경'의 건축이라고 했다. 그는 "여기에는 일절 장식과 과장이 없어 지나칠 만큼 검소하고, 형식과 규범보다는 실용적 정신에 바탕을 둔 자유로움에 충만하다. 겉보기에는 평범하고 작은 건물로 보일지 모르지만, 그것이 담고 있는 건축적 내용은 놀라울 정도로 풍부하고 다양하다."고 하였다.[34)] 도산서당은 분명 퇴계의 교육공간이지만 속세의 공간과는 엄격히 구분되는 공간이다. 퇴계는 "세상이 나를 버리지 않았지만 내가 부득이 세상을 버리지 않을 수 없게 되었다."고 하였다.[35)] 퇴계는 그동안 지산와사를 비롯하여 양진암, 한서암, 계상서당 등 여러 곳에 거처를 하고 나름대로 만족한 생활을 하였으나 그것은 상황에

33) 민족문화추진회, 앞 책, 37쪽.

34) 김봉렬, 『김봉렬의 한국건축 이야기3』, 돌베개, 2006, 213쪽.

35) 민족문화추진회, 앞 책, 38쪽.

따라 임시방편적인 성격이 있었다. 어떤 사람이 퇴계에게 왜 청량산과 같은 명산에 거처하지 않느냐고 묻자, 그는 청량산을 원하기는 하지만 워낙 험한 곳이라 자신과 같이 늙고 병든 사람이 거처할 만한 곳이 못되고, 지금 자신의 처지에 맞는 곳이 산과 물을 겸한 도산이라 하였다.[36] 교육공간에 대한 퇴계의 시선은 일정하지 않다. 유가의 교육에 '시교(時敎)'라는 개념이 있다. 학습자의 학습연령에 따라 교육을 실시해야 된다는 '신중시(身中時)'와 천지 자연에 따라, 특히 철(계절)에 맞추어 교육을 해야 한다는 '연중시(年中時)'가 그것이다.[37] 교육공간에 대한 퇴계의 시선 역시 그가 처한 환경과 나이에 따라 조금씩 차이가 있다. 혈기왕성한 젊은 시절인 28세에 지은 「백운암기」에 나타난 퇴계의 생각과 만년인 60세에 지은 「도산기」에 나타난 그의 생각의 차이는 자신의 말대로 '처지'의 차이에 따른 것이다. 그러나 퇴계가 이상으로 생각한 교육공간이 실현된 것은 역시 도산서당이라고 보아야 한다. 도산서당에서의 공부는 글공부[讀書, 窮理]와 마음공부[居敬, 存心]로도 구분되며, 나아가는 공부 혹은 발산하는 공부와 물러나는 공부 혹은 수렴하는 공부로도 구분된다. 이른바 「학기」에서 말한 적극적인 경전 공부의 정업(正業)과 휴식 때 물러나서 공부한 것을 생활 속에서 살펴보는 거학(居學)의 전형적인 모습이라고도 할 수 있다.[38] 공부가 일상생활이 되니, 퇴계의 교육공간은 서당이라는 특정 공간을 중심으로 이루어지기는 하지만 특정 공간에만 한정되지 않게 되고, 퇴계의 교육시간 역시 자신의 삶을 완성시키는 공부, 즉 위기지학을 목표하다 보니 특

36) 민족문화추진회, 앞 책, 39-40쪽.

37) 안경식, 「先秦 儒家의 時敎論」, 한국교육사학회, 『한국교육사학』 제23권 제1호, 2001, 113-129쪽.

38) 같은 논문, 118-120쪽.

정 시간표에 얽매일 수 없는 한 평생의 공부일 수밖에 없는 것이다.

4. 성균관, 사학, 향교와 서원

크게 보면 앞에서 고찰한 양진암과 한서암, 계상서당과 도산서당이 사적 성격의 교육공산이라면 성균관, 사학, 향교와 서원은 공적 교육공간이라 할 수 있다. 그러나 이들이 공적 성격의 교육공간이라 하더라도 이들 각각에 대한 시선은 차이가 있다. 우선 이들 각 기관들과 퇴계의 관련 사항을 보면서 이들에 대한 퇴계의 시선을 살펴보기로 하자.

『태학지』에 따르면 성균관의 설립은 태조 6년(1397년)에 왕의 명에 의해 착수되어 이듬해 서울의 동부 숭교방에 문묘를 완성했다 한다. 건물 수는 96칸이었는데 건물 증축과정에서 반수가 없어져 성종 5년에 반수를 복원하였다. 당시 반수 복원의 명을 받은 우의정 김질은 "성균관은 경치가 좋은 곳이어야 하는데, 이제 동반수를 수축하고 서반수를 건물과 담장 안으로 들어가게 두면 면세(面勢)가 한쪽으로 치우치고 기울어져서 만일 중국의 사신이 성묘를 배알함에 볼품이 없게 될까 두렵습니다." 하며 동서 반수가 고르게 만들어져 경치도 고려하고 옛 법도에도 맞게 해야 한다고 하였다.[39] 성균관은 그 후 수차례 증 · 개축을 거듭하다 임진왜란 때 문묘와 명륜당을 비롯한 대부분의 건물이 불에 타서 뒤에 중건하였다. 사학은 우리나라에만 있었던 제도로 건국 초에는 동서학당만 있었다. 독립 건물은 없었고 초기에는 주로 사원을 사용했다. 태종대에서부터 세종대에 이르기까지 남부, 중부, 서부, 동부 학당을 차례로 세웠으나 북부에는 학당을 두지 않았다. 이러한 중

39) 태학지번역사업회, 『국역 태학지(상)』, 성균관, 1994, 43쪽.

앙의 관학은 시대에 따라 변천이 적지 않았으나, 퇴계의 시대인 16세기는 교육사적으로는 선초부터 확립해 나가던 관학체제가 서서히 힘을 잃고 지방 사림을 중심으로 서원과 같은 사학체제를 확립해 나가던 시대였다. 이러한 시기에 퇴계는 과거를 목적으로 중앙의 관학에도 적을 두기도 하였으며, 등과 후에는 중앙 관학의 책임자가 되어 관학 부흥의 책임을 맡기도 하였다. 또 지방관이 되어서는 지방 관학의 책임자가 되기도 하였고, 최초의 서원 발생지에 부임하여 서원교육의 방향 정립을 위해 애쓰기도 하였다. 이런 상황에서 이들 각각의 교육공간에 대한 퇴계의 시선도 같을 수는 없었다.

퇴계와 성균관의 첫 인연은 23세 때인 1523년 겨울이었다. 당시 학문에 대한 열의가 대단했던 퇴계는 동행하는 친구도 없이 여윈 종이 끄는 지친 말을 타고 한양으로 갔지만 기묘사화를 겪은 지 얼마되지 않은 때라 사습이 부박하였다. 하재에 있었는데 그의 행동거지가 법도가 있었으나 사람들은 그것을 비웃었을 뿐이다. 많은 비방도 따랐으며, 이에 두 달을 지내다가 나왔다. 퇴계가 다시 성균관에 적을 둔 것은 1533년 여름이었다. 이때 사형(四兄)이 성균관 전적과 남학 교수로 잠시 있었다. 성균관에서 하서 김인후(1510~1560)와 같은 지기를 만나기도 하였으나 이번에도 성균관에 대해 실망을 금치 못하였다. 성균관은 이미 사습이 퇴폐하여 공당으로서의 가치를 잃고 먹고 노는 곳으로 바뀌어 있었다. 이때 지은 시로 '반궁'이 있다.

반궁은 무엇하던 곳이뇨(泮宮隨例亦何爲)

매일 먹고 노는 공당이더냐(日日公堂得飽嬉)

거업을 핑계 삼아 군역을 피신하고(擧業生疎憑竄抹)

책 펴는 일은 접고 남 독서를 희롱하고(陳篇寥落付唔咿)

질문에도 코웃음치니(多將問事供調笑)
어찌 인재를 키운다 하리(豈有懷材可設施)
어제 밤 꿈속 나비의 뜻(昨夜夢中胡蝶意)
아침 창에 어리는 이슬 보며 새 시를 읊는다(曉牕和露寫新詩)

그러나 퇴계는 이러한 분위기에서도 당시 성균관 대사성이었던 윤탁(1472~1534)에게 『대학』의 '격물'의 주석에 대해 물어보는 등 나름대로 공부에 몰두했다. 1534년 3월에 출신한 퇴계는 36세 되던 1536년 6월에 성균관 전적 겸 중학 교수로 임명되었다. 그러나 이때의 일은 자세히 전하지 않는다. 그 후 1541년 12월에 병으로 당시 사헌부 지평을 사임하였는데 받아들여지지 않고 성균관 전적을 제수하였다. 그러나 며칠 만에 다시 다른 벼슬이 내려져 실제 소임을 수행하지는 않았던 것으로 보인다. 1543년 7월에도 퇴계는 성균관 사예로 임명받았으나 8월 초에 조산대부로 승진하였으며, 다시 10월에 성균관 사성으로 임명되었다. 곧 휴가를 얻어 고향에 가서 성묘를 하였으며, 11월에 예빈시 부정(副正)으로 제수받았으나 부임치 않았다. 1552년, 몇 년간 관직에서 물러나 유거하던 퇴계는 다시 조정에 나가 경연에 입시하는 등의 활동을 하다 7월 11일 성균관 대사성에 임명되었다. 이조에서는 대신들의 뜻으로 당시 당하관 가운데 가장 글 잘 하고 재주 있는 실천가를 물망에 올리기를 청하니 퇴계가 이에 가장 수위에 올라 임명된 것이다.[40] 그러나 퇴계는 10월에 사면장을 올리고 11월에 사임하였다. 그는 이듬해 4월 다시 대사성을 임명받았는데, 이때 왕은 학교교육이 황폐하고 해이해졌으므로 「권학절목령」을 내리면서 교육의 의지를 분명

40) 권오봉, 『退溪家年表』, 280쪽.

히 밝혀 거행하도록 하라고 하였다. 퇴계는 감당할 수 없다며 사양했으나 받아들여지지 않았다. 퇴계는 당시 침체된 학풍을 일으킬 목적으로 「유사학사생문」을 내렸다. 이 글은 비록 사학의 선생과 학생에게 내린 글이나 성균관에도 해당되는 내용이었다.

> 학교는 풍화의 본원이며, 모범을 세우는 곳이요, 선비는 예의 주인이고, 원기가 붙이어 있는 곳이다. 국가에서 학교를 세워 선비를 양성하는 것은 그 뜻이 매우 높으니, 선비가 입학하여 자기를 수양함에 있어 어찌 구차스럽게 천하고 더러운 행동을 할 수 있겠는가? (…) 가만히 오늘날의 학교를 보건대, 스승 된 이나 생도 된 사람이 서로 그 도리를 잃는 것을 면치 못하여 학교의 규칙이 강명되지 않을 뿐 아니라 학교의 법령까지 크게 무너져 엄하지 못하고 공경하지 못하여 도리어 서로 병폐를 잡으니, 국학에 있어서도 이런 일이 없다고 할 수 없으나 사학이 더욱 심하다. (…) 유생이 이렇게 된 것은 실상 스승이 직책을 다하지 못한 탓이다. (…) 만일 자주 왕래하는 무리가 갈가마귀 떼보다 심하여 여러 사람을 해치고 예법을 좇지 않고, 허물을 듣고도 더욱 심한 자가 있어 행패를 그치지 않는다면, 학령의 회초리와 국법에서 귀양 보내는 제도를 행하지 않으려 해도 하지 않을 수 없을 것이다.[41)]

이 유문(諭文)은 퇴계가 마지막으로 성균관과 사학을 부흥시켜 보려는 간절한 시도였다. 이때 퇴계는 '위학지도(爲學之道)'라는 제목으로 책문을 부과했으나 답을 제출하는 이는 한 명도 없고 오히려 비난 여론이 비등해졌다. 퇴계는 더 이상 변화 가능성이 없다고 보고 관심을 거

41) 민족문화추진회, 『국역 퇴계집1』, 437-441쪽.

두었다. 그러고는 병을 핑계 삼아 체직을 원했고 11월에 체직되었다. 퇴계는 수차례 성균관의 책임자가 되기도 하였지만 이들 교육기관에 대해 큰 희망을 가지고 있었던 것 같지는 않다. 퇴계가 본 성균관과 사학은 이미 공적 교육공간으로서의 의미는 상실하고 먹고 노는 공간으로서의 의미만 남아 있었다.

퇴계의 향교에 대한 관심은 개인적 차원을 넘어 지방 수령으로서의 임무였다. 1548년 1월에 외직을 자청하여 단양군수로 나간 퇴계는 향교에서 석전례을 행하는 등 지방교육의 책임자로서 임무를 다했다. 이듬해 풍기군으로 전근 가서도 석전례를 주관하였으며, 아들 준을 순흥향교에서 참강하게 하였고, 자신이 향교 제생에게 시부의 제목을 출제하였던 것 등을 볼 때 그의 향교에 대한 관심은 적지 않았다 할 수 있다. 그러나 이미 향교골[校洞]은 다음과 같은 모습이었다.[42]

시냇가 연기 속에 향교는 묻히 있고(宮墻沒澗烟)
거문고와 글 소리는 산새 소리로 변했다오(絃誦變山鳥)
없어진 그 규모를 뉘라서 일으킬꼬(誰能起廢規)
도학의 깊고 묘함 말하기 장황코녀(張皇道幽眇)
(이가원 역)

1549년에 지은 또 다른 시 '과순흥향교구지(過順興鄕校舊址)'에서도 향교의 모습을 "두어 집 남은 마을에 울타리 무너진 곳, 낮에도 문 닫은 삼밭엔 개와 닭이 놀고 있고, 지필봉 앞에 있는 연묵지도 말랐구나. 그때 글 읽던 광경 뉘와 다시 거론할꼬!"라고 할 정도로 안타까운 상황

42) 퇴계학연구원, 『退溪全書2』, 65쪽.

이었다.[43] 향교 역시 이미 교육공간으로서의 기능을 상실한 것으로 본 것이다.

그러나 서원에 대한 퇴계의 시선은 달랐다. 그가 풍기군수로 갔을 때, 풍기군은 전임 군수 신재 주세붕(1495~1554)이 고려 주자학의 선구자인 안향의 관향지 순흥에 백운동서원을 설립하는 등 주자학의 연구와 보급에 애쓰고 있는 상황이었다. 퇴계 역시 조선에서 처음으로 설립된 서원에 큰 관심을 가지고 자주 출입을 하며 강학도 하였다. 1549년 1월에는 백운동서원에 나가 서원 밖의 경렴정에 대해 시를 지었고, 주세붕과 도학을 논하였다. 백운동서원은 신재가 창설했지만 퇴계 역시 이 서원의 운영과 교육에 관심을 가졌다. 1549년 3월에는 서원 옆 시냇가의 암석을 끊어내고 평대를 만들어 취한대를 만들었으며, 백운동서원과 관련된 시도 많이 지어 원생들에게 주었다. 그리고 같은 해 12월 16일 감사에게 서장을 올려 백운동서원의 편액을 결정하여 써

[그림 5-6] 소수서원 강당

43) 권오봉, 『退溪家年表』, 199쪽.

보내 주고 서적을 공급해 달라고 청하였다.[44] 그리하여 소수서원이라는 편액이 사액되고 사서오경과 성리대전이 공급되었다. 1550년에는 「백운서원제생」이라는 편지에서 “긴 여름 고요한 서원에서 여럿이 모여 강습하는 즐거움은 퉁소를 불고 거문고를 타고 쇠북을 두드리고 경쇠를 치는 것보다 훨씬 나으니, 사람으로 하여금 끝없이 부럽고 기쁘게 합니다. (…) 오직 여러분은 제일의 우리 사업을 위해 다른 사람에게 양보하지 말고, 부디 도를 위하고 시대를 위해 노력하여 잘 단련하길 바랍니다.”라고 하며 원생에게 따뜻한 격려의 시선을 보냈다.[45]

퇴계의 서원에 대한 관심은 이산서원에서 더욱 적극적으로 나타난다. 퇴계는 1558년에 완공된 이산서원의 기문을 이듬해 겨울에 썼다. 기문의 내용을 통해 서원 건립의 과정을 보면 다음과 같다.[46]

> 영주 고을이 소백산 남쪽에 위치하여 그 땅이 신령하고 풍속이 아름다워 호칭 인재의 소굴이라 한다. 이곳 풍속이 문예를 숭상하고 더욱 여럿이 거처하면서 학업을 익히기 좋아하여 그 명칭을 거접이라 하고 온 경내의 선비들이 다 모여들었다. 그리고 다른 지방으로부터 책을 끼고 오는 자 비록 많았으나 싫어하지 않고 모두 관에서 비용을 공급하여 빠뜨린 해가 없었는데 그 유래가 벌써 오래다. (…) 대개 인재 기르기를 좋아하는 뜻의 정성스러움이 다른 고을의 미칠 바가 아니나, 돌아보건대 관사의 설치가 없어 한 차례씩 모일 때마다 고을의 의원을 빌려 사용함으로써 잠깐 모였다가 즉시 헤어지곤 하였다. 가정 갑인년(1554) 겨울 순흥 사또 안상이 부임하여 직사를 삼가고 행정이 원활하고 폐단이

44) 같은 책, 216쪽.

45) 퇴계학연구원, 『退溪全書 9』, 15쪽.

46) 퇴계학연구원, 『退溪全書10』, 108-111쪽.

> 제거되었으며 더욱 학문을 숭상하여 인재를 권장하는 것으로 선무를 삼았다. (…) 즉시 고을 동쪽에 터를 잡았으니, 군치와 6~7리의 거리로 번천 고개가 우뚝 솟아 가리움이 되고 그 안이 넓고 조용하여 아예 시가지의 티끌과 인적과는 서로 접하지 않았다. (…) 무오년 7월에 시작하여 4개월을 지나 공사를 마쳤다. 모두 32칸의 집이었고 또 양정당을 그 곁에 옮겨 지었으니, 양정당은 작고한 군수 금의가 창설하여 동몽을 가르치던 곳이다. (…) 이로부터 내유하는 선비들은 원근인을 막론하고 찾아오기를 마치 자기 집으로 돌아가듯 하여, 전일처럼 임시 빌려서 거처하였다가 즉시 헤어지는 걱정이 없었다.

퇴계는 이 서원의 명칭을 이산서원이라 정하고 각 당과 재, 문, 대의 이름도 정하였다. 그리고 서원 정도의 규모도 안 되고 선정(先正)으로 제사 지낼 만한 자에 대한 논의도 정리되지 않았으니 차라리 서재라고 이름하자는 사람들의 건의를 물리치고 서원으로 함이 가하다고 하였다. 그러면서 "안으로는 국학, 밖으로는 향교가 모두 암담히 가르칠 줄 모르고 또 막연히 학문을 일삼지 않았다. 이것이 뜻 있는 선비가 발분하여 깊이 개탄하면서 책을 지고 깊숙한 산중으로 도망가 그 들은 바를 강론하며 도를 밝히고, 따라서 자신을 성취하고 남을 성취하게 하는 것이니, 서원의 이룩은 후세에 와서 그리하지 않을 수 없는 사세다. (…) 그러나 아직 노사숙유(老師宿儒)로서 산장(山長)이 되어 그 가르침을 맡아 주장하는 이가 없다. 그러므로 서원에 드는 선비들이 찬란하게 큰뜻만 있을 뿐, 끝내 습속의 비루함에 빠져 성인의 가르침과 후현의 뜻을 잊는 것을 면치 못한다."[47]고 하였다. 이는 서원의 설립이 관학이 무너진 상황에서 일어날 수밖에 없는 시대적 추세였음을 말하고, 성공을 위

---

47) 같은 책, 111쪽.

해서는 이전의 폐습을 일소해야 한다는 것을 강조하는 것이었다. 그리고 이산서원의 운영을 위해서 퇴계는 「이산원규」를 지었는데, 이는 이후 서원 운영의 모범이 되었다. 그 내용을 요약하여 살펴보면 다음과 같다.[48]

一. 유생의 독서는 사서오경을 본원으로 삼고 소학과 가례를 문호로 삼아 국가가 인재를 양성하는 방법을 좇아야 한다.

一. 유생들은 뜻을 굳게 세우고 나아가는 길을 정직하게 하여, 학업은 원대한 것을 자기(自期)하여야 한다.

一. 유생들은 항상 각 방에 조용히 있으면서 오로지 독서에 정신을 기울여 의심나고 어려운 것을 강론하는 일이 아니면 부질없이 다른 방에 가서 쓸데없는 얘기로 날을 보내서는 안 된다.

一. 성균관 명륜당에 걸린 사물잠, 백록동규, 숙흥야매잠을 원중에도 게시하여 서로 디이르고 일깨운다.

一. 책은 문 밖에 나갈 수 없고, 色은 문 안에 들어올 수 없고, 술은 빚을 것이 아니고 형벌은 쓸 것이 아니다.

一. 원의 유사는 근처에 사는 청렴하고 재간 있는 품관 두 사람으로 정하고, 선비 중에 사리를 알고 조행이 있어 여러 사람이 추앙하고 복종할 수 있는 사람을 상유사로 하여 2년 만에 교대한다.

一. 서원을 세워서 선비를 양성함은 국가가 문치를 숭상하고 학교를 일으키며 인재를 새로 길러내는 뜻을 받듦이다.

一. 기숙생은 어른이나 아이를 불구하고 정한 수는 없으나 성적을 얻은 뒤에야 원에 들어온다.

48) 민족문화추진회, 『국역 퇴계집1』, 451-453쪽.

이를 보면 마치 이전 성균관에서 실현하고자 했으나 좌절을 맛보았던 그의 교육 이상을 서원에서 실현하고자 하는 것 같은 느낌을 받는다. 서원 역시 퇴계는 국가교육의 이상에 따른 교육실천이라는 인식하에 오로지 학문하는 공간으로 자리 잡아야지 비방과 유희의 장소가 되어서는 안 된다는 강렬한 의사가 표명되어 있다. 그러나 퇴계는 서원의 운영은 어디까지나 자율적으로 이루어져야 함도 빠뜨리지 않았다.

퇴계의 서원에 대한 관심은 만년에 역동서원으로 이어지는데 「역동서원기」에 퇴계의 서원에 대한 인식이 잘 드러난다.[49]

> 서원의 제도가 근래 우리나라에 성행하고 있는데, 영남 각 고을에 세워진 것이 타도 타읍에 비해 가장 앞서고 많이 차지하였다. (…) 우리 예안 고을이 비록 편소하나, 산천이 수려하고 인물이 울연하여 문헌의 칭송이 예로부터 있었다. 고을의 향교 이외에 산림을 의지한 한적한 곳에 유관(儒館)을 설치하여 학업을 익히는 일이 어찌 없으랴. (…) 제군이 또 고을의 부로와 모든 선비들로 더불어 협심 상의하여 각각 형세에 따라 재력을 부담하여 고을 동북쪽 선생의 구거지와 10여 리 거리에 위치한 땅을 얻었으니, 그 물은 오담(鰲潭)인데 실로 낙동강의 상류다. 태백산에서 발원하여 청량을 거쳐 남쪽으로 흐르다가 이에 이르러 못을 이루었고, 동쪽으로부터 뻗어 내려온 산이 구불구불 서쪽으로 돌아 이 오담에 이르러 멈추었다. 이에 구릉이 있으니 산을 등지고 물에 임하여 깊숙하면서도 훤창하게 트여 스스로 좋은 형세를 이룬 적절한 거리의 땅으로서 봉만(峰巒)과 천택(川澤)이 앞으로 굽어 빙 둘러 있어 터를 잡을 만한 곳을 점쳐도 이와 바꿀 곳이 없었다.

49) 퇴계학연구원, 『退溪全書10』, 125-129쪽.

이는 중앙의 교육기관이 무너진 상황에서 서원과 향교가 지방교육의 역할을 다해야 하며, 서원은 '산림에 의지한 한적한 곳'에 설치해야 하는데, 역동서원 역시 그러한 자연 조건에 잘 부합함을 말하고 있다.

퇴계가 서원에 얼마나 관심을 가졌는가, 또 서원에 대해 어떤 생각을 가졌는가는 그의 시 '서원십영'에 잘 나타나 있다. '서원십영'은 풍기의 숙계서원, 영천의 임고서원, 해주의 문헌서원, 성주의 영봉서원, 강릉의 구산서원, 함양의 남계서원, 영천의 이산서원, 경주의 서악정사, 대구의 화암서원에 대한 생각과 여러 서원에 대한 총론[總論諸院]으로 구성된다. 퇴계는 총론에서 다음과 같이 기술하고 있다.

> 경서 연구 늙도록 도를 듣지 못했더니(白首窮經道未聞)
> 다행히도 여러 서원 사문을 제창했네(幸深諸院倡斯文)
> 어쩌자고 과거 물결 바다를 뒤집는가(如何科目波飜海)
> 부질없는 내 시름 구름처럼 이는구려(使我閒愁劇似雲)
> (신호열 역)

퇴계에 따르면 과거라는 물결이 바다를 뒤집는 상황에서 도학으로 이 광풍을 잠재울 수 있는 것은 서원이라는 것이다. 사실 과거라는 시험에 대한 퇴계의 생각은 단순하지 않다. 한편으로는 과거가 개인 입신과 가문의 영예의 길임을 인식하여 아들, 손자, 제자들 등에게 과거 급제를 위한 공부를 게을리하지 않도록 독려하면서도 한편으로는 누구보다 과거의 문제와 한계를 절감하고 있었다. 이런 점에서 퇴계의 인간적인 고뇌가 있었을 것 같다. 마치 오늘날 우리가 학교교육 제도를 비판한다고 해서 아이를 학교에 보내지 않기가 쉽지 않듯이 말이다. 퇴계는 과거가 필요 없다고까지는 생각하지 않았다. 그러나 그가 과거의 한계를 분명히 인식하고 있었기에 그 절충점, 즉 과거 공부와 도학 공부를 함께 할 수 있는 방안을 찾으려 했고, 그것이 서원에서 이루려고 하였던 것이 아닌가 생각된다.

Ⅲ. 퇴계 교육공간의 특징과 의의

앞에서 퇴계의 교육공간으로 가장 먼저 서술한 것은 산수다. 근대라는 시대환경 속에 살고 있는 우리가 떠올리는 교육공간은 '기관', 더 구체적으로는 견고한 콘크리트 학교 건물이다. 기관, 콘크리트 건물이 아니면 교육공간으로 잘 인식되지 않는 것이 우리 근대인의 인식이다. 심지어 학교 울타리 안에 있다 하더라도 교실 건물 밖의 옥외공간마저 교육공간으로 인식하지 못하고 활용하지 못하고 있는 상황이니, 산수를 교육공간으로 인식한다는 것은 근대적 시각에서는 힘든 일일 것이다. 근대적 시각의 교육기관의 공간적 특성과 관련해서 학교를 병영, 병원, 공장, 감옥 등과 같은 관점에서 고찰한 푸코(M. Foucault, 1926~1984)에 따르면, 근대 학교는 구성원의 합리적 예속화를 위한 감시와 훈련, 교정의 공간이다. 근대 학교에서의 공간 편성은 학습자 개개인의 자리가 정해지는 데서부터 시작되면서, 한 사람 한 사람에 대한 통제와 학생 전체의 동시학습이 이루어진다. 그리고 학습시간에 대한 새로운 경제적 방안, 효율적 방안이 마련된다. 학교는 교육을 위한 공간일 뿐 아니라 감시와 위계질서와 상벌 부과의 공간이 된 것이다. 학교는 시간표로 개개인의 활동을 통제하고 규율화하는 공간이라는 것이다.[50] 이러한 시각에서 산수공간은 감시와 위계질서와 상벌 부

---

50) M. Foucault(오생근 역), 『감시와 처벌』, 나남출판, 1995, 212-235쪽.

과가 불가능한 공간이다. 권력이 작용할 수 없는 공간이고 정해진 자리가 있을 수 없는 공간이다. 산수의 시간표는 '자연의 시간표'이고 인위적으로 통제할 수 없는 시간표다. 산수는 근대 이전의 오랜 시간 동안 '자연의 학교'의 교육공간이었고, 그 공간 속에서 자연의 아들을 길러내어 왔다. 퇴계 역시 이러한 '자연의 학교'에서 '자연의 시간표'에 따라 자연의 가르침을 받으며 살아왔다.

불교 사원 역시 퇴계에게는 빠뜨릴 수 없는 중요한 교육공간이다. 억불정책을 표방한 조선조 유가 선비의 교육공간으로 불교 사원을 거론한다는 것이 어색하다고 느낄 수도 있고 모순이라 여길 수도 있을 것이다. 그러나 퇴계가 사원공간을 사랑했듯이 대부분의 유가 선비들은 사원이라는 공간을 교육공간으로 활용하기를 즐겨 했다 할 수 있다. 선초 국가의 관학까지 사원공간을 이용할 정도였으니, 사원은 국가가 묵인한 '보조' 교육공간이었던 셈이다.

그러면 사원은 교육공간으로 어떤 특징이 있는가? 우선 '격리'를 들 수 있다. 사원은 마을로부터, 세속으로부터, 사람으로부터 그리고 권력으로부터 '격리'된 공간이다. 격리됨으로써 조용하고 격리됨으로써 오히려 자유로운 공간이라 할 수 있다. 세상과의 소통은 힘들 수 있어도 자기 내면과의 소통은 가능한 공간이라 할 수 있다. 둘째, 사원은 성(聖)의 공간이다. 사원은 불제자의 수도장이다. 유학자인 선비들이 이런 불도량을 자신들의 교육공간으로 적극 활용한 것은 그곳이 성의 공간이라는 것과 무관하지 않다. 당시 유가의 교육공간이 탐욕과 경쟁 일색이었던 것에 비하면 사원은 얼마나 엄숙하고 진지한 공간이었나. 선비들은 그것을 좋아한 것이다. 셋째, 사원은 산수 자연을 겸한 공간이다. 사원이 아무리 인적 드문 곳에 격리되었다 해도, 종교적 성소라고 해도 산수 자연이 갖추어지지 않은 사원은 교육공간으로는 적절하지 않은 것이다. 이런 점에서 사원은 서원과 유사점이 많은 전통 교육공간이다. 사실 서원은 이상의 세 가지 특징을 모두 가지고 있는 유가의 새로운 교육공간이라 할 수도 있다.

양진암, 한서암 그리고 계상서당과 도산서당은 퇴계의 뜻대로, 퇴계가 만든 교육공간이다. 이름이야 서재든, 정사든 혹은 서당이든 이러한 공간들은 선비의 생활공간이자 독서공간, 교육공간이다. 그리고 이들 공간의 특성은 자연 및 일상생활과 교육이 조화를 이룬 생태적 공간이라는 점이다. 어떤 건물이든지 건물은 인간 행위의 소산일 수밖에 없지만 퇴계의 이러한 교육공간은 자연환경을 교육공간으로 최대한 활용한 공간이며, 그 속에서 일상생활과 학문이 자연스럽게 가능하도록 만든 것이다. 만물 생생지리가 일상에서 구현되는 모습을 늘 확인할 수 있도록 꾸민 것이 퇴계 교육공간의 특징이자 유가 선비들의 교육공간의 특징이라 할 수 있다. 성리학의 관점에서 선비의 공부는 '거경궁리', '존덕성, 도문학'으로 요약할 수 있다. 퇴계는 『성학십도』를 비롯하여 곳곳에서 거경의 방법으로는 주일무적, 상성성, 정제엄숙 등을 이야기하고 있으며, 궁리의 방법으로는 「백록동규」에서도 제시된 박학, 심문, 신사, 명변과 독서, 격물을 이야기하고 있다. 그러나 퇴계의 교육공간에서는 거경궁리가 추상적 이론으로만 논의되지는 않는다. 퇴계 자신도 「경재잠」과 「숙흥야매잠」에서 언급하였듯이, 이들은 고요할 때[靜]나 움직일 때[動], 행동으로 드러날 때[表]나 마음속에 있을 때[裏]는 말할 것도 없고, 닭이 울어 깨어서부터[夙興] 일상생활을 마치고 잠자리에 들 때까지[夜寐]의 일상생활 속에서 실천되어야 하는 것이다.

퇴계의 교육공간, 특히 도산서당은 이러한 퇴계의 교육 이상과 교육과정을 실현할 수 있도록 설계하고 조영하고 운영하였다 할 수 있다.

[그림 5-7] 숙흥야매잠

퇴계의 도산서당은 불교 사원과 같이 공간적으로 세속과 격리된 공간은 아니다. 그것은 오히려 일상의 공간이다. 그러나 그곳은 거경궁리와 격물치지, 우유함영의 공부가 가능하도록 만들어진 공간이고, 그 속에서 퇴계는 종생토록 존덕성, 도문학하며 살았던 것이기에 일상 속에 구현된 성의 공간이라고도 할 수 있다.

끝으로 성균관과 사학, 향교와 서원 같은 공적 성격의 교육공간에 대한 퇴계의 시선의 차이를 본다. 오늘날의 입장에서 보면 앞의 셋은 관학이고 마지막은 사학이지만, 퇴계의 시선의 차이를 관학과 사학의 차이에서 찾는 것은 타당하지 않다. 퇴계가 성균관과 사학, 향교에 대해 싸늘한 시선을 던진 것은 특별히 물리적 공간에 대한 불만 때문인 것은 아니다. 그것은 이미 이전부터 나름대로 정해진 법도에 의해 만들어지는 것이기에 퇴계가 어떻게 할 수 있는 성격의 것은 아니다. 퇴계의 불만은 이들 공간이 이미 독서의 공간도 아니고 강학의 공간도 아니라는 데 있다. 소음과 농담과 비웃음만이 가득한 공간이었기에 퇴계는 그곳을 교육공간으로 인정할 수가 없었다. 그러나 서원은 새로운 교육 기풍을 진작하는 혁신적 공간으로 인식하였다. 공부하는 목적부터 새롭게 세우고, 규칙을 자율적으로 정하고, 선비로서의 기풍을 새롭게 잡는 등 지역 중심의 교육 공동체의 공간으로 인식한 것이었다.

지금까지 퇴계의 시선으로 전통사회 유가 지식인들이 생각했던 교육공간을 살펴보면서 오늘날의 교육공간, 특히 학교라는 공간을 떠올리면 그것이 퇴계가 안타까워했던 관학공간과 얼마나 차이가 있을까 싶다. 오늘의 교육공간이 굳이 세속으로부터 격리된 공간, 성의 공간이어야한다고 주장하고 싶지는 않다. 굳이 유거(幽居)와 장수(藏修)의 공간이 되어야 한다고 주장하고 싶지도 않다. 교육공간이 학문과 교육활동의 공간이라고 할 때, 오늘 우리의 대표적인 교육공간인 학교는 과연 어떤 공간으로 자리 매김되어 있는지 자문해 보아야 한다. 지(知)를 만들고 전달함으로써 인류문명이 간단(間斷)없이 이어지도록 하는 생생활발의 공적 공간이 아니라 지식의 소비공간, 사적 욕망의 공간으로 정착되어 가고 있고, 그것이 이 시대의 교육공간상으로 정착되어 가고 있는 것 같다.

참고문헌

권오봉, 『退溪家年表』, 퇴계학연구원, 1989.

권오봉, 『退溪의 燕居와 思想形成』, 포항공과대학, 1989

권오봉, 『월란지』, 대보사, 1993.

권오봉, 『퇴계선생일대기』, 교육과학사, 2006.

김동욱, 「퇴계의 건축관과 도산서당」, 한국건축역사학회, 『건축역사연구』 제9호, 1996.

김봉렬, 『김봉렬의 한국건축 이야기 3』, 돌베개, 2006.

민족문화추진회, 『국역 퇴계집(1-2)』, 민족문화추진회, 1977

안경식, 「언행록에 나타난 퇴계의 제자교육」, 한국교육사상연구회, 『교육사상연구』 제11집, 2002.

안경식, 「전통사회의 교육공간으로서 불교의 사원」, 『21세기 인문학의 동향』(동아대학교 석당학술원 제3회 국제학술대회 발표논문집), 2008.

윤일이, 조성기, 「퇴계 이황의 장옥 변천에 관한 연구」, 『부산대학교 생산기술연구소 논문집』 제59호, 1990.

이가원 역, 『퇴계시 역주』, 정음사, 1987.

이상해, 「도산서당과 도산서원에 반영된 퇴계의 서원건축」, 『퇴계학보』 제110호, 2001.

이익성 역, 『택리지』, 을유문화사, 2002.

이종묵, 『조선의 문화공간2』, 휴머니스트, 2006.

정석태 편, 『退溪先生年表日月條錄 1-4』, 퇴계학연구원, 2001-2006.

퇴계학연구원, 『退溪全書 1-20』, 퇴계학연구원, 1991-1997.

태학지번역사업회, 『국역 태학지(상)』, 성균관, 1994.

한국교육사학회, 『역사 속의 교육공간, 그 철학적 조망』(2008년 연차학술대회 발표 자료집), 2008.

한국교육신문사, 『한국교육신문』 2007년 12월 12일, 2007.

한국정신문화연구원, 『국역 퇴계시(1-2)』, 한국정신문화연구원, 1990.

辻本雅史, 「동아시아 속의 일본 교육사」, 한국교육사학회, 『교육사 연구의 지평 확대』(2006년도 연차학술대회 자료집), 2006.

Foucault, M.(오생근 역), 『감시와 처벌』, 나남출판, 1995.

제 6 장

서원 교육공간의 건축적 규범

제6장

서원 교육공간의 건축적 규범

Ⅰ. 조선시대 교육공간의 성립과 서원

태조 이성계가 조선을 건국하면서 새로운 국가의 통치이념으로 삼은 유교는 새 왕조의 기틀을 잡는 데 크게 기여했고, 결국 유교는 조선 500여 년의 지배적 문화가 되었다.

태조가 유교이념 보급과 정착을 위해 국가정책으로 삼은 것 중 하나는 바로 홍학(興學)이다. 즉, 학교교육을 진흥시켜 유교중심 사회를 건설하려고 했다. 그러기 위해서는 조직적으로 전국적인 교육 시스템이 마련되어야 했는데 그것이 바로 한양의 성균관(成均館)과 오부학당(五部學堂), 그리고 지방의 향교(鄕校)였다. 이러한 관학은 조선 초 지방의 작은 고을에까지 유교문화를 보급하는 데 크게 기여했다. 이러한 관학은 건축적으로도 일정한 형식을 갖추었고, 이는 16세기 중엽에 등장한

〈표 6-1〉 성균관, 향교, 서원의 성립과 특성

	성균관	향교	서원
창건	992년	1127년	1543년
설립 주체	국가	국가	개인
장소	중앙	읍치 근거리	읍치 원거리
배향 인물	공자	공자	선현
주 공간	제향, 교육	제향, 교육	제향, 교육
주 건물	대성전, 명륜당	대성전, 명륜당	사당, 강당
배치 유형	전학후묘(개성) 전묘후학(서울)	전학후묘 전묘후학 좌학우묘 좌묘우학	전학후묘

서원에도 영향을 미쳐 조선시대 학교 건축의 새로운 패러다임을 제시하였다.

성균관, 향교, 서원은 설립 주체에 차이가 있을 뿐 그 구성과 건축 개념은 매우 유사하다. 즉, 그들은 선현봉사(先賢奉祀)와 강학(講學)이라는 두 가지 기능을 완벽하게 소화했던 완성도가 매우 높은 건축으로 당시의 사회 성격, 즉 유교사상이 그대로 건축에 배어 있다. 전반적으로 검소하고 소박하며 간결하게 건물이 지어졌고, 또한 자연환경에 순응하는 이른바 친환경 개념의 건축으로 자리했다. 이러한 건축 계획과 실천은 인공적이고 장식적인 현재의 학교 건축과 크게 대비된다.

이러한 조선시대의 학교에는 반드시 성현에 대한 별도의 제향공간이 있다. 즉, 교육과 제향의 두 공간이 만나 진정한 하나의 학교가 되었다. 가령 관학인 성균관과 향교에는 반드시 문묘(文廟)가 함께한다.

문묘에는 사당 3동이 있다. 정중앙 안쪽에는 유교의 성전이라 할 수 있는 대성전(大成殿)이 있고, 그 전면 · 좌우 측에는 격이 낮은 동무

(東廡)와 서무(西廡)가 있다. 성균관과 향교의 교생들은 공자와 사성 등 문묘에 모신 성인들을 그들의 학문적 이상으로 삼고 교육공간에서 생활했다.

교육공간에는 강학처이면서 선생의 거처 격인 명륜당(明倫堂)이 있고 학생들의 기숙사 격인 동재(東齋)와 서재(西齋)가 문묘와 같은 패턴으로 명륜당 앞쪽에 대칭으로 자리한다.

이러한 구성은 중국의 영향을 받은 고려의 국자감 시설에 그 근원이 있다고 하겠다. 중국은 한대(漢代) 이래 매년 공자를 모셨는데, 송대(宋代)가 되고부터는 전국 각지의 현 이상의 모든 도시에 공자를 모시는 문묘가 설치되었다. 문묘 곁에는 학교가 부설되었는데, 도성의 것은 국

[그림 6-1] 개성 성균관 명륜당

[그림 6-2] 서울 성균관 명륜당

[그림 6-3] 서울 성균관 대성전

[그림 6-4] 나주향교 명륜당

자감(國子監), 부의 것은 부학(府學), 현의 것은 현학(縣學)으로 불렸다.[1)]

서원 또한 사묘(祠廟)와 서재(書齋)가 하나의 경내에 공존한다. 1543년 풍기군수 주세붕이 세운 백운동서원도 그러한 조건을 갖추었기에 우리나라 최초의 서원이 된 것이다. 그 이전에 퇴계 등 여러 문인이 많은 학당을 세웠지만 결코 서원으로 부르지 않았다. 즉, 반드시 서원에는 학문과 인격이 뛰어난 선현의 위패를 봉안할 수 있는 사당을 건립하여 정신적인 지주공간으로 삼았다. 이렇듯 조선시대의 학교는 관학이건 사학이건 단순히 교육용 교사만 짓는 데 머물지 않았다. 즉, 학문적인 이데올로기를 세우고 실천하는 교육과 제향 공간을 동시에 모두 마련했다.

Ⅱ. 서원의 위치와 장소성

건축은 공간을 창출하는 예술이다. 무한한 자연에 공간을 만들어 기능을 갖게 하는 건축은 건축자리 또한 하나의 중요한 건축으로 생각했다. 즉, 건축의 시작은 자리찾기부터라고 할 수 있다 .

조선시대의 건축은 위치 선정에 각별한 주의를 기울였다. 작은 살림집에서부터 한나라의 최고 건축인 궁궐에 이르기까지 풍수지리 및 종교사상 등 다양한 이론이 건축의 자리 매김에 깊이 관여했다. 같은 시대의 대표적 유교문화 공간이었던 향교와 서원 건축도 그러한 공통적인 현상에서 예외가 될 수 없었으며, 더 나아가 다른 건축과 비교될 수 있는 고유의 장소적 특성을 지니고 있었다. 그 예로 유학자들은 학문을 뜻하는 붓의 형상인 문필봉(文筆峰)을 서원건축의 안산(案山)으로 하

1) 중국건축사 편찬위원회, 『중국건축개설』, 태림문화사, 1990, 229쪽.

는 풍수적 개념도 도입하였다(도산 · 옥산 · 병산 · 도동 · 남계 · 덕봉 · 돈암서원 등). 또한 자연과의 조화를 이루도록 많은 배려를 하였다.

서원은 대체로 그 건립에 있어 두 가지 요소로 그 장소성이 나타난다. 하나는 지리적 환경이고, 다른 하나는 인적 환경이다.

1. 지리적 환경

서원은 선현을 배향하는 종교적 의례공간도 되었지만 무엇보다도 학문에 뜻을 둔 선비 중심의 강학처였다. 선비들이 그러한 학당을 세울 때는 나름대로의 기준이 있었는데 그것이 바로 천일합일(天一合一) 사상이다. 즉, 하늘과 인간이 하나가 되는 것을 유학자의 최고 이상으로 생각하고 그러한 관념을 현실화할 수 있는 곳을 찾아 배움터를 정했다. 그런 이유로 선비들이 서원을 세울 때는 우선 읍치에서 멀리 떨어진 산기슭이나 계곡 등 경관이 수려하고 한적한 곳을 택했다. 학교의 경역을 단지 건물로만 국한하지 않고 바깥 자연세계로까지 넓혀 심신의 수양처로 삼은 것이다

한편 16세기 사람정치의 산물인 은둔사상도 서원의 입지에 영향을 주었다. 선비들이 벼슬에서 물러나면 향리로 돌아와 마음의 상처를 씻을 수 있는 은신처 격인 학당이 필요했는데 그것이 바로 정사나 서당, 서원 등이었다. 또한 이 무렵에는 주자(朱子)에 대한 숭배열이 최고조에 달해 있었다. 따라서 학업공간을 마련하는 데에도 주자가 세운 백록동서원(白鹿洞書元)이나 무이정사(武夷精舍) 같은 것을 본보기로 하였다. 무이정사는 주자가 중국 복건성에 있는 무이산 최고의 절경에 세운 학당으로 말년을 보낸 곳이다. 율곡 이이는 무이산 은병봉에서 이름을 빌린 은병정사(隱屛精舍)를 해주 석담에 건립했고, 우암 송시열

은 청주 화양계곡에 은거하며 무이구곡을 본떠 화양구곡(華陽九曲)이라 하였다. 퇴계 이황의 마지막 학문처였던 도산서당도 마찬가지다.

당시 서원의 입지환경을 개념과 함께 구체적으로 언급한 이는 퇴계 이황(1501~1570)이다. 그는 일찍이 성균관 유생(23세), 대사성(41세)을 거치면서 성균관의 총체적 교육 부실을 경험했고, 또한 단양(38세)과 풍기(39세) 군수를 지내면서도 향교가 지방교육의 역할을 다하고 있지 못함을 절실히 깨달았다. 그러한 과정에서 그는 국학 대신 새로운 교육공간으로서의 서원을 주시했고, 제도와 함께 공간의 장소성도 매우 중요한 선택의 하나로 여겼다. 그의 구체적인 서원 입지에 대하여는 풍기군수 재임 시절 백운동서원에 대한 사액을 요청한 글인 「상심방백서(上沈方白書)」에 잘 나타나 있다. 그 일부를 보면 다음과 같다.

> 은거하여 뜻을 구하는 선비와 도학을 강명하고 업을 익히는 무리는 흔히 세상에서 시끄럽게 다투는 것을 싫어합니다. 많은 책을 싸 짊어지고 한적한 들과 고요한 물가로 도피하여 선왕의 도를 노래하고, 고요한 중에 천하의 의리를 두루 살펴서 그 덕을 쌓고 인을 익혀 이것으로 낙을 삼습니다. 그 때문에 서원에 나아가기를 즐기는 것입니다. 국학이나 향교는 중앙 또는 지방의 도시 성곽 안에 있으며 학령에 구애됨이 많습니다. 한편으로 번화한 환경에 유혹되어 뜻을 바꾸게 하여 정신을 빼앗기는 것과 비교해 본다면 어찌 그 공효를 서원에 비할 수 있겠습니까.

퇴계의 이산서원(伊山書院) 기문(1559)에서도 서원이 읍치와 6~7리 떨어져 있어 인적이 드문 한적한 곳이었음을 피력했고, 역동서원(易東書院) 기문에서도 서원자리가 아늑하고 한적한 매우 좋은 형국임을 강조했다.

[그림 6-5] 병산서원 앞 전경

[그림 6-6] 도산서원 전경

병산서원, 도동서원, 도산서원, 옥산서원 등은 수려한 산과 함께 계류와 강을 끼고 있는 경사지 서원의 대표적 예다. 풍수적으로도 매우 좋은 형국이다. 한국 서원의 메카라 할 수 있는 도산서원의 경우 낙동강 상류가 바로 보이는 도산자락 남쪽에 자리하고 있다. 1973년 안동댐 건설로 인해 이제 강이 호수가 되고 서원으로 오르던 옛길도 사라졌지만 지금도 아름다운 풍광만큼은 변함이 없다. 한편 충청도와 전라도 서원은 주로 평지형 서원으로 발달했다. 즉, 낮은 구릉성 산지를 배경으로, 또는 넓은 들녁에 입지하여 경상도 서원과 위치에서 차이를 보인다(돈암 · 노강 · 무성 · 필암서원 등).

서원은 그 입지적인 특성으로 인해 자연히 고을의 중심지에서 대부분이 원거리에 위치할 수밖에 없었다. 즉, 자연과 어우러지는 한적한 곳을 서원의 자리로 잡았던 것이다. 반면에 지방의 향교는 중앙의 조직에 의한 관학이었으며 또 강학의 장으로서만이 아니라 지방민의 교화사업에도 큰 몫을 담당하였기에 서원과는 거리상으로도 큰 차이가 있음을 볼 수 있다(〈표 6-2〉 참조).

한편 서원의 자리로 절터 또는 사찰을 이용하는 경우도 있었다. 이들 장소도 경관이 뛰어나기 때문에 서원이 들어서기에 좋은 여건이 된다. 소수서원, 옥산서원, 노강서원, 임고서원, 청성서원 등은 그러한 곳이었다. 사찰에서 서원으로의 전이는 문화의 교체에 따른 공간 점유의 계승이라는 측면도 있겠으나 새 질서의 수립이라는 정책적 측면에서의 의도도 있었다.[2)]

〈표 6-2〉 서원 및 향교의 위치[3)]

위치	서원	향교
읍의 중심으로부터 2리 이내	충렬, 포충사(거창), 죽림, 영귀, 송림	영암, 태인, 옥과, 장흥, 익산, 해남, 장수, 용담, 홍덕, 정읍, 화순, 부안, 함열, 고부, 보성, 무안, 남원, 무주, 장성, 고창, 남평, 김제, 임실, 포천, 파주, 현풍, 예안, 선산, 예천, 진도
읍의 중심으로부터 3~4리	청절사, 포충사(철원), 청성묘, 소수, 녹동, 성황사, 충렬사, 영산	동북, 강진, 광주, 여산, 곡성, 여주, 경주, 순홍, 거창, 함양, 진주
읍의 중심으로부터 5~6리	우저, 덕봉, 서악, 홍암, 남강, 송학, 향현사, 장암, 우곡, 충렬사(동래)	광양, 무장, 전주, 함평, 운봉, 순천, 구례, 상주
읍의 중심으로부터 7~10리	충렬사(충주), 조천, 삼천, 송강, 덕양, 욱양	창평
읍의 중심으로부터 11~15리	삼봉, 도정, 화산, 필암, 도동, 병산, 창렬사	
읍의 중심으로부터 16~20리	무성, 남계, 용연, 월봉, 의열사, 학산, 의유, 노강	
읍의 중심으로부터 21~30리	포충사(光州), 성산, 사충, 기공사	
읍의 중심으로부터 31리 이상	옥동, 충절사, 병암, 봉산	
성곽 내		만경, 옥구, 임피, 용안, 영천

출처: 여지도서, 읍지: 서원은 신미존치 47개 서원과 전라도 나주와 남원 진관, 경상도 안동과 경주 진관 내 서원. 향교는 전라도 지방과 경상도 일부 향교.

2. 인적 환경

서원은 대개 사당에 봉안된 주향자의 향리에 많이 건립됐다. 즉, 후학과 유림들이 자기 향리 출신 중에서 덕망이 있고 학문적으로 뛰어난 인물을 내세워 서원을 세웠다. 그 예로 순흥의 소수서원은 유교의 선정 인향의 고향에 세워진 서원이고, 장성의 필암서원은 을사사화 이후 정계에서 물러나 향리인 장성으로 돌아와서 학문에만 정진하다 세상을 뜬 하서 김인후를 주벽으로 배향한 서원이다.

고향이 아니더라도 지역적 연고가 있어서 서원이 건립되기도 했다. 순천의 옥천서원은 김굉필의 유배지로, 상주의 홍암서원은 송준길이 상주목사를 지낸 연고로, 정읍의 무성서원은 신라 말 최치원이 태산 고을에서 현감을 지내면서 선정을 베풀었던 인연으로 세워졌다. 용인의 충렬서원(정몽주)과 심곡서원(조광조), 파주의 자운서원(이이) 등과 같이 묘소가 있어 서원의 자리가 된 곳도 있다.

〈표 6-3〉 서원 · 사우 건립의 인적 환경 특성[4)]

건립 특성	사원 · 사우 수
향리에 건립	33(9)
지역적 연고지에 건립	15(8)
지역적 연고 없이 건립	7(6)
기타	5
계	60(23)

주: ( )는 사액서원, 사우.

2) 최완기, 『한국의 서원』, 대원사, 1995, 22쪽.

3) 김지민, 『한국의 유교건축』, 발언, 1996, 115쪽.

4) 김지민, 「전남지방의 서원 · 사우건축에 관한 연구」, 『대한건축학회 논문집』 34호, 1991, 181쪽.

〈표 6-3〉은 전남지방을 중심으로 서원 · 사우에 주향으로 모신 인물의 성격을 중심으로 서원 · 사우 건립의 인적 환경 특성을 살펴본 것이다. 이 표에서 나타난 바와 같이 조사 대상 60여 개 서원 · 사우 중 대부분이 주향자의 향리, 또는 연고지에 건립되었음을 알 수 있다.

주향자가 생전에 운영하던 서당이나 정사(精舍) 자리가 후일 서원이 되기도 했다. 즉, 후학들이 선생의 뜻을 받들어 그 자리에 서원을 세운 것으로 서원 설립의 개념과 일치하는 매우 이상적인 자리다. 선생의 학통을 이어가면서 공간적으로 학당의 영역이 매우 넓어진 것이다. 그

[그림 6-7] 도산서당

퇴계가 60세 되던 해에 완성하여 말년까지 학문처로 삼은 도산서당. 작은 방 하나 중심의 최소한의 공간, 간결하고 검소한 구조(맞배지붕, 민도리양식) 등을 통해 퇴계의 높은 인격과 학문세계를 엿볼 수 있다. 퇴계는 동쪽의 대청 한 칸을 암서헌(巖棲軒)이라 하였고 그가 거처한 중앙의 방 한 칸을 완락재(玩樂齋)라 하였다. 암서헌이란 '(학문에 대한) 자신감을 오래도록 가지지 못했다가 이제 바위에 깃들여 조그만 효험이라도 바란다'는 주자의 「운곡시(雲谷詩)」에서, 완락재란 주자의 「명당실기(名堂實記)」에 나오는 '좋아서 구경하는 것을 즐기니 족히 여기서 평생토록 지내도 싫지 않겠다'는 글에서 취해 지은 이름이다.

대표적인 사례가 안동 도산서원으로, 퇴계 이황이 1560년에 건립한 도산서당과 농운정사가 모태가 되어 서원이 된 것이다. 즉, 퇴계가 70세로 생을 마감하자 그의 제자들과 유림은 3년상을 치른 다음 곧바로 서당 뒤편에 땅을 고르고 선생을 추모하기 위한 사당과 강학을 위한 강당을 지은 것이다. 논산에 있는 돈암서원도 소계 김장생이 서당을 차려서 제자들을 가르치던 곳이었는데, 소계가 타계하자 그 자리에 김장생을 봉사하는 서원을 세우게 된 것이다. 이처럼 서당이 모체가 되어 설립된 서원을 정리하면 〈표 6-4〉와 같다.

〈표 6-4〉 서당이 모체가 되어 설립된 서원

서원명	주향자	소재지
도산서원	이황	예안
덕천서원	조식	진주
병산서원	유성룡	풍산
돈암서원	김장생	논산
노강서원	윤황, 윤증	논산
필암서원	심인후	장성
월봉서원	기대승	광주
화양서원	송시열	괴산
도산서원	권시	대덕
칠산서원	유계	임천
창계서원	임영	나주
고산서원	이상정	안동
회연서원	정술	성주
동락서원	장현광	선산

출처: 강주진, 「서원과 그 사회적 기능」, 『한국사론』 제8집, 1986, 81쪽.

Ⅲ. 서원의 영역 설정 및 교육공간

1. 서원의 영역 설정

서원은 '묘(廟)'와 '학(學)'이 하나가 된 것이기 때문에 영역의 전체 구성은 사당이 있는 제향구역과 강당과 재실을 갖춘 강학구역으로 크게 이원화되어 있다. 즉, 이 두 구역이 서원 건축의 핵심을 이루고 있다. 여기에 부차적으로 지원구역과 진입구역이 있다. 지원구역이란 서원의 관리를 위해 필요한 고직사 등의 건물이 있는 공간이며, 진입구역이란 서원 전면부에 조성된 출입공간 쪽을 말한다. 이러한 구역의 분화는 관학이었던 성균관, 향교 건축과 거의 동일하다.

제향과 강학 구역은 각각 별도의 진입문과 담장이 있어 구조적으로 완전히 분리된 영역이다. 이념적으로도 전자가 성스러운 도(道)의 세계라면, 후자는 실천의 장인 학(學)의 세계가 되고 있다. 이렇듯 두 구역은 각각 분리되어 있으나 결국은 서원으로 하나가 되고 있다. 즉, 서로 떨어져 있지 않으면서도 붙어 있지 않는 존재로, 둘이면서 하나이

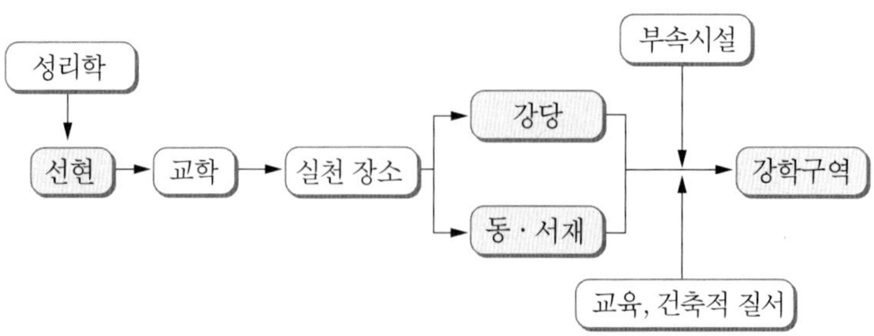

[그림 6-8] 강학구역의 형성

고 하나이면서 둘이 되고 있다. 이는 성리학에서 우주만물을 이(理)와 기(氣)의 복합체로 보고 이와 기는 서로는 둘이지만 결국은 하나가 되어 생명을 유지한다는 개념과도 같아 보인다.

두 영역의 배치구도는 입지한 지형(평지, 경사지)이나 건립시기, 기타 지역에 관계없이 모두 전면에 강학구역을 두고 후면에 제향구역을 두는 '전학후묘(前學後廟)'의 배치 형식으로 일관되어 항상 묘구역이 뒤편에 위치한다. 즉, 경사지에 입지한 서원의 경우는 제향구역이 높은 곳에 자리하여 공간학적으로 높은 위계성을 갖고 있으며, 평지인 경우는 맨 안쪽의 깊숙한 곳에 제향구역이 들어선다. 강학구역은 모두 앞쪽에 교육의 취지에 맞게 열린 상태로 자리한다.

서원에 있어 전체적인 영역 비율은 강학구역이 제향구역보다 절대적으로 넓다. 이는 서원의 역할에 충실한 건축계획으로 여겨진다. 그러나 시대가 지날수록, 즉 서원의 급증기인 17세기 이후로는 서원의 본래 목적이 흐려지면서 상대적으로 제향구역이 넓어지는 경향도 일어난다. 학문적 공간조성보다는 문중 위주의 제향처로 발달했기 때문이다. 이에 반해 향교에서는 두 영역이 매우 대등한 규모로 자리했다.

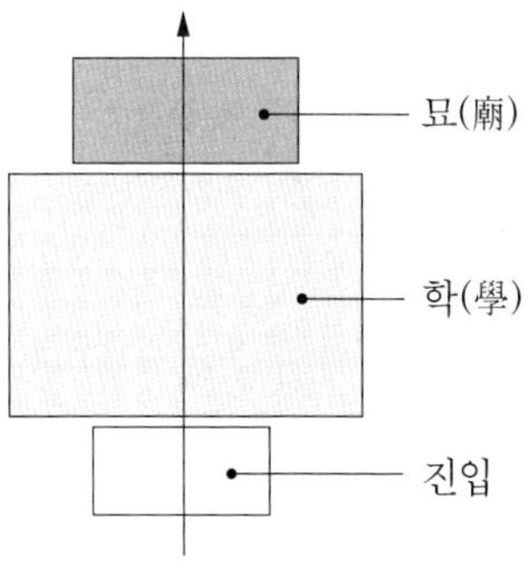

[그림 6-9] 서원의 전학후묘 영역 개념도(묘 < 학)

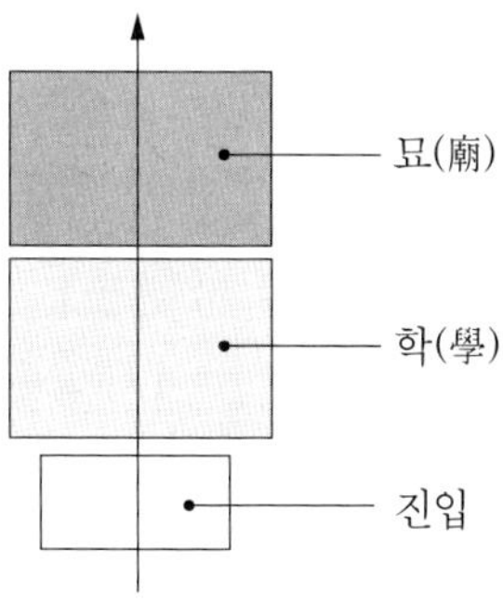

[그림 6-10] 향교의 전학후묘 영역 개념도(묘 = 학)

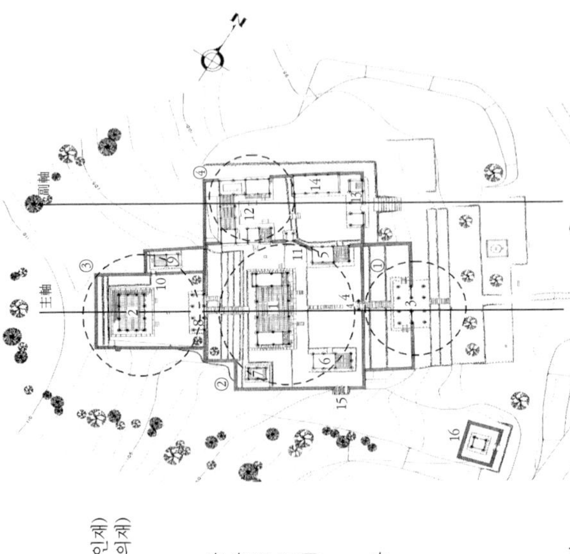

1. 중정당
2. 사당
3. 수월당
4. 환주문
5. 동재(거인재)
6. 서재(거의재)
7. 장판각
8. 내삼문
9. 중반소
10. 일각문
11. 사주문
12. 전사청
13. 문간채
14. 곳간채
15. 변소
16. 비각
17. 서원목

① 진입구역
② 강학구역
③ 제향구역
④ 지원구역

[그림 6-11] 서원의 영역 설정 예(도동서원, 경사지)

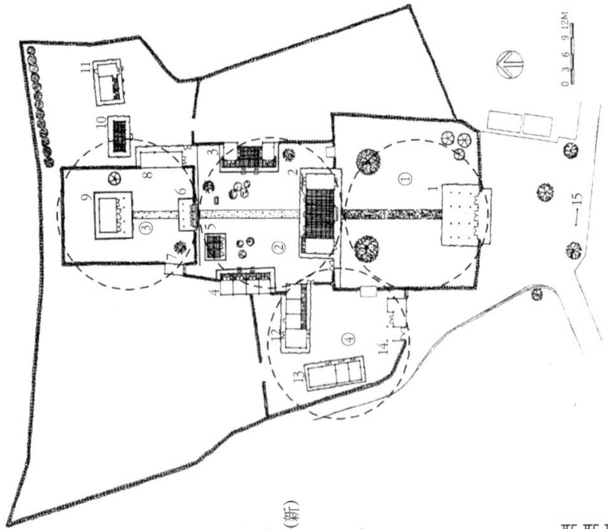

1. 확연루
2. 청절당
3. 진덕재
4. 숭의재
5. 경장각
6. 내삼문
7. 전사청
8. 장서각
9. 우동사
10. 장판각
11. 교직사
12. 교직사(新)
13. 고사
14. 대문
15. 홍살문

① 진입구역
② 강학구역
③ 제향구역
④ 지원구역

[그림 6-12] 서원의 영역 설정 예(필암서원, 평지)

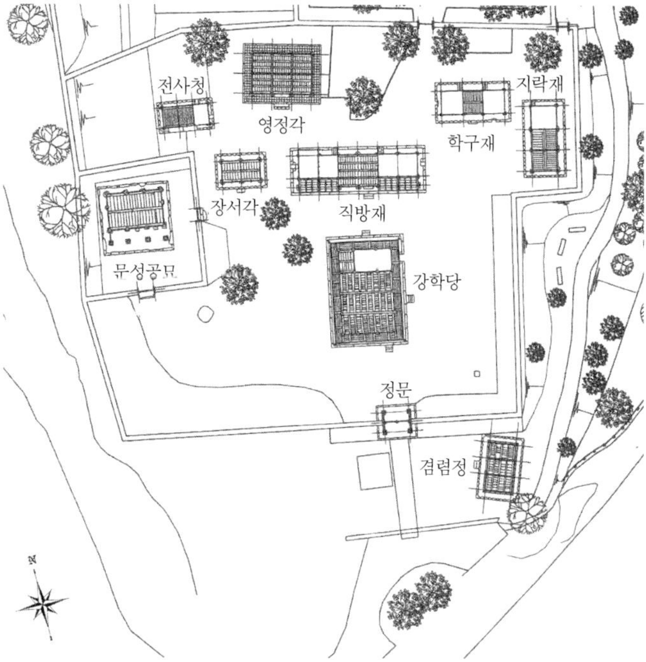

[그림 6-13] 소수서원 배치도

출처: 『소수서원 강학당 및 문성공묘 실측조사보고서』, 영주시, 2003.

한편 서원이 처음 등장했을 무렵에는 서원의 건축적 구성이 교육공간 중심으로 이루어졌던 것으로 여겨진다. 그 대표적인 예가 소수서원(1543년)인데, 이 서원은 경내 전체가 주로 교육공간으로 구성되어 있고 제향공간은 횡축 한쪽편에 치우쳐 있다. 서원 정착기의 모든 서원이 전학후묘라는 정형화된 영역을 갖추고 있는 것과는 무척 다르다. 이러한 건축 형식이 나온 구체적인 이유는 알 수 없지만 당시 소수서원을 세운 주세붕의 식견으로는 사묘의 위치나 영역 설정 등의 건축적 관심보다는 학문공간 조성에 더 주목하지 않았나 여겨진다. 한편 주세붕은 그의 『죽계지(竹溪志)』 서문에서도 교화가 구근보다 급하다는 학문공간의 필요성을 강조하였다.

현존하지 않아 구체적인 모습을 알 수 없는 이산서원(伊山書院, 1558)의 경우도 처음에는 교육공간 중심으로 서원이 구성되었던 것으로 여겨진다. 설립 당시 이 서원을 두고 유림들은 서원 정도의 규모도 안 되고 선정(先正)으로 제사 지낼 만한 자의 논의도 정리되지 않았으니 차라리 서재(書齋)라고 하자는 의견이 있었다. 그러나 퇴계가 사묘 없이도 서원이라 할 수 있다고 하고 서원의 명칭을 이산서원으로 정하고 각 당과 재, 문의 이름을 정해 주었다.

소수서원 다음으로 창건이 빠른 남계서원(1552년)도 강학공간에 주목되어 있다. 이 서원은 전학후묘 개념으로 두 구역이 분리는 되어 있는 듯하나 실상은 제향공간이 급한 경사지 위에 거의 독립적으로 자리하고 있고, 아래쪽 넓은 곳 모두가 강학공간으로 이루어져 있다. 그리고 제향공간의 구성도 강학공간보다 늦은 것으로 알려져 있다. 이 서원은 1597년 정유재란 시 소실된 후 다른 곳으로 옮겨졌다가 1612년에 다시 현 위치에 중건된 것이지만 이건기간 등 여러 정황으로 보아 제자리에 중건된 것으로 여겨진다.

한편 서원보다 관학인 향교가 영역 설정[5)]이 더 다양하게 이루어졌다. 입지환경이나 설립자의 성향, 그리고 사학이라는 여러 여건으로 본다면 서원이 오히려 향교보다 더 다양한 배치 유형이 있었을 것인데 그렇지 못했다. 이는 격식보다는 오로지 서원을 학문의 장으로만 여겨 건축 형식이 한정적이지 않았나 생각된다.

---

5) 조선시대에 조성된 향교는 제향과 강학 구역의 배치가 모두 네 가지 유형으로 정착이 된다. 즉, 다양한 건축적 구성이 있는데 거기에는 지형을 세심히 고려한 흔적이 보인다.

'가' 유형은 문묘가 앞에 오고 강학구역이 뒤에 오는 '전묘후학(前廟後學)' 유형이다. 이 유형은 우선 향교가 입지한 곳의 지형이 반드시 평지다. 즉, 동일 선상에서 유교적 위

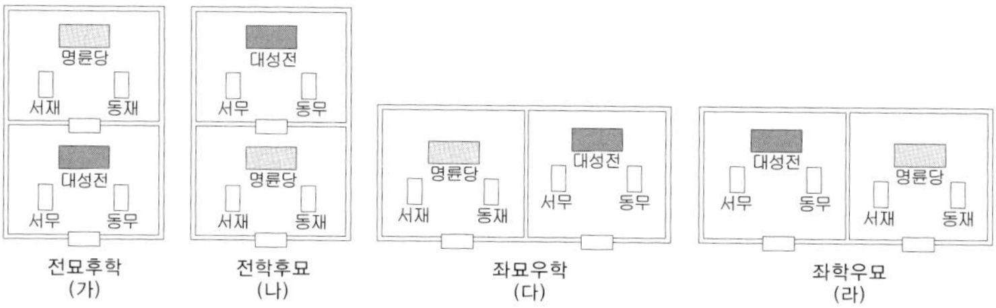

[그림 6-14] 향교의 배치 유형

2. 강학구역의 특성 및 건물 배치

강학구역은 선현의 교학사상을 실천하기 위해 마련된 일종의 학교로서 서원의 의미와 가장 가깝게 부합되는 곳이기도 하다. 이곳에는 강당과 동·서재가 주 건물로 들어서는데 중앙으로 강당을 배치하고 그 전면에 좌우측으로 동·서재를 둔다. 즉, 중정(마당)을 향하여 세 건물이 집약되어 있다. 마당의 모습은 도산서원은 정방형(13×13m), 도동서원은 가로로 긴 장방형(18×13m), 병산서원은 세로로 긴 장방형

계성은 '후' 보다 '전'이 당연히 앞선다는 논리다. 이 형식의 건축적 규범이 잘 드러난 향교로는 조선시대 부와 목의 큰 고을에 건립됐던 경주, 전주, 나주 향교와 그 밖에 영광향교(군), 정읍향교(현), 함평향교(현) 등이 있다.

'나' 유형은 '가' 유형과 반대로 앞쪽에 강학구역이 오는 '전학후묘(前學後廟)' 유형이다. 이 유형은 한국 향교 건축 배치의 절대적인 것으로 전국(남한) 향교의 약 90%가 이 유형으로 되어 있다. 이 배치 유형을 결정짓는 물리적 요소는 무엇보다도 지형인데, 거의 대부분 선택된 입지는 야트막한 야산의 산록 경사지가 되고 있다. 이는 건축적으로도 공간의 위계성(상하 개념)과 잘 부합되는 조영규범으로 여겨진다. 한편 경사지에 입지한 향교 중 '전묘후학' 형식을 한 향교는 한 곳도 없다.

'다'와 '라' 유형은 두 구역이 직렬이 아닌 병렬식으로 놓이는 유형이다. 좌향기준으로 좌측에 문묘가 놓이면 '좌묘우학(左廟右學)', 그 반대면 '좌학우묘(左學右廟)' 가 된다. 전국적으로 '다' 유형은 제주향교 등 4개소, '라' 유형은 밀양향교 등 12개소가 있다. 이러한 유형은 주로 남부지방 향교에서 많이 보이고 건립시기도 조선후기로 한정된다. 지형은 경사지와 함께 평지도 보인다.

(13×15m) 등 모든 서원이 반듯한 방형의 마당을 갖고 있다. 이러한 마당 중심의 건물 배치는 마치 선생이 학생을 품고 있는 듯하여 교육학적으로도 상당히 효율적이었을 것으로 여겨진다. 늘 한 구역에서 선생과 원생이 함께했기 때문이다. 이러한 모습은 중앙과 측면이라는 사제 간의 예적(禮的) 규범이 배치의 내적 요인으로 자리하였던 것으로 여겨진다. 건축적으로도 강한 축선과 대칭구도는 질서와 안정을 추구하는 것으로 유교적 예법과 일치한다.

강학구역은 정중앙의 높은 곳에 자리한 강당, 동·서재의 대칭성, 정방형에 가까운 마당 등으로 매우 차분하고 정적인 공간감이 형성되기도 한다. 어쩌면 건물과 함께 가득 짜인 이러한 공간은 학문의 허(虛)를 용납하지 않는 엄격한 유학 경전의 공간이었을 것으로 여겨진다.

한편 이러한 경직된 공간에도 틈이 있는데 그것이 바로 바깥세계의 자연과 잘 융화시켜 주는 누각이다. 누각은 대부분 서원에서 건립되었다. 그 대표적인 예는 병산서원의 만대루다.

서원 건축에서 전체를 가로지르는 중심축 설정은 강한 구심점을 갖는다. 이는 유교의 질서체계에 걸맞는 건축기법으로 보통 비중이 있는 사당을 축선상의 마지막에 두어 위계성을 높인다. 일반적으로 경사진 지형에 '전학후묘' 배치의 서원은 그러한 유교적 정연성이 더욱 잘 드

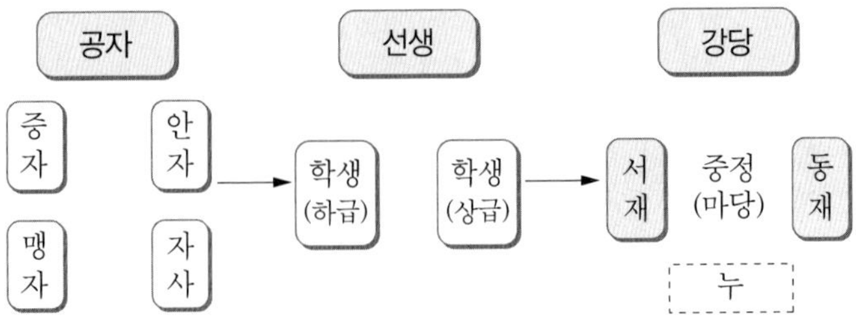

[그림 6-15] 위계적 개념과 강학구역

러나 있다.

강학구역의 정연한 건축 구성만큼 원생들의 원중생활도 엄격하였다. 원생들은 항상 재에 조용히 있으면서 오직 독서에 정진케 하고 강론하는 일 이외는 다른 재에 왕래하는 것을 금하며, 까닭 없는 외부 출입을 금하고, 의관과 언행은 서로 간절히 꾸짖게 했으며, 주자의 「백록동서원규(白鹿洞書院規) 10훈」 등 선현의 교훈을 벽에 걸어 서로 타이르고 일깨우게 했다. 그리고 원생과 유사는 힘써 서로 예로써 대하고 서로 공경과 믿음으로써 대하도록 했다.[6)]

강학구역에서 특히 주목되는 건물 배치 모습이 있는데 바로 '전당후재(前堂後齋)'형이다. 이 형은 강당과 함께 동·서재가 비록 독립적이기는 하나 제향구역 쪽으로 향하게 건물을 앉힌 구조다. 이는 제향과 강학 두 구역을 완전히 분리시켜 강당과 동·서재가 서원 전면 쪽으로 향한 '전재후당(前齋後堂)'형과는 크게 대조되는 모습이다.

'전당후재'형의 대표적 예가 선남 필암서원(1590년 창건, 1672년 현 위치로 이건)이다. 비록 창건 당시의 모습을 알 수 없지만 현존하는 호남지방의 유일한 도학서원으로서 '전당후재' 형식이 잘 드러나 있다. 영남 지역의 서원은 오로지 경북 상주의 홍암서원(1702)만이 필암서원과 같은 구조이고 나머지 모든 서원은 '전재후당'형으로 되어 있다. 한편 공교롭게도 홍암서원은 서인계인 송준길을 배향한 서원이며 지리적 환경도 기호지방의 평지형처럼 되어 있다. 그렇다면 학파에 의한 결과라는 매우 의미 있는 추론도 가능하다. 그러나 기호학파의 메카서원인 논산의 돈암과 노강서원은 '전재후당'형으로 되어 있어 상황이 더욱 복잡해진다. 이러한 모습은 두 지역의 향교 건축[7)]도 매우 유사하

6) 민병하, 「조선시대 서원 교육」, 『대동문화연구』 제17집, 240쪽.

7) 향교 건축의 전학후묘 배치의 경우 건물의 조합방법에 따라 공간의 형성 및 성격이 다르

다. 향교는 주로 조선초에 건축적 형태가 완성된 관학이다. 따라서 학파와 관련을 짓는 것은 무리일 것이다. 결론적으로 이 문제는 건축사학과 인문학이 함께 고민해야 할 과제다. 아니면 단순히 영남과 호남

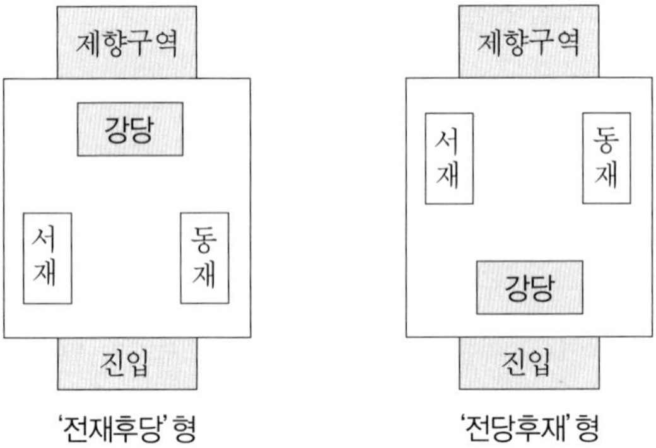

[그림 6-16] 강학구역의 건물 배치 유형

[그림 6-17] 옥산서원 강학구역

[그림 6-18] 도산서원 강학구역

게 나타난다. 즉, 향교의 정문 가까이에 명륜당을 두고 내삼문 쪽으로 양재를 배치하여 교육공간이 문묘구역 쪽으로 열려 있는 유형과 그 반대로 외삼문 쪽으로 양재를 배치하고 그 안쪽으로 명륜당을 두어 문묘구역과는 완전히 분리된 듯하게 구역을 형성시키는 유형이다. 두 가지 유형의 건물 조합방법은 건립시기 또한 지형에 관계없고, 다만 지역적으로 일정한 규칙성을 갖고 있다. 경상도 지역에서는 동·서재가 전면에 오는 소위 '전재후당'형이 대부분이고 '전당후재'형은 전라도 지역의 거의 모든 향교에서 보인다. 중부지역인 충청도와 경기도, 강원도 지역은 두 형식이 혼재되어 있어 통일적인 요소가 없다.

이라는 지역적 건축 관습(기능성으로 접근)인지도 모른다.

Ⅳ. 서원의 교육시설

서원이 교화(敎化)를 목적으로 세운 학교였기에 그에 부합되는 교육시설은 서원 내의 가장 의미 있는 건물이다. 이곳에는 강당과 동·서재가 주 건물로 자리하고 그 외에 지원시설이라 할 수 있는 장판각과 누각 등도 함께한다. 건축 구성상 운동장 성격의 마당 등이 외부 공간이라면 이곳은 내부 공간이 되는 셈이다.

1. 강당

서원 내에서 정신적인 지주가 되는 곳이 사당이라면, 강당은 강학을 위해 마련된 현실적인 서원 내의 핵심 시설이다. 따라서 서원 내에서 제일 규모가 크고 웅장한 편이다. 칸 수로 보면 대부분의 서원이 보통 정면 5칸 정도로 되어 있다. 이 경우 중앙으로는 대청을 3칸 규모로 넓게 꾸미고 그 양 옆으로는 온돌방을 2개 드린다. 대청은 강회 때 사용되고 온돌방 2개 중 하나는 원장의 집무실 겸 숙소로, 다른 하나는 현재의 교무실과 같은 기능의 실로 사용된다. 즉, 건물의 용도가 복합적이다. 대청은 보통 전면이 개방되어 있는데, 이로 보아 겨울철에는 강회가 원장실 내지는 교무실에서 이루어진 것으로도 여겨진다. 이렇듯 열려 있는 대청과 닫혀 있는 온돌방이 적절히 배치된 이러한 구조는 평면적으로는 지극히 단순한 대칭성 구조인지는 모르나 기능적으로는 여름과 겨울을 모두 수용하고 아울러 공적인 건물로서의 품위도 갖게 한다. 이러한 구조는 향교의 명륜당과 함께 강당 건축의 규범으로 등장한다. 한편 의도적인 계획인지 5칸이 아닌 4칸으로 그 규모가 축소된 서원도 더러 있다(남계서원, 도산서원 등).

건축 양식은 민도리 내지는 익공식으로 매우 간결하고 소박하다. 민도리식이란 기둥 위에서 어떠한 장식적 부재 없이 도리와 장여만으로 된 목구조에서 제일 간결한 건축기법이다. 당시 서원의 위상으로 본다면 사찰의 법당 못지않게 화려하고 권위적으로 강당을 지을 수도 있었을 것이다. 그러나 서원 건축은 종교성, 권위성 등을 멀리하고 오로지 학문의 장으로서 검소함을 추구했다. 한편 예외적으로 도동서원과 돈암서원의 강당은 주심포 양식으로 다소 화려하고 장식적인 요소가 있다. 이들은 유교건축에서 몇 안 되는 국가문화재 보물로 지정되어 있다.

강당에는 서원에서 정한 고유 명칭이 붙는다. 즉, 건물 중앙의 처마 밑에 '~당', '~서원'이란 명칭으로 현판이 걸려 있다. 도동서원은 중정당(中正堂), 옥산서원은 구인당(求人堂), 병산서원은 입교당(立敎堂), 남계서원은 명성당(明星堂), 필암서원은 청절당(淸節堂), 심곡서원은 일소당(日昭堂), 덕봉서원은 정의당(正義堂)이다. 당시의 모든 인간된 도리와 학문적 성취를 추구하는 상징적 당호다. 이는 관학인 향교가 모두 명륜당으로 통일된 것과는 크게 비교가 된다. 한편 소수서원은

[그림 6-19] 무성서원 강당

[그림 6-20] 도동서원 강당

향교처럼 명륜당으로 되어 있어 건물 배치 등 최초로 설립된 서원의 한계를 엿볼 수 있다.

2. 재실

재실은 원생들의 거처공간으로 오늘날 기숙사에 해당하는 건물이다. 현대 기숙사가 주로 야간에만 활용하는 숙소 개념이라면 재실은 강당에서의 강회시간을 제외하고는 항시 머물며 공부하는 반 교사 성격의 건물이다. 퇴계가 지은 이산서원 원규를 보면 이 건물의 성격이 잘 드러나 있다. 즉, 유생들은 항시 방에 머물며 독서에 정념하고 다른 방의 출입은 가급적 삼가도록 되어 있다.

재실은 대부분 강당 앞에 대칭으로 2동이 자리하고 있다. 두 건물은 강당의 좌향과는 관계없이 일반적으로 강당을 향하여 오른쪽의 재를 동재라 하고 왼쪽의 재를 서재로 부른다. 동재에 기거하는 원생이 서재의 원생보다 선임이 된다. 그러나 동재라고 하여 서재보다 규모가 크다거나 특별한 건축적 장식이 부가되는 것은 아니다.

서원 원생의 정원은 초기에는 10인 정도로 한정하였으나 후기로 갈수록 그 수가 늘어나면서 문란의 정도가 꽤 심각한 정도까지 이르렀다. 따라서 국가에서는 한때 사액서원 20인, 미사액서원 15인으로 법제화하기도 하였으나 이 역시 잘 지켜지지 않았다.

동·서재 역시 각 서원마다 고유의 명칭을 붙힌 현판을 건다. 강당과 마찬가지로 교육의 지표로 삼기 위함이다. 그 예로 도동서원의 경우 거인재·거의재(居仁齋·居義齋), 도산서원은 박약재·홍의재(博約齋·弘毅齋), 필암서원은 진덕재·숭의재(進德齋·崇義齋), 옥산서원은 민구재·암수재(敏求齋·闇修齋)이다.

[그림 6-21] 도산서원 동재

[그림 6-22] 필암서원 동재

동 · 서재는 강당에 비해 건축 규모가 상당히 작다. 보통 정면 3~4칸 규모로 방 2~3개에 작은 대청 하나가 드려지고 앞쪽으로는 보통 툇마루가 놓인다. 마치 작은 살림집같이 꾸며졌다. 원생 수를 감안하면 다소 공간이 협소한 느낌이 드나 모든 원생이 재에 기거했던 것은 아니었으므로 다소 융통성 있게 공간을 활용했던 것으로 여겨진다.

건축 양식은 방주를 사용한 민도리집 구조이며 지붕 또한 대부분 간결한 맞배지붕으로 꾸몄다.

3. 장판각

장판각은 일종의 교육지원 시설로서 서적 및 목판의 간행, 수집, 보

[그림 6-23] 병산서원 장판각

[그림 6-24] 필암서원 장판각

관 및 관리 등을 위해 지어진 건물이다. 특히 임진왜란 이후에는 많은 서원에서 책을 간행하였다고 하는데 『누판고(鏤板考)』라는 책에 의하면 정조20년까지 책을 간행한 서원이 78개소에 달하며 종류도 167종에 이른 것으로 되어 있다. 장판각은 책의 보급과 열람이 힘들던 시대에 장서의 기능을 담당했던 중요한 건물이다. 소수서원의 경우를 보면 서원을 세우면서 땅에서 캐낸 동 300여 근으로 서적을 구입하여 비치한 것으로 되어 있다. 명칭은 장판고, 장서각, 서고, 경장각 등으로 불린다. 현재도 여러 서원(도산서원, 필암서원, 옥산서원, 돈암서원 등)에서는 많은 목판을 이곳에 보관하고 있다.

건축 규모는 보통 정면 3칸으로 되어 있고 양식은 간단한 민도리식 구조의 맞배집이다. 벽체는 사방 모두 판벽으로 되어 있고 상인방 위로는 통풍을 위한 살창을 내었다. 내부는 우물마루를 깔았다. 이 모든 구조가 습기 방지를 위한 배려다.

4. 누각

누각은 보통 벽체 없이 기둥이 모두 드러나는 완전 개방된 건축으로 주변 자연과 연계성이 깊은 흥미로운 건축이다. 누각은 관학인 향교보

[그림 6-25] 병산서원 만대루

[그림 6-26] 남계서원 풍영루

다는 서원에서, 지역적으로는 영남지방에서 더 발달했다.

누각은 오늘날 휴게시설과 유사한 기능의 건물로 원생들의 휴식과 여가를 위해, 또는 시회의 장소 등으로 지었다. 모든 서원에서 반드시 건축된 것은 아니지만 현존하는 대유학자를 모신 서원에서는 대부분 누각을 갖추고 있다. 곳에 따라서 서원의 정문을 겸하는 곳도 있다(무성서원, 필암서원, 도동서원, 남계서원, 창절서원 등). 이 건물은 강당과 동·서재가 이루는 다소 경직되고 절제된 강학공간의 성격을 외부의 자연과 잘 융화시켜 주고 있다. 특히 건물이 2층 구조여서 바깥세계를 조망하기에 매우 좋다. 명칭 역시 필암서원은 확연루(廓然樓), 무성서원은 현가루(絃歌樓), 옥산서원은 무변루(無邊樓), 도동서원은 수월루(水月樓), 병산서원은 만대루(晩對樓) 등의 고유 이름을 갖고 있다.

누각의 규모는 보통 정면 3칸의 2층으로서 강학구역 앞에 단출하게 자리한다. 그러나 병산서원과 옥산서원 누각은 무려 7칸으로 그 규모가 매우 크다. 각 서원의 누각은 규모도 규모이지만 독특한 건축구성으로 서로 다른 서원의 모습을 보여 주고 있다. 병산서원 만대루는 강학마당을 바깥 자연세계와 개방적으로 연결시키려고 유도했고, 반면에 옥산서원 무변루는 반대로 폐쇄적인 역할을 하고 있다. 대개 강학마당은 네모 형태로 엄숙하고 경직되어 있는 것이 보통인데 만대루(벽체 없이 1, 2층 모두 기둥으로 처리)는 이를 외부와 연결시켰고, 무변루(중앙 3칸만 대청으로 하고 그 좌우로 온돌방, 누를 설치)는 강학구역을 더욱 경직되게 하였다. 아무튼 두 누각은 서원에서 가장 돋보이는 존재가 되고 있다.

한편 필암서원 확연루(정면 3칸, 측면 3칸, 2층)는 2층 사면 모두에 판장문을 설치하여 다른 서원과 구별이 된다.

V. 맺음말

한국 서원의 역사는 불과 300여 년에 불과하다. 향교, 가묘, 정려 등 대부분의 유교 유적이 조선 초 유교이념의 확산과 더불어 시작되었던 것과는 달리, 서원은 16세기 중엽에 이르러 태동되었고 그나마 19세기에 큰 수난을 당했다. 하지만 서원은 건축사적으로 한국 유교 건축의 규범을 제시해 줄 정도로 성리학의 예적 이념이 형상으로 잘 나타나 있다.

조선의 건축 중 성리학적 윤리가 공간 곳곳에 배어 있는 건축으로는 바로 성리학자들의 살림집인 반가(班家)를 들 수 있다. 그곳에는 사랑채라는 별동의 건물이 있어 남성들의 숙식, 교육, 접객 등 복합적으로 사용되었다. 준 교육공간인 셈이었다. 하지만 그곳은 주택이라는 생활영역에 포함되어 있어 학문을 통한 수양의 공간, 즉 장수(藏修)처로서는 한계가 있었다. 그런 현실을 극복한 새로운 학문공간이 바로 서당과 정사였다.

정사와 서당은 시대적 운명을 슬기롭게 극복할 수 있었던 선비들의 최고 안식처였다. 그들은 16세기 우울한 정치적 상황에서 은둔과 장수로 새로운 길을 모색하였다. 비록 방 하나, 작은 대청 하나가 전부였지만 그곳이야말로 새로운 에너지를 보충할 수 있는 최고의 공간이고 안식처였다. 안동의 도산서당은 퇴계가 직접 설계하여 지은 조선 서당의 최고 모델이었고 이는 훗날 도산서원으로 발전하는 모태가 되었다.

서원은 서당과 정사 같은 교육공간에 선현의 유덕을 기르기 위한 사묘가 함께한, 어느 쪽이 먼저라고 할 수 없는 확대된 개념의 학문공간이다. 공간은 학과 묘가 전학후묘 기법으로 건축적 질서를 가졌고 특히 교육공간은 100평도 채 안 되는 네모난 마당을 중심으로 강당이 중앙 윗쪽에, 재실은 서로 마주보고 질서 있게 자리했다. 단출한 건물구성이지만 정신 집중을 할 수 있는 최고의 배치기법이다. 서원의 장소는 세상의 번잡함을 잊을 수 있는 한적하고 경관이 좋은 향촌의 산천이었다. 그곳은 관학인 향교와는 비교할 수 없는 최적의 장소였다.

서원의 건축 양식은 전반적으로 소박하고 간결하며 일정한 통일 요소를 지니고 있는 것이 특징이다. 이는 사찰 등 다른 건축과 크게 비교되는 것으로, 서원 건축은 종교성, 권위성 등과는 멀리 오로지 학문연구를 위한 건축으로 출발하였기 때문이다. 한적한 산림 가운데 은거하려는 뜻으로 서원을 세웠기 때문에 화려하고 장식적인 건축은 그들의 이상에 맞지 않았다. 오히려 자연과 잘 어울리는 조형미를 찾으려고 애썼을 것이다. 또한 검소한 생활환경을 장려했던 유교사상도 서원의 조영에 큰 영향을 미쳤을 것으로 여겨진다. 건축의 주체였던 유학자 모두가 유교사상에 심취한 자들이었기 때문이다.

서원이 21세기 현재의 학교 건축에 줄 수 있는 교훈이 있다면 무엇일까? 나무 한 그루 제대로 없는 도시 학교는 이미 풍광이나 휴식을 논할 수 없는 삭막한 공간이 되었고 현란한 색채는 도심 상업건물과 차이가 없다. 400여 년 전, 안동 산골의 도산서원 캠퍼스는 자연과 함께한 질박한 건축이었다. 하지만 그곳은 조선조 최고의 학당으로서 수많은 인재를 배출했고 한국 성리학의 메카가 되었다.

참고문헌

강주진, 「서원과 그 사회적 기능」, 『한국사론』 제8집, 1986.

김동욱, 「퇴계의 건축관과 도산서당」, 한국건축역사학회, 『건축역사연구』 제9호, 1996.

김유혁, 『이퇴계의 인간상』, 청림서림, 1999.

김지민, 「전남지방의 서원 · 사우건축에 관한 연구」, 『대한건축학회 논문집』 34호, 1991.

김지민, 『한국의 유교건축』, 발언, 1996.

금장태, 『한국유교의 재조명』, 전망사, 1982.

문명대 외, 『한국의 미, 최고의 예술품을 찾아서』, 돌베개, 2007.

민병하, 「조선시대 서원 교육」, 『대동문화연구』 제17집.

이상해, 『궁궐 · 유교건축』, 솔, 2004.

윤사순, 『한국유학사상론』, 열음사, 1989

윤희면, 『조선후기 향교연구』, 일조각, 1990.

정재훈, 장경호, 『도산서원 중수지』, 문화공보부, 1970.

정순목, 『한국 서원교육제도 연구』, 영남대 민족문화연구소, 1980.

중국건축사 편찬위원회, 『중국건축개설』, 태림문화사, 1990.

최완기, 『한국의 서원』, 대원사, 1995.

제7장

조선시대 주택의 교육공간

Ⅰ. 머리말

Ⅱ. 소선시대 주택의 역사적 배경 및 공간 구성상 특징

Ⅲ. 조선시대 주택과 교육공간

Ⅳ. 유자(儒者)의 이상적인 주택계획

Ⅴ. 맺음말

제7장

조선시대 주택의 교육공간

Ⅰ. 머리말

전통 주택은 민족문화의 다양한 양태가 함축되어 있는 유형적 유산이라 할 수 있다. 한국의 경우 조선시대 이전의 주택은 현존하지 않으며, 조선시대의 경우도 중·후기 주택이 대다수를 점하고 있다. 특히 성리학이 사회를 지배한 조선시대의 주택은 생활의 장이자 소학의 가르침과 유교의 예제를 실천하는 공간으로 중시되었다. 이에 따라 주택이 소학의 가르침과 유교적 예제를 일상생활에서 실천할 수 있는 이상적인 공간이 되도록 건축했다. 이는 인간의 생리적 욕구인 식사·배설·수면 등을 해결하고, 재창조를 위한 휴식을 위한 사적 공간이라는 점이 중시된 오늘날의 기능 위주의 주택과는 다른 점이라 하겠다.

조선시대 대부분의 아동들은 주택에서 부모로부터 사회활동에 필요한 행동양식과 지식을 배웠으며, 그들 중 일부는 청소년이 되어 향교, 서원 등에서 공부했다. 조선왕조는 고려 말 극심하였던 불교 폐단을 없애기 위하여 배불숭유(排佛崇儒)를 치국의 지도이념으로 삼았으며, 충효를 근본으로 하는 삼강오륜 사상을 적극 장려한 결과 16세기 이후 사회 전반에 성리학적 사회윤리가 널리 보급되었다. 16세기 이후 성리학적 사회윤리는 주택 건축에도 영향을 미쳐 소학의 가르침과 관혼상제로 대표되는 사례(四禮)의 실천 장소로서 적합한 형식을 창출해 냈다.

이처럼 조선시대 주택은 생활공간이기보다 유교의 윤리 · 도덕인 삼강오륜과 소학의 실천 장소로서의 성격이 강했다. 삼강오륜 중 부부유별(夫婦有別)과 장유유서(長幼有序)는 조선시대 주택의 공간 구성에 큰 영향을 미쳐 남녀 거주공간의 성적 구분과 거주공간의 서열화를 가져왔다. 수신서인 『소학(小學)』은 조선 초부터 성리학자들에 의해 그 중요성이 인식되어 서울의 사학(四學)과 향교 · 서원 · 서당 등의 교육기관에서 기초 과목으로 활용되었다.

조선시대 교육정책은 관학의 정비, 부흥 및 교화에 그 목적이 있었다. 교화정책은 『소학』과 『주자가례(朱子家禮)』의 중시로 나타났다. 이는 유교적 예속(禮俗)을 정착시켜 사회의 기강을 세우려는 국가 중심의 사회 지배 형태로, 이를 위해 실천적인 유교규범을 담고 있는 『소학』과 유교적 의례가 담겨 있는 『주자가례』가 중시되었다. 일상생활에서 실천할 수 있는 구체적인 행위 지침들로 구성되어 있는 『소학』과 『주자가례』는 조선시대 주택의 공간 구성과 배치에 큰 영향을 미쳤다.

이처럼 조선시대 주택은 일차적인 교육공간으로 중시되었다. 사랑채는 남자 아이들의 교육공간이었고, 안채는 여자 아이들의 교육공간이었다. 아동들은 안채와 사랑채 및 별당 등에서 일상생활에 필수적인 기본 예절과 정서교육 및 문자교육을 받았으며, 여아들은 안채에서 바느질과 요리법 등을 배웠다. 주택뿐만 아니라 주택에 속한 정사(精舍)나 누정도 장수(藏修) 및 유생을 가르치는 강학공간으로 사용되었다. 이 글은 『소학』과 『주자가례』의 실천 및 교육의 장으로 중시된 조선시대 주택의 교육공간으로서의 성격과 그 의미에 대해 살펴보는 데 그 목적이 있다.

Ⅱ. 조선시대 주택의 역사적 배경 및 공간 구성상 특징

1. 조선시대 주택의 형성과 발달

1) 배치와 공간 구성에 성리학적 예제(禮制) 반영

조선시대 주택에는 가묘가 건축되었다. 이는 고려 말 정몽주가 『주자가례』를 따라 가묘를 건축한 데서 비롯되었다. 정몽주 등이 가묘 설립을 주장하자, 1390년(공양왕 2) 2월에 사대부가(士大夫家)의 적장자손(嫡長子孫) 주제(主祭)의 원칙을 밝혔고, 1391년 6월에는 가묘제도의 실행(實行)을 명했다. 가묘제가 본격적으로 시행된 것은 조선시대부터로 1397년(태조 6)에 간관(諫官)이 사대부의 가묘제를 상서하였고, 1413년(태종 13) 5월에 이르러 한성부(漢城府)는 가묘제를 권장했다. 이어 『경국대전(經國大典)』에 문무

[그림 7-1] 양동마을 서백당의 가묘

관 6품 이상은 3대, 7품 이하는 2대, 서인(庶人)들은 조부모(祖父母)만을 제사 지내도록 명시했다. 가묘의 건립은 성리학적 사회윤리의 정착에 따른 것으로, 조선 선조대 이후 비로소 양반 사대부층에서 일반화되었다. 양반 사대부들은 가묘(사당)를 지어 고조 이하의 조상 위패를 모셨으며, 서민들은 정당(淨室)이나 벽감(壁龕)을 마련하고 거기에 조상 위패를 보관했다.

가묘의 건립이 확대된 것은 종법제(宗法制), 봉사제(奉祀制), 상속제(相續制) 등이 정착되기 시작한 16세기 이후이다. 이 시기 지방 사족(士族)들이 중앙정계에 많이 진출하면서 『소학(小學』과 『주자가례』가 대량으로 간행 · 반포되었으며, 이는 성리학적 사회윤리가 사회 전반으로 확산되는 계기가 되었다. 16세기 이후 양반 사대부가에서는 가묘를 제례와 의례의 중심 장소로 중시하였다. 당시 『가례서(家禮書)』에서 "주택을 지을 때 먼저 정침(正寢) 동쪽에 사당(가묘)을 짓는다."고 한 것으로 보아 주택 건축에서 가묘의 건립이 우선되었음을 알 수 있다. 조선중기 이후 제사와 의례 공간으로 중시된 반가(班家)의 대청공간은 이후 서민 주택에도 영향을 미쳤다.[1)]

2) 내외사상(內外思想): 남녀 생활 영역 구분

조선시대 성리학은 일상생활은 물론 주택의 배치와 공간구성에까지 큰 영향을 미쳤다. 남녀유별, 부부유별 등 성리학에서 말하는 예적(禮的) 질서는 주택의 공간구성을 통해 구현할 수 있었다. 여자는 안채, 남자는 사랑채에서 생활할 수 있도록 집을 지은 것도 바로 성리학적 예제

1) 이호열, 「조선전기 주택사 연구」, 영남대학교 대학원 박사학위논문, 1992, 13-17쪽.

와 사회윤리를 실현하기 위한 방법이었다. 조선시대 중상류 주택에서 안채와 사랑채 사이에 중문을 만들어 그 사이를 막았으며, 중문 밖에는 대문을 두었다. 규모가 작은 민가일지라도 이러한 구조를 지켰다.

남녀를 구별하는 내외사상은 조선시대 주택에 양향을 미쳐 생활공간을 성적(性的)으로 구분하게 했다. 이는 주택의 배치와 공간구성에 큰 영향을 미쳐 생활공간을 사랑채를 중심으로 한 남성공간과 안채를 중심으로 한 여성공간으로 엄격하게 구분하게 했다. 남녀의 거주공간을 구분하는 내외사상은 『예기(禮記)』의 「내칙(內則)」에서 볼 수 있다. 내칙에서는 "예는 부부간에 서로 삼가는 데서 시작된다. 집을 지을 때 내외를 구분하여 남자는 바깥에 거처하고, 여자는 안쪽에 거처한다" 고 했다. 이에 따라 조선 초인 1403년(태종 3)에 태종은 왕명으로 남성의 거처인 사랑채에 침방(寢房)을 따로 지어 평상시 부부가 別寢하도록 했다.[2] 이는 조선시대 주택에서 남녀의 거주공간을 성적으로 구분하는 결과를 가져왔다.

내외법에 따른 주거공간의 성적 구분은 양반 사대부가를 중심으로 널리 확산되었다. 조선 중기 이후 남녀 주거공간의 성적 구분은 물리적으로 여성들의 거주공간인 안채 외에 남성들의 거주공간인 사랑채를 두는 것으로 구체화되었다. 이 같은 주택 내 생활공간의 엄격한 구분은 남자는 바깥일을 맡고, 여자는 내부에서 가사를 담당해야 한다는 생각에 따른 것으로 여성들이 사용하는 공간을 집안 안채 주위에 배치하고 바깥일을 보는 남성들의 공간은 사랑채와 대문채 주위에 두었다. 여성의 생활공간인 안채는 주택 안쪽에 위치하여 외부로부터 격리 보호되어야 했으며, 가장을 비롯한 남성들의 공간인 사랑채는 안채를 보

2) ……下令五部 夫婦別寢 禮曹以月令請之也……(태종실록 권5 태종 3년 5월 癸卯條).

호하고 노비를 감시하고 접객하기 용이한 곳에 자리 잡았다. 이러한 남녀 생활공간의 엄격한 구분은 조선 중기 이후 중상류주택의 건축규범으로 적용되었다.[3)]

이처럼 조선시대 주택에서는 부부라 할지라도 생활공간을 엄격히 구분하였으며, 이런 상황에서 외간 남자가 안채에 출입하는 것을 철저하게 제한했다. 출입은 물론 외부 사람의 시선조차 안채에 이르지 못하도록 내외벽과 내외담을 쌓아 차폐했다. 내외벽은 중문이 열렸을 때 사랑마당에서 안마당과 안채의 내부가 보이는 것을 막기 위한 것으로 중문과 안채 사이에 세웠다. 이는 서민들이 살던 민가에까지 영향을 주어 차면벽 또는 널벽을 발생시켰다. 안채와 사랑채 및 내외벽, 내외담, 차면벽은 조선시대에 철저했던 남녀유별의 성리학적 내외사상을 상징적으로 보여 준다.

3) 가족제도의 변화와 거주공간의 분리

조선 초 사대부들은 『주자가례』에 따른 중국식 혼례를 확산시키고자 노력하였으나 고구려 이후 계승되어 온, 사위 부부가 처가에서 오랜 기간 거주하는 전통적인 서류부가제(婿留婦家制)의 혼속(婚俗)을 쉽게 바꿀 수는 없었다. 고구려 이후 전통적으로 사위 가족들은 몸채 뒤에 작은 집(房)을 지어 거처했는데 이를 서옥(婿屋)이라 했다. 서옥에 대한 기록은 『삼국지(三國志)』 「고(구)려조(高(句)麗條)」에 남아 있다. 서옥을 통해 볼 때 조선 초까지는 주택 내 거주공간이 부부 단위로 분리되었던 것으로 보인다.

---

3) 이호열, 앞 논문, 9-12쪽.

조선 중기 이후 서류부가혼(婿留婦家婚)에 의해 여손(女系)와 남손(男系)의 가족이 함께 거하던 가족 형태는 남손(男系) 위주의 직계가족(直系家族) 형태로 서서히 변모하였다. 17세기 이후 가묘 건립, 유교적 관혼상제, 상속제, 양자제(養子制)의 정착으로 남계 위주의 직계가족 형태가 자리 잡으면서 주택의 공간 구성에도 많은 변화가 나타났다. 또한 상유유서(長幼有序)를 규범화하여 세대별로 생활공간을 분리하였다. 사랑채의 경우 가장이 기거하는 큰사랑채와 큰사랑방 및 가계를 계승할 장남이 거처하는 중사랑채와 작은사랑방 등으로 분리되었다. 안채의 생활공간 또한 대청을 가운데 두고 주부가 거처하는 안방과 며느리가 쓰는 건넌방의 형식으로 구성되었다. 이러한 경향은 조선후기로 갈수록 더욱 강화되었다. 조선시대의 대가족제도는 주택의 배치와 평면 구성에 영향을 미쳐 주택의 규모 증대와 별채의 건축을 가져왔다. 또 성리학적 사회윤리에 따른 남녀 구별의식 · 내외법(內外法)의 영향은 주택 내에 여성의 공간인 인채 · 내측(內厠)과 남성의 공간인 사랑채 · 외측(外厠)을 엄격하게 구분하게 했다.[4)]

4) 가사규제(家舍規制): 대지 및 주택 규모 및 장식의 제한

조선시대의 건축규제(家舍規制)는 당시의 주택제도를 살펴볼 수 있는 역사적 근거가 된다. 조선 초부터 품계(品階)에 따라 대지 및 주택의 규모와 장식을 제한하였다. 가장 먼저 시행한 것은 가대규제(家垈規制)로, 주인의 신분과 품계에 따라 집지을 터의 규모를 차등하여 나누어 주었다. 『경국대전』「급조가지조(給造家地條)」에는 품계별 집터 면적

4) 이호열, 앞 논문, 18-22쪽.

을 차등적으로 규정하고 있다. 즉, 정1품(35負, 1,410평, 1負: 40.3평), 정2품(30負), 정3품(25負), 정4품(20負), 정5품(15負), 정6품(10負), 정7품(8負), 정8품(6負), 정9품(4負), 서인(庶人, 2負, 80.6평)으로 구분하여 대지를 나누어 주었다.

집터의 면적을 제한하는 가대(家垈) 제한에 이어 주택의 규모와 장식도 규제하였다. 1431년(세종 13) 1월에 처음 가사규제를 제정하고, 주택의 규모를 대군 60칸, 임금의 친형제 · 친자 · 공주 50칸, 2품 이상 40칸, 3품 이하 30칸, 서인 10칸으로 제한했다. 또한 치장과 장식에 대해서도 초석을 제외하고 숙석을 사용하지 말고, 기둥 위에 화공(花栱)이라는 공포를 짜 올려 장식하지 말며, 진채(眞彩)로 단청하는 것을 금했다. 이같이 대지의 면적과 주택 규모 및 장식의 제한을 통해 성리학적 신분질서를 유지하고 검박한 기풍을 숭상하게 했다. 이때 정한 신분별 주택의 전체 규모와 장식적인 제한은 큰 변화 없이 조선 말의 법전(法典)인 『대전회통(大典會通)』까지 계승되었다. 이렇게 제정된 가사규제의 세부적인 내용은 그 후 수차례 개정되었다. 그러나 중종조 이후 왕족과 상류층에서 가사규제를 위반하는 사례가 늘어나고 임진왜란 이후 신분질서가 약화되고 세도정치가 이루어지면서 제 기능을 상실하고 유명무실해졌다. 그럼에도 주택의 전체 규모와 장식을 제한하는 데는 일정한 효과가 있었다.

2. 배치 및 공간 구성

1) 배치 형식

고려시대부터 집터의 선정과 주택 배치에 풍수지리설(風水地理說)이 영향을 미쳤으며, 풍수지리설의 양택론(陽宅論)은 조선시대 주택의 입지 선정 및 건물 배치와 평면 형태 결정에 큰 영향을 미쳤다. 특히 양택론에 따라 집의 사주(四柱)인 안방 · 부엌 · 대문 · 측간(厠間)의 위치와 방향을 중시했다. 대문과 안채의 좌향(坐向)을 고려하여 동사택(東四宅)과 서사택(西四宅)[5]으로 구분하고 이런 주택을 길택(吉宅)이라 했다.

그리고 평면 형태로는 길상형인 ㅁ, 月, 日, 用자형(字形)을 선호한 반면, 불길한 의미의 尸 · 工자형은 가급적 피했다. 이처럼 풍수지리설과 양택론은 조선시대 주택의 배치 및 평면 결정 시 기본적으로 고려되었다.

전통 주택의 외부 공간은 안채 · 사랑채 · 별당 등과 행랑채 또는 담장의 사이공간으로 이루어진다. 대개 채(棟)와 앞 · 뒤 · 옆으로 펼쳐진 담장이나 행랑 등으로 폐쇄 또는 개방된 형태로 구성된다. 따라서 외부 공간은 크고 작은 마당으로 구성된다고 할 수 있다. 솟을대문을 들어서면 행랑마당이 되고, 이 마당은 옥외 작업과 농작업의 공간으로

[그림 7-2] 안동 하회마을 충효당 전경

5) 동사택은 壬坐丙向 · 子坐午向 · 癸坐丁向의 남향집과 甲坐庚向 · 卯坐酉向 · 乙坐辛向의 서향집을 말한다. 서사택은 戌座辰向 · 乾坐巽向 · 亥坐巳向의 남동향집과 丑坐未向 · 艮坐坤向 · 寅坐辛向의 남서향집을 말한다.

사용되었다. 행랑마당에 면한 행랑채에는 마구간이나 가마를 두는 가마고가 배치되어 있어 농작업을 비롯해 집주인이 외부로 출입할 때 사용했다. 행랑마당 안쪽의 사랑마당은 반(半) 외부 공간으로 혼례와 상례 시에는 차일(遮日)을 치고 의례공간으로 사용했으며, 의례가 끝나면 마당에 멍석을 깔고 손님을 접대하는 접빈객의 공간으로 이용되기도 했다. 중문 안쪽의 안마당은 안채와 중문간 행랑채 그리고 담장으로 구성된다. 농촌에서 안마당은 대부분 사랑채 뒷벽과 안채의 사이공간이며, 장독대는 부엌과의 관계를 고려하여 부엌의 옆이나 안채 뒤쪽에 위치했다.

대가(大家)의 한편에는 연못과 함께 별당이 건축되었다. 대개 연못은 방지(方池)가 일반적이며, 연못 중앙에는 방장(方丈)·봉래(蓬萊)·영주(瀛州)의 삼신선산(三神仙山)을 모방하여 원도(圓島)를 만들었다. 주택 뒤에는 여러 단의 석단(石段)을 쌓고 꽃을 심어 화계(花階)를 조성했으며, 뜰에는 계절에 따라 변하는 활엽수를 심어 계절의 변화를 느끼게 했다.

2) 채(棟) 구성 형식

조선시대 주택의 채(棟) 구성은 대개 안채와 사랑채가 독립된 별동형과 안채, 사랑채 등이 한 몸으로 구성된 일체형 및 혼합형으로 구분된다. ㅁ자형의 일체형은 안마당(중정)을 가운데 두고 주위에 건물을 지은 형식으로 안마당이 반(半) 내부 공간으로서의 다양한 기능을 수행했다. 이 밖에 별동형과 일체형의 특징을 절충한 '튼ㄷ자형' 또는 '튼ㅁ자형'이 있다. 대개 마당을 중심으로 안채·사랑채·대문채 및 부속채가 집약 배치된 형식이다. 19세기 이후가 되면 안마당을 중심으로 각 채(棟)가 근접하여 배치되는 경향을 보인다. 주택의 향은 주변의 지형지세에 영향을 받았으나 가급적 살림채인 안채와 사랑채는 양호한 거주환경을 형성하기 위해 남향 또는 남동, 남서향으로 건축하고자 했다.

별동형은 사랑채, 안채 및 주요 부속채를 구조적으로 연결하지 않고 별동으로 배치한 것으로, 대개 안마당을 중심으로 주요 부속채를 배치했다. 몸채는 '一자형'과 'ㄱ자형'이 보편적이며, 드물게는 'ㄷ자형'으로 짓기도 했다. 별동형은 영남 북부지방을 제외한 넓은 지역에서 나타나며, 사랑채와 안채가 배치되는 방식에 따라 직렬형, 병렬형, 직교형으로 구분된다(〈표 7-1〉 참조). 직렬형은 안채와 사랑채가 앞뒤에 놓

〈표 7-1〉 조선시대 중상류 주택의 배치 유형

구분	유형	분류	성향
마당 구성 형식	분리형(分離型)	조선중기 분리형	사대부층과 경제 규모가 큰 향반층
		조선후기 분리형	세도가층과 경제 규모가 큰 지주층
	일반형	별동형	영남 남부권, 호남권의 지주층
		口자형	영남 북부권의 지주층
	미분화형(未分化型)	별동형 口자형	부농층, 경제 규모가 적은 향반층과 지주층
채(棟) 구성 형식	별채형(別棟型)	직렬형 병렬형 직교형	조선후기 주택 중 호남권과 영남 남부권에 집중
	口자형	완전형 튼口자형 날개형	조선중기 주택 조선후기 주택 중 영남 북부권 주택
	혼합형	안채 접속형 사랑채 접속형	경기, 충청권에 집중 규모가 큰 주택

출처: 최일, 「조선중기이후 남부지방 중상류주거에 관한 연구」, 서울대학교 대학원 박사학위논문, 1989, 43쪽.

인 것이며, 병렬형은 안채와 사랑채가 좌우로 배치된 형식이다. 직교형은 안채와 사랑채가 안마당을 가운데 두고 'ㄱ자형'을 이룬다. 별동형은 부속채가 분리되어 몸채의 규모가 축소되고, 지붕 아래에 방이 한 줄로 배열되는 '홑집형' 주택에서 많이 볼 수 있다(〈표 7-1〉 참조).

일체형인 'ㅁ자형' 주택은 공간 성격상 여성들의 안채와 남성들의 사랑채를 한 몸으로 짓고, 앞뒤에 사당, 행랑채, 대문간채 또는 부속채를 별동으로 배치하는 형식이다. 몸채의 구성 형식에 따라서는 일체형, 튼ㅁ자형, 날개형으로 구분된다. 날개형은 'ㅁ자형' 주택의 정면 좌우로 익사(翼舍, 날개집)가 돌출한 형태다. 대개 안마당을 중심으로 'ㅁ자형'의 몸채를 이루고 그 앞에 대문과 바깥마당이 자리 잡고 있다. 주로 경북 북부지방, 영동지방, 충청지방, 경기지방 등에 많이 분포하며, 조선중기 이후 상류 주택은 대부분 이 유형에 속한다.

이 밖에 혼합형(混合形)은 안채, 사랑채는 별동으로 구성되고 주요 부속채가 안채나 사랑채에 접속되어 안마당이 '튼ㅁ자형'을 이루는 형식이다. 안마당의 공간적 위요감은 별동형(別棟形)보다 높으며, 'ㅁ자형(일체형)'에 비해서는 안마당이 넓은 편이다. 그리고 부속채 접속 형식에 따라 안채 접속형과 사랑채 접속형으로 구분된다.

3) 마당 구성 형식

조선시대 주택에서 마당은 생산 · 작업 · 의식 · 정서의 공간이자, 채광과 통풍, 통로, 공간 분리 기능을 가진 중요한 외부 공간이다. 서민들의 주택인 민가(民家)의 마당은 안마당과 뒷마당으로 구분되는데, 농작물의 타작 · 건조 · 가공 등 작업을 위한 공간은 주로 안마당이 된다. 민가의 안마당은 조선시대 이후 중시된 관혼상제(冠婚喪祭)의 유교적 의례의 실천 장소이자 의례 시 손님을 접대하는 공간으로 사용되었다. 민가의 뒷마당에는 안마당의 보조적인 공간으로 된장, 간장, 고추장과 같은 식생활에서 필수적인 식품을 저장하는 장독대와 우물 및 정서를 함양하는 데 필요한 후원이 자리 잡았다.

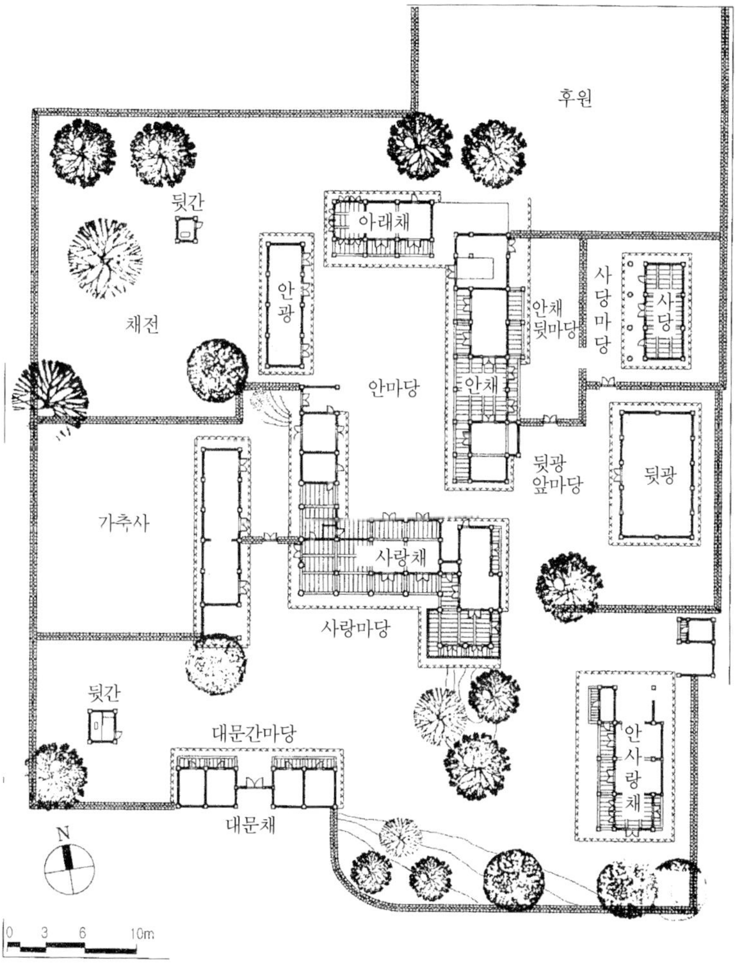

[그림 7-3] 함양 일두고택의 건물 배치와 마당 구성

중상류 주택에서 마당은 남녀의 생활공간을 구분하는 경계가 되었다. 사랑마당이 직접 대문에서 통하는 개방적인 공간이라면, 안마당은 대문에서 몇 번 방향 전환을 하면서 중문과 담을 지나야만 이르는 폐쇄적 공간으로 조성되었다. 개방적인 사랑마당은 정연한 담과 담벽의 문양, 배수로의 다듬어진 돌, 기단석과 적당히 배열된 초목 등이 자연과 함께 조화를 이루며 고도의 정서와 권위를 표현한다. 안마당은 건물로 에워싸여 사랑마당에 비해 협소할 뿐 아니라 안채의 동선처리 및 채광 · 통풍이 주된 기능이었다. 마당은 공간 구성 방식에 따라 크게 분리형, 일반형, 미분화형으로 대별된다(〈표 7-1〉 참조). 분리형은 조선중기 반가(班家)와 조선후기 세도가층 주택에서 볼 수 있는 마당 구성 방식이다([그림 7-3] 참조). 마당의 기능이 명확히 구별되고 건물과 담에 의해 공간적으로 분리되어 있다. 분리형에서 마당은 안마당, 사랑마당, 행랑마당, 별당마당, 중사랑마당 등 다양한 형태로 존재하며, 이들 마당에 의해 남녀 동선과 영역의 구분은 더욱 명확해진다. 담과 건물에 의해 분리된 외부 공간을 연결하기 위한 중문(中門)과 협문이 발달해 있다.

일반형은 안마당과 사랑마당만 공간적으로 명확히 구분될 뿐 작업마당, 문간마당, 행랑마당 등이 안마당이나 사랑마당에 접속되어 있어 구분이 어려운 경우다. 다만 마당의 성격과 기능에 의해 영역 분리가 가능하다.

미분화형(未分化形)의 마당 구성은 조선중기 지방 중상류층의 'ㅁ자형' 주택과 조선후기 지주층 주택에서 볼 수 있다. 마당이 크게 안마당과 사랑마당으로 구분되나 문간마당이나 작업마당 등은 안마당이나 사랑마당에 접해 있어 공간적으로 구분이 어려운 형식이다. 대개 중문간채 없이 사랑마당을 지나 사랑채 측면을 돌아 안마당으로 진입하는 주택에서 많이 나타난다. 출입 시 남녀의 동선 구분은 미약하나 장소 간의 내외(內外) 구분은 엄격한 편이다. 조선 말 이후 사랑마당의 기능이 점차 약화되면서 미분화형의 마당 구성이 많이 나타났으며, 특히 안마당을 중심으로 주생활의 기능이 통합되면서 안마당은 생활의 중심 장소가 되었다. 이러한 변화에도 불구하고 일부에서는 여전히 남녀유별의 성리학적 윤리관에 따라 안마당 한편에 내외벽(內外壁)을 쌓아 남녀공간을 엄격히 구분하기도 했다.

Ⅲ. 조선시대 주택과 교육공간

1. 안채, 여성의 생활 및 의례 공간

안채는 정침(正寢)이라고도 하며, 부엌, 안방, 안대청, 윗방, 건넌방 등으로 구성된다. 살림과 육아를 담당하는 주부(主婦)를 비롯한 여성들의 생활공간이자 여아(女兒)들이 가사일과 조리를 배우는 교육공간으로 중시되었다. 내외법에 따라 외부인의 출입을 제한하는 폐쇄적이고 내밀한 공간 구성에 그 특징이 있다. 이는 『예기(禮記)』의 「내칙(內則)」에서 말하는 "집을 지을 적에는 안과 밖의 구분이 있게 한다. 남자는 밖에 거처하고 여자는 안에 거처한다. 남자는 안으로 들어가지 않으며, 여자는 밖으로 나오지 않는다."는 유교 윤리를 반영한 것이다. 또 『예기』「내칙」의 "여자는 열 살이 되면 문 밖을 나가지 않는다."는 것을 들어 여성의 거주공간을 중문 안으로 제한했다.[6]

6) 曺好益, 『家禮考證』 卷3, 「司馬氏居家雜儀」. (『소학(小學)』에서도 "凡爲宮室 必辨內外 深宮固門"이라 하여 궁실을 지을 적에는 반드시 안과 밖을 구분하고 궁을 깊숙하게 하며

안채의 유형에는 '一자형', 'ㄱ자형', 'ㅁ자형(〈표 7-2〉 참조)' 등이 있으며, 평면 형식에 따라 겹집, 홑집, 툇간집 등으로 나뉜다. 중상류 주택의 안채 중심부의 실(室)은 부엌-큰방(안방)-마루(대청)-작은방(건넌방)으로 구성되며, 간살은 정면 4~5칸, 측면 1~2칸 정도다([그림 7-4] 참조). 조선후기에는 안채의 전후, 좌우에 툇간을 더하여 반침, 벽장 등의 각종 수장공간 등 실면적(室面積)의 확대 요구를 만족시켰다. 앞쪽에 놓인 개방된 툇마루는 실내로 출입하는 데 필요한 전이공간으로 사용되고, 그리고 온돌방 배면의 후퇴(後退, 뒷쪽 퇴간)는 반침, 벽장 등의 수장공간이나 온돌방을 확장하는 데 쓰였다. 전통적인 '튼ㅁ자형'의 안방 좌측에는 반찬을 만들고 상차림을 감독하는 찬방을 두

〈표 7-2〉 조선시대 중상류 주택의 안채 유형

유형	분류	성향
一자형	호남권 영남 남부권	툇간집과 겹집 홑집과 툇간집
ㄱ자형	중기-일렬형 꺽임형	툇간집 홑집
ㄷ자형	후기-일렬형 꺽임형	겹집 퇴간집
ㅁ자형	일렬형-완전형 날개형 꺽임형-대청 2칸 대청 3칸	후기 주택 중기 주택(사랑채 규모에 따라 원초형에서 날개형으로 발전)

출처: 최일, 「조선중기이후 남부지방 중상류주거에 관한 연구」, 서울대학교 대학원 박사학위논문, 1989, 44쪽.

문을 견고하게 해야 한다고 가르치고 있다. 또한 『예기』 「내칙」에서는 "男子晝無故不處私室 婦人無故不窺中門"라고 하여 남자는 낮에 까닭 없이 사실에 거처하지 않고 부인은 까닭 없이 중문 밖을 엿보지 않는다고 했다.

[그림 7-4] 15세기 말의 반가인 양동 관가정 평면도

기도 했다. 또한 찬방 앞쪽의 작은마당을 중심으로 찬방과 툇마루, 안방과 툇마루, 부엌의 공간을 기능적으로 연결하여 가내(家內) 대소사 시 가사 자업을 효율적으로 처리할 수 있노록 했다. 안채 대청은 본래 개방되어 있었으나 근대 이후 앞쪽에 유리문을 달아 생활 공간으로 사용했다.

19세기 말, 20세기 이후에는 부엌 내부에 별도의 찬마루를 두거나 부엌 앞쪽에 벽장을 만들어 식료품을 저장했다. 찬마루와 벽장은 근대에 들어와 부엌의 기능을 합리적으로 이해하면서 나타난 새로운 공간이다.

1) 안방

주택의 제일 안쪽에 자리 잡고 있는 안방은 주부의 일상 거처공간으로 규방(閨房)·규합(閨閤)·내당(內堂)·내방(內房)·내실(內室)·내

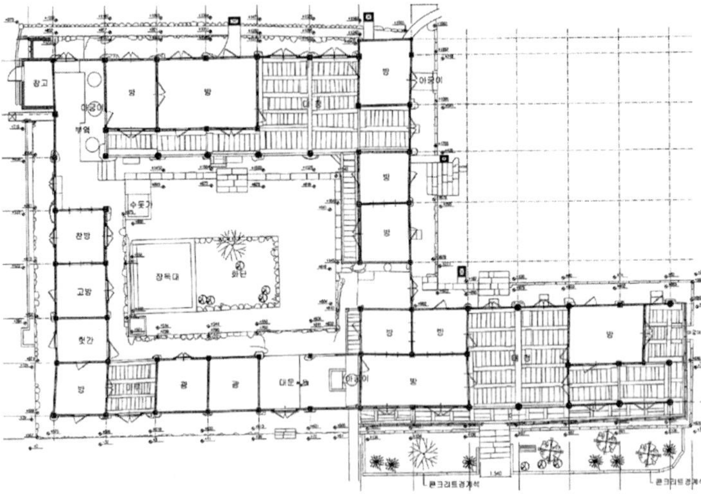

[그림 7-5] 안동 하회마을 충효당 평면도

침(內寢) · 유박(帷箔) · 유방(帷房)으로 불렸다. 주택 내에서 가장 폐쇄적인 공간으로 직계존속 이외의 남자는 출입이 금지되었다. 안방 좌우로 부엌이나 마루, 고방, 윗방 등이 연결되어 안채를 이루었다([그림 7-5] 참조). 안방은 대부분 취사와 조리 공간인 부엌과 접해 있다. 반가(班家)에서는 대개 안방과 부엌 사이에 벽장이 있고, 그 옆에는 부엌 위 식료품과 일상용품의 저장공간인 다락으로 통하는 다락문이 달려 있다. 실내에는 반짇고리 · 농 · 탁자장 · 좌경 · 빗접 · 버선장 등이 벽을 따라 놓여 있었다. 안방 가구 중에서 큰 비중을 차지하는 것은 농과 장이었으며, 그 용도와 구조에 따라 의걸이장 · 버선장 · 실장(絲欌) · 솜장 · 이불장 등으로 구분되었다.

조선후기 반가인 하회 북촌댁의 안방은 2×2칸의 田자형 4칸 방으로, 부엌에 접한 아랫방이 일상 거실(침실)이고, 그 뒷방은 의농(衣籠)과 안방 살림을 수장하는 일종의 골방이다. 아랫방의 위쪽은 웃방이고, 그 뒤는 찬방이다. 즉, 田자형 4칸의 안방은 일상 기거용이 2칸이고 1칸은 골방, 1칸은 찬방으로 사용되었다([그림 7-6] 참조). 이 같은 田자형 안방은 조선후기 대가(大家)에서 안방의 기능이 분화되며 나타난 결과다.

한편 안방은 가족들의 삶이 시작되는 동시에 마감되는 장소였다. 주부는 자신의 거처인 안방에서 삼신의 도움으로 아이를 낳았으며, 운명(殞命)을 앞둔 경우에는 안방으로 옮겨 안방에서 숨을 거두게 할 정도로 안방은 가족들의 삶의 시작과 끝을 아우르는 공간이다. 안방은 돌잔치나 제사를 지내는 의례 공간이기도 했다. 제사를 지낼 적당한 공간이 없을 때는 안방에서 제사를 지내기도 했다. 가사노동과 길쌈 · 바

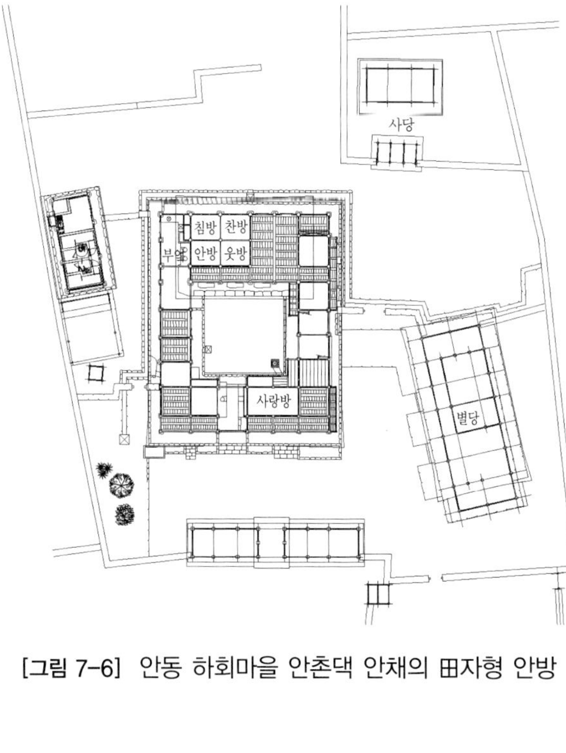

[그림 7-6] 안동 하회마을 안촌댁 안채의 田자형 안방

느질 · 요리 등[7]의 습득과 교육이 안방을 중심으로 이루어졌으며, 또한 안방은 여아들이 제례를 비롯한 각종 의례와 현모양처의 유교적 부덕(婦德)을 익히는 교육공간이기도 했다.

서계집의 정유인(鄭孺人) 묘갈문은 17세기 중엽 사대부가 여인의 가정 교화의 수준을 잘 보여 준다. 정유인(鄭孺人)에 대해 "지혜로우며 재단에 능하고 음식을 잘하였고 방적(紡績)도 부지런히 하여 양친의 사랑을 받았다. (중략) 계례(笄禮)를 올리고 시집 와서는 가난하다 해서 안색에 드러내지 않았으며, 남편이 별세한 뒤에도 수십 년을 하루같이 거상(居喪)하는 것처럼 지냈다. 자녀를 가르치는 데도 법도가 있어, 딸이 시집 갈 때는 내훈(內訓)과 거가잡의(居家雜儀)를 주며 '반드시 이것을 규범으로 삼아야 한다.'고 하였다."[8] 딸이 시집 갈 때 「내훈(內訓)」과 「거가잡의(居家雜儀)」를 주었다는 것으로 보아 17세기 중엽 사대부가 여성들의 유교 윤리의 교화 수준이 일정 수준에 도달했음을 알 수 있다.

조선후기에 성호 이익은 「부녀지교(婦女之教)」에서 "우리 가문에서는 신부가 처음 들어오면 경계하기를 효도와 공경은 가르치지 않아도 알아야 할 것이고, 내 말은 세 마디에 그치니 근면하고 검소하고 남녀 사이에 분별이 있어야 한다."[9]며 근면, 검소, 남녀분별의 세 가지를 강조하고 있다. 그는 남녀 간의 예(禮)는 내외 구분에서 비롯되고, 이를

7) "女工 謂蠶桑織績裁縫 及爲飮膳 不惟正是婦人之職 兼欲使之知衣食所來之艱難 不敢恣爲奢麗"이라 했다. 즉, 여자의 일이란 누에치기, 길쌈하기, 바느질하기, 요리하기 등을 말하는데, 이것은 바로 부인의 직분일 뿐만 아니라, 겸하여 옷과 음식이 만들어지기까지의 어려움을 알게 해 감히 제멋대로 사치하지 못하게 하려는 것이다. 아름답고 화려하게 베를 짜는 등의 일은 익힐 필요가 없다(曺好益, 家禮考證 卷3, 「司馬氏居家雜儀」).

8) 學生 朴君 묘갈명(『西溪集』 卷14, 「碣銘 七首」).

9) 『성호사설』 권16, 「人事門, 婦女之教」.

위해 남녀 거주공간의 분리가 필요하다고 말한다. 거주공간이 안채로 제한된 여성에게 사회참여를 금하고 가정 안의 일을 전담하도록 했다. 이러한 교육환경은 여아(女兒)들이 어릴 적부터 현모양처나 유순과 순종의 규범을 숙명적으로 받아들이도록 했다.

2) 윗방(작은방)과 건넌방

윗방은 안방 윗목에 자리 잡으며, 두 방 사이에는 미닫이 또는 여닫이 창이 설치되는데 평상시에는 열어 놓는다. 안채에 대청을 둔 중상류 주택에서는 대개 대청을 가운데에 두고 안방과 건넌방을 서로 마주보게 배치했다. 건넌방은 안방을 기준으로 하여 붙인 이름이며, 대부분 1칸에서 1칸 반 정도의 크기다. 경상도 지방에서는 이 방을 '상방'이라고 부르며, 대개 안방 물림한 노모(老母)가 이 방으로 물러나 거처했다. 호남지방에서는 이 방을 '모방'이라고 불렀다. 건넌방의 출입문은 대청마루 쪽으로 나 있고, 안마당 쪽으로 툇마루를 꾸미고 그 밑에 함실아궁이를 만들어 난방했다. 이 방에는 미혼의 여자 아이들이나 혼인한 아들 부부가 거처했으며, 맏며느리는 건넌방에서 아이를 낳아 키우다가 시어머니가 돌아가시면 안방으로 옮겨서 생활했다.

따라서 윗방과 건넌방은 젊은 며느리가 안방에 거처하는 주부를 도와 육아를 비롯한 가사일을 수행하는 공간이었다. 반가의 경우 미혼의 여아가 건넌방에서 거처하며 침선과 부덕 및 여성으로서 마땅히 갖추어야 할 유순과 순종[10]의 규범을 배우고 익히는 공간이었다. 자녀가

10) "女子則敎以婉娩聽從 及女工之大者"라 하여 여자의 경우에는 유순한 말씨와 태도를 하는 법과 윗사람의 말을 따르는 법 및 여자가 하는 일 가운데 큰일을 가르쳤다(曺好益, 『家禮考證』 卷3, 「司馬氏居家雜儀」)

여섯 살이 되면 숫자와 방위의 이름을 가르쳤고, 여자가 해야 할 자질구레한 일을 익히도록 했으며, 여자라도 일곱 살이 되면 비로소 『효경(孝經)』과 『논어(論語)』를 읽게 했다.[11)]

3) 안대청

안대청은 외부에 대해 폐쇄적인 안채에서 안마당과 연결되는 가장 개방적인 공간이다. 안방과 건넌방 사이에 위치하며, 상류 주택에서는 지역에 상관없이 큰 규모의 대청을 선호했다. 앞이 개방된 대청은 내외공간의 상호 침투를 잘 보여 주며, 대청과 안방 사이에는 여닫이문을 달아 공간을 구분했다.

안대청은 주인의 신분을 나타내는 상징적 장소로 기제(忌祭)를 지내는 제례공간과 성조신(成造神)을 모시는 의례공간으로 중시되었다. 이 밖에 혼례 · 관례 등의 각종 의례 및 가정 대소사를 치르는 공간으로 다양하게 사용되었다. 여자들의 성인식인 계례(笄禮)는 땋은 머리를 풀고 쪽을 찌어 비녀를 꽂는 의식이다. 계례는 관례와 달리 어머니가 위주가 되고 예를 잘 아는 여자를 청해 주례자로 의식을 치렀다. 이처럼 안채의 대청은 생활의 중심 공간이자 제례와 계례와 같은 유교적 의례를 교육하고 실천하는 공간으로도 중시되었다.

4) 부엌

전통주택의 부엌은 대개 안방 쪽에 부뚜막을 만들어 솥을 걸고 난방

11) 曺好益, 『家禮考證』 卷3, 「司馬氏居家雜儀」, "六歲 教之數 與方名 男子始習書字 女子始習女工之小者 七歲 男女不同席 不共食 始誦孝經論語 雖女子亦宜誦之."

과 취사를 겸하는 공간이다. 부엌이 난방기능을 겸하는 것은 우리나라의 고유한 온돌문화에 의한 것이다. 부엌바닥은 대청이나 방바닥 높이보다 훨씬 낮은데, 이는 부뚜막 아궁이에서 때는 불길이 안방의 구들 안으로 잘 들도록 하여 방을 따뜻하게 하기 위해서다.

부뚜막에는 크고 작은 무쇠솥이 걸려 있다. 아궁이는 대체로 2개 또는 3개가 있으며 아궁이마다 위에는 대 · 중 · 소의 솥이 걸린다. 부엌 남쪽으로는 찬방이나 찬마루가 놓이며, 부엌 안에는 조리용 무쇠 화로나 풍로가 놓이고 설거지와 조리를 하는 공간이 자리잡고 있다. 부엌 외벽에는 큰 살창을 달아 실내의 오염된 공기와 연기가 밖으로 환기되게 했다. 민가의 부뚜막 좌우에는 선반을 매달거나 찬장(饌卓)을 놓아 식기류나 반찬들을 보관하였다. 이처럼 찬방, 안방 등과 공간적으로 긴밀히 연계되어 있는 부엌은 취사와 난방, 접객 등을 비롯한 각종 가사노동의 중심 공간이었을 뿐만 아니라 여아(女兒)와 며느리가 집에 전해 오는 독특한 조리법과 상차림을 배우고 익히는 음식문화의 교육공간이었다.

2. 사랑채, 남성의 생활 및 교육 공간

사랑채는 주인을 포함한 남성들의 사색, 독서, 집회, 접대의 공간이자 남아의 교육공간으로 대개 사랑방 · 침방 · 사랑대청 · 누마루 등으로 구성된다. 사랑채는 외부와 접촉이 많은 거주 공간으로 주로 집의 바깥쪽에 위치하며, 안채에 비해 공간 구성이 개방적이다. 중류 주택에서는 안채에 연결되어 대문 가까운 곳에 배치되기도 했다.

반가의 사랑채는 『소학(小學)』에 나오는 선비의 생애를 그대로 반영하여 지어졌다. 조선시대에는 어린아이가 가정에서 교육을 받으며 성장하다가, 10세가 되면 남자 아이는 사랑방에서 아버지와 자며 선생을 찾아가 배우고, 20세가 되면 관례를 하고 널리 배운다. 그리고 30세에는 아내를 맞아 살림을 하며, 40세에는 벼슬에 나가고, 70세에는 벼슬을 사양하고 물러난다.

이런 생애는 누구나 비슷하지만, 특히 선비에게는 학업과 벼슬이 중요하다. 남자 아이들의 기초적인 글공부에서 과거시험 공부 그리고 은퇴 후의 일상생활 및 사회 활동은 사랑채를 중심으로 이루어졌다. 반가의 사랑채는 선비가 자신의 인격을 닦는 공간이자 자신의 덕을 실현하기 위해 관직에 나갈 준비를 하는 공간이었다. 이처럼 사랑채는 남자가 일생을 보내는 공간이자 빈객을 모신 가운데 상례와 제례, 관례 및 회갑 등의 각종 의례를 수행하는 다목적 공간으로 사용되었다.

조선시대 중상류 주택의 사랑채는 배치 유형에 따라 별동형과 접속형으로 구분되고, 별동형은 다시 대청 주변의 공간 구성에 따라 대청 중앙형, 대청 측면형, 직교형 등으로 구분된다(〈표 7-3〉 참조). 사랑채가 별동으로 건축된 사례는 호남, 영남 남부, 경기, 충청 지방의 조선후기 중·상류계층의 주택이나 부농 주택에서 볼 수 있다. 사랑채가 안채와 구조적으로 연결된 접속형에서도 공간 구성과 시각적으로는 남녀공간이 엄격하게 분리되도록 했다. 대개 사랑채의 사랑방 위치를

〈표 7-3〉 조선시대 중상류 주택의 사랑채 유형

유형	분류	성향
별동형	대청 중앙형 대청 측면형 직교형	호남권, 영남 남부권, 경기, 충청권에 집중 후기 주택이 대부분임
접속형		중기 주택, 후기-영남 북부권

출처: 최일, 「조선중기이후 남부지방 중상류주거에 관한 연구」, 서울대학교 대학원 박사학위논문, 1989, 44쪽.

정할 때 앞쪽으로는 행랑채와 마주 보고 안방과는 대각선 방향에 오도록 했다.

사랑채의 규모는 건축주의 사회적 신분과 경제력에 따라 일정하지 않으며, 대개 정면 4~6칸 측면 1~2칸 정도가 일반적이다. 조선후기가 되어 사랑채의 기능 분화가 진전되면서 큰사랑방, 작은사랑방, 마루, 개실, 침모방, 도장방 등이 앞뒤 두 줄로 배열된 사랑채가 건축되기도 했다. 사랑채의 내부 공간은 다양하게 분화되어 겹집의 형태를 나타냈다. 특히 19세기 말 이후가 되면 다양한 주생활을 수용하기 위해 마루(대청) 면적을 대폭 줄이고 수장 및 경리 시설의 면적이 늘어난 복합형 사랑채가 많이 지어졌다. 복합형 사랑채에는 후퇴에 반침, 벽장을 비롯한 수장공간 또는 툇마루를 시설하거나 실(室) 면적의 확대 요구에 따라 후퇴까지 사랑방을 확장하는 등의 변화가 나타났다. 그리고 사랑채의 배면 한쪽에는 주인이 부인이 거처하는 안채로 직접 출입할 수 있는 뒷문과 작은 마루가 시설되기도 했다.

1) 사랑방과 침방(寢房)

사랑방은 가장의 일상 거처는 물론 내객의 접대 및 사회교류를 위한 공간이다. 남계(男系) 위주의 가부장적(家父長的) 가족제도였던 조선시대 중후기 중상류 주택에서 사랑방은 매우 중요한 공간이었다. 바깥주인이 중앙 관서 관원이거나 문중을 대표하는 어른일 경우 사랑방은 정치·사회적 교류 장소로 중요하게 다루어졌다. 중상류 주택의 사랑채에서는 일상 거처공간인 사랑방과 취침공간인 침방(寢房)이 공간적으로 구분되기도 했다. 사랑채의 평면이 겹집인 경우 앞쪽에 낮에 주로 사용하는 사랑방을 두고 그 뒤에 침방을 두는 경우가 일반적이었다. 사랑방과 침방 사이에는 미서기문을 달아 두 방을 공간적으로 구분했다.

반면 규모가 작은 민가에서는 윗방이 사랑방의 기능을 했다. 서울지방의 민가는 대문간을 중심으로 안채와 사랑채가 구분되며, 'ㄷ자형' 주택에서는 대문간에 면한 문간방이 사랑방의 기능을 겸하기도 했다.

18세기 중엽에 지은 영천 매산고택은 안채로 출입하는 중문의 동쪽에 접해 2칸의 큰사랑방이 동서 一자로 이어지고, 그 끝에 남북으로 돌출한 누마루 2칸과 책방 1칸이 일종의 익사(翼舍)로 꾸며진 형태이다([그림 7-7] 참조). 사랑방은 2칸이며, 그 아랫방 안쪽에 골방을 두고 거기에 안마당으로 드나드는 문을 두었다. 사랑방에서 중간 골방을 경유하여 안마당으로 출입하도록 하여 골방이 완충적 기능을 갖게 했다. 큰사랑방 남쪽은 익사형 누마루(사랑대청)와 책방인데, 누마루 2칸은 기둥 사이가 10척(尺)이어서 큰사랑방이나 안방의 8척보다 2척이 더 넓다. 이는 사랑채를 지을 때 사례(四禮)를 실행하기 위해 사당에 자주 출입해야 하는 가장의 일상을 고려하여 사당 서편에서 동측에 있는 사당을 향해 건축한 것으로 보인다. 또한 19세기 말에 지은 아산 외암리

[그림 7-7] 영천 매산고택 사랑채(우측)

참판댁은 구한말 규장각의 직학사와 참판을 지낸 이퇴호(李退湖)의 집으로 솟을대문 안쪽에 놓인 사랑채는 5칸 一자 전퇴집으로 동쪽부터 2칸 큰사랑, 대청, 작은사랑방이 놓여 있다. 2칸의 큰사랑방 앞에 골방, 고방이 놓여 있고 나머지 3칸에는 툇마루를 꾸몄다.

선비의 학문과 문방생활의 중심이었던 사랑방에는 책장 · 탁자 · 머릿장 · 문갑 · 서안 · 경상(經床) · 연상(硯床) · 연함(硯函) · 고비 · 필통 · 지통(紙筒) 등의 문방가구가 놓여 있다.

2) 작은사랑방(중사랑방)

작은사랑방은 사랑채에 있는 장자(長子)의 생활공간으로 대개 큰사랑방과 마주 보며 배치되고 그 사이에 사랑대청이 놓여 공간적으로 구분된다. '口자형'의 상류 주택에서는 사랑채 모서리에 사랑대청을 두고, 그 왼편에 큰사랑방, 'ㄱ자'로 꺾인 곳에 작은사랑방을 둔다. 이는 장유유서(長幼有序)의 성리학적 윤리를 반영한 것이다. 작은사랑방에 마루가 더해져 3칸 이상이 되면 사랑마당 한편에 별동으로 중사랑채를 짓기도 했다.

중사랑방에 거처하는 아들은 『예기』의 가르침에 따라 나갈 적에는 반드시 아뢰고 돌아오면 반드시 사랑방에 거처하는 어버이를 뵈어야 한다.[12] 바깥에 나갔다 와서는 의당 어버이의 안색이 편안한가를 살폈다.

이러한 효(孝)를 실천하기 위해서는 장유유서의 윤리에 따라 사랑방과 중사랑방을 공간적으로는 구분하되 근접 배치하여 아들이 어버

12) 『禮記』, 「曲禮」, "出必告 反必面."

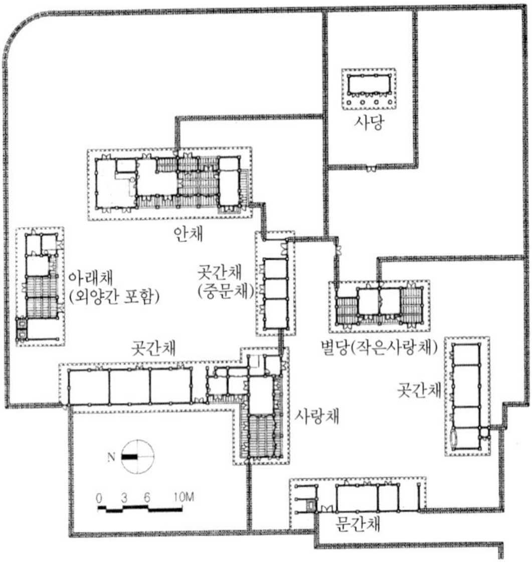

[그림 7-8] 청도 운강고택의 사랑채와 중사랑채

이를 항상 보살필 수 있게 했다. 항상 저녁 때 잠자리를 보살펴 부모의 잠자리를 편안하게 하고, 새벽에 문안을 드려 부모의 처소를 편안하게 했다. 반가의 사랑채 공간 구성에서는 이러한 유가의 예절[13] 및 윤리[14] 교육의 의도가 충실히 반영되어 있다.

---

13) "八歲 出入門戶 及卽席飮食 必後長者 始敎之謙讓 男子誦尙書 女子不出中門"이라 하여 자녀가 여덟 살이 되면 문호를 출입하는 일이나 자리에 나아가고 마시고 먹음에 있어서 반드시 웃어른 뒤에 하도록 하여 비로소 겸양의 도리를 가르친다. 남자는 『상서(尙書)』를 읽게 하고 여자는 중문 밖을 나가지 않게 한다(曺好益, 『家禮考證』 卷3, 「司馬氏居家雜儀」).

14) "十歲 男子出就外傅 居宿於外 讀詩禮傳 爲之講解 使知仁義禮智信 自是以往 可以讀孟荀揚子 博觀羣書 凡所讀書 其異端非聖賢之書傳 宜禁之 勿使妄觀 以惑亂其志 觀書皆通始可學文辭男兒"라 하여 남자 아이가 열 살이 되면 외부의 스승에게 나아가 『시전(詩傳)』과 『예전(禮典)』을 읽었다. 이후 『맹자(孟子)』, 『순자(荀子)』, 『양자(揚子)』를 읽으며, 널리 여러 책을 보게 한다(曺好益, 『家禮考證』 卷3, 「司馬氏居家雜儀」).

별동으로 지은 중사랑채의 사례를 청도 운강고택(雲岡故宅)에서 볼 수 있다. 이 집의 중사랑채는 사랑채 정면 우측에 4칸 一자형으로 지은 건물로, 좌측 1칸은 누마루로서 서고로 쓰였고, 그 옆으로 툇마루를 둔 2칸의 중사랑방과 마루가 놓여 있다. 운강고택의 중사랑채([그림 7-8] 참조)는 청년 도제(徒弟)들을 육성하는 가풍에 따라 장남의 거주처이자 자녀들을 교육하는 주택 내 강학공간으로 사용되었다. 이처럼 가계를 계승할 장남을 비롯한 자녀가 거처하는 중사랑채는 자녀들의 교육공간으로 중시되었다.

3) 사랑대청과 누마루

사랑대청은 사랑방과 누마루에 출입하는 전실 같은 기능을 가지며, 여름철에는 거주공간으로도 사용된다. 상류 주택의 내부에서 가장 개방적인 공간인 사랑대청은, 제례와 상례 · 관례 및 문중 대소사를 논의하는 집회, 사회교류의 장소로도 사용되었다. 누마루는 사랑대청의 기능을 한층 더 강화시킨 공간으로 대체로 사랑채의 앞쪽에 돌출시켜 거주자의 사회적 지위와 신분을 상징하며, 누마루 앞 분합문을 들어 열면 사랑마당과 공간적으로 연결된다.

사랑대청의 사용 행태와 공간성은 지역과 계층에 따라 차이를 보인다. 호남지방의 경우 대청 앞쪽이 문으로 폐쇄되어 있으나 영남지방에서는 개방되어 있는 경우가 대부분이다. 양반 사대부의 주택에서는 대청을 비롯한 사랑채의 규모가 크고 기능 분화가 잘 이루어져 있으나, 조선후기의 지주층과 부농층 주택에서는 사랑대청과 사랑방이 복합적인 용도로 사용되었다. 공간 사용과 기능의 복합화로 인해 사랑대청이 마루방과 같이 되면서 앞쪽에 문을 달아 폐쇄하기도 했다.

정여창(鄭汝昌, 1450~1493) 선생의 옛집인 함양 일두고택은 선생이 타계한 지 1세기 이후에야 중건된 집으로, 사랑채는 ㄱ자형 평면에 내루(內樓)가 돌출한 구조다([그림 7-9] 참조). 문헌세가(文獻世家), 충효절의(忠孝節義), 백세청풍(百世淸風) 등을 써 붙인 사랑채는 높직한 기단 위에 자리잡고 있다. 사랑채 내루는 구조가 간결하면서도 단아(端雅)하고 소박한, 난간과 추녀를 받치는 활주(活柱)를 세우되 세간(細竿)한 석주(石柱)로 초석(石礎)을 삼았다는 특색을 지녔다. 사랑채 앞마당 끝 담장 아래에는 사랑채의 내루에서 내려다보며 즐길 수 있게 석가산(石假山)을 조성한 정원이 있다. 사랑채 내루(內樓)와 사랑마루는 자녀를 교육하고, 가장(종손)이 외부 인사를 만나 교류하던 장소로 사용되었다. 사랑채의 온돌방은 겨울철의 자녀 교육공간이자 손님의 숙식공간이기도 했다.

19세기 말에 지은 나주 홍기응가옥(羅州 洪起膺家屋)은 도래마을 풍

[그림 7-9] 함양 일두고택의 사랑채

산 홍씨의 종가로, 사랑채는 6칸 ㄱ자형 전후머릿퇴집이다. 평면은 남쪽에서 볼 때 서쪽에 누마루를 시설하고 다음은 위 · 아래 사랑방이다. 후퇴에는 각각 골방이 마련되어 있고 구석간으로 사랑부엌, 꺾어져서 사랑대청, 맨 끝이 작은사랑방이며, 대청과 작은방 후퇴는 역시 골방이다. 누마루에서 작은사랑 앞까지 툇마루를 꾸몄으며, 누마루는 여름용 마루이자 빈객을 접객하는 공간으로 사용되었다. 머리 쪽에 쪽마루를 놓고 사랑웃방과의 사이에 사분합문, 정면에는 여섯 짝의 분합문을 각각 달았다. 사랑대청은 앞쪽이 개방되었고 누마루는 사면이 구획되었다. 작은사랑 아래에도 쪽마루가 만들어졌다.

4) 서고(書庫)

서고는 서책(書冊)을 보관하거나 독서를 할 수 있는 교육공간이다. 서고의 형식은 서책을 보관하는 것과 서책 보관은 물론 독서를 겸하는

[그림 7-10] 안동 의성김씨종택의 서고

것으로 크게 구분된다. 서고를 독립하여 건축하지 않을 때는 사랑채에 부속된 방을 서책의 보관용으로 사용하기도 하고 사랑방의 벽장을 이용하기도 했다.

안동 의성김씨종택(보물 제450호)은 16세기 말에 지은 반가다. 사랑채와 행랑채를 잇는 중층구조의 부속채 윗층(上層) 3칸은 서고(書庫)로서 사랑채의 대청(大廳)과 이어지고 아랫층(下層)은 헛간으로 쓰였다([그림 7-10] 참조). 하회 북촌댁(중요민속자료 제84호)의 큰사랑방은 2칸 방으로 안쪽에 골방을 두고, 큰사랑방의 뒤쪽 모서리에 놓인 단칸의 온돌방을 서고와 문집판고(文集板庫)로 사용했다. 이처럼 반가에서는 사랑방에서 서책을 이용 및 관리하기 편리한 곳에 서고(또는 책방)를 만들어 책을 쌓아두고 필요시 독서할 책을 꺼내 와서 사랑방 서안(書案) 위에 놓고 독서했다.

3. 사당과 별묘(別廟): 사례(四禮)의 실천 및 교육 공간

조선시대 중상류 주택에서 조상의 위패를 모신 가묘(家廟)는 사례(四禮)의 중심 건물로 건축되었다. 사당과 별묘는 조상신(祖上神)이 거주하는 상위 공간으로, 하늘과 땅을 이어 주는 중심성 및 정신적 의미로서 강한 위계성과 영역성을 가지고 있다. 사당은 대개 안채의 동쪽에 위치하는 경우가 많으며, 『주자가례』에 정한 규모보다 자연 조건과 경제적 능력에 따라 정면 1칸 또는 3칸으로 지었다. 조선시대의 『가례(家禮)』에서는 가묘에 4대의 위패를 서상(西上)의 원칙에 따라 서에서 동으로 열향(列享)하여 모시도록 하고 있다.

조선중기에 창건된 합천의 묘산묵와고가에는 안채의 정면 좌측 뒤로 조금 떨어진 곳에 가묘가 배치되어 있다. 회덕 동춘선생고택에는

一자형의 사랑채와 ㄷ자형의 안채가 있고, 그 오른쪽에 정면 3칸, 측면 2칸의 홑처마 맞배집으로 지은 가묘와 별묘가 별동으로 배치되어 있다. 가묘는 현 소유주의 4대조까지의 위패를 모시고 있으며, 별묘에는 불천위인 동춘당(同春堂) 송준길(宋浚吉)의 위패를 봉안하고 있다. 그는 조선 효종 때 병조판서 및 경연관(經筵官) 등을 지낸 유학자이다.

또한 대구 둔산농 경주최씨종택은 조선 인조 때의 학자 대암(臺巖) 최동집(崔東集)이 정착하면서 지은 집이다. '口'자형의 안채와 '一'자형의 사랑채를 주축으로 재실인 보본당(報本堂), 불천위(不遷位)를 모신 별묘, 사당 및 삼문, 제수(祭需)를 준비하는 포사, 헛간채 등으로 이루어져 있다. 보본당 · 사당([그림 7-11] 참조) · 별묘 등 조상과 관련된 공간은 양(陽)에 해당하는 동쪽에 배치하고, 안채와 사랑채 등 생활공간은 음(陰)에 해당하는 서쪽에 배치하였다. 보본당은 1742년(영조 18)에 지어졌고, 별묘에는 최동집과 조선 정조 때의 학자 최흥원(崔興遠)

[그림 7-11] 대구 둔산동 경주최씨종택의 3칸 사당

의 위패를 봉안하고 있다. 반가의 사당(가묘)은 정침의 동쪽에 가묘를 짓도록 한 주자가례의 가르침을 따른 것으로 제례를 비롯한 유교적 예제를 실천하는 중심 공간이었다. 반가의 자녀들은 가묘와 별묘에서 정기적으로 이루어지는 제례를 비롯한 각종 의례에 직접 참여하여 유교의 가르침과 예의범절을 배우고 익혔다.

4. 별당(別堂)의 교육적 기능

상류 주택에 부속된 조선시대의 별당은 전통 주택의 정취와 세부구법의 정교함이 잘 나타나 있는 건물이다. 별당은 주택 내에서 사랑채의 연장으로서 가장의 다목적 활동공간이자 자녀와 노모의 거처로도 사용되었다. 사랑채 앞의 별당은 주로 씨족의 회합 장소 또는 사회교류 공간으로 사용되었다. 평면은 대개 가운데 마루를 두고 좌우에 온돌방을 둔 형태이며, 연못에 연해 지은 별당은 누마루와 온돌방이 연결된 형태로 지어졌다.

의성 소우당(중요민속자료 제237호)은 이가발(李家發)이 19세기 초에 건립한 주택으로, 안채는 1880년대에 개축하였다고 한다. 남향하는 주택은 튼ㅁ자형의 평면을 이루며, 사랑채 일곽의 서측에 별도의 공간을 형성하고 별당과 원림(園林)을 조성하였다. 원림(정원) 중앙부에 안사랑채 또는 별당으로 불리는 건물을 짓고, 그 남측에 연못과 숲(樹林) 및 보도(步道)를 조성하고, 서측 및 북측에도 숲을 조성하였다. 안채와 사랑채에서 각각 출입할 수 있게 협문을 냈다. 이처럼 소우당의 별당은 자녀들의 교육공간이자 은퇴한 노인들의 거처공간으로 사용되었다.

태고정(보물 제554호)은 박팽년의 절의묘(節義廟)와 99칸의 종택(宗宅)에 딸린 별당이다. 1614년에 중건된 태고정은 정면 4칸, 측면 2칸의 규모로, 동측 2칸은 대청이고 서측은 온돌방으로 되어 있다. 또한 조선중기에 지은 양동마을의 무첨당은 대유학자 회재 이언적(李彦迪)의 종가(宗家) 앞쪽에 있는 사랑채가 연장(延長)된 건물로서 접객, 독서(讀書), 한유(閑遊) 등의 용도로 사용되었다.

안동 소호헌은 조선 중종(1506~1544) 때의 학자 함재(涵齋) 서해가 서실(書室)로 쓰기 위해 명종(1545~1567) 때 지은 丁자형 별당이다. 건물은 왼쪽 3칸이 대청이고 오른쪽 1칸이 누마루로 되어 있다. 이처럼 반가에서는 대지 내 또는 대지에서 가까운 거리의 명승지에 별당을 지어 사랑채에서 부족한 기능과 주거 면적을 보완하고 접객, 독서, 자녀교육·한유 등의 다목적으로 사용했다.

5. 정사(精舍)의 교육적 기능

조선중기의 선비들은 뛰어난 경개(景槪)에 질박한 건물을 짓고 정사[15]라 불렀다. 이는 송(宋)의 주희(朱熹)가 지은 무이정사(武夷精舍)를 본받은 것이다. 16세기 말에서 17세기로 넘어가면서 양반 사대부의 학문적 성장은 괄목할 만한 것이었다. 특히 영남의 퇴계 제자들은 향리 주변에 정사나 정자를 지어 학문과 장수(藏修)하는 공간으로 사용했다. 16세기 이후 유학자들은 다투어 정사를 지었고 거기로 많은 제자들이 모여들었다.[16] 하회마을을 감싸고 돌아가는 화천에 면한 경승지에 자리잡은 겸암정사, 옥연정사, 원지정사, 빈연정사는 유학자 류운룡과

15) 반가의 사랑채 당호는 '○○정사'라 하기도 하였으며, 서원 중에도 그 이름을 정사로 지은 것이 있다. 영주의 귀산정사(龜山精舍), 예안의 동계정사(東溪精舍), 영해의 구봉정사(九峰精舍), 안동의 묵계정사(默溪精舍) 등이 그것이다.

16) 김동욱, 『조선시대 건축의 이해』, 서울대학교 출판부, 140-150쪽.

류성룡 형제가 지은 정사로 16세기 말의 이러한 환경에서 건축되었다(〈표 7-4〉 참조).

이이(李珥)도 황해도 해주의 석담천(石潭川)을 사랑하여 고산구곡(高山九曲)을 설정하고 굽이도는 고장마다 뛰어난 아름다움을 감상하여 정사를 짓고 스스로의 함양뿐만 아니라 자제들을 가르쳤다. 송시열이 별업을 경영한 남간정사(南澗精舍, 대전시 유형문화재 제4호)는 계류 위에 건축한 것이다.

안동 하회마을에 겸암과 서애가 지은 겸암정사, 옥연정사, 원지정사, 빈연정사는 16세기말 조성한 대표적인 정사건축이다. 겸암정사([그림 7-12] 참조)는 하회마을 북쪽 부용대의 서쪽, 옥연정사 맞은편에 위치하며, 겸암 류운룡이 29세 때인 1567년(명종 22)에 짓고 학문연구와 제자 양성에 힘쓰던 곳이다. 인가와 완전히 격리된 곳에서 자연과 교감하며 학문에 전념할 목적으로 건축한 것으로, 一자형 겸암정과 ㄱ자형 살림집으로 구성되어 있다. 주 건물인 겸암정이 강가 앞쪽

[그림 7-12] 안동 하회마을의 겸암정사

〈표 7-4〉 안동 하회마을의 정사(精舍)

구분	특징
겸암정사 (중요민속문화재 제89호)	• 하회마을 북쪽 화천을 끼고 우뚝 솟은 부용대의 서쪽, 옥연정사 맞은편에 위치 • 1567년(명종 22) 겸암 류운룡이 창건. 학문을 연구하고 제자를 양성하던 곳 • 강가 전면에 一자형 정사 몸채(4×2칸)를 두고 뒤쪽에 ㄱ자형 살림채 배치. 몸채는 2칸 크기의 온돌방, 4칸 대청을 배설, 방·대청의 전면 좌우에는 툇마루 꾸미고 계자난간을 드름. ㄱ자형 살림채는 1칸 반 크기의 부엌, 2×1칸의 온돌방, 2칸×2칸의 대청을 두고 전면에 반 칸 폭의 툇마루 시설 • 정사 몸채는 누의 형식을 갖추어서 동측 면 누마루 밑으로 정사 마당에 출입할 수 있고, 정사의 온돌방과 대청에의 출입은 살림채와의 사이에 낸 대문을 들어가 정사 몸채의 대청 뒷벽에 낸 문을 통해야 가능
원지정사 (중요민속문화재 제85호)	• 1573년(선조 6) 서애 류성룡이 홍문관에 있을 때 부친상을 당해 고향으로 낙향해 건축 • 옥연정사와 강을 사이에 두고 마주 보고 건축. 북촌의 화천과 부용대를 향해 북향으로 건축 • 정면 3칸, 측면 1칸의 一자형 평면, 북향한 평면의 동쪽 끝에 1칸의 대청을 두고, 그 서쪽으로 2칸 크기의 온돌방을 둠. 대청과 방 전면에 반 칸 폭의 전퇴 • 정사 서측에 2×2칸의 연자루 건축, 거기서 부용대와 화천, 하회마을 조망 가능
빈연정사 (중요민속문화재 제86호)	• 1583년(선조 16) 겸암 류운룡이 창건하여 서재로 사용하던 건물 • 원지정사 서쪽에 위치. 하회마을 북촌의 화천과 부용대를 바라보게 북향으로 건축 • 정사(3×2칸)는 서측에 온돌방(1×2칸), 동측에 대청(2×2칸)을 둔 간략한 평면
옥연정사 (중요민속문화재 제88호)	• 1586년(선조 19), 서애가 만년에 건립하여 『징비록』을 집필한 곳, 화천 북쪽 부용대 동쪽 강가에 위치하며 나룻배로 마을로 출입 • 대문간채, 살림채, 사랑채, 별당채로 구성되고, 이들 건물은 一자형 평면을 이루고 있음 • 대문간채의 대문(6×1칸)을 들어서면 안쪽 서편에 동서향의 살림채(4×2칸) 배치 • 살림채 서쪽의 별당채(3×1칸 반)는 하회마을을 향해 남향. 평면은 동쪽에 대청을, 서쪽에 2칸 크기의 온돌방을 두고 전면에 개방된 반 칸 폭의 툇마루를 둔 형태 • 별당채 서남쪽에 一자형 사랑채(4×2칸) 배치

에 자리 잡고 그 뒤쪽에 살림집이 위치한다. 一자형 겸암정(4×2칸)은 가운데 넓은 마루를 두고 좌우에 각각 2칸 또는 1칸 규모의 온돌방을 둔 형태다. 뒤쪽 ㄱ자형 살림채는 부엌, 방, 마루, 작은방의 一자형 평면에서 작은방 앞으로 방과 마루를 달아낸 형태로 양진당 안채의 초기 평면과 유사한 것으로 추정된다.

원지정사는 서애 류성룡이 홍문관에 있을 때 부친상을 당해 고향으로 낙향하고 창건한 건물로, 북촌의 화천과 부용대를 바라볼 수 있게 북향으로 지었다([그림 7-13] 참조). 정사 1동과 연자루 1동 등 2동으로 이루어져 있으며, 중심 건물인 정사는 정면 3칸, 측면 1.5칸 규모의 간략한 一자형 맞배집이다. 평면은 한편 마루형으로 서측에 2칸 온돌방을 두고 동측에 1칸 마루를 배설한 간결한 평면이다. 정사 서편에 화천과 부용대의 자연 경관을 조망할 수 있게 2×2칸 규모의 누각인 연자루를 건축했다. 정사 건축에 높직한 누각을 건축한 예는 흔치 않은 것으로, 자연과의 적극적인 교감을 추구한 것으로 보인다.

[그림 7-13] 안동 하회마을의 원지정사

원지정사 서쪽에 위치하는 빈연정사는 1583년(선조 16) 겸암 류운룡이 모친을 구병하기 위해 사직하고 낙향하여 건축한 정사다. 모친 간병을 위해 양진당과 가까운 마을 안에서 부용대 왼편의 겸암정사를 향해 건축했다. 주택인 양진당, 겸암정사와 빈연정사는 일직선상에 자리잡고 있다. 평면은 서측에 온돌방을 두고 동측에 널찍한 마루를 둔 한편 마루형의 간략한 평면이다. 만송정과 부용대의 아름다운 경관을 감상하기 위해 마루 앞에 창호를 달지 않고 개방했다.

이처럼 하회마을의 정사건축은 겸암과 서애 두 형제에 의해 짧은 기간에 이루어졌다. 이들의 특징을 살펴보면, 마을 내에 건축된 빈연정사와 원지정사는 부속건물이 없는 단독형인 데 반해 마을에서 격리된 화천 건너편에 건축된 겸암정사와 옥연정사에는 부속시설과 살림채를 함께 건축했다. 이러한 차이는 건립 당시부터 용도에 다소 차이를 두었기 때문으로 생각된다. 빈연정사와 원지정사는 주택인 양진당이나 충효당과 가까운 곳에 건축되어 일가친척이나 외래객을 접객하는 기능도 수행했던 것으로 보인다. 당시 하회마을의 양진당과 충효당은 필요한 주거공간을 모두 구비하지 못한 때라 주택 인근에 사랑채 기능을 가진 정사를 지어 접객과 학문의 장소로 사용한 것으로 보인다. 빈연정사와 원지정사는 겸암과 서애 사후에도 접객 및 문중 회의 등의 장소로 사용되었다.

그 후 양진당과 충효당에 제청(祭廳) 및 사랑채가 건립되면서 이들 정사의 기능은 점차 주택 내로 흡수되었다. 반면 화천 건너편에 입지하는 겸암정사와 옥연정사는 자연을 벗 삼아 은거하거나 학문 연구 및 강학을 하는 공간으로 사용되었다. 겸암정사와 옥연정사의 평면은 가운데 마루를 두고 좌우에 온돌방을 둔 것으로 서원 강당과 유사한 평면 형식을 취하고 있다. 이는 후학을 교육하는 공간으로 사용하는 데 중점이 두어졌음을 보여 주는 것이며, 강학과 함께 저술활동 및 학문 교류의 장으로도 사용되었다.[17] 이처럼 하회마을 정사 건축은 절제된 형식과 자연에 대한 적극적인 동화가 그 특징이며, 건축의 바탕에는 주자의 성리학적 자연관과 선비들의 절제된 미의식이 영향을 미쳤다. 기호학파의 남간정사나 옥류각이 건물 아래로 물을 흐르게 하는 등 자연을 적극적으로 이용하고 있는 데 반해, 영남학파에 속하는 겸암과 서애가 지은 정사 건축은 자연에 적극적으로 동화하는 형식을 보이고 있다.

앞서 언급한 하회마을의 정사와는 달리 주택에 부속된 정사로 한주정사(寒洲精舍, [그림 7-14] 참조)가 있다. 한주정사는 한개마을의 한주종택에 부속된 정사로 조선후기 한주학단의 문인 제자들이 심성철학과 이기사칠(理氣四七)의 높은 학문을 토론하던 교육공간이었다. 한주

[그림 7-14] 성주 한개마을의 한주정사

17) 윤일이, 「17세기 퇴계학파의 건축관에 관한 연구」, 『한국건축역사학회 춘계학술발표대회 논문집』, 2004. 05, 128쪽.

종택 동편에 위치하는 한주정사는 막돌 허튼층쌓기의 높은 기단 위에 지었는데 정면 4칸의 중앙 2칸이 대청이고 양측 칸이 온돌방이다. 그런데 동측의 온돌방은 뒤로 1칸 내뽑아 통간(通間)으로 꾸미고 앞쪽으로는 누마루를 1칸 돌출시켜 전체 평면 형태가 丁자로 구성되어 있다. 한주정사와 사랑채는 공간적으로 연계되었으며, 한주정사의 마루는 학문 토론과 교육, 교유의 상소로, 온돌방은 내방객과 한주 이진상의 거처로 사용되었다.

6. 행랑채와 대문채: 실생활에 필요한 기능의 전수공간

조선시대 주택에는 안채와 사랑채 외에 행랑채, 대문채 등이 있다. 중상류 주택의 행랑채는 주로 행랑방과 농업용 수장공간을 둔 건물로, 행랑방은 남자 하인과 머슴들의 거처로 사용되었다. 중류 주택의 행랑채는 골목에 연하여 줄행랑을 이루며 행랑방이 놓여 사랑채, 안채와 외부의 경계를 이룬다. 반가의 행랑채는 10여 칸에서 수십 칸에 이르는 경우도 많다. 행랑채에는 행랑방 외에 흙바닥으로 이루어진 마구간 · 가마고 외에 측간(厠間)도 있으며, 별도의 대문채가 없는 경우 행랑채가 대문채의 기능을 겸한다.

조선후기가 되면 중상류 주택의 행랑채와 그 주변의 공간 구성에 변화가 나타난다. 즉, 노비 수의 감소에 따라 직계가족 중심의 가사 운영과 가사생활에서 농업 경영이 차지하는 비중이 증대하면서 행랑채 부분이 문간채로 간략화된다. 이런 변화 속에서 행랑채에 있던 중요한 부속채들은 안마당을 중심으로 배치된다.[18] 방앗간은 고방채나 뒤주

18) 최일, 「조선중기이후 남부지방 중상류주거에 관한 연구」, 서울대학교 대학원 박사학위 논문, 1989, 175쪽.

가 있는 부근 헛간채의 한 칸을 빌어 디딜방아를 설치했으며, 이 경우 정면의 벽만 개방하고 나머지 3면은 토담이나 토벽으로 폐쇄했다.

고방채는 생활용구와 물품을 보관하는 저장용 건물로 대개 안마당이나 사랑마당 한편에 위치한다. 대부분 정면 3칸 규모이며, 고방과 디딜방아를 설치한 방앗간 및 온돌방 등으로 구성된다. 고방채의 온돌방에는 주로 여자 하인들이 거처했다.

대문채([그림 7-15] 참조)를 비롯한 행랑채, 방앗간채 등은 농작업과 곡물의 저장 등에 필수적인 공간이자 반가의 하인(下人, 사역인)들의 거처공간이기도 했다. 양반 사대부가에서는 이들 사역인도 유교 윤리에 따른 가정 교화의 대상으로 생각하고 그들에게 유교 윤리와 예절을 가르치고 실천하도록 했다.

> 내외의 모든 종과 첩은 닭이 처음 울면 모두 일어나 머리를 빗어 묶고 세수를 하고 양치질을 한 다음 옷을 입는다. 남자 종은 청사와 뜰을 청

[그림 7-15] 안동 오류헌 대문채

> 소하고, 문지기나 노복은 가운데 뜰을 청소한다. 여자 종은 당(堂)과 실(室)을 청소하고 의자와 탁자를 설치하며, 세수하고 양치질하고 빗질할 도구를 진설한다. 주부(主父)와 주모(主母)가 이미 일어났으면 침상을 털고 이불을 개며 좌우에 모시고 서서 사령에 대비한다. 물러나서는 음식을 장만한다. 틈이 나면 세탁하고 바느질하되, 공적인 것을 먼저 하고 사적인 것은 나중에 한다. 밤이 되면 다시 침상을 털고 이불을 편다. 낮에는 내외의 종과 첩은 오직 주인의 명에 따라 각각 그 일에 종사하며 온갖 일을 받들게 했다.[19]

위에서 살펴본 바와 같이 집안의 각종 가사와 농작업을 부담하고 있던 남녀 하인에게까지도 유교 윤리에 따른 교화를 통해 각자에게 마땅한 업무를 부여했고 성실하게 노력하도록 했음을 알 수 있다.

또한 노복(奴僕)들이 거처하는 행랑채와 대문채 등은 농업기술을 전수하고 익히는 장소로도 사용되었다. 대문채와 행랑채 등은 주택 내 안채, 사랑채, 별당 등에 비해 교육공간으로서의 성격과 기능은 부족했으나 주로 사역인을 교화하고 실생활과 관련된 기술을 전수하는 공간으로 사용되었다.

19) 曺好益, 『家禮考證』 卷3, 「司馬氏居家雜儀」, "凡內外僕妾 鷄初鳴 咸起 櫛總盥漱衣服 男僕灑掃廳事及庭 鈴下蒼頭 灑掃中庭 女僕灑掃堂室 設倚卓 陳盥漱櫛靧之具 主父主母 旣起 則拂牀襞衾 侍立左右 以備使令 退而具飮食 得間則浣濯紉縫 先公後私 及夜 則復 拂牀展衾 當晝內外僕妾 惟主人之命 各從其事 以供百役."

Ⅳ. 유자(儒者)의 이상적인 주택계획

1. 의례와 교육 공간으로서 주택

조선시대 유학자들은 '주택'을 세속적인 생활공간으로 보지 않았다. 그들은 주택을 교육공간 또는 관혼상제를 행하기 적합한 의례(儀禮)의 공간이자 성소(聖所)로 생각했다. 그들은 '주택'을 부단한 자기 검속과 극기를 요구하는 팽팽한 심리적 긴장 상태로 유지하고자 했으며, 아동들이 삼가고 두려워하는 마음을 가질 것을 지속적으로 요구했다.

조선 초 유학자 신숙주의 『가훈(家訓)』을 관통하는 중심 정서는 '삼감'과 '두려움'이다. 서문에서는 "단지 나는 너희들이 가훈을 성실히 지키면서 언제나 하루같이 '삼가고 삼가는 사람'으로 불리기를 원한다."며 자손을 경계한다. '삼가함'과 '두려움'의 정서는 조선시대 대부분의 가훈서(家訓書)에서 강조하는 행동양식으로 '삼가함'은 주자학적 생활양식이 정착하면서 중요한 덕목으로 자리 잡았다. 신숙주가 강조한 '삼가함'은 단지 밖으로 드러난 행동에 한정된 것이 아니라 내면에서 인격화한 덕목을 말한다.[20] 조선시대 유자들은 이러한 '삼가함'의 생활이 주생활에서 비롯된다고 보았다.

주거를 교육적인 욕구의 실현공간으로 본 조선시대 유자들은 철저히 가부장 중심의 시각에서 집을 바라보고, 같은 맥락에서 교육에 임했다. 신숙주는 『가훈』의 「교녀(敎女)」 부분에서 다음과 같이 말한다.

---

20) 정순우, 『공부의 발견』, 현암사, 2007, 78-79쪽.

> 부인은 군자의 짝이 되어 주로 안을 다스린다. 집안 법도의 흥패는 여기에서 비롯한다. (중략) 부인은 정숙하고 고요하며 스스로를 지키며 유순하게 사람들을 대하며, 마음을 오로지 안의 일에만 쓰며 바깥일은 관여하지 않는다. (중략) 지아비를 종신토록 우러러 받들며 화복을 함께하는 것을 마치 떳떳함이 없는 것처럼 한다. 마땅히 일을 함에 법도를 잘 지켜 잘못된 일이 일어나지 않도록 미리 마음을 가다듬고 조심하여 더불어 일을 성사시켜 반드시 허물이 없게 한다.[21)]

즉, 부인은 오로지 집안일만 관장하고 바깥일에는 관여하지 못하도록 주거 내 부부의 역할을 엄격히 구분했음을 알 수 있다.

주거 내 행동강령을 적은 사마씨(司馬氏)의 「거가잡의(居家雜儀)」는 『주자가례』에 실리고 난 뒤, 조선시대의 여러 예서에 포함되어 많은 유자들의 주생활에 큰 영향을 미쳤다. 사마광은 서문에서 남녀 간 혹은 장유(長幼) 사이의 차등적인 질서를 당연시하고 있다.

> 가장은 반드시 예법을 닦고 지켜야 한다. 여러 자제와 집안 사람들을 통솔하여 각각 직책을 나누어 주고 일거리를 주어야 한다. (중략) 남자와 부인네들은 각각 다른 장소에서 식사하되 장유(長幼)에 따라 앉으며 음식은 반드시 균일하게 한다. 어린아이도 다른 곳에서 먹게 하는데 역시 장유에 따라 자리를 깔고 앉게 한다. 남자는 왼쪽에, 여자는 오른쪽에 앉게 한다. (중략) 집은 반드시 안팎을 분리하여 깊숙이 짓고 문은 단단히 한다. 안팎이 같은 우물을 사용하지 않고 목욕도 같은 곳에서 하

---

21) 『保閑齋集』卷13, 「家訓 教女6」, "婦人 配君子而主內治 家道之興廢由之 (中略) 婦人貞靜自守 柔順事人 專心內政 不與外事 (中略) 夫者 所仰以終身 禍福共之 如有非宜 當因事善規 儆戒相成 期於無咎 然不可强之 强之則失恩."

> 지 않으며 안팎이 같은 부엌을 이용하지 않도록 한다. 남자는 바깥일을, 여자는 안일을 다스린다. 남자는 낮에는 특별한 일 없이 내실에 머물지 않으며, 여자도 특별한 일이 없이는 중문 밖을 내다보지 않는다. (중략) 열 살이 되면 남자는 바깥 스승에게 나가며 『시전(詩傳)』과 『서전(書傳)』을 읽도록 하여 인의예지신(仁義禮智信)을 알도록 하고 『맹자』, 『순자』를 읽도록 한다. (중략) 여자일 때는 유순함을 가르쳐 부덕을 따르도록 하고 방직이나 재봉과 같은 큰 기술을 가르친다.[22)]

사마광의 『거가잡의』의 내용은 조선시대 유자들에게 영향을 미쳐 가부장적 가족문화와 차등적 질서관을 갖도록 했으며, 이는 반가의 안채, 사랑채와 같이 남녀 거주공간의 성적 구분 및 장유유서에 따른 큰사랑채, 중사랑채 등의 공간 구분 등 주택의 공간 구성과 주생활에 그대로 반영되었다.

조선시대 '주거'는 여성성으로서의 성격도 있으나, 조선후기가 되면 부권의 권위가 극대화된 남성성으로서의 성격이 더욱 강조된다. 퇴계의 제자였던 권호문(1532~1587)은 부부, 형제, 부제 사이의 엄격한 분별의식을 강조하고 집안의 공간 구성도 그에 따라야 한다고 말한다. 「내외유별지도」에 보이는 것처럼 부부가 거처하는 공간 구성부터 달리하여 주거 내 역할을 명확히 구분하고자 했다. 이렇게 부부 사이에 적용되는 차등 논리는 다른 가족관계 모두에 적용된다. 형과 아우, 주인과 노비, 친척 간 관계 어디서나 거의 동일한 형식의 차등의식이 자리한다. 그러나 이러한 차등의식이 심각한 차별의식으로 변질되지 않고 유학적 분별의식으로 남은 것은 그것이 항상 예(禮)의 문제로 수렴

22) 정순우, 앞 책, 82-84쪽.

되기 때문이다.

초려(草廬) 이유태(李惟泰, 1607~1684)[23]가 쓴 『정훈(庭訓)』[24]의 「거실지의(居室之儀)」에는 주거를 성소(聖所)로 보는 유학자의 견해가 잘 나타나 있다. 그는 집안에서 생활하면서도 "집안의 크고 작은 일에 대해서도 일체 알지 못하도록" 하고, 향리에 살면서도 "향리의 비루한 말은 입 밖에 내지 못하게" 하면서 주택을 일종의 종교적 성소와 같은 공간으로 조성하는 것을 목표로 삼았다.

또한 그는 「거실지의(居室之儀)」에서 집의 구성을 안채 · 아랫채 · 헛간채 · 사랑채 · 마구간 · 서실 등으로 구분하고, 각각의 공간을 담과 문으로 분리하고 각 공간의 쓰임새와 건축방법에 대해 자세한 지침을 내리고 있다. 주거 내 건물의 배치 형식 및 구조, 적정 규모를 설명하면서 거주하는 가족의 삶까지도 규정하고 있다. 그가 쓴 『정훈』의 내용은 조선중기 예학의 기본서였던 『가례(家禮)』와 대부분 유사하다는 점에서 조선시대 유학자들의 주거에 대해 가졌던 보편적인 사고의 일단을 살펴볼 수 있다.

초려 이유태는 「거실지의」와 「사당지의(祠堂之儀)」에서 이상적인 주생활에 대해 다음과 같이 말한다.

> 남자는 사랑채에 머물고 여자들은 안채에 산다. 남자가 열 살이 되면 사랑채에서 먹고 자며, 여자 형제와 내당(안채)에서 만날 때에는 함께

23) 송시열, 송준길, 윤선거, 유계 등과 함께 호서지방의 예학(禮學)을 대표하는 소위 호서산림(湖西山林) 5현으로 일컬어지는 대표적인 인물로 『四禮笏記』, 『疑禮問答』 등과 같은 예서를 저술하여 이론적 기반을 마련한 인물로 평가받고 있다.

24) 이유태의 『庭訓』은 祠堂之儀, 時祭之儀, 忌祭之儀, 墓祭之儀,喪葬之儀, 居室之儀, 制產之規, 崇節儉, 不虞之備, 買田之法, 治圃田法, 家宴之儀,待賓之儀, 花樹之契, 冠婚之儀, 四喪之契, 居鄉之道, 待故舊之道, 處世之道의 총 19개 항목으로 구성되어 있다.

앉지 못하게 하고 농담을 주고받지 못하게 한다. 또 남자와 여자가 같은 우물을 사용하지 못하게 하고 측간 사용도 따로 하도록 한다. 또 하인들을 집안에서 부릴 적에는 머리를 깨끗이 빗게 하고 정결한 옷을 입게 한다. 남자 하인은 안마당을 쓰는 일 이외에는 중문 안에 들이지 말아야 하고 부엌 출입은 더욱 못하게 하여야 한다.[25)]

이처럼 조선시대 유학자들이 가졌던 남녀와 장유(長幼) 및 신분에 따른 차등적 질서관은 남녀와 장유의 거주공간을 엄격히 구분하도록 했다. 이러한 발상은 물리적 공간인 '주거'를 의례적인 공간으로 바꿔서 그 속에서 유학의 덕성을 갖춘 인간을 길러내려는 의도에서 비롯된 것으로 보인다.

2. 17세기 유학자의 이상적 주택관

17세기 중엽의 유학자 이유태는 『정훈』의 「거실지의(居室之儀)」 등에서 이상적인 주택 형식을 제안하고 있다. 다음은 초려 이유태가 「거실지의」에서 제안한 이상적인 주택의 배치 형식과 규모 및 정침·사랑채·사당 등을 정리한 것이다.

1) 안채(正寢)와 안마당

이유태는 「거실지의」에서 안채와 안마당의 건축계획에 대해 다음과 같이 기술한다.

25) 신영훈, 『한국의 살림집(상)』, 열화당, 1983, 51쪽.

> 안채는 5칸 기와집으로, 정면의 1칸은 8자 건물의 측면 길이는 9자가 되어야 1칸으로서 크기에 알맞다. 1칸은 방실(旁室, 건넌방)로 하여 아들이나 딸에게 주고, 다른 1칸은 마루방으로 만들어 일용하는 물품을 보관하게 하고, 다음 두 칸은 침실(寢室), 나머지 1칸은 부엌(竈)으로 사용한다. 부엌에 초가 1칸을 붙여 지어 찬간(饌之所)으로 쓴다. 대들보의 9자 중 7자의 길이에 벽을 치고 문과 창을 단다. 나머지 2자와 처마 아래에는 다소 좁긴 하나 툇마루(前堂)를 만든다. 자녀들이 자라면 더 많은 방사(旁舍, 곁채)가 있어야 안채에 거처하는 부인의 용처(容處)가 넉넉해진다. 처녀는 안채에 있는 방실(건넌방)에 거처하며 매일 새벽에 일어나 머리를 빗은 후 부모가 안녕하신지를 살핀 후 물러나와 바느질과 베 짜는 일을 한다. 잠시도 태만하지 않도록 언해소학(諺解小學)을 가르친다. 남자 친형제라도 그 방에 들어가지 않도록 하고, 만약 처자가 없으면 신부(新婦, 며느리)가 그 방에 거처하게 하며 시부모의 안녕을 살피도록 한다. 혹 3칸이면 한 칸은 마루방, 1칸 반은 방, 빈 간에는 부뚜막을 만든다.[26]

이것은 유학자 이유태가 생각한 이상적인 안채의 모습이다. 그는 안채를 5칸(또는 3칸) 규모의 기와집으로 짓되, 주간(柱間)을 정면 8자(尺), 측면 9자로 계획했다. 안채 평면은 방실(건넌방) 1칸, 마루방 1칸, 안방 2칸, 부엌 1칸으로 구성했으며, 앞쪽에 폭 2자의 툇마루를 꾸며

26) "屋五間瓦覆之 棟楣俗云上道里下道里長八尺 樑長九尺一間爲旁室有處子則居此 一間爲板房 日用之物所置 二間爲寢室 一間爲竈 草家一間 接起爲具饌之所 樑九尺之中 以七尺爲碧戶與牖 以二尺及簷下鋪板爲前堂 此雖狹隘 男居于外廳 子女稍長 多有旁舍 婦人居內 足以容處也 處女居旁室 每日晨興櫛盥 省父母 而退以縫針織組爲業 不使暫時怠慢 諺解小學教之 男則雖親兄弟 不入其室 若無處子 則新婦於此居之 省舅姑同 或三間如上規 一間爲板房 一間半爲室 半間爲竈."

[그림 7-16] 구례 운조루 안채와 안마당

다용도로 사용할 생각을 했다. 안채 각 실의 용도를 살펴보면 방실(건넌방)은 결혼하지 않은 딸(처녀)이나 며느리의 거처로, 마루방(板房)은 일용 물품을 보관하는 공간으로, 안방은 안주인의 거처로 계획했다. 안주인이 거처하는 안방에 접해 부엌을 두고 부엌에 붙여 초가의 1칸 실(室)을 증설하여 반찬을 만들고 상차림을 하는 찬간으로 삼고자 했다. 남녀가 유별(有別)하므로 남자는 외청(外廳)에 거처하고, 남자 친형제라도 처녀 방에 들어가지 않도록 거주공간의 성적 구분을 엄격히 했다.

안마당에 대해서는 "안마당은 필요 이상으로 넓을 필요가 없으며, 좌우에는 담을 쌓고 중문을 짓고 밤에는 중문의 문빗장을 닫아 걸 수 있어야 한다."[27]고 말한다. 즉, 여성들의 거주공간인 안채에 면한 안마당의 앞쪽에 중문을 짓고 담을 쌓아 여성들의 생활공간을 외부에 대해 내밀하고 폐쇄적인 공간으로 형성하는 것을 이상적으로 생각했다.

27) "內庭不必廣闊 左右築墻 立中門 夜則扃鎖."

2) 방사(旁舍)와 중옥(中屋)

유학자 이유태는 방사와 중옥에 대해 다음과 같이 말한다. "방사(곁채)는 2칸으로 안방의 근처에 짓는다. 신부가 거처하거나 혹은 사위가 머물기도 한다."[28] 정침의 안방 뒤쪽 마당에 정침과 직교하게 2칸 규모의 방사(곁채)를 지어 신부(며느리 또는 결혼한 딸) 또는 사위의 거처로 사용하고자 한 것이다. 중간채(中屋)에 대해서는 "중옥(中屋)은 3칸 규모의 초가로 (안채) 침실의 앞쪽에 짓고 지붕에는 이엉을 덮는다. 3칸 중 2칸은 곳간(庫間)으로 사용하고, 1칸에는 땔감을 보관한다."[29] 고 말한다.

이상의 내용으로 보아 유학자 이유태는 정침의 뒤쪽에 신부 또는 사위가 거처하는 2칸 크기의 방사(곁채)를 동향으로 짓고, 안마당 앞에는 정면 3칸의 중간채를 지어 사랑마당에서 안마당이 보이지 않도록 폐쇄하려고 했음을 알 수 있다. 그리고 안채 뒷마당에 방사(곁채)를 지어 신부가 거처하거나 사위가 머물도록 하겠다는 것으로 보아 서류부가혼(壻留婦家婚)의 혼속이 17세기 중엽까지 잔존하고 있었음을 알 수 있다.

3) 사랑채와 서실(書室)

조선시대 유학자들은 남자는 사랑채(廳事)에 거처하며 매일 새벽에 일어나 사당에 참배했으며(晨謁), 외출할 때마다 반드시 사당에 고하는 의절(儀節)을 중시했다. 이를 통해 늘 삼가고 근신하는 자세를 가지

28) "旁舍二間 立于寢室之近 新婦居之或迎壻于此."
29) "中屋三間 立于寢室之前 草覆之 二間爲庫 一間空之 爲頓柴之所."

도록 주문했다. 사랑채에 손님을 맞이하는 의례에 대해 18세기의 유학자 임성주(任聖周, 1711~1788)는 「거가의절(居家儀節)」의 '접빈객의(接賓客儀)'에서 다음과 같이 말한다.

> 손님이 오면 주인은 사랑마당에까지 내려가 맞이하여, 주인은 동쪽 계단(東階), 손님은 서쪽 계단(西階)를 이용하여 사랑채로 오르며, 계단을 오를 때는 주인이 먼저 오르면 손님이 따라야 한다고 했다. 손님의 신분이 낮으면 주인의 계단(동쪽 계단)으로 올라야 하나 주인이 고사하면 서쪽 계단으로 오른다. 사랑채에 올라 실내로 들어갈 때도 이와 같다.[30)]

이밖에 17세기 중엽 유학자들이 이상적으로 생각한 사랑채의 규모와 평면 구성은 이유태가 쓴 『정훈』의 「거실지의(居室之儀)」에 잘 나타나 있다.

> 사랑채는 3칸으로 지붕에 기와를 덮는다. 3칸 중 2칸에는 실(室)을 꾸미고, 남쪽 벽에는 각각 쌍창(雙窓)을 내되 크거나 높지 않아야 한다. 나머지 1칸은 마루(堂)로, 마루와 사랑방 사이에는 두 짝 지게문을 시설하여 항상 마루에서 제례를 행할 수 있어야 한다.[31)]

---

30) 『鹿門先生文集』 卷20, 「雜著 · 居家儀節 · 接賓客儀」, "接賓客儀 客至則主人下庭迎之 主人就東階 客就西階 而主人與客讓登 主人先登 客從之 客若降等則就主人之階 主人固辭 然后客復就西階 上堂及入寢門時 亦如之."

31) "廳事三間 瓦覆之 二間爲室 南壁各有雙窓 不必高大 一間爲堂 堂室之間 亦有雙戶 祭祀時 常於此行事."

즉, 사랑채는 3칸으로 짓되 가장의 거처인 사랑방은 2칸, 사랑마루는 제례(祭禮)를 지낼 수 있게 1칸 크기로 짓고자 했다. 사랑채의 채광과 출입을 위해 사랑방 정면에 쌍창, 사랑마루와 사랑방 사이에 쌍여닫이문을 각각 시설하고자 했다.

사랑채에 거처하는 가장의 일상에 대해 이유태는 다음과 같이 말한다.

> 가장은 새벽녘에 일어나 사랑방에 앉아 하루 동안 일꾼들이 해야 할 일의 양을 헤아리고, 그런 다음 각자에게 일일이 일을 시키되, 태만한 자가 있으면 벌을 준다. 논밭(들)에 나가 농사일을 보거나 원근(遠近)에 나갔다가 돌아온 후에는 사랑방에 앉아 늘 마음을 쾌활하게 한다. 책은 상(床) 위에 놓여 있어야 하고, 그 상이 바로 앞에 있어야 한다. 손님을 맞이할 때는 공경을 다하도록 한다. 공부를 마친 아이들은 서실(書室)로 물러나 정숙하게 있도록 하고 안정된 상태를 유지하되, 안채에는 들어가지 않는 것이 예에 어긋나지 않는다.[32]

이어 아이들이 공부하는 서실(書室)에 대해서는 다음과 같이 밝힌다.

> 서실은 2칸으로 사랑채 곁에 초가로 짓는다. 지붕에 적당히 이엉을 덮어 아이들이 글 읽는 장소로 쓴다. 이것은 아들이 태어나 점점 자라난 후의 일이다. 관례를 치른 아들이 새벽에 일어나 머리 빗고 세수한 후

32) "家長晨則坐此廳室 凡日間僮僕之役 預爲思量 各隨其事 敎令之後 有怠慢不擧者 笞之 看農田野 出入遠近 還則坐有常處 胸中常自快活 雖有憂喜之事 强排遣之 不復使留於心 得失成敗 每曰命也 冊在床 床在前 日以爲常客來 敬以待之 勿爲戲謔雜伎 子弟受業 退居書室 蕭然無事 務令安靜 盡不入內 禮也."

부모를 살핀 후, 다시 서실(書室)로 돌아가며, 일체 외부인이 출입하지 못하도록 한다.[33)]

이처럼 초려 이유태는 사랑채 곁에 2칸 규모의 초가 서실을 지어 남자 아이가 공부하는 공간으로 사용하고자 했다. 그가 이상적이라고 생각한 정면 3칸 규모의 사랑채는 점차 그 규모가 확대되어 조선후기에 이르면 사랑대청을 가운데 두고 그 좌우에 큰사랑방과 중사랑방 등의 실을 배열하는 공간적으로 분화된 형태로 발전하게 된다. 남자 아이의 교육공간으로 사용하기 위해 사랑채 한편에 지었던 2칸 크기의 초가 서실은 그 후 사랑채가 공간적으로 점차 확대되면서 사랑채 내로 편입되었으나 일부 대가에서는 여전히 별채로 짓기도 했다.

4) 사당

사당(가묘)의 규모와 형식에 대해 이유태는 『정훈(庭訓)』의 「사당지의(祠堂之儀)」에서 다음과 같이 기술한다.

사당은 규모를 3칸 혹은 1칸으로 하고, 내부에 4개의 감실을 두되 정위(正位)와 부위(祔位)[34)] 등은 가례(家禮)에 따라야 한다. 그리고 제고(祭庫)를 만들어 제전(祭田)에서 얻는 곡식이나 제기를 보관하고, 제사에 쓰이는 제수 등을 적당히 준비해 두어야 한다.[35)]

---

33) "書室二間 築于廳事之旁 左右隨宜 草覆之 爲兒小讀書之所 此則生男稍長後事也 冠童昧爽櫛盥 省父母 退居于此 切禁出入."

34) 부(祔)는 제사의 이름으로 3년상(三年喪)이 끝난 뒤에 그 신주(神主)를 사당에 모서 조상과 함께 한 곳에서 제사 지내는 것을 말한다. 부위(祔位)는 이때 신주를 모시는 자리를 말한다.

가례를 따라야 한다고 언급한 것으로 보아 정침의 동쪽에 사당을 짓는 배치 형식과 위패의 진설은 가례를 따르고자 했음을 알 수 있다.

이를 구체적으로 살펴보면 정면 3칸 규모의 사당 내부에 4개의 감실을 만들어 고조까지 4대(代)의 위패를 모시고, 각 감실에서는 서상(西上)의 원칙에 따라 감실을 향해 왼편에 정위(正位), 우측에 부위(祔位)의 위패를 봉안했다. 사당의 일곽 안에 지었던 제고는 정면 2칸의 규모로(제기고 1칸+곳간 1칸), 가례의 제기고(祭器庫)에 곳간(庫間)을 부가한 형태다. 제기고는 각종 제수용품의 보관 및 제전(祭田)에서 수확한 곡식을 저장하는 용도였으며, 곳간은 고비(考妣)를 위한 제수용 곡식 16섬을 저장할 수 있는 규모로 지었다.

이처럼 이유태는 정면 3칸 혹은 1칸 규모의 사당을 짓되 내부에 4개의 감실을 만들어 고조(高祖)까지의 위패를 모시고, 사당 옆에 제사에 필요한 제기와 제수로 쓸 곡식 등을 보관하는 제고(祭庫)를 별채로 지어야 한다고 말한다. 현존하는 반가의 사당은 대개 정면 3칸 혹은 1칸 규모가 대부분이나, 별채의 제고를 둔 경우는 흔치 않다.

3. 사례(四禮)의 실천 장소로서 주택과 예제교육

조선시대에는 예(禮)를 중시한 유교사상의 영향으로 관혼상제의 사례(四禮)가 주생활의 중요한 부분을 차지하고 있었다. 관혼상제의 사례는 비일상적이면서 지속적이고 반복적인 성격을 가진 것으로 주거공간을 중심으로 이루어졌다. 이러한 사례는 조선시대 주택의 공간 구성과 이용에 큰 영향을 미쳤으며 의례와 관련된 장소들은 유교적 예제를 배

35) "祠堂三間或一間 四龕 正位祔位 一依家禮, 祭庫 貯置祭田所出租及祭器 又凡祭用油淸魚果之類量宜預備以藏之."

우고 습득하는 교육공간으로서의 비중이 높았다.

조선시대 생활을 지배했던 유교적 의례인 사례는 유교이념을 실천하기 위한 것으로 조선중기 이후 양반 사대부가는 물론 사회 전반에 널리 확산되었다. 사례의 실행을 위해 가장 먼저 제도적으로 시행되었던 것이 사당(가묘)의 건립이었으며, 사당 건립이 보편화되면서 사대부는 물론 일반 서민까지도 집을 지을 때 사당을 짓거나 벽감을 만들어 조상의 위패를 모셨다. 이처럼 사당은 사례의 중심 공간이자 신성한 공간으로서 조선시대 주택의 배치와 공간 구성에 큰 영향을 미쳤다.

주택 내에서 유교적 예제에 따라 실행된 관혼상제는 조선시대 주거가 단순한 물리적 공간의 범위를 넘어 정신적인 의미를 가진 이상적인 공간으로 발달하는 데 큰 영향을 미쳤다. 유교적 관혼상제는 오늘날까지도 우리의 주거와 생활에 일정한 영향을 미치고 있다. 이러한 관점에서 관혼상제의 사례를 중심으로 조선시대 주택의 교육공간으로서의 성격과 의미를 살펴보고자 한다.

1) 관례와 계례의 실행과 예제교육

조선시대 사례에 따라 남자 아이가 15~20세가 되면 관례를 행하고, 그때부터 한 사람의 성인으로 대우했다.[36] 여자도 쪽을 찌고 비녀를 꽂아 주는 계례를 행했다. 조선시대 사대부가에서는 예서(禮書)에 따라 관례(冠禮)를 실행하였으나 대부분 예서보다 간소하게 행했으며, 1894년 갑오경장 이후 단발령으로 전통적 의미의 관례는 사라졌다.

36) "若旣冠笄 則皆責以成人之禮 不得復言童幼矣"라 하여 관례와 계례를 하였으면 모두 성인의 예를 책임 지운 것이니 다시는 어린아이라고 말하지 않았다(曺好益, 『家禮考證』 卷3, 「司馬氏居家雜儀」).

예서의 관례는 관례일 사흘 전에 사당에 고하는 것을 시작된다. 관례일(冠禮日) 전에 빈객(賓客)을 초청하고, 하루 전 사랑대청 동북쪽에 휘장을 쳐서 관례를 거행할 장소를 만들었으며, 관례일이 되면 진설(陳設)하고 아침 일찍 관복(冠服)을 꺼내 준비하고 빈객을 맞는 순서로 진행된다. 그러나 민간에서는 예서의 관례 형식과 절차를 그대로 따르지 않고, 혼례 절치 속에 포함시켜 극히 간소화하여 행하였다. 대개 남자(신랑) 집에서 사주단자를 여자 집에 보낸 뒤 좋은 날을 정하여 머리를 올리는데, 아버지가 머리를 빗겨 상투를 틀고 모자를 씌워 주는 형식으로 이루어졌다.

> 행례: 시가례(始加禮)→재가례(再加禮)→삼가례(三加禮)→초례(醮禮)→자관자례(字冠者禮, 관례자에게 자[字]를 지어 주는 의례)→사당에 가서 조상에게 고함

관례의 행례(行禮) 공간은 사랑 대청(大廳)과 사당이었으며, 여성의 계례(笄禮)[37]는 주로 안채 인방이나 안채 대청에서 실행되었다. 이처럼 남성의 관례와 여성의 계례는 각각 주택 내 사랑채 또는 안채의 대청을 중심으로 이루어졌으며, 관례의 경우 가묘에 가서 조상에게 고하는 것으로 끝마치게 된다. 이처럼 안채와 사랑채의 대청은 관례 또는 계례를 실행하는 장소로 중시되었으며, 자녀들은 관례와 계례를 통해

37) 『禮記』「雜記」에 "비록 출가하지 않았더라도 나이가 20세가 되면 계례를 행하여 어른으로 대접하며 그 예는 부인이 거행한다." 하였다. "주자가 말하기를, '출가하고 나서 계례를 올릴 경우에는 주부가 외인(外姻)을 청하여 여빈(女賓)으로 삼아 그로 하여금 계례를 올리게 하여 드디어 성인으로 대우한다. 시집 가기 전에 계례를 올릴 경우에는 여빈을 청하지 않고 스스로 자기 집안의 제부(諸婦)들로 하여금 계례를 거행하게 한다.' 하였다. 가례에는 나이가 15세가 되면 출가하지 않았더라도 역시 계례를 거행한다(曺好益, 『家禮考證』 卷3, 「司馬氏居家雜儀 笄禮」).

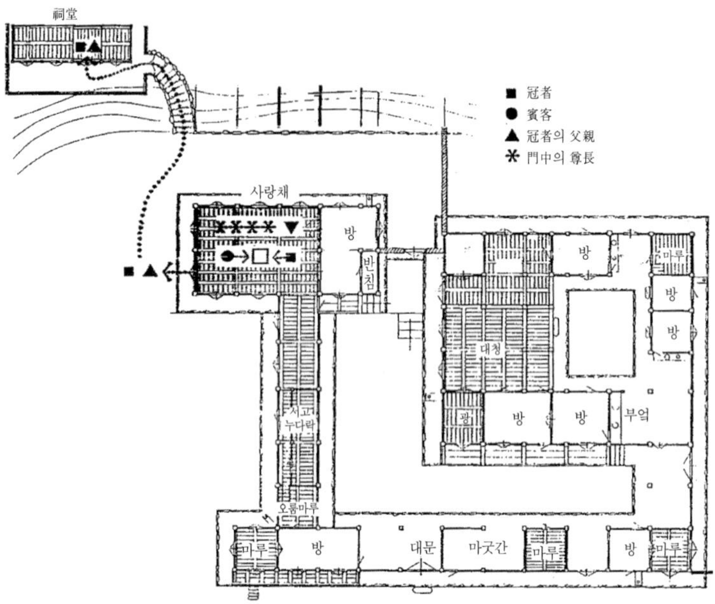

[그림 7-17] 관례 시(冠禮時) 공간 사용(안동 의성김씨대종택)

출처: 김기주, 「조선시대 중기이후 반가의 공간사용과 평면형식에 관한 연구」, 연세대학교 대학원 박사학위논문, 1994.

유교적 예제를 직접 실천하고 그 의미를 체득했다([그림 7-17] 참조).

2) 혼례(婚禮)의 실행과 예제교육

고구려의 '남귀여가혼(男歸女家婚)'은 삼국시대, 고려시대, 조선초까지 계승되어 온 우리의 전통적인 혼례라 할 수 있다. 조선 초부터 유학자들은 정치개혁과 함께 문물제도를 정비하면서 전통적인 남귀여가(男歸女家)의 혼속을 『주자가례』에서 말하는 친영(親迎, 于歸)을 수용하는 쪽으로 바꾸려고 노력하였다. 개혁파 정도전·권근 등은 '친영론

(親迎論)'을 적극 지지했으나, 가부장권에 의한 재산의 상속과 제사권(祭祀權)의 상속(相續) 등 사회적 이해관계로 인해 사회 전반에 보급되지 못했다. 15세기 말, 16세기 초 친영론이 재론(再論)되어 1512년 7월에 중종 자신이 태평관에서 제2비(妃)를 친영례(親迎禮)로 맞았으나 민간에 널리 확산되지는 못했다.

명종(1546~1567) 때 재래의 '남귀여가(男歸女家)' 혼속과 주자가례의 친영을 절충한 '반친영(半親迎)'이 제기되었다. 반친영은 혼례는 처가(妻家)에서 거행하되 여가의 체류기간을 줄여 3일 만에 친영의례(親迎儀禮)를 거행하는 것이었으나 이 또한 널리 보급되지 못했다. 예서(禮書)의 혼례 절차는 의혼(議婚) · 납채(納采) · 납폐(納幣) · 친영(親迎)의 순이나, 당시 사회 관행은 의혼(議婚) · 대례(大禮) · 후례(後禮) 등으로 실행되었다. 이처럼 조선시대 예서의 혼례 절차는 실제 관행과 큰 차이가 있었다.

의혼은 중매인을 통해 상호 의사를 조정할 때부터 대례(大禮)를 거행하기 이전까지의 절차를 말하며, 예서에는 친영 이전의 절차가 이에 포함된다. 관행에서는 의혼에 납채 · 연길(涓吉) · 송복(送服) · 납폐(納幣) 등이 포함되었다. 후례는 혼례의 중심인 대례가 끝나 신부가 신랑집으로 오는 의식과, 신랑집에 와서 행하는 의례들을 말한다. 예서에서는 이를 친영에 포함시키고 있다.

조선시대 주택에서 혼례는 사랑마당 또는 안마당, 안대청에서 거행되었으며, 널찍한 마당과 넓은 대청은 많은 사람이 참여하는 혼례와 같은 대사(大事)를 거행하는 데 매우 적합했다. 사랑마당에 차일(遮日)을 치고 병풍을 치고 탁자를 설치하여 전안청(奠雁廳)을 만든다. 대례(大禮)는 안대청 또는 안마당에 차일을 치고 거행했으며, 이때 사랑방은 신랑을 따라온 상객과 남자 하객(賀客)들의 접객공간으로 사용되었

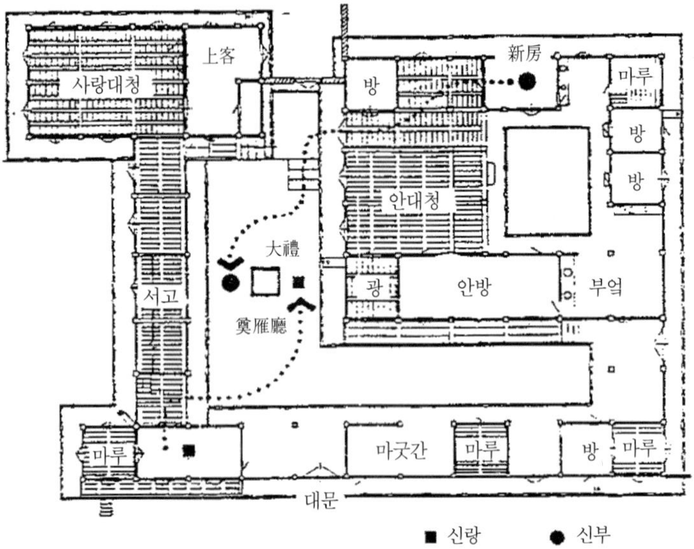

[그림 7-18] 혼례 시 공간 사용(안동 의성김씨종택)

출처: 김기주, 「조선시대 중기이후 반가의 공간사용과 평면형식에 관한 연구」, 연세대학교 대학원 박사학위논문, 1994.

다. 그리고 안채 각 실은 일가친척 여성 하객들을 접객하는 공간으로, 안채의 건넌방과 웃방은 초야(初夜)를 위한 신방(新房)으로 사용되었다([그림 7-18] 참조). 안채의 안방을 비롯한 여러 방과 마당은 한 공간으로 통합되어 혼례의 공간으로 사용되었으며, 안채 부엌과 뒷마당 등의 주변 공간은 하객 접대에 필요한 음식을 조리하고 상을 차리는 서비스 공간으로 쓰였다.

3) 상례(喪禮)의 실행과 예제교육

상례는 죽은 사람을 장사 지낼 때 수반되는 모든 의례다. 유교식 상례(喪禮)가 유입된 시기는 고려 충렬왕 때 안향(安珦)에 의해 주자전서(朱子全書)가 들어오고, 가례(家禮)도 함께 연구되면서부터다. 조선 초 일부 지배층에 의해 시행되다가 조선 개국 후 유교가 사회의 지도이념으로 확산되면서 유교식 상례가 지배층에 의해 시행되었다. 예송(禮訟)을 통하여 예학(禮學)은 진전을 이루었지만, 이론적인 근거에 대해 의견의 일치를 보지 못하여 주자가례의 내용을 어기지 않는 범위 내에서 각각 다르게 행해졌다.

예서의 상례 절차는 초종(初終) · 습(襲) · 소렴(小殮) · 대렴(大殮) · 성복(成服) · 조상(弔喪) · 문상(聞喪) · 치장(治葬) · 천구(遷柩) · 발인(發靷) · 급묘(及墓) · 반곡(反哭) · 우제(虞祭) · 졸곡(卒哭), 부제(祔祭) · 소상(小祥) · 대상(大祥) · 담제(禫祭) · 길제(吉祭)의 19단계로 되어 있다. 예서에서는 운명이 가까우면 정침[38]에 모시게 하고,[39] 발인 전 천구시 영구(靈柩)를 사당에 옮겨 고하고, 다시 영구를 안채마루에 옮기도록 했다.

그러나 실제 관행은 대개 본인이 거처하던 방에서 임종을 맞았다. 가례서(家禮書)에는 상례의 중심 공간이 정침의 실(室)과 당(堂) 등이었으며, 임종과 문상 등은 정침(正寢)을 중심으로 이루어졌다. 그러나 실제 관행에서는 내외법(內外法)에 따라 여성은 안채에서, 남성은 사랑채에서 임종(臨終)을 하는 것이 일반적이었다.

상례 시 문상(聞喪)이 이루어지는 빈소(殯所)는 남성은 사랑방 · 사랑침방 · 작은사랑방에, 여성은 안채 건넛방이나 웃방 등에 설치되었다. 빈소 옆에는 상주들이 곡(哭)하거나 조객을 맞기 위하여 작의려(作倚廬)라는 막사(幕舍)를 만들었다. 빈소 옆에 달아서 반 칸 정도의 크기로 짓되, 짚으로 천장과 삼면을 가린 다음 여내(廬內)에는 거적을 펴 놓고

38) 정침(正寢)은 주인의 방 혹은 제사를 모시는 방을 의미한다(儀禮, 『士喪禮』 疏).

39) 임민혁 역, 『주자가례』, 예문서원, 2001, 199-200쪽, "喪禮 初終 凡疾病, 遷居正寢."

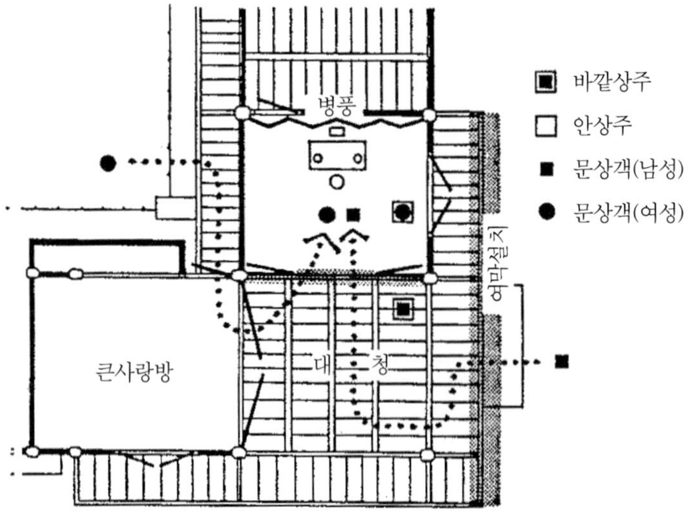

[그림 7-19] 상례 시 공간 사용(양동마을 서백당)

출처: 김기주, 「조선시대 중기이후 반가의 공간사용과 평면형식에 관한 연구」, 연세대학교 대학원 박사학위논문, 1994.

그 위에 짚 베개를 만들어 놓으며, 짚 베개 앞에는 소방석(素方席)을 놓아 손님의 조석(弔席)으로 한다.

대개 빈소 앞쪽의 개방된 마루는 문상하는 공간으로, 안방과 건넌방은 여성 참제인(參祭人)들이 제사에 참여하는 공간으로 사용되었다. 효성이 지극한 사람은 묘를 쓰고 나서도 그 옆에 여막(廬幕)을 짓고 3년상을 치르기도 했다([그림 7-19] 참조).

4) 제례(祭禮)의 실행과 예제교육

조선시대의 제례는 주자가례를 기본적인 모형으로 삼았으나 시대와 지역에 따라 약간의 차이가 있다. 전통사회에서 조상의 제사를 받드는 것은 장자손(長子孫)의 권리이자 의무였다.

예서에 주택을 지으려면 반드시 먼저 사당을 짓되, 그 위치는 정침의 동쪽으로 하고 그 구조는 간소한 3칸이어야 한다고 하였다. 사당(祠堂)이 있는 집은 종재(宗子)가 대대로 지켜야 하며 부득이한 때를 제외하고는 헐지 않는다. 사당은 『주자가례(朱子家禮)』에 따라 안채 또는 사랑채의 동쪽에 지었으며, 사당(祠堂) 내부에는 좌우 협실 없이 4개의 감실(龕室)을 만들며 4대조까지의 위패를 모셨다. 사당 내 감실마다 탁자 위에 주독(主櫝)을 놓고, 그 속에 신주를 모셨으며, 신주(神主)는 서상(西上)의 원칙에 따라 정면 좌측부터 고조고비(高祖考妣), 증조고비(曾祖考妣), 조고비(祖考妣), 고비(考妣)의 순으로 봉안했다.

사당제(祠堂祭)는 신알례(晨謁禮) · 출입례(出入禮) · 참례(參禮) · 천신례(薦新禮) · 고사례(告辭禮)의 다섯 종류이며, 이 밖에 사시제(四時祭), 시조제(始祖祭), 선조제(先祖祭), 굴제(窟祭) 등이 있다. 기제(忌祭)는 정침 대청에 제상과 병풍을 펴고 위에 제수를 진설하는 것으로부터 시작된다. 안채 대청에서 기제사를 지낼 경우 대청은 제청이 되며, 서북쪽 벽 아래에 남향으로 '고서비동(考西妣東)'이 되게 위패를 놓는다. 제례의 공간으로는 사당과 안채와 사랑채 대청 또는 안방이 사용되었다([그림 7-14]).

사당의 규모는 정면 3칸이 원칙이나, 형편이 어려울 경우 1칸으로 지을 수 있었다. 이러한 사당의 위치는 반가의 전체 배치계획과 정침의 평면 구성에 큰 영향을 미쳤다. 특히 사당은 가장의 거주공간인 사랑채와 출입 동선을 고려하여 그 위치를 정했다. 사당이 지형적 조건 및 진입 방향 등에 따라 정침의 서쪽에 위치하게 되면 정침의 내부 공간 구성은 가묘가 동쪽에 위치할 때와 반대로 나타난다. 이로써 반가의 배치계획에 사당의 위치가 지배적 역할을 했음을 알 수 있다.

제례 시의 행례공간으로는 사당과 불천위(不遷位) 위패를 모신 별묘(別廟), 보본재(報本齋)〔대종가의 별묘 앞에 건축한 齋室(재실)로 입향조나 시조 제사 행례에 사용됨〕, 안채의 안방과 안대청 및 사랑채의 사랑방과 대청이 사용된다. 기제사는 대개 안채의 대청에서 거행했으나 외래객이 많이 참석하는 불천위 제사 등은 제청(또는 별동의 대청)에서 지냈다. 이처럼 제례 중 사당제는 사당, 기제는 정침의 당(대청)이 행례(行

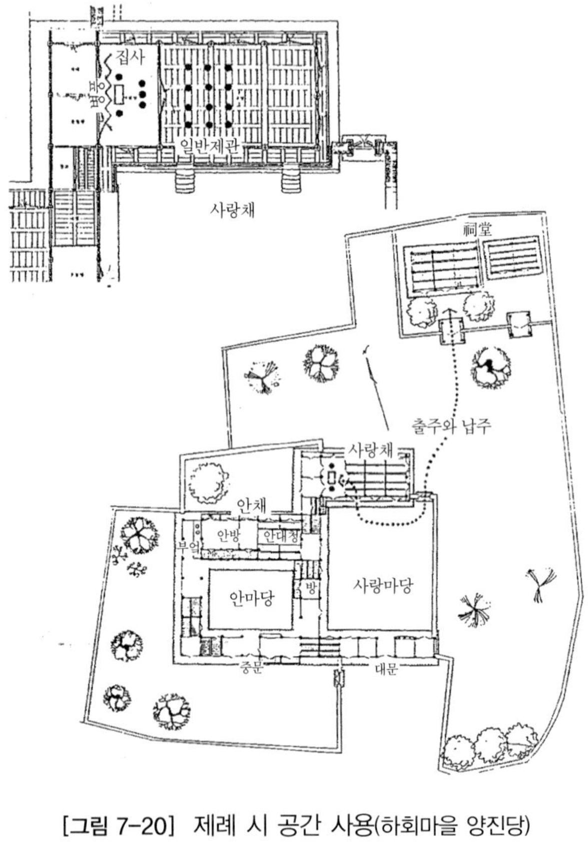

[그림 7-20] 제례 시 공간 사용(하회마을 양진당)

출처: 김기주, 「조선시대 중기이후 반가의 공간사용과 평면형식에 관한 연구」, 연세대학교 대학원 박사학위논문, 1994.

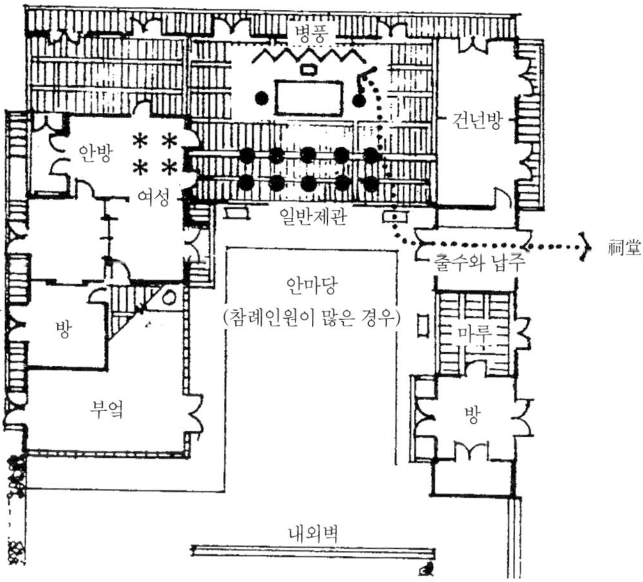

[그림 7-21] 제례 시 공간 사용(동춘당)

출처: 김기주, 「조선시대 중기이후 반가의 공간사용과 평면형식에 관한 연구」, 연세대학교 대학원 박사학위논문, 1994.

禮)의 중심 공간이었다. 사당제는 사당이 있는 경우에는 사당에서 행하지만 사당이 없는 경우에는 대부분 사랑대청 북벽(北壁)에 감실을 설치하고 사랑채에서 지냈다. 반가에서는 가례서에 행례공간이 정침인 경우는 안채, 청사인 경우는 사랑채 대청을 행례 공간으로 사용했다([그림 7-20], [그림 7-21] 참조).

기제는 크게 안채의 안방 또는 안대청이 행례의 중심 공간인 경우와 사랑채 대청이 행례의 중심 공간인 경우로 구분된다. 특히 불천위 제사와 같은 큰 제사는 사랑채나 별동의 제청에서 거행하기도 했다. 특히 조선후기의 불안정한 사회에서 제례를 통해 문중의 결속을 다지는 경향이 나타나면서 종가의 제례공간은 사랑채로 이동되었다. 많은 씨족들이 참여하는 제례를 위해 종택의 대청을 확대하거나 별도의 제청을 짓기도 했다.

Ⅴ. 맺음말

조선시대 주택은 생활공간이자 유교 윤리와 예제를 실천하고 체득하는 교육공간이기도 했다. 조선 초부터 예학의 수용이 강조되면서 가묘(사당) 건립이 장려되었으며, 주자가례는 주택 내에서 지켜야 할 예의범절의 기준으로서 중시되었다. 그럼에도 조선중기에 이르기까지 사대부 계층에서조차 널리 수용되지는 못했다.

주택에서 가묘 건립이 일반화된 것은 종법제, 봉사제, 상속제 등이 정착되기 시작한 16세기 이후부터였다. 이 시기의 사림들은 중앙 정계에 진출하였고, 지방에서는 서원의 설립과 향약 등을 통해 사족들이 향촌사회를 지배하였다. 이러한 사회 변화 속에서 유교의 수신서인 『소학(小學)』과 의례의 기준이 되는 『주자가례』가 대량 간행되었다. 이는 유교적 생활문화의 확산을 가져왔다. 관혼상제(사례)의 정착은 당시 주택의 배치와 공간 구성에 큰 영향을 미쳤다.

남녀유별을 내세운 내외법은 거주공간의 성적 구분을 가져와 안채와 사랑채를 형성·발달시켰으며, 삼강오륜의 장유유서와 신분의 주종 관계는 거주자의 신분에 따른 주거공간의 서열화를 가져왔다. 또한 조선중기까지 사위가 처가에서 생활하는 서류부가혼의 혼속이 지속되면서 단위 부부의 생활공간으로 사용되던 별동의 건물이 존재했던 것으로 보인다.

조선시대 주택을 교육공간의 측면에서 살펴보면 외부에 대해 폐쇄적인 안채는 제례와 계례의 장소이자 주부가 자녀의 교육과 양육 및 살림을 하는 여성의 공간이었다. 안채는 내외법에 따라 외부인의 출입을 제한한 폐쇄적이고 내밀한 공간 구성이 특징으로, 안마당 앞에 중문을 달아 폐쇄가 가능하도록 했다. 조선시대 반가의 안채는 대개 안방·대청·작은방·부엌(정지) 등으로 구성되었으며, 평면은 형태에 따라 一자형, ㄱ자형, ㄷ자형, ㅁ자형으로 나뉜다. 안채 중심부의 실(室)은 부엌-큰방(안방)-마루(대청)-작은방(건넌방)으로 구성되었으며, 조선 후기 이후 전후 좌우의 퇴칸에 반침·벽장 등의 각종 수장공간을 시설하거나, 퇴칸을 온돌방에 편입시켜 실 면적을 확대하기도 했다. 안채의 대청과 안방은 제례와 계례의 중심 공간으로 유교적 예절을 배우고 가족을 교화하는 공간이었다. 특히 마루바닥의 대청은 제례와 계례, 혼례 등 의례의 공간으로 중시되었으며, 필요시 안마당과 통합할 수 있도록 앞쪽에 창호를 시설하지 않고 개방했다.

사랑채는 주인을 포함한 남성들의 사색·독서·집회·접대를 위한 공간으로 사랑방·침방·사랑대청·누마루 등으로 이루어져 있다. 외부와 접촉이 많은 사랑채는 주로 집의 바깥쪽에 위치하며, 안채에 비해 개방적인 공간 구성이 특징이다. 사랑채의 대청과 내루·사랑방은 자녀교육과 학문 토론, 사회교류의 장소로 사용되었으며, 특히 마루바닥으로 된 넓고 높은 대청은 관례와 불천위 제사, 상례의 행례 공간으로 중시되었다.

앞에서 살펴본 바와 같이, 16세기 이후 유교적 사회윤리와 예제의 확산과 적극적인 수용은 당시 주택에도 영향을 미쳐 소학의 가르침과 관혼상제로 대표되는 사례의 실천 장소로서 이상적인 주택 형식이 창출되었다. 특히 조선중기 이후 양반 사대부들은 주택을 일상적인 주생활보다 유교적 사례를 실천할 수 있는 이상적인 공간으로 조성하고자 했다. 이러한 생각에 따라 집안에 4대조까지의 위패를 모신 사당(가묘)을 짓고 절기에 맞추어 정성을 다한 제사를 지내는 것을 후손된 도리라고 생각했다. 그들에게 주택은 주기적으로 유교적 의례를 실행하는 공간이자 자녀를 교육하는 공간이었으며, 사회적으로는 학문을 토론하고 친교를 맺는 사회교류의 공간이기도 했다. 여자 아이들은 내밀한 안채에서, 남자 아이들은 사랑채에서 사례의 행례에 참여하면서 사회 성원으로서 갖추어야 할 예의범절을 습득했으며, 부모로부터는 사회활동에 필요한 행동양식과 지식을 배웠다. 이같은 가정내 교육을 통해 그들은 유교적 교양을 가진 인간으로서 성장할 수 있었다.

이처럼 조선시대 주택은 생활공간이기보다 소학과 사례의 실천 장소로서의 성격이 더 강했다. 주택 내에서 이루어진 가정교육은 남녀를 구분하여 안채와 사랑채 및 정사, 별당에서 주로 이루어졌다. 자녀교육을 위한 전용공간은 구비되어 있지 않았으나, 일상 생활공간 및 사례의 행례공간이 곧 교육공간이 되었다. 이는 공간의 용도가 단일하지 않고 복합적으로 사용되는 조선시대 주택의 특징을 반영한 것이다.

참고문헌

강영환, 『한국 주거문화의 역사』, 기문당, 1991.

김기주, 「조선시대 중기이후 반가의 공간사용과 평면형식에 관한 연구」, 연세대학교 대학원 박사학위논문, 1994.

김동욱, 『조선시대 건축의 이해』, 서울대학교 출판부, 1999.

김순희, 『초려 이유태의 정훈연구』, 공주대학교 대학원 석사학위논문, 2009. 2.

김언순, 「18세기 종법사회 형성과 사대부의 가정교화」, 한국사회사학회, 『사회와 역사』 제83집, 2009.

김주아 외, 「조선시대 상류 주택의 주거공간 이용에 관한 연구—통과의례를 중심으로」, 한국주거학회, 『한국주거학회 학술발표논문집』 제3권, 1992. 11.

신영훈, 『한국의 살림집(상)』, 열화당, 1983.

이호열, 「조선전기 주택사 연구」, 영남대학교 대학원 박사학위논문, 1992.

임민혁 역, 『주자가례』, 예문서원, 2001.

정순우, 『공부의 발견』, 현암사, 2007.

주남철, 『한국 주택건축』, 일지사, 1989.

최일, 「조선중기이후 남부지방 중상류주거에 관한 연구」, 서울대학교 대학원 박사학위논문, 1989.

한국건축역사학회, 『한국건축역사연구1 · 2』, 발언, 2003.

제8장 교육공간으로서의 전통 마을

Ⅰ. 머리말

Ⅱ. 전통 마을의 공간적 구성 요소

Ⅲ. 한국 전통 마을의 교육적 특징

Ⅳ. 맺음말

제8장

교육공간으로서의 전통 마을

Ⅰ. 머리말

학교공간에 대한 연구를 제외한 일상공간에 대한 연구는 우리 교육학계의 주요한 주제라고 볼 수는 없다. 오히려 관련 연구 사례를 찾아보기가 매우 어려운 분야에 속한다고 할 수 있다. 그것은 오늘날 우리 사회의 교육에 대한 이해가 학교교육 안으로 협소하게 좁게 설정되어 있는 것과 깊은 관련이 있다. 흔히들 교육 하면 학교 안에서 이루어지는 형식적인 교육을 생각하고, 교육학의 연구 동향 역시 학교교육과 학교 안에서의 의도적인 학습에 초점을 맞추고 있는 것이 현실이다.

여기에서 다루는 마을의 교육적 의미 역시 마찬가지로 연구 사례를 거의 찾아보기 힘든 연구에 속한다. 특별히 전통 마을에 대한 연구는 민속학, 조경학, 건축학 등에서 다루어진 예들은 있으나 교육학 분야에서의 사례는 찾아보기 힘들다.[1] 일상공간에 대한 연구는 대체로 민속학이나 건축학, 조경학 등의 주제로 여겨지며, 교육학의 연구 주제는 되기 힘들다는 견해가 그 배경에 깔려 있다.

따라서 이 주제를 다룸에 있어서는 일차적으로 관련 연구 사례들이 축적되어 있지 않은 데 따른 문제들이 제기될 수 있다. 연구의 사례를 찾아보기 힘든 만큼 일반화할 수 있을 정도의 공통성과 개연성을 추출해 내기도 힘들다. 따라서 전통 마을 공간에 대한 교육적 해석의 시도로서의 이 글은 시론적인 차원에 머무를 수밖에 없다. 앞으로의 연구를 위한 흥미로운 기초를 마련하기 위한 시도라고 할 수 있다. 그리고 몇 가지 의미 있는 논의거리와 토론할 만한 연구의 방향 및 성격 규명

---

1) 공간과 관련된 교육학적 연구는 우리 학계에서 찾아보기 힘든 연구에 속한다. 그나마 학교공간에 대한 연구들은 많지는 않으나 찾아볼 수 있다. 학교공간의 효율적인 재편성과 활용에 대한 연구들이 대표적이며, 몇 가지를 예로 들면 다음과 같다. 유향산, 『경제적 교육공간과 시설 · 설비』, 한불문화출판, 1990; 한국교육개발원, 「국민학교 교수 · 학습 공간 재편성 모형 개발」, 한국교육개발원, 1995; 유지곤 외, 「학교시설 복합화사업을 통한 체육시설 확충방안」, 국민체육진흥공단 체육과학연구소, 2007; 목정훈, 「지역사회와 소통하는 열린 학교공간 활용방안」, 서울시정개발연구원, 2007 등. 이 외에 학교공간의 교육적 공간으로서의 근본적인 의미를 다룬 철학적 고찰들도 찾아볼 수 있는데 다음과 같은 연구들이 이에 속한다. 이은미, 「교육공간으로서 학교공간의 의미에 관한 연구」, 연세대학교 대학원 석사학위논문, 1995; 김지원, 「학교공간에 대한 교육철학적 고찰」, 고려대학교 대학원 석사학위논문, 2000 등. 그러나 일상공간에 대한 교육적인 연구는 김계현, 김의식, 박강철, 윤재흥 등의 연구를 제외하면 그 사례를 찾기가 힘들다(김계현, 「인간과 공간에 관한 교육인간학적 연구」, 『교육철학』 12, 1994, 1-15쪽; 「실존적 공간의 교육인간학적 의미」, 경상대학교 대학원 박사학위논문, 1998; 김의식, 박강철, 「민가 어린이놀이 공간의 특성에 관한 연구: 낙안 민가를 중심으로」, 『국토개발연구』 6, 조선대학교, 1984, 17-36쪽; 윤재흥, 「'울타리' 의 교육인간학적 의미 연구」, 연세대학교 대학원 박사학위논문, 1999; 「마당의 교육인간학적 고찰」, 『연세교육연구』 12(1), 2000, 33-53쪽; 「전통주거에 반영된 조화적 자연관과 환경교육적 시사」, 『한독교육학연구』 5(1), 2000, 139-158쪽; 「골목과 이웃의 교육인간학」, 『교육철학』 27, 2002, 73-90쪽; 『우리 옛집, 사람됨의 공간』, 집문당, 2004; 『집과 울타리의 교육인간학』, 한국학술정보, 2008).

등을 시도하고자 한다.

연구 범위와 관련해서도 몇 가지 중요한 문제들이 제기될 수 있다. 연구 대상인 마을을 어느 시대의 마을로 설정하느냐의 문제다. 연구 대상의 실존 여부와 관련해서 생각해 보면 현재까지 유적이 남아 있거나 민속마을의 형태로 보존되고 있는 조선시대의 마을을 대상으로 하는 것이 당연하다. 그렇지만 조선시대 안에서도 어느 시대를 선택하느냐의 문제가 남는다. 일반적으로 역사학계에서는 조선시대 전체를 하나의 시대적 특징을 가진 것으로 간주하지 않으며, 교육사학계 역시 마찬가지다. 따라서 시대의 한정은 마을의 성격과도 관련되는 중요한 문제가 된다. 여기에서는 현재까지 유적이 남아 있고 비교적 그 특징을 유추하기 쉬운 조선후기의 전통 마을을 대상으로 그 특징과 교육적 의미를 살펴보려고 한다.

연구시기와 더불어서 연구 대상의 문제도 중요한 문제다. 조선후기의 전통 마을의 경우에도 동족촌의 여부, 군현과 읍리의 차이를 어떻게 수렴하고 어느 마을 유형을 대표적 유형으로 선정하느냐의 문제가 있다. 농촌, 어촌 등 지역성의 문제까지 포함하면 더욱 복잡해진다. 지역에 따라서 마을에 포함되는 요소가 다르고 특징이 다를 수 있다. 군・현 소재지와 같이 향교, 서원, 서당 등을 포함하는 마을이 있고 그렇지 않은 마을이 있다. 또한 지역적인 특징에 따라서 보다 유교적인 성격이 강한 마을이 있고 그렇지 않은 마을이 있다. 동제, 성황당 등의 공동체적 종교 의례가 있는 마을이 있고 그렇지 않은 마을들이 있다.

또한 마을을 구성하는 사람들의 계층적 차이에 따른 편차가 있을 수 있다. 사대부, 양반, 소작농, 노비 및 천민 등의 계층에 따른 차이를 말한다. 양반가의 경우는 타 계층에 비해서 분명하게 유교적인 성격들이 드러난다. 소작농이 주를 이루는 평민가의 경우에는 이에 대해서 유교

이전의 전통적 요소나 민간신앙적 요소가 더욱 강하게 나타난다. 그 성격의 차이를 수렴하고 공통점이나 핵심 요소를 파악하는 문제가 있을 수 있다.

이러한 편차들을 어떻게 수렴하고 일반화할 수 있느냐는 마을 관련 연구에서 제기될 수 있는 또 다른 중요한 문제다. 여기에서는 보다 일반적인 마을이라 할 수 있는 농촌지역의 마을로서 양반 지주층과 소작농이 함께 거주하는 마을 형태를 중심으로 하고, 기타 마을들의 특징은 보완적으로 수용해서 서술하고자 한다.

이 장에서는 마을의 구성 요소를 다음과 같이 나누어서 서술하고자 한다. 첫째, 마을을 구성하는 가장 중요한 요소인 집이다. 집에는 건축물인 채와 마당, 울타리와 담 등이 포함된다. 둘째, 집과 집을 연결하며 관계의 통로가 되는 골목이 있다. 셋째, 마을의 제의적 공간이 있다. 서낭당, 장승, 입석 등이 해당된다. 이 밖에 향교나 서원 등이 있을 수 있으나 일반적인 마을의 구성 요소는 아니므로 여기에서는 다루지 않는다.

Ⅱ. 전통 마을의 공간적 구성 요소

1. 집

1) 채

마을공간 중에서도 가장 두드러진 의미를 갖는 것이 집이다. 여러 집들이 모여서 마을을 구성하고, 집의 담과 담 사이로 난 길이 집들을 연결해 주며, 집과 길이 끝나는 곳에 위치한 당산나무나 장승, 입석 등이 마을의 경계를 표시하는 것이 우리 전통 마을의 전형적인 모습이다.

집이 마을의 대표적인 공간적 표지이니만큼 집의 특징을 고찰하면 마을이 갖는 특징들도 함께 파악해 낼 수 있다. 우리 전통의 집을 일컬을 때 한옥이라고 한다. 한옥은 크게 양반들이 거주하던 기와집과 서민 주택인 초가로 구분할 수 있다. 양반들의 경우에는 주거에 관한 자신들의 이상을 구현할 수 있는 경제적인 여유가 있었으며, 따라서 양반가의 집에는 그들의 주거에 대한 관념이 비교적 잘 반영되었다. 그들은 유교적 세계관에 기초한 이상향에 대한 자신의 생각을 집터 선정, 집터 건축, 조경 등에 의도적으로 반영하고자 하였으며, 주자의 예를 모방하고자 하였다.[2] 따라서 양반가의 집을 관찰함으로써 우리는 조선시대 양반들의 주거에 대한 이상이 어떻게 집에 구현되어 있는지를 파악해 낼 수 있다.

사대부와 양반들은 적극적으로 자신의 삶의 터전을 선택하였다. 그들은 자신이 생각하기에 이상적인 자연환경을 선택하였으며, 그 안에 자신이 이상적으로 생각하는 집을 설계하여 건축하였다. 그들의 가치관이 유교에 바탕하고 있는 만큼, 집터의 선정과 건축에서도 유교적인 가치관이 반영되었다. 이에 비해서 서민계층은 그와 같은 의도성과 인위성이 적다. 다시 말해서, 주어진 삶의 터전에 최소한의 인위성을 가미해서 자신의 삶의 공간을 조성하였다. 때문에 보다 필수적이고 침범하기 힘든 세계관적인 요소와 문화적 특징들만 그 안에 포함되었다고 볼 수 있다. 기능적 측면에서도 동일한 판단을 할 수 있다. 필수적인 요소들만 서민 주택에는 포함되었다고 볼 수 있다. 따라서 양반가의 주

2) 안대회, 「조선후기 사대부의 집과 삶과 기록」, 『한문학보』 17, 2007, 3-26쪽.

택을 그 시대의 주거문화의 꽃이라 한다면 서민 주택은 그 시대 주거문화의 핵심을 반영한다고 할 수 있다. 서민 주택에서 드러나는 특징들은 또한 시대적 · 개인적 취향이 비교적 배제된 지속적이고 공통적인 민족문화의 결정체라고 할 수 있을 것이다.

마을과 집의 터를 정하는 데는 통용되는 몇 가지 원칙이 있었다. 전통적인 터 선정의 기준을 가장 잘 나타내는 것으로 이중환(李重煥)의 『택리지(擇里志)』에 정리된 기준들을 꼽는다. 그가 「복거총론(卜居總論)」에서 꼽은 집 터 선정의 네 가지 기준을 전통적인 터 선정의 척도로 받아들인다.[3] 그 네 가지 기준은 '첫째는 지리(地理), 둘째는 생리(生利), 셋째는 인심(人心), 넷째는 산수(山水)'다. 사람이 살아가기에 적합한 곳은 풍수설에 따른 지형적인 조건(地理)을 갖추어야 하며, 경제적 여건(生利), 사회적 여건(人心), 자연 경관(山水) 등을 함께 고려해야 한다는 것이다. 지형적 조건이 나쁘거나 경제적인 여건이 좋지 못하면 그곳에서 오래 살 수가 없고, 사회적 여건이 나쁘면 후회할 일이 있으며, 주변에 아름다운 경관이 없으면 사람의 성품이 거칠어지기 때문이다.[4] 살기 좋은 마을로 이름난 옛 마을들은 대개 앞에 작은 동산이 있고, 맑은 개울(靑龍)이 흐르며, 산을 등지고 앞으로 넓은 들이 있어 풍요로운 그런 지형이었다.[5]

풍수설은 그중에서도 가장 중요한 요소였다. 풍수적으로 좋은 땅(명당)에 자리해야 그 위에 터 잡고 집을 짓고 마을을 이루어 살아가는 사람들이 편안한 삶을 누릴 수 있다고 여겼기 때문이다. 또 반대의 경우

3) 강영환, 『한국 주거문화의 역사』, 기문당, 1994; 김광언, 『韓國의 住居民俗誌』, 민음사, 1988; 윤장섭, 『韓國建築史』, 동명사, 1998; 정재훈 외, 『한국의 옛 조경』, 대원사, 1990.

4) 강영환, 앞 책, 112쪽.

5) 정재훈 외, 앞 책, 24쪽.

에는 화가 미친다고 믿었다. 따라서 마을과 집의 터를 선정하는 데는 풍수적 판단이 최우선의 요소로 작용하였다.

그런데 이러한 풍수설의 핵심은 음양론이라 할 수 있다. 천지의 음양이 조화를 이루어 생명력이 충만한 소우주를 건설하는 것이 한국인이 생각한 이상적인 집의 모습이기 때문이다. 그리고 이러한 음양의 조화에 의한 생명력이 넘치는 집을 건설하기 위해 천시의 기운이 한데 모이는 곳인 길지를 찾는 것이 풍수의 핵심이다.

이러한 길지는 혈과 명당으로 이루어지는데, 혈은 중심 건물이 들어서는 자리며, 명당은 그 중심 건물의 마당에 해당한다. 건물은 땅의 기운(地氣)에 접하는 부분이며, 마당은 하늘의 기운(天氣)에 접하는 부분이다. 그리고 음과 양이 분리될 수 없는 양면을 이루듯이 혈과 명당도 굳이 구분될 필요가 없는 하나의 단위로 인식되었다.[6)]

집터의 선정은 일반적으로 건물의 주인이 정하지만, 형편이 넉넉한 사람은 지관을 불러서 명당을 찾게 하여 집터를 정하였다.[7)] 그렇기 때문에 더욱 풍수적인 영향이 절대적인 기준으로 작용했다고 볼 수 있다. 형편이 넉넉하지 않아 지관을 청할 수 없는 경우에 주인이 터를 직접 고르더라도 풍수의 원리는 가장 중요한 판단의 근거로 작용했다.

좋은 터를 정한 다음에는 좋은 집을 지어서 복된 삶을 누리고자 하였다. 이상적인 터 위에 지은 집은 이상적인 집이어야 했다. 그래서 그들은 집을 지을 때 나름대로 자신의 이상을 반영하여 설계하고 건축하였다. 따라서 집의 특징을 살펴보면 그 집을 지은 사람들의 집에 대한 생각, 이상적인 집의 조건에 대한 이해를 유추할 수 있다. 한옥의 특징에 대한 연구 결과들을 정리해 보면 다음과 같다.

---

6) 강영환, 「韓國 傳統住居에 나타난 陰陽觀」, 『민속학 연구』 4, 1997, 133-149쪽.
7) 장보웅, 『한국의 민가연구』, 보진재, 1981, 33쪽.

첫째, 한옥의 가장 큰 특징 중의 하나는 자연과의 조화다. 한옥은 자연과 별개로 독립적으로 건축된 완전한 인공의 건축물이 아니다. 대신 자연과의 관계를 배려해서 자연 안에 만들어진 인공의 공간이다. 그래서 한옥은 주변의 자연과 잘 어울리게 아담한 규모로 지어졌다.[8] 한옥의 지붕은 종종 주변의 산봉우리 모양과 비슷한 모습으로 만들어져 닮은꼴을 이룬다.[9] 한옥은 인간과는 담을 둘러치고 경계를 가르지만 자연을 향해서는 열려 있다.[10] 뒤뜰은 산으로 그대로 연결되고, 산울과 뜰에 심은 나무와 연못과 열린 마당에 내려앉는 하늘 등으로 자연을 품고 있다.

자연 조화적인 세계관을 반영한 한옥의 특징이 분명하게 드러나는 또 다른 예는 한옥의 재료다. 한옥의 재료들은 흙, 나무, 돌, 풀 등의 자연 재료들이다. 그리고 그 재료들에 최소한의 인공적인 가공만을 첨가해서 집을 짓는다. 기둥과 부재들은 모두 자연 그대로의 나무에 최소한의 가공만을 하여 사용한다. 초석은 자연에서 채취한 돌을 전혀 가공하지 않고 사용하는 것이 일반적이다.[11]

정원의 조경에서도 분명한 자연 친화적 태도를 엿볼 수 있다. 전통적인 정원은 인간이 살아가는 공간을 자연에 동화시키기 위한 장치였다. 따라서 인공적인 것들을 최소한으로 제한하고 자연 그대로의 아름다움을 즐길 수 있도록 만들어졌다.[12] 따라서 한국의 정원은 공간 속

8) 윤장섭, 앞 책, 24쪽.

9) 신영훈, 『한옥의 조형』, 대원사, 1989, 112쪽; 주남철, 「한국전통건축에 나타나는 미적 특징, 미의식, 미학사상」, 고려대학교 한국학연구소, 『한국학연구』 4, 1992, 267-301쪽, 289쪽.

10) 주남철, 앞 논문, 287쪽.

11) 같은 논문, 286쪽.

12) 정재훈 외, 앞 책, 8쪽; 윤장섭, 앞 책, 443쪽.

에 여백을 많이 두고, 앞을 트이게 하여 자연을 조망할 수 있게 하였다. 담은 경계의 표시에 불과하여 높게 쌓지 않았으며, 나무도 시야를 가리지 않게 귀퉁이에 심었다. 정원에 심은 나무들에도 인공적인 처리를 하지 않고 자연 그대로의 모습으로 자라게 하였다.[13] 그래서 자연의 일부가 집 안에 도입될 수 있도록 조성하였다. 이와 같은 자연에 대한 동화의 노력은 자연환경을 하나의 거대한 생명체로 인식하고,[14] 자신도 그 일부분으로 여겨 조화를 이루려는 한국인의 세계관을 반영하는 것이다.

둘째, 한옥에는 시대정신으로서 유교적 세계관이 반영되어 있다. 한옥에는 별(別)과 서(序), 즉 구별과 위계적 질서가 반영되어 있다. 남녀 공간의 구별, 주인과 하인 공간의 구별, 산 자와 죽은 자의 공간의 구별이 이루어졌다. 또한 이들 공간 사이에는 위계적인 질서가 있었다.

집의 입지에서부터 위계적인 질서가 나타난다. 마을과 주택의 자리 잡기에는 안과 밖, 중심과 주변, 최적지와 적지로의 순차성이 확인된다. 이러한 순차성은 마을 안에서 종가와 양반 지주층, 소작농 및 외거 노비들이 거주하는 주택의 자리 잡기에도 적용된다.[15] 양반들의 집은 풍수지리적으로 보다 길지며 높은 곳에 위치한다. 소작농과 하인들의 집은 이들 양반가를 둘러싸고 보다 낮은 곳에 위치하는 것이 전통 마을의 모습이다. 양반가들 사이에서도 종택은 가장 정점에 위치하여 최고의 위계를 차지하였다.[16]

---

13) 정동오, 『한국의 정원: 韓國園林硏究』, 민음사, 1988, 318쪽.

14) 신상섭, 노재현, 「전통 마을 토지이용과 주택조경에 관한 기초 연구」, 『한국녹지환경디자인학회지』 3(2), 2007, 56-64의 58쪽.

15) 같은 논문, 64쪽.

16) 임의제, 「朝鮮時代 士大夫의 可居觀에 관한 硏究—曲流斷絶地에 立地한 전통 마을을 중심으로」, 『한국정원학회지』 20(3), 2002, 54-67쪽.

집의 규모 역시 신분적인 질서를 반영하였다. 각 신분은 자기 신분에 적합한 집에서 살도록 규정되었고, 만약 그것을 어겼을 경우에는 엄격한 제재가 가해지도록 규정되어 있었다. 조선은 집의 규모에 대해서 가대(집터), 가사(집, 건물)에 대한 규제를 『경국대전』에 명시하였다. 이에 따라서 집의 규모는 곧 그 집에 사는 사람의 신분을 나타내게 되었다. 따라서 같은 마을 안에서도 집의 규모에 따른 서열의 차이가 분명하게 인식될 수 있는 특징을 가지고 있었다. 가족의 사회적 지위 및 경제적 여건에 따라서 집의 규모, 채(棟)의 구성, 기단의 높이 및 재료, 대문의 형태, 기둥의 높이, 사당의 건축 여부에 차이가 있었다. 뿐만 아니라 집의 장식과 장식용으로 쓰이는 채색에도 규정이 있었다.[17] 양반가의 집은 높고 크게 지어졌고, 담이 높아서 밖에서 안을 넘겨다보기 힘들게 만들었다. 이를 통해서 권위와 비밀을 유지할 수 있도록 배려하였다. 반면에 안에서는 밖을 내다보기 쉽게 만들어서 쉽게 외부를 관찰하고 감독할 수 있도록 공간을 설계하였다.

집 안에서도 공간과 공간 사이에 서열이 존재한다. 사당, 사랑채, 행랑채 순으로 위계가 설정되고, 그에 따라 안에서 밖으로, 높은 곳에서 낮은 곳으로 자리 잡기가 진행되었다. 위계의 정점에는 사당이 위치한다. 풍수적으로는 주산의 기운이 내려와 처음으로 멎는 곳에 사당을 위치시킴으로써 사당이 최고의 위계에 있음을 보여 준다.[18] 그다음이 가부장의 공간인 사랑이다. 사랑은 가문을 계승하는 가부장과 장자의 생활공간이기에 가문의 권위를 상징하며 가계 계승의 수련장으로서

17) 신영훈, 『한국의 살림집 上: 韓國傳統民家의 原形硏究』, 열화당, 1983, 88쪽; 강영환, 앞 책, 61-73쪽; 박영순 외, 『우리 옛집 이야기: 한국 전통 주택의 실내공간』, 열화당, 1988, 36-41쪽; 홍형옥, 『한국住居史』, 민음사, 1992, 121-133쪽; 신상섭, 노재현, 앞 논문, 58쪽.

18) 신영훈, 『한국의 살림집 上』, 64쪽.

[그림 8-1] 높낮이에 따른 위계: 강화 용흥궁

높은 위계에 위치하였다.[19] 그다음이 여성들의 공간인 안채이며, 위계상으로 가장 낮은 서열에 위치하는 공간은 하인들의 공간인 행랑채다.

한 건물 안에도 공간적인 위계가 있다. 성주신을 모신 공간, 조상신의 공간이면서 가장을 대표하는 공간인 마루가 최고의 위치다.[20] 마루는 물리적인 공간의 높이에서도 최고의 위치에 있다.[21] 마루 다음은 생활공간인 방이다. 이러한 공간의 위계를 나타내기 위해서 때로는 지반의 높이를 달리하기도 했다. 즉, 주인의 거처인 사랑을 건축할 때에는 높게 토대를 쌓아 올리고 그 위에 집을 지어서 높이가 갖는 위압감을 느끼도록 배치하기도 하였다.[22]

서열과 더불어 구별 역시 분명한 한옥의 특징이다. 중상류층의 한옥

19) 박영순 외, 앞 책, 42쪽.

20) 장보웅, 앞 책, 75; 정영철, 「家庭信仰構造로 본 傳統住居의 空間構成에 관한 硏究」, 『대한건축학회논문집』 13(2), 1997, 61-72의 66쪽.

21) 신영훈, 『한국의 살림집 上』, 88쪽.

22) 김광언, 앞 책, 111-116쪽.

에는 주로 남자들이 생활하는 공간인 사랑채와 여성들의 생활공간인 안채나 별당이 분명하게 나누어져 있다. 이들 각각의 채들은 그에 딸린 마당과 별도의 부속공간들을 가지고 있으며 담으로 가로막혀 있다. 여성들의 공간은 남녀유별의 사상에 따라 분명하게 구분됨은 물론이고 외부 사람들이 넘겨다보기 어렵게 높은 담으로 둘러싸여 있었다. 또한 집 안에서도 남녀유별을 실천하기 위해 내외담을 설치하는 등으로 남녀공간의 구별이 비교적 분명하게 집의 공간구조에 반영되어 있다.[23)]

남녀공간의 구별은 유교적 가치관을 내면화하고 생활 속에서 실천하려고 노력했던 양반층의 집에서 비교적 분명하게 나타난다. 서민들의 경우에는 양반들만큼 남녀의 구별이 엄격하지 않았고 공간의 구분도 엄격하지 않았다. 서민들은 집을 지을 때 한 동만을 짓는 것이 대부분이었다. 그 후에 여유가 생기면 다른 동을 지어서 원래의 건물은 안채로 하고 새로 지은 것은 사랑채로 삼았으며, 따라서 남녀공간의 구별의식이 분명하게 있었다고 보기는 어렵다.

남녀유별과 더불어서 유교적인 가치관을 가장 분명하게 반영하는 것으로 수기별서(修己別墅) 공간을 들 수 있다. 양반들은 자신이 살 지역을 선정하고 집을 지을 때 교육 및 수양의 공간을 적극적으로 고려하였다. 정자, 정사, 서원 등이 교육 및 수양 공간이다. 수양공간은 집 안뜰에 연못과 정자를 만들어 조성하기도 하고 집 밖의 아름다운 경관을 택해 조성하기도 한다.[24)] 이러한 수기별서 공간은 사대부의 생활양식과 가치관을 가장 잘 나타내는 생활공간으로서 마을의 공공장소로서의 기능도 함께 가지고 있었다. 수기별서 공간의 입지는 주변의 승경

23) 홍형옥, 앞 책, 1992, 196, 275쪽; 주남철, 앞 논문, 300쪽; 신영훈, 『한국의 살림집 上』, 386쪽.

24) 신상섭, 노재현, 앞 논문, 59쪽.

요소와 밀접하게 관련되었다. 사대부들이 거주한 마을들의 경우 마을 안에 아름다운 공간이 있어 연못과 정자를 조성하여 수양의 장소로 삼은 경우들이 많이 있다. 그렇지 않은 경우에도 자신의 주거공간으로부터 5km 이내에 적합한 승경지가 있는 곳이 많다.[25] 이는 양반들이 자신의 삶의 터전을 선택함에 있어서 유학자로서 자신의 심신수양의 공간을 필수적인 요소 중의 하나로 고려하였음을 보여 준다.

이상의 예들은 유교적인 가치관이 반영된 대표적인 경우라고 할 수 있다. 그런데 서민 주택의 경우는 이와는 다른 특징이 나타난다. 서민 주택에는 보다 오랜 가치관인 음양론적인 요소가 더 크게 드러난다. 집터의 선정에 있어 '길지'의 판단기준에서 음양 기운의 조화, 땅과 하늘의 기운이 만나는 곳을 길지로 본다는 것에서 음양조화의 원리를 찾을 수 있다. 건물과 마당의 교차는 양으로서의 건물과 음으로서의 마당의 공존이며 조화다. 건물의 방위에 있어서 남자의 공간인 사랑을 남쪽과 동쪽에 배치하고 여성의 공간인 안채를 북쪽과 서쪽에 배치하는 것도 음양론의 방위 개념을 따른 것이다.[26] 따라서 집 전체로 보면 사랑채와 안채가 음양으로 나누어 조화를 이루고, 또 각 채에서는 건물과 마당이 음과 양으로 구별되면서 조화를 이룬다. 더구나 한 건물 안에서도 방과 마루가 음과 양으로 구별되면서 조화를 이루는 관계다. 따라서 집을 구성하는 모든 공간이 크고 작은 음과 양의 공간으로 반복되고, 하나의 공간도 보기에 따라서는 양의 공간도 되고 음의 공간이 되기도 하는 가변성을 가진다. 그러므로 음양론에서 음과 양을 상보적인 관계로 보듯이 음과 양이 교차하면서 조화를 이룬 공간과 인간의 관

---

25) 임의제, 앞 논문.

26) 강영환, 앞 논문, 143쪽.

계가 전통의 한옥 안에 함께 조형되어 있다고 볼 수 있다.[27)]

이처럼 서민 주택의 경우 유교적 특징보다는 음양론적인 특징이 더 강하게 나타난다. 이는 서민 주택의 경우 유교적인 영향이 덜 침투된 것으로 해석할 수 있다. 양반가의 경우에도 공간의 내외 구별이 외적 형식으로는 뚜렷하지만 실제로는 남녀공간의 연결이 완전히 배제된 것은 아니었다. 이를 통해서 음양론적인 가치관이 보다 오래되고 더 영향력이 큰 가치관으로 우리 민족의 주거문화의 뿌리가 되어 왔음을 짐작할 수 있다.

셋째, 한옥의 큰 특징 중의 하나는 미분화와 융통성이다. 한옥은 타 문화권의 집에 비해서 공간의 분화가 분명하지 않으며, 따라서 다양하게 중첩되고 변화되는 융통성을 보여 준다. 공간들은 분할되어 각 개인에게 할당하지 않고 여러 사람이 공간을 공유하면서 관계를 맺는 특징을 갖는다. 한 채로 구성된 서민 주택은 온 가족이 한 방에서 기거하는 집단공간으로 이루어졌다. 중상류층의 한옥에서도 이러한 공동성은 조금 완화되기는 하지만 완전한 개별공간으로 분화되지는 않는다. 한옥의 재료인 흙, 나무, 종이 등이 갖는 불완전한 차단 효과 때문에 한옥의 공간들은 한층 더 미분화의 특징이 두드러진다.

공간의 미분화와 관련된 불편을 해소하고 또 협소한 공간을 최대한 활용할 수 있도록 하는 것이 공간의 융통성이다. 그래서 전통적인 집에는 특정 기능이나 목적을 위해 정해진 공간보다는 때에 따라 변형하고 다른 용도로 전용될 수 있는 공간이 발달해 있다. 마루나 마당이 그와 같은 융통성을 특징으로 하는 공간의 대표적인 예다. 마루의 경우 방과 방 사이의 여백과 사이이면서 위패나 신주단지를 모신 제의공간

27) 윤재홍, 「'울타리'의 교육인간학적 의미 연구」, 연세대학교 대학원 박사학위논문, 1999, 91쪽.

이 되기도 한다. 마당 역시 채와 채 사이의 여백과 연결공간이면서 때로는 곡식의 탈곡, 건조, 보관을 위한 장소가 되며, 혼례나 굿을 위한 제의적 장소로 변용되기도 한다. 뿐만 아니라 방이나 부엌 등 집에 속한 모든 공간들이 하나의 기능만을 갖는 것이 아니라 때에 따라서 다른 용도와 기능으로 쉽게 전용될 수 있는 융통성을 가지고 있었다.

사랑채나 사랑방의 경우도 여성의 공간인 안채에 대비되는 남성의 공간이 아니라 남성 중심의 조선 사회의 집에서 사회적인 활동을 위한 공간으로 활용되었다. 따라서 사랑채는 주거공간일 뿐만 아니라 주거가 갖는 사적 공간으로서의 특징을 보완해 주는 '반사회적 공간(半社會的空間, semi-public space)'으로 기능하기도 하였다.[28] 방 사이를 고정된 벽으로 만들지 않고 필요에 따라서는 떼어낼 수 있는 문으로 만들어서 공간을 확장할 수 있게 한다거나, 들어열개 문을 달아서 경우에 따라서는 마루도 방처럼 사용할 수 있게 만들기도 하였다.[29]

한옥에 있어 공간의 미분화는 집 안에 일상생활의 공간과 함께 의례를 위한 공간들이 함께하는 형태로도 나타난다. 대표적인 의례공간의 예로는 사당, 제실 등이 있다. 이는 조상에 대한 제사를 위한 공간으로 별도의 건물로 만들어진 사당과 제실과 같은 집 안에 위치하는 의례의 공간으로 나타난다.

마루는 의례를 위한 공간만은 아니지만 의례적 성격이 매우 강한 공간이다. 마루는 성주신을 모신 공간이면서 굿, 제사, 혼례 등의 각종 의례를 위한 공간으로 사용되었다. 따라서 일상의 생활공간인 방과 그 용도가 구분되었다. 마루는 집 안에서 가장 깨끗한 성소로 여겨지고,

---

28) 김종헌, 주남철, 「韓國傳統住居에 있어서 안채와 사랑채의 分化過程에 대한 硏究」, 『대한건축학회논문집』 12(2), 1996, 81-89, 85쪽.

29) 박영순 외, 앞 책, 199-202쪽.

방 안에서 이루어지는 취침이나 손님 접대 등의 일상적인 일들은 마루에서 이루어지지 않는 것이 보통이었다.[30]

넷째, 한옥에는 미분화된 공간에서 살아가는 삶의 긴장을 완화시키고 관계를 부드럽게 하기 위해서 사이공간이 발달되어 있다. 얇은 벽과 문의 불완전한 차단 효과와 남녀의 공동생활이 주는 불편을 완화하기 위한 여백의 역할을 수행하는 것이 사이공간이다. 방과 방 사이에 위치한 마루, 방과 마당 사이에 위치한 마루, 건물과 건물 사이, 건물과 울 바깥세계 사이에 위치한 마당 등이 그 좋은 예다.

이러한 사이공간은 긴장 완화의 기능은 물론 관계를 위한 매개의 공간으로도 작용하였다. 서로에게 주어진 공간을 침범당하지 않고 사이공간을 활용한 관계 맺음이 가능했기 때문에 관계가 보다 쉽게 이루어질 수 있었다. 외부 사람을 집 안, 방 안으로 들이기는 꺼림칙하지만 마당에서 만나 관계를 맺는 것은 나와 우리의 세계를 지키면서 외부와 관계를 맺을 수 있는 좋은 방법이었다. 이처럼 마루, 마당 등의 사이공간은 조화를 염두에 둔, 관계 맺음과 관계의 긴장을 완화하기 위한 배려의 공간이었다.[31] 공간의 공유가 초래할 수 있는 지나친 긴장과 갈등을 완화시키고 한 박자 쉬어갈 수 있는 여유와 여백의 공간이 이들 사이공간이다.

2) 마당

전통 가옥의 기본 구조는 채와 마당이 하나로 결합된 기본 단위를

30) 최길성, 「巫俗에 있어서 「집」과 「女性」」, 김인회 외, 『한국무속의 종합적 고찰』, 고려대학교 민족문화연구소, 1982, 93-125의 100쪽; 장보웅, 앞 책, 75쪽.

31) 윤재홍, 앞 논문.

형성한다. 그만큼 마당이 차지하는 비중은 근본적이고 크다. 마당은 다른 문화권과 다르게 한국 집의 특징을 가장 잘 나타내는 공간이라고 할 수 있다. 타 문화권의 경우는 마당이 집의 가운데에 있거나 혹은 전연 마당을 갖지 않는 대신 거실이나 광장이 발달해 있는 데 비해, 한국의 전통 주거는 집 안에 마당이라는 열린 공간을 마련한 독특한 구조를 가지고 있다.[32] 따라서 마당의 특징은 그대로 전통 주거의 특징이 되고, 집들이 모여서 구성하는 마을의 특징이 된다.

서민 가옥의 경우에는 집이 한 채로 구성되어 있기 때문에 하나의 마당만 있거나, 앞마당과 뒷마당 등 집의 앞과 뒤에 두 개의 마당을 갖는 단순한 구조인 경우가 대부분이다. 이 경우에도 뒷마당은 순수한 의미의 마당이라기보다는 채마밭을 겸한 뜰의 형태를 취하는 경우가 많다. 이러한 일반 민가의 경우에는 대체로 앞마당의 비율이 높고 비

[그림 8-2] 바깥마당과 행랑채: 아산 외암마을

32) 손세관, 『都市住居 形成의 歷史』, 열화당, 1993, 30쪽.

중도 크다. 그만큼 다양한 활동들이 그 안에서 이루어졌다고 볼 수 있다.[33] 곡식의 탈곡과 건조, 저장 등의 생산활동을 비롯한 일상의 모든 활동들이 앞마당에서 이루어졌다. 뿐만 아니라 혼례, 장례 등의 특별한 의례들도 앞마당을 무대로 이루어졌다.

이에 비해서 양반가의 주택은 여러 채로 구성된 경우가 많고, 따라서 각 채에 속한 마당들을 가지고 있다. 마당(뜰)은 마당이 속한 건물에 따라 안마당, 사랑마당, 행랑마당, 사당마당 등으로 구분된다. 혹은 위치에 따라 바깥마당, 뒷마당 등으로 구분되기도 한다.[34]

안주인이 거처하는 안채의 안마당은 주택의 가장 안쪽에 위치하여 폐쇄성과 중심성을 동시에 지닌다. 단정한 네모꼴로 된 경우가 많고 나무를 심지 않은 빈 공간으로 두는 것이 일반적이다. 일상의 연결공간 외에 혼례 장소나 곡물 건조 장소 등으로 활용되기도 한다.

사랑마당은 비교적 넓고 수목을 심어 아름답게 꾸민 경우가 많으며, 연못이나 정자, 가산(假山)을 조성하기도 하였다. 이는 심신수양의 의미와 함께 접객공간으로 활용되는 사랑채의 용도에 비추어 볼 때 과시적인 효과도 함께한 것으로 여겨진다.

대문 밖의 바깥마당은 넓게 트인 공지로 남겨두어 곡식의 탈곡과 야적 장소 등으로 활용하였으며, 텃밭이나 수로 연못 등을 조성하기도 하였다. 뒤뜰에는 채원을 일구거나 과목을 심어 실용적인 가치를 추구하였고, 아름다운 꽃이나 괴석 등으로 꾸며 여성들의 휴식과 마음의 수양을 도모하기도 하였다. 마당에는 뜰, 연못, 화단 등이 꾸며져 있으며, 여러 가지 나무들이 심어져 있어서 자연을 그대로 감상할 수 있다.

---

33) 윤영활 외, 「한국 전통 마을의 공간구성과 민간정원양식—왕곡마을을 중심으로」, 『한국조경학회지』 18(2), 1990, 95-110쪽.

34) 정재훈 외, 앞 책, 27-28쪽; 신상섭, 노재현, 앞 논문, 59쪽.

뒷마당은 종종 뒷동산과 연결되어 있어서 자연과 어울려 있다.[35] 이렇게 마당은 자연과 그대로 맞닿아 있다.

전체적으로 중상류 주택의 경우에는 유교적 가치관이 투영되어 남녀와 신분에 따른 공간의 구별을 반영하여 다양한 마당이 존재함을 알 수 있다. 이에 비해서 서민 주택의 경우에는 대체로 하나의 채와 하나의 마당으로 구성되어 실용성이 더욱 중시된 것으로 파악할 수 있다. 또한 상류 주택의 뜰에는 휴식과 더불어 심신수양의 기능이 부여되어 있다는 것이 두드러진 특징이다.[36]

마당이 우리 전통 주택의 독특한 공간이고 비중이 큰 공간인 만큼, 마당의 특징은 집의 특징을 결정하는 중요한 요소다. 마당의 특징을 정리하면 다음과 같다.

첫째, 마당은 열린 공간으로서의 특징을 가지고 있다. 전통 가옥에서 마당은 집이 갖는 폐쇄성에 대비되는 열린 공간이다. 집은 울타리와 담으로 둘러싸여 있으며, 다시 벽으로 둘러쳐 있어서 시각적으로나 물리적으로 일정 정도의 폐쇄성을 가지고 있다. 이에 비해서 마당은 열린 공간이라는 특성을 가지고 있다. 마당은 하늘을 향해 열려 있고, 아무것도 없는 맨 땅으로 되어 있다. 주변에 나무를 심는 경우도 있지만 대부분의 공간이 맨 땅으로 되어 있는 열린 공간이다. 산비탈에 위치한 집의 경우에는 종종 뒤뜰이 산과 연결되어 담이 생략된 경우들이 있다. 서민 주택의 경우에는 울타리가 허술하고 낮아서 골목에서 훤히 들여다보인다. 더욱이 문이 없거나 언제나 열려 있는 문을 통해서 들여다보고 혹은 들어오고 나가는 것이 비교적 자유로운 공간이었다.

35) 신영훈, 『한국의 살림집 上』, 373쪽.

36) 신상섭, 노재현, 앞 논문.

마당이 하늘을 향해 열려 있는 것은 풍수지리적으로 하늘의 기운이 내려와 땅의 기운과 만나는 공간이라는 상징성을 갖는다.[37] 또 맨 땅으로 남아 있는 것은 생토가 길하다는 풍수설의 원리를 따른 것이다.[38] 그래서 마당 안에는 언제나 하늘과 땅이 함께 있으며, 그 안에 인간이 살아감으로써 천 · 지 · 인의 만남과 조화가 자연스럽게 이루어졌다. 주거의 한가운데에 비어 있는 마당을 둠으로써 자연의 주체인 하늘과 땅을 간직하며 언제나 천지자연과 접하려고 하였던 것이다.[39]

또한 마당은 이웃을 향해 열려 있다. 열린 문과 낮은 울타리를 통해 이웃의 관심과 참여가 일상적으로 가능하였다. 이와 같은 이웃을 향한 개방성은 이웃에 대한 긍정적인 이해를 반영하는 것이며, 마을이 갖는 공동체적 특징을 상징하는 것이다. 사적인 공간인 집 안에 위치한 마당이 외부에 열려 있는 것은 그만큼 집 밖의 사람들에 대한 긍정적인 이해를 반영하는 것이다. 자연과 이웃을 향해 열린 공간으로서의 마당은 자연과 이웃을 향한 한국인의 열린 마음을 보여 주는 것이다.

둘째, 마당은 사이의 공간이다. 마당은 채와 채의 사이에 위치한다. 또한 마당은 집 안과 밖의 사이에 위치한다. 서민 주택의 경우 마당은 집과 골목 사이에 위치하며, 집 안과 밖의 중간 영역이 된다. 집 안에 위치하지만 집 안과 밖을 연결해 주는 공간이며 사이공간이 된다. 공적 영역인 집 밖과 사적 영역인 집의 내부 공간 사이에 위치하면서 완충과 매개의 공간이 된다. 이에 비해서 양반가의 마당은 각 건물과 건물 사이에 위치하며 건물과 건물의 사이공간이 되고 완충공간이 된다.

37) 정영철, 이해성, 「무속의례를 통해 본 제주도 전통주거의 공간구조 및 의미에 관한 연구」, 『대한건축학회논문집』 7(1), 1991, 73-85의 81쪽.

38) 신상섭, 「전통 마을 공간구성에 적용된 환경설계 원칙에 관한 연구」, 『한국정원학회지』 18(1), 2000, 20-31의 28쪽.

39) 윤재홍, 「마당의 교육인간학적 고찰」, 『연세교육연구』 12(1), 2000, 33-53쪽.

그래서 마당은 안채와 사랑채의 사이가 되고 사랑채와 행랑채의 사이가 된다.

공간과 공간의 사이로서의 마당은 또 인간과 인간의 사이가 된다. 집 안 사람과 집 밖 사람의 사이가 된다. 남자와 여자의 사이가 되며, 주인과 하인의 사이가 된다. 우리와 남의 사이가 되고, 가족과 이웃의 사이가 된다. 이처럼 마당은 공간적 사이로서 공간적 여백과 인간관계의 사이가 된다. 안과 밖, 남성과 여성, 주인과 노비, 양반과 상민, 사적 영역과 공적 영역, 가정과 마을, 마을과 외부 세계, 공동체와 타자의 영역, 인간과 자연 등의 사이에서 마당은 다양한 관계를 중재하고 완충한다.

사이공간으로서의 마당은 관계의 틈새와 여백이 된다. 그래서 관계의 직접성을 완화해서 부드럽게 만든다. 사이로서의 마당은 시간적인 지체를 만들어 낸다. 사랑채에서 문을 여는 인기척이 나고 마당을 가로지르는 발자국 소리가 가까워오는 동안 안채에서는 미리 만남을 준비할 수 있다. 마찬가지로 사랑채의 인기척이 마당을 건너오는 동안, 또 마당을 가로질러 가는 동안, 행랑채의 머슴은 주인과의 만남을 준비할 수 있다. 대문을 통해 들어오는 이웃의 인기척이 마당을 건너오는 동안, 주인은 그 만남을 준비할 수 있는 시간적인 거리를 갖게 되는 것이다. 외부인들은 바깥마당이나 행랑마당에서 관계하고 필요한 경우에만 집 안으로 이끌어 들인다. 불필요한 관계를 차단하고 외적 요소들이 안의 질서를 교란하는 것을 차단하고 완충시킨다.

이처럼 마당은 공간과 공간 사이에 존재하면서 그 공간을 매개로 관계하는 인간과 인간의 사이가 된다. 마당은 직접적인 충돌과 갑작스러운 만남에서 오는 돌발성을 완화시킴으로써 정돈되고 질서 있는 관계를 가능하게 하는 완충지대였다. 바깥세계로부터 안을, 낯선 세계로부

터 친밀한 안정의 공간을 보호하는 역할을 수행한 것이다.[40)]

셋째, 열려 있는 마당, 그러면서 사이에 존재하는 마당은 좋은 관계의 공간이 된다. 열려 있음으로 인해 커다란 포괄성과 융통성을 갖게 된다. 이러한 포괄성과 융통성은 다양한 형태로의 변형을 가져온다. 일상의 공간에서 제의의 공간으로, 또한 축제의 공간으로의 변형이 손쉽게 이루어진다. 그만큼 다양한 관계들이 그 안에서 이루어질 수 있다.

일차적으로 인간과 인간의 만남이, 그리고 인간과 자연의 만남이 그 안에서 이루어진다. 하늘을 향해 열린 땅인 마당은 하늘과 땅이 만나는 공간이 된다. 그 안에 인간이 살아감으로써 하늘과 땅과 인간이 함께 만나서 관계하는 공간이 되는 것이다.[41)]

마당은 또한 안과 밖이 만나서 교류하는 공간이 된다.[42)] 집 안 사람과 집 밖 사람이 만나서 관계하는 공간이 된다. 아울러서 집 안의 요소와 집 밖의 요소가 마당에서 만나고 교류하며, 그 사이에서 절충과 융합이 이루어진다. 집 밖의 요소들은 마당에서 집 안의 요소와 관계해서 절충과 변형을 통해 집 안의 요소로서 자리 잡게 된다. 집 안의 요소들은 마당을 거쳐 골목으로 나가 보다 넓은 세계로 연결된다. 집 안에서 태어난 사람은 마당에서 성장하고 골목을 거쳐 세계로 나아간다.

마당은 또한 인간과 신이 만나서 관계를 맺는 공간이다. 마당은 무속에서 지신인 오방신의 영역으로 이해된다.[43)] 집을 지을 때부터 지신으로부터 땅을 빌어서 집을 지으며, 지신이 자리 잡고 영주하는 곳으로 여겨진다. 따라서 마당을 근거로 살아가는 것은 지신의 영역에서 지신과 관계하며 살아가는 것이 된다.

---

40) 윤재홍, 「'울타리' 의 교육인가학적 의미 연구」, 80쪽.

41) 정영철, 이해성, 앞 논문.

42) 윤재홍, 「바람의 교육인간학적 고찰」.

43) 최길성, 앞 논문, 106쪽.

또한 마당은 마루와 더불어서 집 안에 상주하지 않는 신들과 관계하는 공간이기도 하다. 일상의 시간에는 인간의 영역 안에 거주하지 않는 신들을 특별히 초청해 들여서 관계 맺는 공간이 마루와 마당이다. 제사나 굿이 대표적인 경우다. 이 경우 마당은 평소에는 집에 상주하지 않는 신들을 초청해서 관계하는 임시적인 만남의 장소가 된다. 이러한 비일상적인 만남을 통해서 새로운 관계와 새로운 일상으로 회복된다. 이때 마당은 굿판이라는 신, 무당, 인간의 3자의 공유공간이 되어서 3자의 관계를 매개하는 공간이 된다.[44] 이처럼 마당은 일상과 비일상을 넘나든다. 안과 밖이 중재되며, 인간과 인간, 인간과 자연, 인간과 신 또는 죽은 자와의 관계의 공간 등으로 변용된다. 이를 통해서 삶의 긴장과 갈등을 해소하고, 새로운 흐름을 집 안으로 수용하며, 안과 밖의 관계와 융합을 통해서 내적 갈등을 치유하는 등 다양한 역할을 수행한다.

3) 울타리(담)

집을 둘러싸고 있으면서 경계와 방어의 기능을 담당하는 것이 '울타리'다. 울타리는 집의 경계 표시이면서 사적 공간으로서의 집을 보호하기 위한 장치며, 가족의 생명과 재산을 지키기 위한 시설이다. 또한 가축의 '우리' 역할을 하며, 바람을 막아 주는 장치다.[45]

울타리는 재료에 따라서 몇 가지로 나눌 수 있다. 살아 있는 나무를 빽빽하게 연달아 심어서 만든 생울타리, 즉 산울, 죽은 나무줄기를 이용하거나 이엉 등의 식물성 재료를 써서 만든 바자울, 그리고 흙으로

44) 김인회, 『韓國巫俗思想硏究』, 집문당, 1988, 209쪽.

45) 강영환, 『집의 사회사』, 웅진, 1992, 241쪽.

쌓은 토담, 흙과 돌을 섞어 쌓은 맞담, 돌만으로 쌓은 돌각담, 돌과 벽돌로 쌓은 담장, 벽돌만으로 쌓은 전장(塼墻) 등으로 분류할 수 있다. 이 외에 통나무로 책(柵)을 만들기도 했는데 살림집의 울타리로는 흔한 것은 아니었다.[46] 이들 울타리 중에서 산울, 바자울이나 대나무나 나무를 엮어서 만든 울타리인 죽책, 목책 등은 주로 울타리로 분류된다. 이 밖에 흙과 돌, 벽돌 등으로 만들거나 이들을 혼합해서 만든 울타리들은 모두 담으로 분류된다.

이들 울타리의 재료들은 모두 주변에서 쉽게 구할 수 있는 재료들로 이루어져 있다. 또한 자연으로부터 온 재료들로서 비교적 가공하지 않은 그대로의 재료들로 만들어졌다는 특징을 갖는다. 가공한 경우에도 흙을 구워서 쓴 벽돌 정도이며, 자연석을 가공한 돌벽돌의 경우에는 궁중의 담이나 성곽 외에는 거의 쓰이지 않았다.[47]

이와 같은 자연 재료로 만들어진 울타리는 재료 자체의 특성으로 인해서 튼튼하지 못하고 허술한 특징을 갖게 된다. 풀이나 흙, 나무, 가공하지 않은 돌들로는 튼튼하고 높은 울타리를 만들 수 없기 때문이다. 뿐만 아니라 풀이나 나무로 된 울타리는 시각적으로도 불충분한 차단 효과를 만들어 내지만 특히 청각적으로는 매우 불완전한 차단 효과만을 갖게 된다. 이에 울타리는 안과 밖을 완전하게 차단하지 못하는 불완전한 방어벽이 된다. 그래서 경계의 역할은 비교적 충분하지만 차단과 방어는 불완전한 기능을 수행하는 특징을 갖는 것이 전통 주택의 울타리다.[48] 울타리는 집과 바깥세계를, 안과 밖을, 사적 공간과 공적 공간을 가르는 경계이지만 완전하게 차단하지는 않는 재료적인 특

46) 신영훈, 『한국의 살림집 上』, 374쪽.
47) 주남철, 『韓國建築美』, 일지사, 1983, 106-108쪽.
48) 윤재홍, 「'울타리' 의 교육인간학적 의미 연구」, 49쪽.

징을 가지고 있다.

집은 낮은 울타리로 둘러싸여 있다. 양반들의 기와집의 경우 흙이나 돌을 주 재료로 해서 쌓은 서민 가옥의 울타리보다 비교적 높아서 어른들조차 넘겨다볼 수 없었으나 집 안의 마당은 울타리 밖에 비해 높아서 밖을 내다볼 수 있었고, 또 대청마루에 올라서면 울타리 밖을 시원하게 조망할 수 있었다.[49] 일반 민가의 경우에도 여성들의 거주공간인 안채를 둘러싼 뒷담의 경우 다소 높게 만들어지기도 했다.[50] 그러나 일반적인 울타리와 담은 대체로 140cm를 넘지 않아서 시선을 차단하지 않게 눈높이보다 낮게 만들어졌다.[51] 이처럼 민가의 울타리는 낮은 울타리로 조성되어 있어서 이웃 사람들에게 열려 있는 구조를 가지고 있었다. 또한 산과 연결된 뒤뜰의 경우에는 울타리를 만들지 않기도 하고 생울타리를 조성하는 등 자연과는 경계를 가르지 않는 특징을 가지고 있었다.[52]

울타리의 불완전한 차단 효과와 개방성은 울타리에 난 문에서 더 분명하게 드러난다. 전통적인 집에서는 대체로 풀과 나무로 엮어서 만든 엉성한 문을 만들어 달았다. 특히 농촌의 주택에서는 보통 삽작문이나 바자문을 만들어 사용했는데 대부분 울타리와 같은 재료로 만들어졌다. 또 성기게 짜서 만들었기 때문에 시각적으로 상당한 개방성을 주게 되며, 설사 울타리가 쳐지고 대문이 닫혔다 하더라도 완전한 차단과 폐쇄성을 보장하지는 못한다.[53] 더욱이 사람이 집에 있는 경우에는

49) 주남철, 앞 논문, 267-301의 287쪽.

50) 윤영활 외, 앞 논문, 102쪽.

51) 정재훈 외, 앞 책, 30쪽; 김진성, 정동오, 「조경학적 측면에서 한국전통 마을의 옥외공간구성에 관한 연구」, 『한국정원학회지』 11(1), 1993, 69-88의 74쪽.

52) 윤재흥, 「'울타리'의 교육인간학적 의미 연구」, 47쪽.

53) 주남철, 앞 논문, 99쪽.

[그림 8-3] 문이 생략된 민가의 출입문: 아산 외암마을

문을 열어두는 것이 일반적이었다. 이와 같은 문의 불완전한 차단 효과와 개방성의 가장 분명한 예는 제주도에서 집으로 들어가는 좁은 골목인 올래의 입구에 설치한 정살 혹은 정낭이다.[54)]

열려 있는 문과 낮은 울타리 때문에 집 안은 언제나 일정 정도로 바깥세계에 개방되어 있다. 또한 집 안에는 언제나 일정 정도의 외부 세계가 개입되어 있다고 볼 수 있다. 열린 문과 낮은 울타리 너머로 이웃의 삶이 언제나 울타리 안에 영향을 미치고 있다. 필요한 경우 언제든지 울타리 너머로 서로를 부르고 무엇인가를 주고받고 이야기를 나눌 수 있었다. 굳이 꼬불꼬불하고 좁은 골목과 담장을 돌아서 문을 찾아갈 필요 없이 서로 만남과 교류의 필요성을 공감하기만 하면 언제든지 의사소통과 관계 맺음이 가능한 것이 전통 주택의 낮은 울타리가 갖는 특징이다.[55)]

54) 김광언, 앞 책, 79쪽.

55) 윤재홍, 「'울타리' 의 교육인간학적 의미 연구」, 164쪽.

그렇지만 낮은 울타리가 누구에게나 똑같이 낮은 높이로 다가오지는 않는다. 어른들에게는 낮은 울타리이지만 어린이들에게는 아니다. 어린이들에게는 어른들보다 더 높고 더 닫힌 세계를 만들어 내는 것이 울타리다. 따라서 울타리의 높이는 어른들에게 한정된 개방성을 제공하고 어린이에게는 차별적으로 차단과 제한의 의미를 갖는다. 울타리의 재료와 형태가 허술한 측면이 있지만, 일반적인 특징으로 볼 때 울타리는 어린이들에게는 폐쇄적인 것으로 이해될 수 있다. 어른들에게는 외부 세계와의 교류를 허용하는 울타리의 높이는 어린이들의 키로는 닫힌 세계로 인식하게 만들었던 것이다.

어린이에게 닫힌 울타리로 인해 어린이의 사회화, 가족 및 사회와의 관계의 양식과 순차성이 만들어진다. 일차적으로 어린이들은 가족 안에서 양육된다. 가족 안으로 태어나고, 가정에서의 양육 이후에 이웃으로 나갈 수 있다. 가정에서 양육기간 동안에 외부의 영향은 어른들에 의해서 걸러지고 정제된 후에야 어린이들에게 전달된다. 어린이들은 일정 정도 성장한 후에야 울타리 밖으로 나가서 이웃과 지역사회의 공동체 문화를 익히게 된다. 이것이 울타리가 만들어 내는 관계구조의 특징이다. 가정에서부터 이웃으로, 그리고 마을과 보다 넓은 사회로의 점진적인 관계의 순차성이 공간구조 안에 잘 배려되어 있는 것이다. 한국의 가족 중심적이고 친족 중심적인 문화가 울타리에 반영된 것이며, 다시 울타리라는 공간의 구조가 그 안에서 살아가고 그것을 매개로 관계하는 사람들의 관계와 사회 구조에 영향을 미치는 작용을 하는 것이다.

2. 길

마을길은 주거와 외부 공간을 연결하는 매개 장소의 하나다. 길은 사람들의 이동 통로이면서 집과 집을 연결하는 역할을 한다. 또한 길은 마을의 공간을 분할하고 동시에 연결하는 공간이 된다. 길을 함께 사용하는 이웃들에게는 공동의 공간이며 매우 긴밀한 유대관계를 만들어 낸다. 집과 마찬가지로 마을의 연결 통로인 길 역시 마을의 공동체 문화를 매우 분명하게 반영하는 요소다.

전통 마을의 길은 바깥길, 어귀길, 안길, 샛길 등으로 구분되며,[56] 어귀길, 안길, 샛길, 골목길 등으로 구분되기도 한다.[57] 마을길은 직선은 거의 찾아볼 수 없고 구불구불한 형태를 보인다. 공동공간인 큰길에서 사적 공간인 작은 골목으로 갈수록 경사가 가팔라지고 구부러진 정도도 더 큰 경향을 가지고 있다.[58] 구부러진 길은 공간의 변화와 다양성을 만들어 낸다. 이는 자연 지형을 그대로 수용해서 마을이 형성되었기 때문이다.[59] 또한 집으로 바로 들어오는 나쁜 기운을 차단한다는 믿음에서 비롯된 것이기도 하다. 사적 공간의 내밀성을 보호하는 데도 효과적으로 작용하였다. 뿐만 아니라 겨울의 찬바람을 막아 주는 기능도 함께 수행하였다.[60]

마을의 갈림길은 나뭇가지 형상으로 갈라져 나가는 형태를 가지고 있다. 갈림길은 지형에 따라서 세 갈래, 네 갈래, 여러 갈래로 다양하게 나타난다. 그리고 완전한 직각은 거의 없고 대개 치우친 형태를 보인다. 갈림길의 모양은 대체로 하나의 중심을 갖는 단순한 곡선이 아

---

56) 신상섭, 앞 논문.

57) 윤영활 외, 앞 논문.

58) 김용수, 박수국, 나정화, 「전통 마을 공간의 동선구조 분석」, 『한국조경학회지』 25, 1997, 25-34쪽.

59) 김윤하, 안계복, 「평지 전통 마을 갈림길의 중심각과 곡률변경에 관한 연구」, 『한국조경학회지』 제29권 2호, 2000, 10-17쪽.

60) 윤영활 외, 앞 논문.

니라 여러 모양으로 이리저리 굴절된 복합 곡선의 형태를 보인다.[61)]

자연의 지형을 존중하여 만들어진 굽은 길은 역시 자연을 존중하고 그 조화를 깨뜨리지 않으면서 최대한 그것을 보존하려는 마음의 표현이라고 할 수 있다. 곡선의 미학은 자연에는 직선이 없다는 말에서 보듯이 자연을 닮은 형태를 편안하게 여기는 마음의 표현이라고 할 수 있다. 이는 우리 민족의 정서와 미적 감성 자체가 직선을 싫어하고 곡선을 편안하게 여기는 데서 비롯된 것이다. 맨땅이 드러난 바닥과 생울타리, 풀과 나물로 얽어서 만든 울타리, 흙과 돌 등으로 만들어진 자연적인 재료로 구성된 골목은 자연과 그대로 연결되어 있다. 골목을 따라 흐르는 도랑은 그러한 자연적 아름다움을 더욱 가깝게 느낄 수 있게 하는 요소다. 이처럼 골목 안에서도 자연 존중과 자연과의 조화의 마음을 읽을 수 있다.

[그림 8-4] 골목: 아산 외암마을

61) 신상섭, 노재현, 앞 논문, 58쪽; 윤영활 외, 앞 논문, 98쪽.

길은 바깥의 큰길로부터 안으로 들어가면서 점차 가지가 뻗어나가듯 갈라지고 결국은 가장 사적인 공간인 집에 이르는 구조를 가지고 있다. 이렇게 외부 영역에서 공동의 영역인 어귀길과 안길을 거쳐 고샅을 지나 집으로 연결되는 구조를 갖는다. 이는 밖으로부터 안으로, 공적 영역에서 사적 영역으로, 속에서 성으로의 이동의 구조를 보여 준다.[62] 이와 같은 점진적인 이동의 구조는 관계의 점진성과 율동성을 의미하며, 이를 통해서 관계를 보다 쉽게 만드는 한편 사적인 영역인 내부 공간을 보다 잘 보호하려는 의도를 반영한 것이다.

또한 길의 순차성은 관계의 순차성과 교육의 순차성을 의미한다. 일차적으로 집은 혈연으로 연결된 가족관계에 기초한 근원적이고 우선적인 관계를 형성한다. 그다음에 골목을 공유하는 이웃으로, 또 마을 전체로, 마을 밖으로 확산해 가는 관계구조의 순차성을 보여 준다. 교육적으로는 가정교육의 절대적인 우선성과 그에 뒤따르는 마을 공동체 교육, 지역사회 교육, 민족교육 및 국가교육으로의 순차적인 구조를 보여 주는 것이다.

담은 큰길에서 작은 길로 갈수록 그리고 밖에서 안으로 갈수록 점점 낮아지는 특징을 가지고 있다. 이와 같이 마을 안으로 들어갈수록 낮아지는 담은 마을의 공동성과 안길을 공유하는 이웃 간의 친밀감과 공동성의 증대를 의미한다. 골목에 접한 담의 높이의 차이는 곧 관계망의 밀도 차이를 반영하는 것이다. 낮은 울타리와 담으로 둘러싸인 문으로 이어진 고샅과 안길은 공동 삶의 공간, 공동 양육과 보호의 공간, 공동 놀이의 공간이 된다.

집에 접한 골목은 안과 밖의 중간 세계의 성격을 갖는다. 마당이 집

62) 신상섭, 앞 논문.

안에 있으면서 집과 외부, 인간과 자연 등을 연결하는 중간 세계라면,[63] 골목은 집 밖에서 마찬가지의 역할을 하는 공간이다. 중간 세계로서의 골목에는 안과 밖이, 친숙한 요소들과 낯선 요소들이 혼재하며 융합된다. 집과 바로 연결되어 있어서 집이 주는 안정과 집 밖의 세계가 주는 불안과 도전의 요소들이 함께 있다. 집 안의 친숙함, 습관, 옛것이 바깥세세의 낯선 섯, 새로운 요소들과 만나고 융합된다. 울타리 안이 사적인 영역이고 울타리 밖의 세계가 공적인 영역이라면, 골목은 사적인 것과 공적인 것이 공존하는 복합적인 공간이다. 골목에서 집의 특수성이 세계의 보편과 만나고 충돌하고 조화된다. 집은 삶의 영역이고, 집 밖은 귀신, 영혼, 죽은 자들의 영역이다.[64] 집 안이 코스모스이고 집 밖이 카오스라면,[65] 골목은 코스모스와 카오스의 중간이다. 골목은 완전한 외부 세계가 아니면서 완전한 내부 세계도 아니다. 내부와 외부가 섞여 있다. 내부와 가깝게 얽혀 있는 유보된 외부이며 연기된 외부다. 집 안의 밝음과 질서가 집 밖의 어두움, 혼돈과 만나서 이우러지는 곳이다. 상이한 요소들의 충돌과 융합에 의한 새로운 요소의 창조과정이 골목 안에 있다. 이러한 의미에서 중간 세계로서의 골목은 변증법적인 종합의 공간이며, 상이한 요소들이 만나 새로움을 만들어 내는 창조의 공간이다.[66]

굽은 길은 또한 외부인들로부터 사적인 공간을 차단해 주는 기능적인 측면도 있다. 이렇게 차단된 골목은 은밀성과 안정감을 증대시킨다. 그래서 골목을 공유하는 또래 집단의 은밀한 놀이공간이 되며, 그

63) 윤재홍, 「마당의 교육인간학적 고찰」.

64) 김인회, 앞 책, 144쪽.

65) M. Eliade, The Sacred and the Profane: The Nature of Religion, New York: Harper and Brothers, 1959.

66) 윤재홍, 「골목과 이웃의 교육인간학」, 『교육철학』 27, 2002, 73-90쪽.

은밀한 공간을 공유하는 데 따른 유대감을 만들어 낸다. 그런 의미에서 골목은 공간의 공유에 기초한 공동성을 위한 장소라고 할 수 있다. 특별히 집과 바로 맞닿아 있는 집 앞의 안길은 문을 나서면 바로 나타나며, 낮은 울타리로 언제나 넘겨다볼 수 있는 영역으로서 어린이들이 사회적 관계를 보다 편안하게 탐색할 수 있는 매우 좋은 영역으로 기능하였다. 그런 의미에서 골목은 단순한 공적 영역이 아니라 집 안과 연결된 반사적인 공간으로서의 특징도 함께 가지고 있다. 그래서 골목은 집 안의 마당에 대응하는 집 밖에 위치한 관계의 공간이라고 할 수 있다. 사적 영역이 주는 편안함에 기초해서 집 밖의 요소들과 보다 쉽게 관계할 수 있는 특징을 가지고 있다.

이 골목길은 어린이의 공간이다. 낮은 울타리로 인해 골목에 면한 이웃 어른들의 감시, 보호, 배려가 언제나 함께하는 안전한 영역이다. 골목길의 구부러진 곡선은 시각적인 차폐와 경계와 은밀함을 제공한다. 또한 문을 나서서 곧바로 진입하고 또 언제든 자신의 집으로 되돌아갈 수 있는 집과 가장 가까운 거리에 위치한 물리적 안정감을 가지고 있다. 그래서 골목에는 또래 집단이 함께 하는 놀이 공동체가 있다. 그 안에서 어린이들은 집의 가정교육으로부터 이웃의 마을 공동체 교육으로의 확산의 첫걸음을 내딛는다. 그러한 외부 세계와의 관계의 시도와 훈련을 통해 세계를 향한 폭넓은 관계를 모색한다. 골목은 세계를 향한 폭넓은 도전을 위한 관계의 시험장이 되는 것이다.[67]

67) 같은 논문.

3. 제의적 공간

전통 마을의 구성 요소 중에서 빼놓을 수 없는 요소 중의 하나는 공동체적 공간이다. 공동체적 공간에는 당산나무나 입석 등의 신앙공간, 마을길, 우물, 모정 등이 포함될 수 있다. 마을의 공동공간은 전통 신앙과 관련된 공간이 많다.

당산나무는 평소에도 마을 사람들의 신앙의 장소가 되기도 하지만 동제 등의 행사에는 마을 공동의 제의의 장소로 활용된다. 입석이나 장승은 인접한 마을 간의 경계나 마을의 입구를 표시하는 역할을 수행하였으며, 간혹 마을의 중심을 표시하는 경우도 있다.[68]

공동체적 신앙의 장소들은 신앙과 관련되어 있을 뿐만 아니라 마을을 상징하는 역할도 함께 수행하였다. 또한 마을의 중심, 경계, 입구 등을 표시하고 마을의 심리적 · 정서적 경계를 한정하기도 하는 공간적 지시자로서의 역할도 함께 수행하였다고 볼 수 있다.

마을의 공동체 신앙의 공간은 마을의 자연 지형, 공간구조가 긴밀하게 연결되어 있다. 자연을 중시하는 세계관과 일통하는 측면이 있다. 뿐만 아니라 마을 공동체의 신앙활동과 지역 공동체로서의 마을의 공간 표지가 이들 신앙활동과 연결된다는 점에서 유교가 아닌 전통 신앙이 마을의 공동체 정신의 뿌리임을 알 수 있다.

그곳에서 이루어지는 공동체 신앙은 근본적으로 종교적인 의미를 갖는다. 그러나 제의적인 성격만으로는 마을 공동의 신앙을 충분히 파악하기가 힘들다. 그 안에는 축제적 기능, 공동노동, 회의, 만남 등이 함께 포함되어 있다. 이러한 다양한 측면들이 함께 작용해서 사회 통

68) 박의준, 이정록, 천득염, 「전통 마을 공동체 신앙의 공간적 해석」, 『대한지리학회지』 37(2), 2002, 131-142쪽.

합적인 기능을 수행하는 것이 마을 공동의 신앙이다.

전통 주택의 공간들이 갖는 융통성과 마찬가지로 마을 공동의 신앙 공간 역시 융통성을 하나의 특징으로 한다. 당산목의 경우에도 평소에는 정자나무로 활용되어 휴식과 놀이터의 기능을 하며 마을 입구의 표지 역할을 수행하기도 한다. 그러다가 동제와 같은 제의 시에는 성역으로 구별되어 신앙공간 및 축제 장소로 활용된다.[69)]

전통 신앙과도 관련되지만 농경문화와 더욱 밀접하게 관련된 공동 공간으로 모정이 있다. 모정은 일반적으로 마을 주민들이 공동으로 건립하여 이용하고 관리하는 정자류의 건물이다. 모정은 농정 또는 농청으로도 부리는데 농촌마을의 특징적인 경관을 만들어 내는 공간이다. 모정은 두레의 조직 및 운영과 밀접한 연관이 있다. 간혹 당산나무가

[그림 8-5] 솟대

69) 김수진, 정해준, 심우경, 「전통 마을 공동체적 공간의 의미해석—전남 영광군 효동마을을 중심으로」, 『한국전통조경학회지』 3, 2007, 104쪽.

있던 곳에 세워져 당산굿 장소로도 이용되기도 한다.[70] 따라서 전통적인 신앙 영역이 농경문화와 결합하여 마을의 공동공간이자 중심 공간으로 변형된 것으로 유추할 수 있다. 모정은 집단적 참여 및 공동체 공간으로서 휴식과 정보교류의 장소, 자치와 공동노동의 장소, 민간신앙의 공간, 교육 및 문화 공간의 복합적 기능을 수행하였다.

동제를 포함한 마을 공동의 종교적인 의식은 마을 주민의 공동체 의식과 연대의 강화를 위해서 매우 중요한 역할을 한다고 볼 수 있다. 또한 문화적 전승을 위한 장치로도 해석될 수 있다. 마을 공동체는 신앙, 의례, 노동, 놀이의 유기적인 통합으로 나타나며, 이것은 지역적인 집단성을 바탕으로 사회적인 상호 연대를 통한 정신적인 일체감을 바탕으로 한다.[71] 오늘날 전통적인 요소를 많이 간직하고 있는 마을에서 여전히 동제를 포함한 전통 신앙과 제의적 요소들이 남아 있는 것을 볼 수 있다. 이는 마을의 단합과 공동체 의식의 형성에 미치는 공동의 신앙과 제의의 힘을 반증하는 것으로도 해석할 수 있다.

Ⅲ. 한국 전통 마을의 교육적 특징

1. 중심으로서의 집

전통적인 마을에서 집은 하늘과 땅이 만나는 곳인 명당에 위치한다. 하늘과 땅의 기운이 화합하는 길한 곳에 인간의 장소를 정하고 살아가

70) 같은 논문, 102쪽.

71) 정형호, 「마을 놀이문화의 전승양상에 따른 지속과 변용」, 『한국민속학』 47, 2008, 407-436의 430쪽.

는 의미를 갖는다. 그래서 집은 하늘과 땅과 인간이 만나서 화합하는 장소이며 우주의 중심이 된다.[72] 그 우주의 중심이 되는 좋은 땅을 지신에게서 빌려서 집을 짓는다. 그리고 지신의 보호 안에 자신의 집을 일구고 살아간다. 이처럼 전통적인 집은 우주의 중심이며 신이 거주하는 장소로서 신성한 의미를 갖는다. 집은 인간이 살아가는 장소일 뿐만 아니라 신과 더불어 살아가며 보호받는 신성한 공간인 것이다. 그래서 집을 짓는 것은 신의 우주 창조의 과정을 모방하는 행위로서 새로운 창조의 과정이라는 상징적인 의미를 갖는다. 신의 창조과정을 모방해서 만들어 낸 작은 우주에서 신과 동거함으로써 신성한 공간이 집이다.[73]

이와 같이 신성한 공간, 하늘과 땅의 접합점으로서의 집은 삶의 확고한 중심을 형성한다. 집은 그 안에서 살아가는 사람들의 확고한 삶의 기점이 된다. 모든 삶의 과정들은 집을 중심으로 이루어진다. 또한 모든 세계에 대한 인식과 관계는 집을 기준으로 이루어진다. 집은 그들의 삶에 있어서 절대적인 중심이다. 그러한 확고한 중심에 근거해서 삶이 안정적으로 이루어질 수 있었다. 현대의 과학적 세계관에 의해 상대화되지 않은 확고한 중심성과 그에 기초한 안정이 전통적인 집에는 분명하게 자리 잡고 있었다. 전통적인 집은 자신이 짓고 신과 더불어 살아가며 가족이 주는 안정감이 함께하는 집의 절대적인 중심성이 본래적인 의미대로 살아 있는 집이었다.

사람들은 이러한 집 안으로 태어나고 그곳에서 살다가 죽어갔다. 죽음으로써 집과의 관계가 단절되는 것이 아니라 다시 집을 지키는 수호신이 되어 집 안의 사람들과 더불어 살아가는 것으로 이해되었다. 삶

72) 강영환, 앞 논문, 135쪽.

73) M. Eliade, op cit., p. 38.

의 모든 과정이 그 안에서 이루어지고 자신의 삶이 뿌리내린 절대적인 중심인 만큼, 사람들은 집에 긴밀하게 연결되어 있었다. 이러한 집과의 긴밀한 연결은 너무나도 확고해서 집이 단순한 물리적 공간 이상의 의미를 갖게 된다. 그래서 집은 종종 신체의 연장으로 이해된다. 집에 난 창과 문은 신체의 눈으로 비유되며, 집 전체는 몸의 연장으로 비유되곤 한다. 내가 태어나고 오래 살아온 집에는 몸과 영혼이 함께 깃들어 있다.[74)]

집은 인간이 광활한 세계 안에서 한 장소에 뿌리내림으로써 안정하는 장소다. 세계 안에 던져진 존재로서의 인간에게는 자신의 존재를 정착시키기 위한 어떤 중심이 반드시 요청된다.[75)] 중심은 귀향과 귀환을 위한 기지이자 배의 항구와 같다. 집은 인간의 삶에 있어서 확고한 중심이 되어 왔다. 또한 안정에 기초해서 세계와 용감하게 맞설 수 있는 요람이며 토대다. 집을 짓고 그 안에 정착하는 것은 광활한 세계 안에 던져진 인간 존재의 숙명적인 과제다. 세계라는 한계를 찾기 어려운 넓음과 낯설음 안으로 태어나는 인간의 숙명성에 비추어 볼 때, 그 안에서 삶의 기점으로서의 안정의 장소를 만드는 것 역시 숙명적인 과제다. 그런 의미에서 인간은 거주를 통해서만 진정한 의미의 인간일 수 있다. 이와 같은 인간과 집의 관계의 긴밀함은 너무나도 커서 역동적인 공동체 관계를 형성한다.[76)]

그런 의미에서 전통적인 집, 중심으로서의 의미를 본질적인 의미에서 포함하고 있던 집은 진정한 중심이었다. 옛 집들은 인간의 삶 전체

---

74) G. Bachelard, Tr. by Maria Jolas, The Poetics of Space. Boston: Beacon Press, 1994, p. 180.

75) O. F. Bollnow, Mensch und Raum. Stuttgart, 1984, p. 137.

76) G. Bachelard. op. cit., p.167.

를 포괄하는 확고한 중심으로서의 위치를 가지고 있었다. 확고한 중심이 만들어 내는 안정과 그에 기초한 일상의 순차적인 전개가 보존되어 있었다. 집의 절대적 중심성과 신성성은 한편으로는 가족과 가정의 신성성을 의미하며, 자신의 가족과 집에 대한 자부심을 의미한다. 중심으로서의 집에 대한 신념은 교육적으로는 가정교육의 절대적인 우선성의 기반이 된다.

그렇지만 이러한 집의 진정한 중심으로서의 위치는 오늘날 현대인의 삶에서는 찾아보기 힘들다. 현대인은 자신의 주거를 포함한 모든 것을 자본주의적으로 소비한다.[77] 그들은 중심으로서의 집을 상실하고 말았다.[78] 집이 주는 확고한 중심성의 상실에 따라 존재의 안정성 역시 상실하고 말았다. 그런 의미에서 다시금 거주하기를 배워야 하고, 이를 통해서 자신의 존재를 세계 안에 정착함을 배워야 한다.

2. 집을 둘러싼 이웃의 공간

집은 가장 사적인 영역이며 은밀한 공간이다. 인간은 집의 보호 안에서 안정을 누리고 세계와 교섭할 수 있는 새로운 힘을 비축한다. 그렇지만 집 안에 머물러 있는 것만으로는 삶이 이루어질 수 없다. 인간은 넓은 세계와의 관계를 통해서 삶을 지속하고 성장할 수 있다. 그러므로 집은 필수적으로 세계와 교섭하기 위한 통로들을 가지고 있다. 창문을 비롯한 집의 통로들은 인간이 세계와 교섭하는 통로다.[79] 집과 세계 사이를 연결하는 이 통로들이 갖는 특징들을 통해서 우리는 집을

77) J. Habermas(이진우, 박미애 역), 『새로운 불투명성』, 서울: 문예출판사, 1995, 21쪽.
78) O. F. Bollnow, op. cit., p. 125.
79) G. Bachelard, op. cit., p. 194.

지은 사람들의 세계에 대한 이해를 유추할 수 있다. 전통적인 집은 위에서 보았듯이 개방적인 특징을 갖는다. 허술하고 낮은 울타리로 둘러싸인 집은 이웃 사람들에게 항시 노출되어 있다. 열린 문과 마당은 언제나 이웃 사람들의 개입과 참여를 허용하고 있다. 이와 같은 개방성은 그 자체가 이웃에 대한 긍정적인 이해를 반영한다.[80] 확고한 중심으로서의 집은 골목과 골목을 공유하는 이웃의 공간으로 둘러싸여 있으며, 이러한 공간들이 합해져서 공간을 공유하는 공동체인 마을을 이룬다.

마당을 지나 열린 문을 나서면 골목이 나온다. 골목은 이웃과 연결된 관계의 공간이다. 낮은 울타리들로 이루어진 골목은 집들의 경계들로 이루어져 있지만 완전하게 차단하지는 않는 구조를 가지고 있다. 그래서 골목에는 골목을 공유하는 이웃들의 관심과 영향이 언제나 일정 정도로 반영되어 있다. 골목에서 안길로, 또 큰길로 나가면서 참여하는 이웃의 수가 증가하고 그만큼 사적인 영역으로서의 특징은 줄어들고 공적인 의미가 강해지는 구조를 갖게 된다. 그럼에도 불구하고 골목을 공유하는 사람들 간의 긴밀한 관계는 유지된다.

골목과 마을이 한국인에게 친밀한 공동성을 갖는 것은 많은 마을들이 동족촌으로 이루어진 것이 큰 영향을 미쳤다. 집 밖의 이웃들은 낯선 사람이 아니라 자주 집에 드나들고 제사, 혼례 등의 제의적 행사에서 만났던 친족들인 경우가 많기 때문이다. 그러므로 골목과 마을이 주는 안락감은 집과 가까운 거리에 있는 공간적인 가까움과 더불어 혈연이라는 보다 긴밀하고 근원적인 가까움이 병행되는 것이었다. 그래서 마을 안의 사람들에게는 언제나 낮은 울타리와 열린 문을 통한 개방성

80) 윤재흥, 「마당의 교육인간학적 고찰」.

이 유지될 수 있었다. 혈연 공동체와 지연 공동체의 이중적인 연결망은 이웃의 친밀성을 한층 강하게 만들었다.[81] 때문에 생활공간의 개방과 서로의 삶에 대한 개입과 참여가 활발하게 이루어질 수 있었다.

이처럼 한국의 마을에서는 집을 나서면 바로 낯선 세계로 나가는 것이 아니다. 집과 낯선 세계의 대비를 완충시키는 이웃의 공간이 완충공간으로 자리하고 있다. 집은 가족들이 있는 사적이고 내밀한 영역이다. 집은 인간 삶의 중심점이고 삶이 깊이 뿌리내리고 있는 존재의 요람이다. 이에 반해서 밖은 낯선 세계이자 타자의 영역이다. 어둠과 혼란을 특징으로 하는 미지의 세계이며, 따라서 위협적인 공간이다. 그곳은 아직 탐험되지 않아서 낯설고 무질서하고 혼돈스러운 공간이다.[82] 따라서 집 밖으로 나가는 것은 안전함과 친밀함으로부터 떨어져 나가 어둡고 혼란스러운 세계로 나가는 두려움과 긴장을 만들어 낸다. 이러한 집 밖의 어둠, 혼란, 모호함, 낯설음, 위험들을 완화시키고 점진적인 접근을 가능하게 하는 것이 이웃의 공간이다.[83] 이웃의 공간은 집과 긴밀한 관계로 서로 연결되어 있다. 마을 밖은 비교적 낯선 영역이지만 마을 안의 공간은 상당한 정도의 공동성과 긴밀성이 존재하는 안정된 공간이었던 것이다. 가족의 영역인 집을 나서면 이웃의 영역인 마을이 집을 둘러싸고 있다. 그래서 나의 안전과 평안은 일차적으로 가족에 의해서, 다음으로는 마을 안에 살고 있는 친족과 이웃에 의해서 이중적으로 보호되고 있었다.

따라서 한국의 집과 마을은 중심과 중심을 둘러싼 우호적 공간으로의 점진적 이동의 구조를 가지고 있었다고 말할 수 있다. 집 안에 거주

---

81) 윤재홍, 「'울타리'의 교육인간학적 의미 연구」.

82) M. Eliade, op. cit., p. 44.

83) 윤재홍, 「골목과 이웃의 교육인간학」.

하는 가족, 집을 둘러싼 이웃의 공간, 그리고 마을 밖의 낯선 존재들로의 순차적이고 차별적인 관계의 구조가 확인된다. 그 안에서 삶은 중심에서 주변으로의 점진적인 관계의 긴밀성에 의해서 순차적이고 여러 겹으로 보호되는 공동성의 구조를 이루고 있었음을 알 수 있다.

그래서 한국의 집과 마을은 관계와 공동성을 위한 공간을 포함하고 있다. 다양한 사이공간들이 집과 마을 안에 만들어져 있어서 그곳을 매개로 다양한 관계들이 형성될 수 있게 하였다. 열린 문과 낮은 울타리와 함께 공유하는 골목 등으로 인해서 그 안에서 이루어지는 관계는 항시적이고 다층적이며 매우 긴밀하였다. 집과 마을이라는 공간이 인간과 인간의 관계라는 삶의 현상을 매개하고 있는 것이다. 한국인들은 이와 같은 공간의 매개적 기능을 잘 이해하고 있었고, 그것을 자신의 거주공간에 구조화하였다. 그리하여 그 안에서 살아가는 사람들의 삶을 통해서 다양한 관계들이 자연스럽게 매개되도록 배려한 것이다. 그 관계는 집과 마을의 공간적 특징이 그러하듯이 개방성과 공동성과 포괄성을 특징으로 하였다. 그래서 그 안에서 성장하고 살아가는 사람들은 개체로서의 '나' 보다는 공동 운명체로서의 '우리' 를 기본 단위로 생각하고 행동하고 살아갔다.[84)]

이와 같은 공동체적 공간으로서의 이웃은 교육적으로도 매우 의미있는 특징이라고 할 수 있다. 집 안에서의 가정교육이 일정 정도 이루어지고 나면 이웃의 공간 안에서의 공동의 양육과 공동체 중심의 교육이 이루어졌음을 의미하기 때문이다. 앞에서 보았듯이, 한국의 전통 마을에서 골목을 비롯한 이웃의 공간은 낮은 울타리와 담으로 둘러싸인 공동의 공간이다. 그곳에는 이웃들의 시선과 관심과 배려가 언제나

84) 윤재홍, 「'울타리' 의 교육인간학적 의미 연구」, 166쪽.

함께 있다. 어린이들은 그곳에서 또래들과 어울려 유년기를 보낸다. 이웃의 관심과 돌봄 안에서 함께 성장하고 함께 공동체의 문화 안으로 교육되는 것이다. 이 시기의 교육은 이웃이라는 지연 공동체에 의한 다중적인 보호와 양육, 배려, 돌봄의 장치를 통해 수행되었다. 특히 한국 전통 마을이 갖는 동족촌의 특징 때문에 이웃은 곧 친족으로서 혈연에 의해 보다 강화된 공동성의 특징을 가지고 있었다. 그만큼 공동의 양육과 공동의 교육 정도도 강하였다고 할 수 있다.

친족과 이웃에 의한 공동교육에서는 개인으로서의 '나'가 단위가 아니라 한 울타리 안에 속한 혹은 낮은 울타리로 서로 연결된 '우리'가 단위가 된 교육이 이루어졌다. 집 안에 속한 가족만큼은 아니지만, 그 다음으로 강력한 유대와 일체감을 특징으로 하는 집단이 친족이며 이웃이다. 그래서 친족과 이웃 안에서 이루어지는 교육은 '우리'라는 연대의식을 강화하는 방식으로 이루어진다. 같은 혈통과 같은 골목과 마을에 거주하는 지역적 동질성이 이러한 연대의식을 매개하는 역할을 한다. 그래서 마을의 공동교육은 연대의식의 교육이며 연줄의식의 교육이다. 또 같음과 다름을 기준으로 하는 차별의 교육이기도 하다. 나와 같은 집안, 나와 같은 골목이나 마을에 사는 사람, 이런 식의 같음이 공동성의 기반이 된다. 종족 중심주의적인 사고방식[85]에 기초한 차별의 구조가 거기에 존재한다.

그렇기에 마을이라는 지역성에 근거한 공동성의 교육은 지연에 근거한 공동성의 교육이다. 나와 같은 골목에 사는 사람, 나와 같은 마을 안에 사는 사람이라는 같음이 매개하는 공동성이다. 그와 같은 공동성이 만들어 낸 '우리'라는 의식이 공동의 보호와 양육과 교육을 가능하

85) M. Landmann(진교훈 역), 『철학적 인간학』, 경문사, 1977, 23쪽.

게 하는 심리적 유대감을 만들어 낸다. 그래서 같음이 확인되는 집단 안에서는 '우리' 라는 의식이 작용하고 협력과 상호 보완이 가능하게 된다. 그리고 공동의 보호와 교육을 통해 더 큰 효과를 만들어 낸다.

그렇지만 같음이 확인되지 않는 사람들에 대해서는 매우 차별적인 특징을 갖는 것이 이러한 같음과 다름에 기초한 사고방식의 특징이다. 마을 입구에는 마을의 경계 표시로서 장승과 입석을 세우고, 마을의 큰길에 면한 담은 높게 쌓아서 외부인들이 들여다볼 수 없게 만든다. 이러한 공간적 경계는 그대로 인간관계에서의 경계와 차별로 나타난다. 같음이 확인되면 금방 친해지고 '우리' 라는 호칭을 사용하며 마음의 벽을 허문다. 그러나 그렇지 않은 사람에 대해서는 마음의 벽을 둘러치고 '남' 으로 간주하고 차별한다.[86)]

혈연과 지연에 근거한 공동성의 교육은 '나' 를 중심으로 하는 교육을 보완하는 '우리' 를 중심으로 하는 공동성의 교육의 특징을 갖는다. 그래서 '나' 라는 개체가 갖는 한계를 '우리' 라는 복수의 자아를 통해 보완하는 장점을 가지고 있다. 개체의 생존과 경쟁을 다수의 우호적 존재들을 통해 보완하고 강화하는 효과가 있다.

한편으로는 그 안에 작용하는 같음과 다름의 차별적 구조로 인한 한계를 갖기도 한다. 혈연, 지연, 학연 등의 연줄의식과 지역성에 기반을 둔 비합리적이고 정서적인 관계 중심적 사고를 만들어 내기도 하기 때문이다. 또한 개인적 차원의 이기주의를 보완하기는 하지만 혈연 집단과 지연 집단의 집단적 이기주의와 집단적 경쟁의 구도를 만들어 내기 때문이다.

86) 윤재흥, 「'울타리' 의 교육인간학적 의미 연구」, 121쪽.

3. 점진성과 차별성, 그보다 근본적인 원리인 음양론적 조화

한국의 전통 마을에는 다양한 형태의 점진적인 질서가 존재한다. 점진성은 인간의 삶이 가지고 있는 점진적인 발달의 구조와 병행한다. 태어나고 성장해서 넓은 세계와 관계하고 다시 집으로 돌아와 죽어가는 삶의 과정과 병행하는 구조를 가지고 있다. 안방은 탄생의 공간이며 어머니의 품안에서 이루어지는 일차적인 가정교육의 공간이다. 남성들의 공간인 사랑은 가문의 어른들이 교류하는 공간으로, 그 안에서 가부장의 역할과 남성 위주의 문화 및 가문의 문화를 배운다.[87] 그다음에 마당을 지나 골목으로 나가서 또래들과 교제하면서 이웃의 문화를 습득한다. 더 성장하면 마을의 구성원으로서 마을의 문화를 배우고 공동체적인 행사들에 참여한다. 더 나아가 보다 폭넓은 세계와 관계하기도 한다. 그러다 나이가 들면 행동과 관계의 범위가 다시 줄어들고, 마을에 한정된 삶을 살다가 골목에 머무르고, 집안에 한정된 삶을 살다가 돌아가는 것이다. 이와 같은 삶의 과정에 동반되는 공간의 질서가 마을의 공간적 구조 안에 점진적으로 반영되어 있다. 삶의 변화와 병행하는 공간의 이동구조는 인간의 삶이 만들어 낸 본질적인 요소라고 할 수 있으며 보편적인 현상이라고 할 수 있다.

한편 점진성은 한국 사회의 문화가 만들어 낸 위계적인 질서와 차별을 보여 주기도 한다. 한국의 마을에는 집과 집이 서로 나란한 평등의 구조를 갖지 않고 위계적으로 차이를 가지고 있다. 종가집과 양반가 다음으로 소작농들과 외거노비들의 공간으로 이어지는 서열성이 존재한다. 집 안에서도 가장 위계가 높은 사당에서 시작해서 주인들의 공

87) 박영순 외, 앞 책, 42쪽.

간인 안채와 사랑채, 행랑채, 바깥마당으로 이어지는 점진적인 서열의 구조가 분명하게 나타난다. 중심으로서의 집과 이웃과 마을 세계로의 순차적인 점진성과 서열성을 확인할 수 있다.

이에 따라 인간관계에서의 서열성도 확인된다. 가족이 최우선이고, 친족과 이웃으로, 그리고 남으로 확산되어 가는 인간관계의 점진적인 서열의 구조를 확인할 수 있다. 어른이 우선이고 어린이는 그다음인 장유유서의 구조도 함께 확인된다. 남성이 먼저이고 여성이 그다음인 구조도 그 안에 함께 포함되어 있다. 사당이 최고 서열의 공간을 점유함으로써 조상이 먼저이고 산 자의 공간이 그다음인 구조를 보여 준다.[88] 이는 유교사회의 조상숭배 사상과 가계 계승의 절대성에서 비롯되는 것으로 해석할 수 있다. 한국의 집과 마을에 분명하게 반영된 위계적인 서열은 조선의 유교적인 세계관이 공간 안에 반영된 측면이 강하다.[89]

이처럼 한국의 집과 마을은 분명한 위계질서를 그 공간의 구조 안에 포함시키고 있다. 이는 당시 사람들의 서열화된 사고방식과 삶의 질서를 반영한 것이다. 사람들 사이에 위계상 차이를 정하고 그에 맞추어서 생각하고 행동하는 방식이 한옥에 그대로 투영되어 있는 것이다. 서열의 기준은 가부장제의 질서와 밀접한 연관이 있다. 유교적 가치관이 지배적이던 조선시대의 규범이 사람들의 사고방식으로 내면화되고 집의 공간 배치에도 들어와 있는 것이다.[90] 가치관에 따라서 공간을 설계하고 조성함으로써 그 안에서 이루어지는 삶이 자연스럽게 그와 같은 가치관을 다시 교육하게 만든 것이다. 점진적이고 차별적인 공간

88) 신영훈, 『한옥의 조형』, 64쪽.

89) 김광언, 앞 책, 111쪽.

90) 윤재흥, 앞 논문, 93쪽.

구조와 그 안에서 이루어지는 관계의 서열성이 다시 별(別)과 서(序)의 질서를 교육하게 하는 구조다. 그래서 공간과 의식의 순환관계를 만들어 낸 것이다.

한국의 집과 마을에 반영된 점진적이고 차별적인 공간구조는 또한 삶의 과정에 동반되는 교육의 점진적 걸음걸이를 보여 주는 것이기도 하다. 태교에서부터 어머니의 품안에서 이루어지는 교육으로, 그리고 보다 폭넓은 가정교육으로 이어진다. 이 시기 어린이의 교육은 어른들의 배려와 관심 안에서 이루어졌다. 일차적으로 어른들이 만들어 낸 집의 문화가 교육되었다. 다음으로는 어른들이 받아들여 소화한 내용들이 어린이들에게 전달되었다. 어른에게는 낮고 어린이에게는 높은 울타리가 그러한 어른 중심의 교육을 만들어 내었다.

어른 중심의 교육은 다른 측면으로 보면 가정교육의 우선성을 의미한다. 오늘날과 대비해 보면 가정교육의 우선성은 매우 분명해진다. 오늘날의 교육은 교육 전문가들이 선정해 놓은 내용들이 교사들이 주도하는 수업을 통해 이루어진다. 가정의 어른들에 의한 걸러짐과 수용 이후의 전달이라는 과정이 생략되어 있다. 이와는 달리 전통사회의 교육은 어른들에 의한 걸러짐과 수용이 있은 후에 어린이들에 대한 전달이 이루어진다. 어른들에 의해 걸러짐은 곧 가정의 전통과 규범에 의한 걸러짐을 의미한다. 가정교육은 어린이의 삶을 위한 초석으로서 가장 우선적인 교육으로 확인된다.

그다음으로는 가문의 어른들과의 만남이 이루어지는 사랑에서의 가문의 교육이 위치한다. 집안의 문화가 교육된 다음에 골목과 이웃에서 이루어지는 지역 공동체의 교육이 뒤따른다. 일정한 연령에 이르면 어린이들은 집의 울타리를 벗어나 골목으로 나아간다. 골목은 또래들의 공간이다. 그리고 앞에서 언급했듯이 골목 안에는 이웃의 공동의 관심과 배려가 언제나 함께 있다. 따라서 골목은 이웃이라는 지연 공동체의 공간이다. 동족촌으로 이루어진 전통 마을은 지연과 더불어 혈연에 기초한 공동체의 공간이기도 하였다.[91] 따라서 골목 안에서의 또래들과의 놀이와 외부 세계에 대한 탐색은 가정교육의 단계에 뒤따르는 공동체 교육의 의미를 갖는다. 이와 같은 골목에서의 공동체 교육이 이루어진 후에 어린이들은 장성하여 마을의 구성원이 되고, 바깥세계와 관계하게 된다. 지역 공동체의 교육에 이어서 보다 폭넓은 지역사회의 교육과 국가와 민족의 교육이 이루어지는 것이다. 이와 같은 교육의 점진적인 질서는 전통사회의 집과 마을의 구조 안에 투영되어 있다.

이처럼 전통사회의 집과 마을은 태어나고 성장해 가는 과정과 병행하는 삶의 공간의 변화의 과정이기도 하다. 삶의 공간의 변화는 그대로 삶의 관계의 변화이며, 관계에 수반되어 함께 진행되는 교육의 변화의 과정이다. 그 변화과정은 안방에서 사랑으로, 사랑에서 마당과 골목으로, 그리고 이웃과 사회로 확산되어 가는 삶의 점진성이다. 그러한 점진적인 삶의 과정과 함께하는 점진적인 교육의 구조가 전통사회의 교육의 특징이다. 그리고 그러한 점진적인 과정들은 삶의 공간이 가지고 있는 점진적이고 서열적인 구조에 의해서 일상 안에서 반복적으로 체험됨으로써 습득되었다.

그러나 전통 마을에는 별과 서를 주축으로 하는 유교적인 질서만이 반영되어 있는 것은 아니다. 음과 양의 조화를 주축으로 하는 보다 오래된 전통이 마을과 집의 공간을 구성하는 원리로 작용하고 있다. 남녀공간의 분리는 양반가에서 보다 엄격하게 나타나고, 서민들의 집에서는 분명하지 않다. 양반가에서도 내외담은 형식적이고, 실제로는 남

91) 윤재흥, 「골목과 이웃의 교육인간학」.

녀공간의 연결 통로가 보존되어 있어서 일상적으로 남녀의 교류가 가능하였다. 유교문화가 특히 더 강하였던 경상도 경주, 안동, 청송 등지에서 나타나는 양반가의 ㅁ자형 주택은 남성들의 공간은 겉으로 노출되어 있고 여성들의 공간은 후면에 배치되어 있지만 안으로는 연결된 공간으로 되어 있다. 조선후기에 들어 유교문화가 일반에까지 확산되었다고 하지만, 가장 원초적인 삶의 조건인 주거에는 보다 오래 지속된 전통과 관습이 더 지배적으로 남아 있었음을 알 수 있다.

유교적인 가치관에 따른 내외관(內外觀)보다 더 오랫동안 영향을 미쳐 왔고 그래서 보다 민족적인 정서에 뿌리 깊이 얽혀 있는 것이 음양론(陰陽論)적인 세계관이다. 음양론에서는 남녀를 조화로운 관계로 이해한다. 서로 함께 있고 원활하게 작용하는 것이 바람직한 음과 양의 관계다. 따라서 음양론적인 세계관에서는 남자와 여자가 구별되지만 격리되지는 않는다.

건축의 기본 원리에 있어서도 음양론적인 세계관이 반영되어 있었다. 집터의 선정에서는 '길지'의 판단기준으로 음양의 기운의 조화, 땅과 하늘의 기운이 만나는 곳을 꼽는다. 건물 자체에도 음양조화의 원리가 반영되어 있다. 건물과 마당은 양으로서의 건물과 음으로서의 마당의 공존이며 조화다. 남자의 공간인 사랑채를 남쪽과 동쪽에 배치하고 여성의 공간인 안채를 북쪽과 서쪽에 배치하는 것도 음양론의 방위 개념을 따른 것이다.[92] 따라서 집 전체로 보면 사랑채와 안채가 음과 양으로 짝을 이루고, 각 채에서는 건물과 마당이 음과 양으로 구별되면서 조화를 이룬다. 또 방과 마루가 음과 양으로 짝을 이루는 구조다. 이렇게 집을 구성하는 모든 공간이 크고 작은 음과 양의 짝을 이루

---

92) 강영환, 앞 논문, 133-143쪽.

면서 반복된다. 이처럼 음과 양이 공존하는 질서가 한국 전통 주택의 기본적인 구조원리다. 또한 음과 양이 교차하면서 조화를 이룬 공간과 인간의 관계가 한옥 안에 함께 투영되어 있는 것이다. 이와 같은 음양의 보완과 조화는 공간의 구조원리 이전에 한국인의 기본적인 세계관이며 사고의 원리라고 할 수 있다.[93)]

4. 자연을 닮으려는 마음

전통적인 마을과 집의 입지 선정에는 풍수적인 측면이 매우 중요하게 고려되었다. 때로는 다른 모든 것에 우선하는 일차적인 조건으로 풍수가 고려되었다. 이와 같은 풍수에 대한 우선적 고려는 풍수론에 따른 길지의 선정과 그곳에서 살아가는 사람들의 삶의 질이 직접적으로 연결되어 있다는 생각에서 비롯된 것이다.

그 결과 마을과 집의 입지는 자연과 매우 밀접한 연관을 갖게 되었다. 또한 풍수에 있어서는 자연 그대로의 상태가 일차적으로 중요하였기 때문에 자연스럽게 자연을 중요하게 생각하고 그것에 자신을 맞추어 살아가는 삶의 태도를 갖게 하였다. 혹은 자연에 대한 존중의 마음이 풍수를 중요하게 생각하는 경향을 만들어 내거나 쉽게 수용하게 하였을 수도 있다.

결과적으로 풍수를 우선하는 마을과 집의 입지 선정에서 우리는 전통적인 한국인의 삶에서 자연 존중의 가치관을 매우 분명하게 확인할 수 있다. 한국인들은 가장 인공적이고 인간적인 구조물인 집을 지으면서 자연과의 관계를 거의 절대적인 기준으로 고려하였다. 이는 자연에

---

93) 윤재흥, 「'울타리' 의 교육인간학적 의미 연구」, 91쪽.

기대어 살 수밖에 없는 농경민족의 특징이기도 하지만, 자연을 바라보는 한국인의 자세가 자연과 인간의 관계를 뗄 수 없는 연결구조로 이해한 것에서 비롯된다. 천 · 지 · 인 삼재(三才)를 우주의 기본 틀로 이해하고 조화로운 연결 속에서만 복된 삶을 누릴 수 있다고 여긴 세계관, 자연관이 한국인의 집과 마을 조성의 기본적인 틀인 것이다.

자연과의 관계는 집과 마을의 구조에서 인간과의 관계를 위한 공간들을 살펴보면 더욱 분명해진다. 집은 거주공간인 채와 사이공간인 마당으로 되어 있다. 또 각각의 집과 집 사이에도 사이공간인 골목이 존재한다. 인간과 인간의 중간에는 언제나 사이와 여백이 있어서 관계의 직접성을 중화하고 부드럽게 만든다. 그런데 그 사이를 자연이 채우고 있다. 또한 거주공간 안에 자연을 도입하여 언제나 자연이 인간과 함께 있도록 배려하였다. 이처럼 한국의 집과 마을은 자연과의 적극적인 관계를 고려한 공간, 반면에 인간과의 간접적인 관계를 고려한 공간으

[그림 8-6] 자연과 어우러진 울타리: 아산 외암마을

로서의 특징을 갖는다.

이와 같은 자연에 대한 배려에는 자연을 전체로서 하나의 조화로운 질서로 이해하고 또 하나의 생명체로 인식하는 세계관이 바탕이 되어 있다. 자연을 전체로서 조화로운 이상적 상태로 이해하기 때문에 그러한 이상적 상태를 깨지 않고, 그 안에 자신을 위치시킬 때 그 조화가 주는 좋은 영향을 받아 행복한 삶을 누릴 수 있다고 여긴 것이다. 그러기에 자연은 언제나 함께 있고 또 삶이 끝날 때에는 돌아가야 할 궁극적인 근원이기도 하였다.

이러한 마음으로부터 자연은 자연스럽게 경외의 대상이 되고 보존의 대상이 된다. 그래서 한국의 집과 마을은 있는 그대로의 자연을 최대한 보호하고 그 안에 집과 마을을 조심스럽게 자리 잡게 하는 특징을 가지고 있다. 마을은 뒷산에서 이어지는 경사지에 자연스럽게 기대어 있고, 골목은 능선과 비탈을 따라 구불구불하게 이어져 있다. 마을의 지붕 모양도 자연스럽게 뒷산을 닮아 있다. 삶의 기본적인 공간인 집 안에 자연이 들어와 있고, 자연의 질서를 모방하여 집을 짓고자 하였다. 마을의 위치 신정과 집터의 선정에서부터 재료의 선택과 가공, 공간의 설계와 이용 등 모든 부분에서 자연과의 조화와 자연의 질서를 고려하였다. 거기에는 자연을 조화로운 전체로 이해하고 그 전체로서의 조화로운 자연 안에 자신을 동화시킬 때 스스로도 복된 삶을 누릴 수 있다는 믿음이 바탕이 되었다. 한국인은 스스로를 자연으로부터 와서 자연과 더불어 살다가 자연으로 돌아가는 존재로 파악하였다. 그래서 자연 가운데서 자신의 삶의 자리를 선택하여 집을 지었으며, 그 안에서 자연과 더불어 살았고, 자신이 자연으로 돌아가 누울 자리를 스스로 선택하고 그곳으로 돌아갔다.

마찬가지로 자연으로부터 비롯된 집 역시 자연 상태로 되돌려 놓는 것을 최선의 것으로 생각하고, 그것을 실천하였다. 자연 재료를 최소한도로 가공해서 사용함으로써 다 사용되고 난 집은 다시금 자연을 그대로 회복할 수 있도록 하는 배려를 하였다.[94] 인간이 자연에서 와서 자연으로 돌아가듯이, 집도 자연에서 와서 자연으로 돌아가도록 배려한 것이다. 인간은 돌아가고 자연은 돌려주는 것이다. 이와 같은 돌아감과 되돌림의 마음이 한국의 집과 마을에 반영된 궁극적인 자연 이해라고 할 수 있다.

한국의 전통적인 마을과 집은 자연을 거스르지 않는 마을 조성, 자연 재료의 수용, 자연적인 요소의 도입 등으로 자연이 삶의 공간에 늘 함께 있게 하였다. 이를 통해서 삶의 일상은 늘 자연과 더불어 이루어지게 되었다. 삶에 수반되는 체험적 과정을 통해 자연이 사람됨의 일부로 존재의 구성 요소로 자리 잡게 만들었다. 그래서 자연으로부터 배우고, 자연과 더불어 생활하고, 자연을 보호하고, 자연으로 돌아가는 삶의 자세가 자연스럽게 습득되게 하였다. 의도적인 교육이 아니라 일상과 함께하는 비의도적이고 잠재적인 교육을 통해서 언제나 친자연의 원리가 우선적으로 교육되었다. 공간 안에 자연을 배려함으로써 삶의 공간 안에서 형성되는 존재의 내적 구조에 자연이 그대로 반영되게 하는 교육적인 배려는 한국 전통 마을의 특징 중의 하나다.

오늘날 환경 문제가 전 지구적으로 심각하게 대두하면서 환경보호론이 힘을 얻고 있다. 게다가 환경보호론조차 인간이 중심이 되고 있다는 한계를 지적하는 목소리도 있다. 인간 중심으로 자연을 이용하다가 이제는 다시 인간 중심으로 환경론을 펼치고 있다는 것이다. 자연과 환경에 대한 진정한 의미의 전환이 요청된다는 목소리다.[95]

94) 윤재흥, 「'울타리' 의 교육인간학적 의미 연구」, 46쪽.
95) F. Kümmel(최신한 역), 『자연은 말하는가?』, 탑, 1995, 67쪽.

전통적인 한국의 집과 마을에서 찾을 수 있는 자연에 대한 자세에는 이전의 도구적 자연관이나 오늘날의 환경보호론과는 다른 자연 이해가 포함되어 있다. 마을과 집에 반영된 자연 이해는 자연을 이용하는 차원을 넘어서 있으며, 자연을 즐기고 자연과 함께 있는 차원도 넘어서 있다. 그것은 자연을 배우고 닮고자 하는 자세이며, 자신을 자연 안에 동화시키려는 자세다.[96] 궁극적으로 자연으로부터 와서 자연으로 돌아간다는 돌아감과 되돌림의 정신에서 한국인의 자연에 대한 궁극적인 이해를 찾아볼 수 있다. 그로부터 오늘날 환경보호론을 넘어서는 새로운 전환의 가능성도 함께 찾을 수 있다고 생각한다.

5. 포괄성과 융통성

전통적인 집과 마을은 삶의 전 과정을 포괄하는 공간이었다. 오늘날과 같이 삶이 분화되어 있지 않았기 때문에 태어나서 죽을 때까지, 그리고 죽어서 마을 근처의 산과 들에 묻힐 때까지의 삶의 전 과정이 집과 마을 안에서 이루어졌다. 농경사회로서 생업의 공간인 농토가 마을 주변에 있었기 때문에 이와 같은 집과 마을이 갖는 포괄성은 더욱 강화될 수 있었다. 전통적인 주거는 충실한 의미에서 주거라고 이야기할 수 있다. 현대의 산업사회 안에서 물질적인 가치로 변질되어 버린 집이 아니다. 또한 기능적으로 설계되고 평가되는 집이 아닌 삶과 세계에 대한 이상이 그대로 반영되어 있는 작은 우주인 것이다. 집은 잠자고 생활하는 공간을 넘어서서 삶이 깊게 뿌리내린 공간이며, 인간의 존재 전체가 삶 전체를 통해서 긴밀하게 얽혀있는 공간이었다. 인간의

96) 윤재흥, 「전통주거에 반영된 조화적 자연관과 환경교육적 시사」, 『한독교육학연구』 5(1), 2000, 139-158쪽.

삶을 위한 기능적인 필요만을 충족시키는 것이 아니라 삶 자체가 그 안에 결합되어 있는 존재의 일부이며 삶의 일부였다. 삶의 요소들이 분화되고 분절되지 않고 총체적으로 연결되고 복합적으로 서로 얽힌 채 그 안에서 함께 있었다.

이와 같은 집과 마을의 포괄성은 공간의 융통성이라는 특징을 만들어 내었다. 모든 삶의 과정들이 그 안에서 이루어지기 때문에 모든 공간들을 그 기능에 따라 분리해서 만들기가 힘들었다고 볼 수 있다. 좁은 공간을 최대한 효율적으로 이용하고 계절의 변화와 삶의 과정의 변화, 일상과 비일상의 순환에 따라서 공간을 변용하는 지혜를 낳게 된 것이다. 그래서 전통적인 집과 마을에서는 성역이 일상공간이 되고, 산 자의 공간이 죽은 자의 공간이 된다. 일상의 장소가 제의 장소가 되고, 생업의 장소가 제의의 및 교육의 장이 되는 전환을 쉽게 찾아볼 수 있다.

한편으로 이와 같은 포괄성과 융통성의 특징으로 인해서 집과 마을을 벗어나 새로운 세계를 접할 수 있는 가능성이 줄어들었다고 볼 수도 있다. 일상적으로 집과 마을에서 해결할 수 없는 문제들이 발생할 때 그것을 외부로 가져가서 해결할 필요가 없어지기 때문이다. 전통적인 집과 마을에서는 일상의 공간이 제의의 공간으로 전환되고 다시 일상의 공간으로 회복되는 특징을 볼 수 있다. 이것은 일상의 삶 속에서 생긴 갈등을 제의를 통해서 해소하고 다시 일상을 회복하는 절차를 의미한다. 그 과정에서 죽은 자의 세계에 속한 혼령이나 신격들을 초청해서 문제를 해결하고는 다시 돌려보내는 형식을 취한다.[97] 이는 전통사회의 마을과 집이 갖는 포괄성과 융통성이 패쇄적인 특징이 될 수 있음

97) 김인회, 앞 책, 205쪽.

을 보여 주는 것이다.

이와 같은 포괄성과 융통성의 특징 안에서 교육 역시 삶과 분리될 수 없는 하나의 과정으로 거주의 공간 안에서 이루어졌다. 전통 마을은 삶의 모든 과정을 포괄하였다. 탄생에서부터 죽음에 이르기까지의 전 생애가 마을 안에서 이루어졌다. 거의 모든 마을 구성원이 그 안에서 탄생해 살다가 죽어서 인근의 산과 들에 묻혔다. 그리고 모든 구성원이 탄생과 성장과 삶과 죽음을 지켜보고 체험하였다.

그 과정에서 현대적인 의미의 교육과 삶의 분리는 확인되지 않는다. 교육은 삶의 준비과정으로 분리되어 시행되지 않았으며, 언제나 삶이 이루어지는 공간 안에서 삶과 동행하는 과정으로 이루어졌다. 집은 새로운 존재들의 탄생과 성장의 요람이었다. 어린이들은 집 안으로 태어나고 그 안에서 이루어지는 삶에 둘러싸여 성장하였다. 사랑과 골목과 마을을 통해서 마을과 가문의 전통과 문화를 자연스럽게 습득하고 계승하였다. 어른들의 가치관과 문화는 삶을 통해서, 그리고 그들이 설계한 삶의 공간을 통해서 자연스럽게 어린이들에게 전승되었다.

교육은 본래의 모습 그대로 삶의 일상이 이루어지는 공간과 시간 안에서 분리될 수 없는 하나의 요소로 동시적으로 함께 진행되었다. 삶이 공간 안에 깊이 뿌리내려 있었기에 교육 역시 삶의 공간이 제공하는 틀 안에서 긴밀한 상호작용으로 이루어졌다. 삶 전체가 그 안에서 이루어지는 포괄성으로 인해서 그 안에서 살아가는 존재들은 그 공간에 포괄적으로 귀속되었다. 이와 같은 존재 자체의 공간에 대한 포괄적인 연결은 공간이 교육에 미치는 영향을 무제한적으로 확장하였다. 교육은 전 생애에 걸친 체험을 통해 비형식적으로 진행되었다. 지적 교육, 감성적 교육, 도덕적 교육, 종교적 교육 등을 포괄하는 교육으로 진행되었다. 이와 같은 비형식적인 특징 때문에 일상 안에서 이루어진 전통적인 교육은 분명하게 추출하기 힘들고 논리적으로 접근하기 힘든 측면이 있다. 이것이 많은 연구들이 이루어지지 않은 중요한 요인이라고 생각한다. 그렇지만 민속학, 건축학, 조경학, 역사학 등의 연구 결과들을 원용하면서 지속적으로 노력한다면 점차 그 실체에 접근해 갈 수 있을 것이라고 생각한다.

Ⅳ. 맺음말

전통적인 집에는 공간의 교육적 역할에 대한 이해와 그에 기초한 실천이 있었다. 그들은 공간과 삶의 뗄 수 없는 밀착성을 이해하였고 그만큼 공간이 삶에 미치는 영향을 중요하게 생각하였다. 공간의 이용을 넘어서서 공간과 결합된 삶을 이해하고 추구하였다. 공간을 중립적이고 객관적인 물리적 세계로 이해하지 않고 인간과 관계하면서 영향을 미치는 역동적인 대화의 상대로 인식하였다. 그래서 인간이 살면서 관계하기에 가장 좋은 공간을 선택하려고 노력하였다. 풍수설에 대한 믿음은 그와 같은 생각의 반영이다. 풍수론에 기초해서 명당과 길지를 선택할 뿐만 아니라 부족한 요소들을 보완하였으며, 좋은 영향을 미칠 수 있는 요소들을 적극적으로 도입하였다. 그래서 그 안에서 살아가는 사람들이 자연스럽게 공간으로부터 좋은 영향을 받도록 배려하였다. 양반들의 경우는 풍수설에 머무르지 않고 유교적인 세계관에 기초해서 자신들의 이상적인 주거지를 선택하고 조성하였다. 그리고 그 이상 안에는 자신과 가족들 및 학생들의 심신수양이라는 교육적인 의도가 분명하게 포함되었다.

사실 현실세계를 살아가는 인간의 세계에 대한 인식에는 언제나 공간에 대한 인식이 포함되어 있다. 삶의 과정에서 이루어지는 인식이 그의 존재에 영향을 미치는 만큼, 공간은 존재를 형성하는 요소일 수밖에 없다. 그러므로 세계 안에서 자기를 형성하는 존재는 이미 그 세계를 함께 구성하고 있는 공간을 존재 자체의 한 요소로서 반영한다고 말할 수 있다. 이는 존재의 공간에 대한 뗄 수 없는 연관성을 말한다.[98] 우리의 선조들은 이와 같은 공간이 삶과 사람됨에 미치는 지속적이고 깊이 있는 영향관계를 이해하였으며, 이해의 차원을 넘어 신념과 세계관의 차원으로 승화하였다. 삶의 공간의 변화를 공간에 기초한 관계의 변화와 그 영향을 받는 내적 세계, 즉 존재 자체의 변화로 이해하였다.

선조들은 이와 같은 신념에 기초해서 존재의 집으로서의 공간을 세밀하게 설계하고 조성하여 그 안에서 살아가는 사람들이 그 공간과 상호작용하면서 살아가도록 배려하였다. 이를 통해서 공간이 주는 혜택을 누리고 스스로를 교육하고 성장 세대를 양육하는 효과를 누리고자 하였다. 자신의 가치관을 공간 안에 투영시킴으로써 그 공간 안에서 사는 사람들의 삶 속에서 다시금 언제나 그 가치관이 무의식적으로 투영되는 반응구조를 만들어 내었다. 결과적으로 영속적인 가치관의 재교육과 전승구조가 공간과 그 안에서 이루어지는 일상을 통해서 마련된 것이다. 이것이 전통 마을, 전통 주거의 삶의 양식이며, 곧 교육의 구조다. 공간이 사람을 보호하고 양육하며 교육하도록 배려한 것이다. 그것은 일차적으로는 삶의 공간을 잘 선택하고 조성하여 공간이 삶을 복되게 하는 것이었다. 동시에 교육의 공간을 잘 선택하고 조성하여 공간이 마음을 교육하고 풍요롭게 하려는 배려를 의미하였다.

반면 오늘의 집을 포함하는 생활공간은 이와는 전혀 다른 이해 위에

98) M. Heidegger, Bauen, wohnen, denken. in: Vorträge und Aufsätza. Pfullingen, 1954, pp. 139-156의 p. 141.

기초하고 있다. 앞서 지적하였듯이, 자본주의적인 자산 가치는 주거의 선택에 있어서 가장 중요한 요소가 되고 있다. 뿐만 아니라 특별히 교육을 위해 만들어진 공간인 학교조차 그와 같은 공간의 교육적인 기능에 대한 이해와는 거리가 멀다. 오히려 효율성과 경제성이 학교공간 조성의 가장 중요한 기준으로 작용하고 있다.

때문에 전통적인 생활공간이 가진 일반적인 교육적 의미뿐만 아니라 그 안에 함께 포함되었던 전체로서 조화로운 자연과 공동체로서의 이웃에 대한 이해는 생각조차 하기 힘들다. 그들은 자연을 자신의 삶의 공간 안에 다양하게 도입하였고, 이웃의 영향이 언제나 관여할 수 있는 열린 공간구조를 만들어 내고 공동의 공간들을 조성하였다. 자연과 이웃이라는 타자를 자신의 존재와 언제와 함께하는 공동성으로 인식하는 세계관적인 특징을 의미한다. 그러한 세계관이 반영된 공간의 조성을 통해서 공간이 다시금 그와 같은 세계관을 체험적으로 교육하는 구조를 말한다. 그래서 자연과 이웃이 자신의 삶에서 뗄 수 없는 공동성으로 인식되도록 하였다. 그들의 삶과 사람됨과 생각에는 언제나 자연과 이웃이 공동적인 존재로 포함되었다.

오늘날 전통적인 주거는 우리의 삶에 큰 영향을 미치지 못하고 있다. 변화된 시대적 상황과 삶의 주변적인 환경들이 옛 주거와 맞지 않는 측면들이 있기 때문일 것이다. 한편으로는 주거에 대한 사람들의 생각이 근본적으로 변화되었기 때문이라고 볼 수도 있다. 주거를 자신의 삶에 직접적으로 영향을 미치고 자신의 존재가 그 안에 결합되어 있는 공동체적인 관계로 이해하는 생각의 상실을 말한다. 변화된 세계 속에서 전통적인 집과 마을을 고집할 수는 없지만, 자신의 삶의 자리에 대한 그들의 생각을 이해하고 배려하는 것은 매우 중요하다고 생각한다. 존재와 삶의 자리의 뗄 수 없는 공동성을 말한다. 그래서 그 안에서 살아가는 사람들의 사람됨이 공간과의 상호작용 안에서 결정적으로 영향을 받게 되는 구조를 이해하고 배려하는 마음이다. 그것은 곧 공간의 교육적 기능에 대한 이해이며 일상이 갖는 교육적 힘에 대한 이해이기도 하다.

참고문헌

강영환, 『집의 사회사』, 웅진, 1992.

강영환, 『한국 주거문화의 역사』, 기문당, 1994.

강영환, 「韓國 傳統住居에 나타난 陰陽觀」, 『민속학 연구』 4, 1997.

김계현, 「인간과 공간에 관한 교육인간학적 연구」, 『교육철학』 12, 1994.

김계현, 「실존적 공간의 교육인간학적 의미」, 경상대학교 대학원 박사학위논문, 1998.

김광인, 『韓國의 住居民俗誌』, 민음사, 1988.

김수진, 정해준, 심우경, 「전통 마을 공동체적 공간의 의미해석—전남 영광군 효동마을을 중심으로」, 『한국전통조경학회지』 3, 2007.

김용수, 박수국, 나정화, 「전통 마을 공간의 동선구조 분석—한개 · 한밤마을을 중심으로」, 『한국조경학회지』 25, 1997.

김윤하, 안계복, 「평지 전통 마을 갈림길의 중심각과 곡률변경에 관한 연구」, 『한국조경학회지』 제29권 2호, 2000.

김의식, 박강철, 「민가 어린이놀이 공간의 특성에 관한 연구: 낙안 민가를 중심으로」, 『국토개발연구』 6, 조선대학교, 1984.

김인회, 『韓國巫俗思想研究』, 집문당, 1988.

김종헌, 주남철, 「韓國傳統住居에 있어서 안채와 사랑채의 分化過程에 대한 研究」, 『대한건축학회논문집』 12(2), 1996.

김지원, 「학교공간에 대한 교육철학적 고찰」, 고려대학교 대학원 석사학위논문, 2000.

김진성, 정동오, 「조경학적 측면에서 한국전통 마을의 옥외공간구성에 관한 연구」, 『한국정원학회지』 11(1), 1993.

도용호, 「유학사상을 바탕으로 한 전통교육건축의 공간구성에 관한 연구」, 청주대학교 대학원 박사학위논문, 1996.

목정훈, 「지역사회와 소통하는 열린 학교공간 활용방안」, 서울시정개발연구원, 2007.

박영순 외, 『우리 옛집 이야기: 한국 전통 주택의 실내공간』, 열화당, 1988.

박의준, 이정록, 천득염, 「전통 마을 공동체 신앙의 공간적 해석」, 『대한지리학회지』 37(2), 2002.

손세관, 『都市住居 形成의 歷史』, 열화당, 1993.

신상섭, 「전통 마을 공간구성에 적용된 환경설계 원칙에 관한 연구」, 『한국정원학회지』 18(1), 2000.

신상섭, 노재현, 「전통 마을 토지이용과 주택조경에 관한 기초 연구」, 『한국녹지환경디자인학회지』 3(2), 2007.

신상섭, 노재현, 이원호, 「전통 마을 자리 잡기와 옛 문헌에서 본 삶터의 이상향」, 『한국녹지디자인학회지』 3(1), 2007.

신영훈, 『한국의 살림집 上: 韓國傳統民家의 原形硏究』, 열화당, 1983.

신영훈, 『한옥의 조형』, 대원사, 1989.

안계복, 「한국전통 마을에 있어서 갈림길의 유형과 형태에 관한 연구」, 『한국조경학회지』 27(1), 1999.

안대회, 「조선후기 사대부의 집과 삶과 기록」, 『한문학보』 17, 2007.

유지곤 외, 「학교시설 복합화사업을 통한 체육시설 확충방안」, 국민체육진흥공단 체육과학연구소, 2007.

유향산, 『경제적 교육공간과 시설 · 설비』, 한불문화출판, 1990.

윤영활 외, 「한국 전통 마을의 공간구성과 민간정원양식—왕곡마을을 중심으로」, 『한국조경학회지』 18(2), 1990.

윤장섭, 『韓國建築史』, 동명사, 1998.

윤재홍, 「'울타리' 의 교육인간학적 의미 연구」, 연세대학교 대학원 박사학위논문, 1999.

윤재홍, 「마당의 교육인간학적 고찰」, 『연세교육연구』 12(1), 2000.

윤재홍, 「전통주거에 반영된 조화적 자연관과 환경교육적 시사」, 『한독교육학연구』 5(1), 2000.

윤재홍, 「골목과 이웃의 교육인간학」, 『교육철학』 27, 2002.

윤재홍, 『우리 옛집, 사람됨의 공간』, 집문당, 2004.

윤재홍, 『집과 울타리의 교육인간학』, 한국학술정보, 2008.

이규호, 『말의 힘』, 제일출판사, 1974.

이규호, 『대화의 철학』, 시공사, 1999.

이은미, 「교육공간으로서 학교공간의 의미에 관한 연구」, 연세대학교 대학원 석사학위논문, 1995.

임의제, 「朝鮮時代 士大夫의 可居觀에 관한 研究—曲流斷絶地에 立地한 전통 마을을 중심으로」, 『한국정원학회지』 20(3), 2002.

장보웅, 『한국의 민가연구』, 보진재, 1981.

정동오, 『한국의 정원: 韓國園林研究』, 민음사, 1988.

정영철, 「家庭信仰構造로 본 傳統住居의 空間構成에 관한 研究」, 『대한건축학회논문집』 13(2), 1997.

정영철, 이해성, 「무속의례를 통해 본 제주도 전통주거의 공간구조 및 의미에 관한 연구」, 『대한건축학회논문집』 7(1), 1991.

정재훈 외, 『한국의 옛 조경』, 대원사, 1990.

정형호, 「마을 놀이문화의 전승양상에 따른 지속과 변용」, 『한국민속학』 47, 2008.

주남철, 「한국전통건축에 나타나는 미적 특징, 미의식, 미학사상」, 『한국학연구』 4, 고려대학교 한국학연구소, 1992.

주남철, 『韓國建築美』, 일지사, 1983.

최길성, 「巫俗에 있어서 「집」과 「女性」」, 김인회 외, 『한국무속의 종합적 고찰』, 고려대학교 민족문화연구소, 1982.

최윤진, 「1930년대 조선의 동족부락과 동족집단」, 『전라문화논총』 5, 1992.

한국교육개발원, 「국민학교 교수 · 학습공간 재편성 모형 개발」, 한국교육개발원, 1995.

홍형옥, 『한국住居史』, 민음사, 1992.

Bachelard, G., Tr. by Maria Jolas, The Poetics of Space, Boston: Beacon Press, 1994.

Bollnow, O. F., Mensch und Raum, Stuttgart, 1984.

Eliade, M., The Sacred and the Profane: The Nature of Religion, New York: Harper and Brothers, 1959.

Habermas, J.(이진우, 박미애 역), 『새로운 불투명성』, 서울: 문예출판사, 1995.

Heidegger, M., Bauen, wohnen, denken, in: Vorträge und Aufsätze. Pfullingen, 1954, pp. 139-156.

Kümmel, F.(최신한 역), 『자연은 말하는가?』, 탑, 1995.

Landmann, M.(진교훈 역), 『철학적 인간학』, 경문사, 1977.

Rapoport, A., House Form and Culture, Englewood Cliffs, NJ: Prentice-Hall, 1969.

Sein und Zeit, Tübingen: Max Niemeyer, 1954.

제 9 장

근대적 교육공간의 성격과 한국의 근대 학교

제9장

근대적 교육공간의 성격과 한국의 근대 학교[1)]

Ⅰ. 머리말

서양에서 근대교육은 프랑스혁명 이후에 국가교육체제로 계획되고 확립된 것이다.[2)] 이는 교육행정적 측면뿐만 아니라 교육과정 및 철학 이론의 측면에서도 적용될 수 있을 것이다. 국가교육체제로서 한국의 '근대적' 교육공간이라고 했을 때 가장 먼저 연상되는 학교 모습은 아마도 네모 반듯한 一자형 건물에 사각 유리창이 달린 학교의 모습일 것이다. 이는 대부분의 사람들이 한국의 전통적 교육공간인 향교나 서

1) 이 글은 2008년 10월 25일, 한국교육사학회 2008년도 추계 연차학술대회의 주제인 '한국의 교육공간에 대한 역사적 성찰'에서 발표된 「근대적 교육공간의 성격과 문제」라는 논문을 바탕으로, 『한국교육학연구』 제16권 1호, 2010. 2에 게재한 것을 수정 · 보완하여 작성한 것이다.

2) S. J. Ball(이우진 역), 『푸코와 교육』, 청계, 2007, 137쪽.

원, 서당과 같은 한옥 건물보다 자신이 어렸을 때 공부하던 초·중등 학교 건물을 근대적 교육공간으로 먼저 연상하게 되기 때문이다. 특히 우리나라 어디를 가나 비슷한 모습을 갖고 있는 오래된 초등학교 건물들은 대부분 표준설계도에 의해 건축되었기에 그 느낌이 유사할 수밖에 없다. 비록 해방 이후 몇 번의 표준설계도 개정이 있었다고는 하지만, 해방 이후 급속한 학령인구 증가와 공교육 의무화에 맞춰 서둘러 초등교육시설을 보급해야 했던 교육 당국의 입장에서는 건물의 아름다움보다는 적은 비용으로 많은 학생을 수용할 수 있는 교육공간의 효율성을 더 우선하지 않을 수 없었을 것이다.

이 장에서는 근대적 교육공간의 성격과 문제점을 살펴보고자 한다. 먼저 교육사상사적 맥락에서 교육이 이루어지는 공간의 출발점, 즉 '무엇을 교육공간이라 보아야 하는가'라는 개념적 고민과 함께 근대적 교육의 특징을 훈육 개념과 관련하여 살펴본다. 이어서 한국의 근대 학교의 모습을 통해 근대의 교육공간적 특성이 어떻게 반영되고 있는가를 확인해 보고자 한다. 특히 교육공간으로서 학교 건축의 변화 모습을 사진을 통해 살펴보고자 하는데, 크게 근대적 교육공간의 변천을 '전통 한옥'과 '서양식 건축'으로 나누어 본다.

기본적으로 여기에서 근대적 교육공간이라 함은 단순히 시설만의 문제가 아니라 교육에 관한 근대적 성격 변화를 포함하는 개념이다. 특히 '교육의 본질이 관철될 수 있는 교육공간은 무엇인가'를 고민하며, 근대적 교육공간이 오늘날 우리에게 던져 주는 교육에 대한 성찰과 문제의식은 무엇인가를 찾아보고자 한다. 한국의 근대 학교와 관련해서는 개화기 및 식민지 시기의 학교에 한정하여 살펴보며, 건축구조가 갖는 교육적 의미에 대한 보다 구체적인 해석은 후속 연구에 맡긴다.

Ⅱ. 교육공간과 근대교육

1. 교육공간에 대한 네 가지 입장

일반적으로 '교육공간'을 교육이 이루어지는 공간이라고 한다면, 먼저 교육을 어떻게 보는가에 따라 교육이 실현되는 공간도 달라질 수 있을 것이다. 오늘날 교육은 종종 학교교육 혹은 수업의 동의어로 인식되는 경향이 있지만, 교육이 학교에서만 이루어지는 활동이 아니기에 좀 더 넓은 의미에서 교육공간을 바라보아야 할 것이다. 교육공간에 대해서는 다음 네 가지의 경우를 상정해 볼 수 있다.

첫째, 가장 넓은 의미에서 교육공간은 대우주로서의 '자연'을 들 수 있다. 일반적으로 교육이 이루어지는 장(場) 혹은 터전으로 가정 · 학교 · 사회를 들 수 있으며, 이러한 교육을 각각 가정교육 · 학교교육 · 사회교육이라 한다. 하지만 어린아이의 생물학적 호기심을 바탕으로 모방에 의해 이루어지는 '본원적 교육 양식'[3]을 고려해 본다면 우리의 일상적 삶은 다른 동물들과 마찬가지로 우주라는 대자연의 공간 속에서 교육활동이 이루어지는 자연교육을 생각할 수 있다. 또한 사회생활 속에서 관례적 교육이 이루어질 때 원로가 지배하는 지역사회 역시 또 하나의 교육공간이 될 수 있으며, 부모와 형제자매들과 함께 생활하는 가정 또한 중요한 교육공간이 될 수 있다.

소크라테스에게는 사람들을 만나는 아고라 광장이나 시장이 교육공간이었으며, 원효에게는 무애가를 부르던 민중 속이 교육공간이라 할

3) 네 가지 교육 양식으로 ① 본원적 교육 양식, ② 관례적 교육 양식, ③ 제도적 교육 양식, ④ 자성적 교육 양식이 있다. 한용진 외, 『교육학개론』, 학지사, 2007, 12-17쪽.

수 있을 것이다. 또한 신라 화랑들이 유오산수(遊娛山水) 무원부지(無遠不至)의 정신으로 명산 · 대천을 찾아다니며 극기심과 인내심을 기르고, 신체 단련을 통해 호연지기(浩然之氣)를 키우던 자연이야말로 본원적인 교육공간이 될 것이다. 따라서 넓은 의미에서 이 세상 어디서나 교육활동이 이루어지는 곳은 모두 교육공간이 될 수 있다.

둘째, 일반적인 의미에서 교육공간은 학교와 같이 건축된 '물리적 교육시설'에 한정시켜 볼 수 있다. 이때의 교육공간은 학교라는 시설과 건물을 기반으로 하는 물리적 공간을 말하게 될 것이다. 이러한 학교 교육공간은 시대에 따라 서로 다른 모습을 갖게 될 것이고,[4] 학교 급별에 따라서도 초 · 중등학교와 대학은 상당히 차별되는 구조와 시설을 갖게 된다. 또한 공교육이 실시되는 초 · 중등교육보다 고등교육 분야에서는 전공 특성에 따라 서로 다른 교육공간을 고려하게 될 것이다. 대학 수준에서 의과대학이나 공과대학 등과 같이 부속 병원이나 실험실, 연구실이 별도로 요구되는 경우를 비롯하여, 고등학교 수준이라 하더라도 애니메이션고교나 조리과학고교 등과 같은 각종 특성화 고등학교의 경우에는 별도의 교육시설을 두고 있다.

또한 물리적 공간으로서 학교의 교육공간이 반드시 '교실'만을 의미하는 것은 아니다. 예를 들어, 학교교육이라 해도 교실 이외에 복도나 강당, 교무실, 운동장, 체육관, 교정(校庭), 동물사육장 등 다양한 공간에서 서로 다른 교육활동이 전개될 수 있으며, 각각이 갖는 교육공간으로서의 의미는 서로 다를 수 있다. 예를 들어, 교실이 주로 지적 학습

4) 고대 그리스의 여가와 신체 단련을 위한 학교는 김나지움의 형태로 체육관을 중심으로 설치되었던 데 반해, 중세를 거치며 근대의 교화와 훈육을 위한 학교 건축은 일제(一齊) 교육을 위해 초기 강당과 같은 넓은 방구조가 점차 학년제와 학급제에 의해 공간이 분할되는 형태를 보이고 있다. 한용진 외, 「21세기를 위한 학교건축 모형 개발」, 한국교육시설학회, 『교육시설』 7(1), 2000, 46-48쪽.

이 이루어지는 공간이라고 한다면, 복도는 보행 방식에 대한 훈육지도가 이루어지는 공간이며, 체육관은 체육 수업을 통해 의지의 단련과 규율 및 협동심을 키우는 공간이 될 수 있다. 이 밖에도 학교 정원에서는 감성교육이, 그리고 동물사육장에서는 동물들의 생태 관찰을 통한 과학교육이 이루어질 수 있다. 최근에는 사교육이 발달하면서 대형학원의 교육공간이나 교육시설이 일반학교보다 너 잘 꾸며 놓은 경우도 볼 수 있다. 그러므로 이러한 학원의 교육공간적 의미와 시설 변천에 대하여도 차후 연구해 볼 수 있을 것이다.

셋째, 학교라는 물리적 교육시설을 넘어 교육 현상 및 그 안에 있는 사람들과의 경험과 사고, 그들 간의 관계 등을 말해 주는 '실존적 공간'을 생각해 볼 수 있다. 특히 볼노우(Bollnow)는 "우리가 교육에 관하여 생각할 때 고찰할 공간은 수학자나 물리학자가 생각하는 추상적이고 동질적인 공간이어서는 안 되며, 바로 이렇게 인간에 의해서 체험되는 구체적인 공간, 거기서 실제로 인간의 삶이 이루어지는 공간"[5] 이라고 하였다. 하지만 이 같은 실존적 · 심리적 공간이 물리적 · 건축적 공간이라는 개념과 별도로 분리하여 고찰될 수 있는 성질의 것인가에 대하여는 의문의 여지가 있다. 김지원은 「학교공간에 대한 교육철학적 고찰」이라는 논문에서 "인간은 자연환경이건 건축공간이건 공간 속에서 살아가고, 자신이 사는 공간은 감각을 통해 지각되고 내면화되어 심리적이고 실존적인 공간을 제공해"[6] 주며, "또한 역으로 인간의 실존적 공간은 환경의 구체적인 구조에 의해 유도되지만, 인간의 욕구나 소망은 그러한 환경에 피드백을 일으키기 때문"[7]에 실존적 공간을

5) O. F. Bollnow(오인탁, 정혜영 역), 『교육의 인간학』, 문음사, 1999, 137쪽.

6) 김지원, 「학교공간에 대한 교육철학적 고찰」, 고려대학교 대학원 석사학위논문, 2000, 7-10쪽.

7) 용어와 관련하여 김지원의 논문 8쪽에서는 실존적 · 심리적 공간으로, 9쪽에서는 실존

물리적 공간과 구분하여 생각하기 어렵다고 보고 있다. 이러한 맥락에서 본다면 실존적 교육공간은 다음에 보게 되는 소우주로서 인간 자체라는 교육공간과는 구별된다고 하겠다.

넷째, 대우주로서의 '자연'에 대하여 소우주로서 우리의 '몸' 자체를 교육공간으로 상정해 볼 수 있다. 이는 교육을 교육자와 피교육자로 나누는 방식에서 벗어나 우리 인간의 내면에서 이루어지는 자율적이고 개인적인 자기 성찰적 활동을 교육의 범주에 넣을 때 가능해진다. 자성적(自醒的) 교육 양식[8]이라는 표현 속에서 교육은 참된 자기 자신의 존재를 깨닫는 배움을 의미한다. 자성(自醒)이란 마치 때가 묻은 구리 거울을 닦아 인간 본연의 성(性)을 깨닫는 것과 같이 스스로 깨어나 자신을 돌아보는 자세를 의미한다. 즉, 불교의 참선이나 인도의 요가, 그리고 우리나라의 국선도와 같은 정신수양 방법들은 단전호흡을 통해 단순히 숨쉬기에 의한 신체활동에 그치는 것이 아니라 인간의 내면적인 정신활동에 연결되는 복합적인 교육활동을 수행하는 것이다. 인간을 그릇에 비유할 때, 그릇에 무엇인가를 열심히 담으려는 근대적 교수 중심의 교육과는 다르게, 스스로 자기 자신이 큰 그릇이 될 수 있음을 깨닫고 실천하는 것이다. 그리고 이러한 그릇을 만들어 가려는 수기(修己)의 자세로 스스로를 비우는 노력을 통해 더 큰 그릇으로 거듭나는 활동을 할 때 개개인의 몸은 바로 훌륭한 교육공간이 될 수 있다.

이와 같이 교육공간을 단지 물리적 시설에 한정하지 않고, 학교 건축 이외의 우주 자연이나 실존적 공간 및 소우주로서 인간의 '몸'까지

적 · 관념적 공간으로 표현하고 있으며, 때로 '실존적 공간' 으로도 적고 있다. 그러나 여기서는 '실존적 공간' 으로 통일한다. 김지원, 앞 논문, 8쪽.

8) 한용진 외, 앞 책, 2007, 19-20쪽.

다양하게 생각해 볼 수 있다는 전제는 결국 교육이 단지 학교교육만을 의미하지 않는다는 것을 뜻한다. 다만 다음 절에서는 '근대적 교육공간'을 기본적으로 근대 학교라는 공간 속에서 진행되는 훈육에 주목하여 살펴보고자 한다.

2. 근대적 교육공간과 훈육

근대시기 교육의 본질에 대한 기본 논의가 인간 도야[9)]와 생명[10)]에 초점을 맞추며, 지 · 덕 · 체의 균형적 발전을 지향하였다고 하지만, 기본적으로 근대적 교육공간으로서 학교는 훈육(訓育, discipline)을 그 중심 원리로 두게 되었고, 근대적 교육공간으로서 학교의 모습도 그에 맞춰 변화되었다. 시민혁명과 산업혁명에 의해 촉발된 공교육은 이성적이고 자율적인 개인, 즉 계몽된 시민 형성을 과제로 삼았다. 백지설을 주장한 로크(J. Locke, 1632~1704)는 "자유롭고 덕이 있는 신사"를

---

9) 근대 르네상스기에 들어와 교육은 인문주의의 영향을 받게 되었다. 에라스무스(D. Erasmus, 1464~1536)는 "인간 도야의 이상을 전체성과 조화성에 두며, 단순한 지식만이 아니라 인간적 생명을 가르치는 7자유학과의 중요성을 강조"하였다. 특히 그가 『학습방법론(De Ration Studii)』(1511)에서 강조한 것은 '① 지식은 '진리'와 '언어'의 둘로 나누어진다. ② 언어학습이 선행되어야 한다. ③ 문법의 바른 터득은 규칙을 암기하기보다는 우수한 작품을 읽는 것이다.' 등으로 작품 감상을 통한 언어학습을 강조하였다. 이원호, 『그림과 사진으로 보는 교육의 역사』, 문음사, 2002, 79쪽.

10) 17세기의 실학주의자로 코메니우스(J. A. Comenius, 1592~1670)는 13년간의 김나지움 교사 경험을 바탕으로 『대교수학(Didactia Magna)』과 『세계도회(Orbis Pictus)』 등을 저술하였다. 그는 인간은 삼중(三重)의 생명(식물적 생명, 동물적 생명, 지성적 혹은 영적 생명)을 살고 있기에, ① 지식과 세계의 모든 것을 아는 것(=지식), ② 자기 자신을 다스리는 것(=덕성), ③ 하나님을 향하여 자신을 나아가게 하는 것(=종교 또는 신앙)을 통해 영원한 행복을 누리는 것이 궁극적 목적이라 하였다. J. A. Comenius, The Great Didactic of John Amos Comenius; 정확실 역, 『대교수학』, 교육과학사, 1987, 29, 39-41쪽.

교육의 목표로 삼고 있는데, 여기서 자유의 향유는 이성적 인간을 전제로 한다.[11] 하지만 로크에 따르면 아동은 아직 이성이 확립되지 않아서 자율적인 판단이 없는 존재이며, 아동이 자유와 권리를 향유할 수 있는 것은 그들이 이성을 가진 성인이 되었을 때 가능하다. 따라서 그는 이성이 완성되기 전까지 아동은 구속과 훈육, 감독이 필요하다고 본다. 그리고 이러한 훈육의 방식은 어릴 때부터의 도덕적인 습관 형성에 있다는 것이었다.

칸트(I. Kant, 1724~1804)는 교육이 "유아로서의 양육(養育, Wartung)과 생도로서의 훈육(訓育, Disziplin), 그리고 학습자로서의 교수(敎授, Unterweisung)의 세 가지 형태로 구성된다"[12]고 하였다. 여기서 교육은 양육 · 훈육 · 교수의 삼원적 요소로 구성되는데, 아이는 불완전한 이성의 소지자로 양육의 대상에 불과하고, 본격적인 학교교육을 받게 되는 생도가 되면서부터 근대 시민이 갖추어야 할 합리적 행위자로 성장하기 위하여 훈육과 교수가 요구된다는 것이다. 따라서 교육공간으로서 학교는 "특별히 무언가를 배우게 하려는 목적보다는 오히려 얌전히 앉아서 시키는 일을 틀림없이 지키는 일에 익숙하도록 하려는 의도에서 만들어졌다."[13]는 것이다. 즉, 인간은 교수보다는 훈육에 의해서 인류의 법칙을 따르게 되고 법칙의 구속성을 깨닫게 된다는 것이다.

근대 이전의 전통적 교육으로서 '훈육'이 욕망의 억제와 자기 수련

11) J. Locke, Two Treatise of Government, edited by P. Laslett, Cambridge University Press, 1967, p. 61.

12) I. Kant, "Über Pädagogik", Immanuel Kants Werke Band VIII, Berlin, Verlegt bei Bruno Cassiere, 1922, S. 458; 김은하, 「미셸 푸꼬의 훈육에 관한 교육학적 고찰」, 고려대학교 대학원 석사학위논문, 1996, 12-13쪽에서 재인용.

13) 같은 논문, 13쪽.

을 목적으로 하는 종교적 고행으로서 속세를 포기하고 자기 육체에 대한 통제력을 강화하기 위한 것이었다고 한다면, 근대 공교육체계에서의 '훈육'은 권력과 지식의 양면성을 가지며 폭력적이기보다는 생산적이고 효율적인 것으로 간주되었다.[14] 또한 푸코(Foucault)의 『감시와 처벌』에도 훈육의 계보학적 차원의 논의가 보이는데, 푸코는 18~19세기의 형벌은 육체에 직접 체벌을 가하는 단계에서 감시하는 단계로 이행하였는데, 이는 휴머니즘의 확대로 인한 결과라기보다 권력의 작동 메커니즘이 변화한 것이기 때문이라 하였다.[15]

본래 훈육은 규칙에 따르도록 교육하는 행위로, 외적 · 내적 통제를 발휘함으로써 행동을 교정하는 것"[16]이라고 정의된다. 외적 통제가 교사나 부모와 같이 타인에 의한 것이라면, 내적 통제는 자기 훈육(self-discipline)으로 외부의 압력 없이 스스로 규칙을 정하고 따르는 것을 말한다. 어원상 라틴어의 disco로부터 나온 discipline이라는 단어는 통상 길들인다는 뜻의 '훈련'과 탐구의 대상인 '과목'이라는 두 가지 의미를 갖는다. 이는 훈육의 담론과 실천이 점유하는 두 가지 영역인 '복종이라는 권력의 영역'과 '탐구라는 지식의 영역'을 모두 담고 있음을 의미한다.

학령기의 모든 아동을 자율적인 시민으로 양성하려는 근대 공교육은 학교교육을 통해 훈육을 강화하였는데, 여기서 훈육이란 '훈련 복

14) 피터스(R. S. Peters)는 『윤리학과 교육』의 제3장 '교육과 사회적 통제'에서 훈육을 권위, 벌의 개념과 더불어 다루고 있다. 특히 그는 벌과 훈육을 분명하게 구분하여 훈육이라는 말에는 규칙이나 명령에 복종한다는 의미가 들어 있다고 하였다. R. S. Peters. Ethics and Education, London: George Allen & Unwin Ltd, 1996.

15) M. Foucault(오생근 역), 『감시와 처벌』, 나남출판, 1994.

16) W. W. Wayson & G. S. Pinnell, "Discipline in Schools", The International Encyclopedia of Education, Vol. 2, New York: Elsevier Science, 1994, pp. 1534-1538.

종'과 '과목 탐구'의 이중적 의미를 갖는다. 즉, 근대적 교육공간은 인간의 의지적 특성 강화를 위한 '훈련'과 이성적 탐구 능력을 위한 '교수' 효과성을 높이기 위하여 특별히 고안된 형태를 갖게 되면서, 점차 교육의 본질로 여겨지던 인간 도야와 생명에 대한 외경심보다는 학생들의 활동과 행위를 특정한 형태로 양식화하는 쪽으로 발달하였다.

대표적인 예가 시간표의 발전과 학년제와 학급이라는 새로운 분할 방식이다.[17] 즉, 근대 공교육은 학생들의 능력과 과목의 난이도에 따라, 나중에는 연령에 따라 나누고, 그에 상응하는 교육과정을 만들고, 학생들을 공간적으로 분할했다. 이는 푸코가 훈육이 이루어지기 위해 만족시켜야 할 네 가지 조건인 ① 각각의 개인을 공간의 어떤 자리에 배당하는 것, ② 신체의 활동을 코드화하여 유기적으로 통제하는 것, ③ 시간의 흐름을 단계별로 나누는 것, ④ 신체와 정신의 힘을 집합적 단위 내에서 조합하는 것[18]과도 밀접하게 관련된다.

서양의 근대적 학교공간 형성과정이 이렇게 수세기에 걸친 장기적 과정이었던 데 반해, 한국의 경우는 개화기와 함께 식민지를 경험하며 매우 급속하게 그리고 강압적으로 변화되었다.[19] 김지원은 보통학교의 훈육조직으로서의 성격은 연병장 역할을 하는 운동장, 교장실을 위시한 관리통제 기능을 행하는 부문이 건물의 중앙에 자리 잡도록 하는 건물의 공간 배치, 규율 중심적 수업 방식의 성격을 드러내는 교실의

---

17) 아리에스(Ph. Ariès)의 분석에 따르면 근대적 교육 방식과 중세 교육 방식의 중요한 차이는 ① 등급화(gradation)가 없어서 난이도나 순서를 무시한 채 가르쳤다는 점, ② 동시성으로 가령 일반적 과목과 추가적인 과목처럼 상이한 과정을 동시에 가르쳤다는 점, ③ 연령 구분 없이 상이한 나이의 학생을 뒤섞어 가르쳤다는 점이다. 이진경, 『근대적 시 · 공간의 탄생』, 푸른숲, 1997, 169-188쪽.

18) 김은하, 앞 논문, 31쪽.

19) 김진균, 정근식, 강이수, 「일제하 보통학교와 규율」, 김진균, 정근식 편저, 『근대주체와 식민지 규율권력』, 문화과학사, 1997, 110-111쪽.

구조와 배치 등으로 표현되고 있다고 하였다.[20] 김은하 역시 이 같은 훈육의 기술로 ① 판옵티콘적 시선, ② 규격화된 규율과 벌, ③ 시험과 검사, ④ 고백의 네 가지를 설명하고, 또 훈육의 효과로 ① 효율의 극대화와 아동의 복종, ② 정상 아동과 비정상 아동의 분리, ③ 권력-지식의 연계 등을 들고 있다. 결국 훈육의 결과에 대하여, "학생들의 능력은 증가하고 효율성은 높아지지만 학생들은 점점 정형화될 것을 요구"받으며, 또한 "규준과 다르게 사고하고 다르게 행동하는 학생들은 비정상적으로 취급"받는다고 하였다.[21]

결국 다음 장에서 살펴보는 바와 같이 현대의 학교 교육공간이 안고 있는 문제점들은 실상 훈육을 위하여 보다 정교하게 마련된 교육공간의 근대적 변형에서 비롯되었다고 볼 수 있다.

Ⅲ. 한국의 근대 학교와 교육공간

전통적으로 한국의 건축물은 자연재를 사용하여 건축물이 자연과 동화되고 사람들도 그것을 정답고 익숙하게 느꼈다. 이에 반해 근대적 학교 건축물은 목조에서 벽돌조, 철근 콘크리트조로 변하고 그 구조나 공간 배치 등이 점차 훈련과 교수의 효과성을 높이기 위한 방향으로 변해 가며, 점차 사람들을 압도하는 공간 형태가 되었다. 이는 훈육과 관련하여 근대적 교육공간이 정책적 편의와 의도에 의해 만들어졌음을 보여 주는 것이라 할 수 있다. 특히 일제 강점기 학교 건축과 관련하여, 김진균은 건물과 교실의 배치가 학생들에게 중요하게 작용한다는 것

20) 김지원, 앞 논문, 17쪽.

21) 김은하, 앞 논문, 39-58쪽.

에 총독부가 이미 주목하고 있었음을 다음과 같이 설명하고 있다.

> 학교 교지의 상황, 교사(校舍)의 구조는 훈련에 큰 영향을 주므로 정돈, 청결에 유의할 필요가 있다. 교실은 더욱 정돈과 청결에 유의하여야 한다. 청결, 정돈은 처음에는 교원과 학생이 같이 하지만 점차 자치적으로 하도록 한다. 교실, 복도, 학생휴게실 등은 학생들의 미감 양성에 주의하여 교훈적 문자나 모범적 인물, 일본을 소개하는 그림, '제국영역지도', 사회나 자연을 나타내는 그림, 화분 등을 놓는다. 장식물은 계절이나 기회에 따라 바꾼다.[22]

근대적 교육공간의 특성을 보여 주는 훈육이라는 용어는 1895년 고종의 「교육조서」에서는 덕양(德養)·체양(體養)·지양(知養) 중 덕양과 가장 밀접한 관련을 갖고 있다. 1907년(광무 11)에 간행된 『사범교육학』에서는 훈련(訓練)과 교수(教授) 및 체육(體育)[23]이라는 표현을 사용하고 있는데 훈련이 바로 훈육에 해당된다. 여기에서는 근대적 교육공간의 성격과 문제와 관련하여 주로 오늘날 문헌 자료 속에 남아있는 사진들을 비롯하여 현존하는 근대 학교의 건축물들을 직접 촬영한 사진들을 통해 교육공간의 외형적 모습 변천이 갖는 의미를 살펴보고자 한다.

---

22) 김진균 외, 앞 책, 1997, 92쪽.

23) 윤태술 역술, 『사범교육학』, 보성관, 1907, 85쪽; 한용진, 김자중, 「대한제국기 교육학 교재 분석」, 안암교육학회, 『한국교육학연구』 15(3), 2009, 5-34쪽.

1. 전통 한옥의 학교

한옥 건물의 학교 모습을 보여 주는 초기 사진은 선교사들의 학교에서 쉽게 찾아볼 수 있다. 19세기 후반 외국인 선교사들이 우리나라에 들어와 서구식 근대 학교를 설립할 초기에는 근대적 교육공간인 교회나 학교조차 한옥을 그대로 이용하는 경우들이 많았다. [그림 9-1]은 현 경신중고등학교의 전신으로 건립 당시에는 주간학교, 남학교, 언더우드학당, 예수교학당(1891년), 서울학교(학당), 구세학교(학당), 정동학당 등 다양하게 불렀다.[24] 1886년 선교사 언더우드가 고종의 허락을 받아 정동에 영국의 고아학교 형태로 세운 교육기관이다. 이 사진 속에는 한복을 입은 학생들이 한옥 건물 앞에 서 있는데, 왼편에는 여자 아이들도 10여 명쯤 보인다. 그런데 『경신사』에는 1887년 6월 언더

[그림 9-1] 예수교학당 학교 건물 앞에서(1891)

24) 예수교학당은 제2대 학당장인 마포삼열 박사가 1890년에 명명한 명칭이며, 구세학당은 제3대 학당장인 민로아 목사 재임기간에 생긴 명칭이다. 경신사편찬위원회 편, 『경신사』, 경신중고등학교, 1991, 123쪽. [그림 9-1]은 같은 책 8쪽의 정동시대 사진이다.

[그림 9-2] 연지동시대의 한옥 기숙사(1913)

우드가 새로 데려온 고아 가운데 여자 아이가 있어 제중원 여의사 엘러스(A. J. Ellers)에게 인도하였고, 엘러스 자택에서 정동여학당이 시작되어 1895년에 연지동으로 옮긴 후 오늘의 정신여자중고등학교로 발전하였다고 하였다.[25] 남녀칠세 부동석의 나라에서 남녀공학을 시킬 수 없다는 언더우드의 생각조차도 2대 학당장 마포삼열 박사 시기에는 받아들여지지 않았던 것이 아닌가 생각된다. [그림 9-2]의 한옥 기숙사는 오늘날 경신중고등학교의 초창기 모습을 보여 주는 것이다. 이는 『경신사』에 수록된 1913년 사진으로, 한옥 뒤로 보이는 양옥 벽돌건물이 이채롭다.

한편 근대 선교사계 여학교로 가장 먼저 시작된 이화학당은 미국인 선교사 스크랜톤 부인이 부녀자들도 교육을 받아야 한다는 신념으로 세운 학교다. 1886년 5월 한 명의 여학생으로 수업을 시작하였다. [그림 9-3]은 이화학당의 초기 건물로, 스크랜톤 부인이 1885년 10월 서

25) 같은 책, 129쪽.

[그림 9-3] 이화학당의 첫 교사(校舍)

울 서부 황화방(黃華坊) 정동에 있는 기와집 한 채와 그 주변에 산재한 19채의 초가를 사서는 1886년 2월부터 학교 건축 공사를 시작하여 그 해 11월에 완공하였다 한다.[26] 이 건물은 동향의 높은 축대 위에 7개의 방을 가진 'ㄷ자형'의 195.5칸에 이르는 큰 기와집이었다.

근대 교육공간을 보여 주는 또 다른 사진으로는 1910년 무렵의 기호학교의 모습을 들 수 있다.[27] 오늘날 중앙중고등학교의 전신인 기호학교는 1908년 6월 20일 개교하였는데, 교명은 사립기호학교였다. 교사는 화동에 있는 개인 소유 가옥을 구입하여 개축한 것으로, 대옥(大屋) 3동과 소옥(小屋) 2동의 한식 단층건물이었다. 1910년에 유길준 계열의 흥사단이 운영하던 사립 융희학교와 통합하였고, 1915년에는 일본 와세다 대학을 졸업하고 귀국한 인촌 김성수가 인수하여 경영하기

26) 이화100년사 편찬위원회 편, 『이화백년사: 1886-1986』, 이화여자고등학교, 1994, 61쪽. [그림 9-3]은 35쪽.

27) 중앙교우회 편, 『중앙80년사』, 중앙중고등학교 · 중앙교우회, 1993, 18-19쪽. [그림 9-4]는 5쪽.

[그림 9-4] 화동교사(花洞校舍: 1910년 전후)

시작하였다. 중앙학교가 1917년 종로구 계동 1번지 언덕의 노백린 집터로 이사하게 되면서, 나중에 이 건물은 동아일보사의 최초 사옥이 되기도 하였다.

『중앙80년사』의 설명에 의하면, [그림 9-4]는 1910년 전후에 찍은 것으로서 한옥 건물 앞에 교복을 입고 있는 학생들의 모습에서 보무당당한 기개가 엿보인다. 이 사진은 20세기 초인 1910년경에 학생들이 서양식 교복과 함께 각반을 착용한 모습을 보여 준다. 1970년대 학도호국단이 결성된 시기에 고등학교를 다닌 사람들은 교련 수업을 통해 각반과 요대에 대한 군국주의적 기억을 간직하고 있을 것이다.

결국 19세기 후반 개화기에 세워진 한국의 근대 학교 중에서 배재학당을 예외로 한다면, 언더우드학교와 이화학당, 중앙학교 등은 초기에 전통 한옥을 그대로 사용하고 있었다. 학생들도 한복을 착용하고 있는데, 1886년 이화학당은 다홍색 치마저고리를 처음 교복으로 사용하였다가 그 색상이 파격적이라 하여 곧 흰색 저고리에 검정 치마로 바꾸기도 하였다. 하지만 국권이 상실되던 1910년 무렵의 중앙학교 사진을 보면 건물은 여전히 한옥이지만 그 앞에 서 있는 학생들이 서양식 교복에 각반을 착용함으로써 학교교육에 훈련 혹은 훈육이 강화되었음을 단적으로 보여 주고 있다.

2. 서양식 건축의 학교

1) 목조 단층 교실

서양식 목조 단층의 학교 건물로는 충북 옥천의 죽향초등학교 구교사를 들 수 있다. 죽향초등학교는 1909년 10월 1일 사립 창명보통학교(彰明普通學校)로 설립인가를 받아, 1910년 식민지하에 옥천공립보통학교로 체제가 바뀌었고, 1941년 옥천 죽향국민학교, 1996년 옥천 죽향초등학교로 학교명이 변경되어 현재에 이르고 있다. 구교사는 학교 동쪽에 별도로 세워져 있는데, 죽향초등학교 건축물 대장에는 1926년 3월 1일에 신축된 것으로 되어 있으나, 문화재청에서 간행된 보고서에 서는 선립 연대를 1936년으로 적고 있다.[28] 지상 1층 규모의 목조 영국식 비늘판벽 건물로 지붕은 박공지붕(아연)으로 마감되어 있으며, 편복도 양식으로 복도에는 천장의 기둥이 그대로 노출되어 있다. 죽향초등학교 구교사는 2003년 6월 30일 대한민국 근대문화유산 등록문화재 제57호로 등록 · 관리되고 있으며, 현재는 옥천교육역사

28) 1936년에 현 위치에 건축 면적 79.5㎡ 규모로 재건축되었다가, 1977년에 237.5㎡로, 1985년에 다시 264.46㎡로 증축되었으며, 1994년에 교실 3개소를 보수한 바 있다. 문화재청 근대문화재과, 『옥천 죽향초등학교 기록화조사보고서』, 문화재청, 2004, 3쪽; 문화재청 홈페이지(http://cha.korea.kr/cha/jsp/cha1_branch.jsp?_action=news_view&_property=ocp&_id=155300618&currPage=1&_category=에서 2008년 10월 3일 인출) 참조.

[그림 9-5] 옥천교육역사관

[그림 9-6] 옥천교육역사관 내부 복도

관으로 사용되고 있다. 특히 건축 양식에 있어서 일제 강점기 초등교육시설의 면모를 확인할 수 있다는 점에서 학술적 가치 또한 높다고 할 수 있다.

건물 옆에는 소나무가 심어져 있고, 정문 방향으로 이순신 장군의 동상, 박정희 전 대통령의 영부인으로 이 학교 졸업생인 고 육영수 여사(1925~1974)의 휘호탑,[29)] 45회 졸업

29) 육영수 여사가 문세광에 의해 피살된 때가 1974년 8월 15일인데, '웃고 뛰놀자, 그리고 하늘을 보며 생각하고 푸른 내일의 꿈을 키우자'라는 휘호탑이 세워진 것은 겨우 20여 일 뒤인 같은 해 9월 5일이다. 노현석 교장선생님과의 대담에 의하면, 당시 육영수 여사의 모교라는 점에서 1972년부터 학교시설의 개선이 이루어졌기에 피살 이전에 휘호탑을 만들고 있었다고 한다(2009년 12월 5일 면담).

생들이 1990년에 세운 주희의 '소년이노학난성(少年易老學難成)'을 번역해 새긴 비석[30]이 있다. 그리고 이 학교 졸업생인 정지용 시인(1902~1950)의 시비(詩碑, '해바라기 씨')가 있는데, 이것은 2003년 5월 옥천문화원에서 세운 것으로 지용유적 제2호다.

2) 벽돌조 강당

목조 교실보다 더 규모가 크고 튼튼한 교육공간의 사례로 강경중앙초등학교의 벽돌조 강당을 들 수 있다. 논산에서 가장 먼저 세워진 근대식 교육기관인 강경중앙초등학교는 1905년 4월 2일 2년제 사립학교인 보명학교로 개교하였으나, 1907년 4월 7일 4년제 공립학교인 강경공립보통학교로 변경되었다. 이후 강경중정공립심상소학교(1938. 4. 1), 강경중정공립국민학교(1941. 9. 1), 강경제일공립국민학교(1946. 3. 1), 강경중앙국민학교(1949. 4. 1) 등을 거쳐 1996년 3월 1일에 강경중앙초등학교로 교명을 변경하여 현재에 이르고 있다.

1937년 6월 30일 준공된 강경중앙초등학교 강당은 강경공립보통학교 개교 30주년 기념으로 강경공립보통학교 후원회에서 기증하였다는 내용의 기념돌이 벽면에 새겨져 있는데, 일본의 연호인 쇼와(昭和) 12년 6월 준공이라고 적혀 있다. 이 강당은 콘크리트 기단 위에 붉은 벽돌로 지은 벽돌조 단층 건물로 건축 면적은 462m^{2}이고, 외부에서 보면 2층 건물로 보이며 지붕은 박공 형태로 현재 함석 골슬레이트로 마감되어 있다.[31]

---

30) "소년은 늙기 쉽고 배움은 이루기 어려우니 잠깐의 시간도 가볍게 여기지 말라. 연못가의 봄풀은 아직도 꿈에서 깨어나지 못했는데, 섬돌 앞 오동잎은 벌써 가을 소리를 내느니라."

31) 문화재청 근대문화재과, 『강경 중앙초등학교 강당 기록화 조사 보고서』, 문화재청,

[그림 9-7] 강경중앙초등학교 강당

현재까지 이 건물은 학교 강당으로 사용되고 있으며, 논산에서 가장 오래된 학교로서의 역사성과 특히 근대 도시 강경의 풍부한 근대문화 유산을 연계한 활용적 가치가 높아 2003년 6월 30일 등록문화재 제60호로 등록 · 관리되고 있다. 강당 내부의 모습은 [그림 9-8]과 같다. 양 옆의 벽면 비상구 위에는 기념현판이 새겨져 있는데, 그 내용은 '遺芳百世' '正義' '自彊不息' '旺盛한 意慾과 새로운 構想은 前進의 推進力' 등 1960년을 전후한 시기에 강당 건립 및 졸업 기념으로 만들어진 것들이다. 기본적으로 강당은 집체교육의 상징으로 교실의 분화가 이루어지기 이전의 일제식 수업 방식에서 그 근거를 찾아볼 수 있지만, 동시에 근대교육의 훈육을 강조하는 분위기에서 전교생이 모일 수 있는 필수적인 공간이 강당 혹은 운동장이라는 점에서 중요한 의미를 갖는다.

2006; 문화재청 홈페이지 '한국의 근대문화유산20' 우리나라 근대시기 교육시설 강당 (http://cha.korea.kr/cha/jsp/cha1_branch.jsp?_action=news_view&_property=ocp&_id=155310707&currPage=1&_category=에서 2008년 10월 2일 인출) 참조.

[그림 9-8] 중앙초등학교 강당 내부

3) 벽돌조 2층 건물

벽돌조 2층 교육공간으로는 구 대구사범학교의 본관을 들 수 있다. 일제강점기의 사범학교는 일제 식민지정책을 실천하는 교원의 자질 함양을 목적으로 설립되었다. 대구사범학교도 이러한 목적으로 1923년 4월 경북 도립 사범학교로 개교한 후, 1929년 4월에 관립 대구사범학교로 이름을 바꾸었다. 해방 후인 1946년 10월 15일에 대구사범학교 본과는 국립 대구사범대학으로 승격되었는데, 심상과는 대구사범대학 부속중학교로 개편되었다가 1951년 10월에 경북대학 사범대 부속중학교로 개칭되었다. 1923년에 준공된 구 대구사범학교 본관은 북측 도로에 면한 '一자형'의 붉은 벽돌조 2층 건물로 오랫동안 부속중학교 본관으로 사용되었다.[32] 그러나 1972년 2월에 화재로 건물 서측면 교

32) 문화재청 홈페이지 '한국의 근대문화유산15' 일제강점기 학교건축의 변천사 (http://cha.korea.kr/cha/jsp/cha1_branch.jsp?_action=news_view&_property=ocp&_id=155305235&currPage=1&_category=에서 2008년 10월 2일 인출) 참조.

[그림 9-9] 경북사대 부속중고교 역사관 현관

[그림 9-10] 목조 계단

실이 전소(全燒)되고 외벽만 남았다가, 이 학교를 졸업한 당시 박정희 대통령의 지시로 원형에 가깝게 복구되었다. 현재는 경북대학교 사범대학 부속중고등학교 역사관으로 사용되고 있다.

이 건물은 정면 중앙에 돌출된 현관을 두고, 좌우의 지붕에 박공을 설치한 형태로, 본관 건물로서의 권위와 절제된 건축미를 잘 나타내고 있다. 돌출된 현관은 4개의 사각기둥을 세우고 그 위에 평지붕을 올린 형태인데, 현관의 돌기둥 앞에는 공 모양으로 만든 두 개의 대형 장식 석물(石物)을 올려놓았다([그림 9-9] 참조).

또한 본관의 1, 2층 바닥은 당초 모두 마루였으나 수리하면서 콘크리트 바닥으로 바뀌었는데, 건물 좌우 끝의 계단은 목조 계단으로서 페인트 칠을 한 계단 난간 엄지기둥은 현관 돌기둥 앞의 반구형 장식과 같은 모양을 한 간단한 장식을 하고 있다([그림 9-10] 참조).

4) 철근 콘크리트조 3층

철근 콘크리트조 3층 교육공간 사례로는 구 경기고등학교 건물을 들 수 있다. 화동의 구 경기고등학교 본관 건물은 1977년부터 정독도서관으로 활용되고 있다. 철근 콘크리트조 3층 건물로 1관과 2관이 나란히 지어져 있고, 2관 입구에 대한민국 근대문화유산 등록문화재 제2호라는 현판이 붙어 있다. [그림 9-11]의 돌출 현관이 있는 본관은 1관에 해당한다. 원래 화동이라는 지명은 조선시대 화개동(花開洞)에서 유래했는데, 장원서(掌苑署)가 있어 화초를 재배하였기 때문에 붙여진 이

[그림 9-11] 구 경기고 본관(현 정독도서관)

름으로 오늘날에는 종로구 북촌길 19번지에 해당한다. 이 지역은 개화기 이래 민족사학이 밀집했던 곳으로, 지금도 중앙중고등학교와 덕성여중, 덕성여고, 풍문여고 등이 주변에 남아 있다.

경기고등학교는 대한제국기인 1899년 4월 4일 칙령 제11호에 따라 중학교 심상과 4년, 고등과 3년 과정으로 인가받아 1900년 관립중학교로 출범하였기에, 현재의 정독도서관 입구에는 '중등교육 발상지'라는 비석이 세워져 있다. 관립중학교는 고등학교령에 의해 1906년 관립한성고등학교로 되었다가, 1911년에는 경성고등보통학교를 거쳐, 3 · 1운동 이후인 1921년에는 중등교육 수요가 증가하면서 경성제1고등보통학교로 이름을 변경하였다. 이는 제2고등보통학교(현 경복고등학교)가 설립되었기 때문인데, 본관 건물이 준공된 것은 1925년 4월 1일이다. 제3차 조선교육령이 반포된 1938년에는 경기공립중학교로 교명을 개칭하였고(1938. 4. 1), 같은 해 4월 11일에는 신교사가 낙성되었다.[33] 경기고등학교가 1976년 강남의 영동으로 이사가면서, 이 건물에는 1977년 1월부터 정독도서관이 설립되었다.

원래 이 학교 터는 조선 말기 개화파 관료들의 거주지로, 처음에는 김옥균의 소유였는데 그 뒤 서재필과 박제순의 집이 더해지면서 교지가 넓어졌다고 한다.[34] 문화재청 자료에 의하면 이 건물은 양식건축의 특징인 엄격한 좌우 대칭과 중앙이 강조되는 구성, 돌출된 현관부를 통하여 기존의 권위적 상징성을 부여하고 있는데, 이는 구 대구사범학교 현관의 돌출부가 갖는 특징과도 일치하는 부분이다. 앞의 구 대구

---

33) 경기고등학교 100년 연혁(http://kyunggi.hs.kr/?act=doc&mcode=101314에서 2009년 12월 5일 인출).

34) 문화재청 홈페이지 '한국의 근대문화유산26' 우리나라 중등교육의 발상지 (http://cha.korea.kr/cha/jsp/cha1_branch.jsp?_action=news_view&_property=ocp&_id=155317003&currPage=1&_category=에서 2008년 10월 7일 인출).

사범학교 본관 건물이 건물 좌우 끝에 목조 계단으로 난간을 구성하며 엄지기둥에만 간단한 장식을 하여 간결하게 처리한 데 반해, 철근 콘크리트조의 경성고보 건눌에서는 나무의 부드러움은 사라지고 콘크리트 건물의 견고함과 강인함에 더불어 계단 난간 면에는 화려한 투과 장식이 곁들여져 있다.

[그림 9-12] 중등교육발상지비

근대 교육공간으로서 이 건물의 정면에 있던 군대식 연병장을 연상시키는 넓은 운동장에는 이제 분수대와 정원이 꾸며져 있고, 정면 동쪽에는 조선시대 종친부 한옥 건물이 남아 있다. 통상 길들인다는 뜻의 '훈련'과 탐구의 대상인 '과목'이라는 두 가지 의미를 갖는 훈육이 근대교육의 특징이라고 할 때, 구 경기고등학교 본관 건물은 훈육의 담론과 실천이 점유하는 두 가지 영역, 즉 '복종이라는 권력의 영역'과 '탐구라는 지식의 영역'을 모두 담고 있는 상징적인 공간이었으나, 현재에는 도서관이 자리함으로써 권력의 영역보다는 탐구의 영역에서 그 역할을 담당하고 있다고 할 수 있다.

Ⅳ. 근대적 교육공간의 역사적 성찰

이 글은 현대의 학교교육이 상급학교 진학을 목적으로 지나치게 지식 위주의 학습에 치중하는 것은 아닌가라는 문제의식에서 출발하여, 이러한 현상을 낳게 한 근대적 교육공간의 성격과 문제점이 무엇인가를 살펴보고자 하였다. 즉, 근대적 교육공간의 성격과 한국의 근대 학교라는 제목하에 교육공간과 근대교육을 먼저 논하고, 이어서 한국의 근대 학교와 교육공간에 대하여 살펴보았다. 결론적으로 한국의 근대적 교육공간을 역사적으로 성찰해 본다면 크게 다음의 네 가지로 정리될 수 있을 것이다.

첫째, 교육공간은 학교라는 물리적으로 단절되거나 폐쇄된 교육시설뿐만 아니라 대우주로서 '자연'과 교육 현상 및 그 안에 있는 사람들간의 관념적 성격의 '실존적 공간', 그리고 소우주로서 자성적 존재인 인간의 '몸'이라는 네 가지 입장을 상정할 수 있다. 따라서 과거 신라시대 화랑들이 자연과 벗하며 유오산수하여 호연지기를 키우던 모습을 비롯하여 사람과 사람의 실존적 만남 및 자신의 몸을 활용하여 자성적 교육을 실천하는 등의 다양한 교육공간에 대한 이해와 배려가 필요하다.

둘째, 기본적으로 교육공간은 교육의 본질을 달성하기 위하여 구성되는 것이다. 근대 공교육이 등장하는 초기에는 인간 도야와 생명을 중시하며, 계몽된 시민을 만들기 위하여 지 · 덕 · 체의 균형적 발전을 지향하며 훈육과 교수, 양육의 균형적 발전을 강조하였다. 그러나 19세기 국가주의 상황에서는 학교교육의 발달과 함께 인간의 외적 · 내적 통제를 통해 행동을 교정하는 훈육이 더욱 강조될 수밖에 없었다. 근대에 들어와 서양의 공교육제도는 인간의 의지적 특성을 강화하기 위한 '훈련'과 이성적 과목 탐구를 위한 '교수'의 효과성을 높이기 위하여 특별히 고안된 형태로 학교공간을 만들어 가게 되었다. 이는 근대적 교육공간이 교육의 본질로 여겨지던 인간 도야와 생명에 대한 외경심보다는 학생들의 활동과 행위를 특정한 형태로 양식화하는 쪽으로 발달하게 되었음을 의미한다. 결국 근대적 교육공간은 국가주의와 산업화 시대의 교육적 요구인 규율과 통제를 반영하고 있으며, 학교교육에서 교수나 양육보다 훈육을 강조함으로써 규격화된 규율에 익숙한 인간을 양성하는 데 초점이 맞춰지게 되었다.

셋째, 한국의 근대 학교 모습은 전통 한옥에서 서양 건축 양식으로 변화되었다. 목재에서 벽돌, 콘크리트로 건축 재료가 바뀜에 따라 건물구조도 보다 권위적이고 위압적으로 되었다. 현재 남아 있는 건물만을 대상으로 살펴본 것이기에 매우 제한적이기는 하지만, 이 사진들은 군국주의화된 훈육과 함께 학교의 교육공간이 교수의 효율성을 중시하는 구조로 변화되어감을 보여 주고 있다. 비록 근대적 교육공간이 국가주의와 산업화 시대를 반영하여 훈육을 통한 도야를 교수나 양육보다 우선하였다고는 하지만, 21세기에 요구되는 새로운 대안적 교육공간은 훈육과 교수, 양육의 균형적 발전을 통해 자연과 벗하며 인간의 실존적 만남이 이루어질 수 있어야 할 것이다. 그리고 이를 위하여 학교의 규모도 훨씬 더 작아져서 전교생 혹은 동급생들이 서로 잘 알고 지낼 수 있는 아름다운 학교가 만들어지기를 기대해 본다.

참고문헌

강성훈, 「루소에 대한 자연주의적 해석의 문제」, 고려대학교 대학원 박사학위논문, 2008.

경신사편찬위원회, 『경신사』, 경신중고등학교, 1991.

김상대 외, 「21세기를 위한 학교건축 모형 개발」, 한국교육시설학회, 『교육시설』 7(1), 2000.

김은하, 「미셸 푸꼬의 훈육에 관한 교육학적 고찰」, 고려대학교 대학원 석사학위논문, 1996.

김정환, 『전인교육 어떻게 할 것인가』, 내일을 여는 책, 1997.

김지원, 「학교공간에 대한 교육철학적 고찰」, 고려대학교 대학원 석사학위논문, 2000.

김진균, 정근식, 강이수, 「일제하 보통학교와 규율」, 김진균, 정근식 편저, 『근대주체와 식민지 규율권력』, 문화과학사, 1997.

문화재청 근대문화재과, 『옥천 죽향초등학교 기록화조사보고서』, 문화재청, 2004.

문화재청 근대문화재과, 『강경 중앙초등학교 강당 기록화조사보고서』, 문화재청, 2006.

민현식, 「이 시대, 우리의 학교공간: 다양한 삶을 담는 '공간의 풍부함'」, 『중등 우리교육』, 1997.

윤태술 역술, 『사범교육학』, 보성관, 1907.

이광린, 『초대 언더우드 선교사의 생애』, 연세대학교 출판부, 1991.

이만열, 『한국의 근대문화유산』, 우정디자인기획, 2007.

이원호, 『그림과 사진으로 보는 교육의 역사』, 문음사, 2002.

이진경, 『근대적 시 · 공간의 탄생』, 푸른숲, 1997.

이화100년사 편찬위원회 편, 『이화백년사: 1886~1986』, 이화여자고등학교, 1994.

중앙교우회 편, 『중앙80년사』, 중앙중고등학교 · 중앙교우회, 1993.

한용진 외, 「21세기를 위한 학교건축 모형 개발」, 한국교육시설학회, 『교육시설』 7(1), 2000.

한용진 외, 『교육학개론』, 학지사, 2007.

한용진, 김자중, 「대한제국기 교육학 교재 분석」, 안암교육학회, 『한국교육학연구』 15(3), 2009.

Ball, S. J.(이우진 역), 『푸코와 교육』, 서울: 청계, 2007.

Bollnow, O. F.(오인탁, 정혜영 역), 『교육의 인간학』, 문음사, 1999.

Comenius, J. A.(정확실 역), 『대교수학』, 교육과학사, 1987.

Foucault, M.(오생근 역), 『감시와 처벌』, 나남출판, 1994.

Locke, J., Two Treatise of Government, edited by P. Laslett, Cambridge University Press, 1967.

Rousseau, J. J., Émile ou de l'éducation, Bibliothéque de la Pléiade, OEuvres Complétes IV, Gallimard.

Wayson, W. W. & Pinnell, G. S., "Discipline in Schools," The International Encyclopedia of Education, Vol. 2, New York: Elsevier Science, 1994.

제 10 장

학교공간 조성의 교육학적 조건과 문제

Ⅰ. 머리말

Ⅱ. 한국의 학교공간 건축의 역사적 정황과 세 가지 국외 사례

Ⅲ. 학교공간의 교육학적 조성을 위한 열한 가지 문제

Ⅳ. 맺음말

제10장

학교공간 조성의 교육학적 조건과 문제[1)]

"정말 그랬다. 거기에는 달리지 않는 진짜 전철 여섯 량이
교실용으로 덩그러니 놓여 있었던 것이다!"
구로야나기 데츠코[2)]

Ⅰ. 머리말

공간은 시간과 더불어 사람이 생을 영위해 가도록 해 주는 근본 조건 중 하나다. '나'는 땅에 발을 딛고 바로 서서 주위를 둘러보고 하늘을 바

1) 이 글은 필자가 교육철학회 편, 『좋은 교육』(문음사, 2007)에 기고한 「멋진 학교공간 짓기」(259-281쪽)를 수정 · 보완한 것이다.

2) 구로야나기 데츠코(김난주 역), 『창가의 토토』, 프로메테우스, 2000, 24쪽.

라보는 식으로 3차원적 공간을 내 의식 안에서 건축한다. 그 공간은 내가 발을 딛고서 움직여 앞으로, 옆으로, 뒤로 움직여 나아갈 때마다 매번 새 옷을 갈아입고 나타난다. 공간을 벗어난 삶이란 생각할 수 없다.

오토 프리드리히 볼노(Otto Friedrich Bollnow)[3)]는 '체험된' 공간에 대하여 말했다. 그것은 단순히 물리적 · 기하학적으로 측정할 수 있는 공간이 아니라 특정한 계기를 통해서 개개인에게 의미가 부여되어 있는, 다시 말해서 개개인의 삶의 체취가 묻어 있는 공간을 일컫는다. 그런 이유로 동일한 공간이라 할지라도 어떻게 체험하느냐에 따라 그것이 개개인에게 전혀 다른 것을 뜻할 수 있다. 볼노는 이를 특정하게 교육인간학적 관점에서 밝혀내고자 했다. 이를테면 인간에게 '거주(居住)'란 특정한 공간에서의 체류를 뜻하는 것만이 아니라 엄연한 노력에 의해 비로소 획득되어야 하는 것으로, 즉 '인간이 그 안에서 자신의 공간과 관계하는 특정한 인간의 내적 상태'를 뜻한다는 것이다. 현대인이 도시에서 잃어버린 고향은 거주함을 배우는 과정에서 되찾을 수 있다. 여기에 교육을 위한 자리가 있다.

학교공간에 대한 고찰은 이러한 체험된 공간 문제를 전제한다. 이는 다양한 학내 구성원들에게 유의미한 체험을 가능케 하는 학교공간은 어떤 것인지에 관한 물음이다. 이는 이중적인 것을 뜻하는데, 하나는 학교공간 조성의 조건은 무엇인가이며, 다른 하나는 이 특정한 공간 안에서 교사와 아이들과 청소년들의 체험 양상은 어떤 것인가다. 체험의 내용은 긍정적일 수도 있고 부정적일 수도 있다. 문제는 그에 따라 학내 구성원들의 내적 태도, 즉 교사의 교수행위와 학생의 학습행위, 그리고 그들 모두의 삶의 질이 특정한 영향을 받게 된다는 것이다. 일상

---

3) O. F. Bollnow(한상진 역), 『인간학적 교육학』, 양서원, 2006, 145-165쪽, 특히 147-153쪽.

적 경험에 의하면 같은 내용의 수업이라도 어디서는 아주 성공적으로, 어디서는 아주 불만족스럽게 이루어지는 경우가 있는데, 필자는 이것이 일면 교실 공간구조의 요인이 작용하였기 때문이라고 추정해 보곤 했다. 다시 말해서, 교실의 형태나 책걸상의 배치구도, 조명도 같은 요인들이 만들어 내는 특정한 분위기가 이미 긍정적으로든 부정적으로든 교사와 학생들의 의식 상태를 일정한 방향으로 이끌어 가고 있었을 것이라는 추정이다.

이 말이 참이라면, 부정적으로 작용하는 교실공간들은 무엇이며 또 이 문제를 해결하기 위해서는 어떤 조건들을 새로이 충족시켜야 하는가? 유감스럽게도 이 물음에 대한 관심이나 연구는 학계나 현장에서 오랫동안 제대로 이루어지지 않았다. 그 까닭은 무엇일까? 몇 가지 추정이 가능하다. 그것은 일단 이 문제가 교사 한두 사람의 힘으로 어쩌기에는 너무 큰 문제이고 거리가 있는 것이라 생각할 수 있다. 그러니까 이는 교육청이나 학교 이사회나 교장이나 건축 전문가의 소관일지언정, 단위 학교의 몇몇 교사들이 어떻게 해 볼 수 있는 문제는 아니라는 것이다. 혹은 그것은 좀 더 중요하게 부각되어 있는 다른 주제들, 이를테면 입시제도, 교육과정, 교수-학습, 학교의 민주화 등의 주제들 때문에 밖으로 밀려나 있었을 수 있다. 그렇지 않다면 이 문제의 필요성에 대체로 동의하지만 그리 절박한 문제는 아니라고 생각했을 수도 있다. 이 두 가지 이유가 어느 정도 설득력 있는 것이라면 그에 대해 필자로서도 약간의 논거를 가지고 답하지 않을 수 없다. 하나는 정치적으로 좀 더 개방적 변화를 요청받고 있는 우리 교육 현장의 추세를 감안하자면 이 문제는 더 이상 정책 결정권이 대폭 주어져 있는 몇몇 사람이나 교육관청 혹은 소위 건축 전문가들의 전담 사항으로 남아 있을 수만은 없으리라는 것이다. 다른 하나는 보통 중시되는 주제들은 실상 여기서 거론하려는 공간 문제와 긴히 연관되어 있다는 것이다. 이를테면 다양하고 창조적인 교수-학습 형태를 위해서는 그에 상응하는 공간을 마련할 수밖에 없지 않겠는가 하는 것이다.

이 장은 이상의 문제의식에서 발단된 것으로, 유의미한 학교공간의 조건과 문제들은 어떤 것인지를 고찰하기 위한 것이다. 이는 달리 말해서 어떤 공간 형태가 학생의 삶의 태도와 학습 동기를 유의미하게 자극하고 불러일으키는지, 어떤 형태와 색채, 어떤 분위기와 어떤 사물과 가구 배치가 그렇게 하거나 그렇게 하지 못하는지에 관한 물음이자, 그 부정적 상황을 개선하기 위한 방안은 무엇인지에 관한 물음이다. 먼저 문제를 둘러싼 역사적 정황을 일제 통치기부터 현재에 이르기까지 간추려 짚어 보고, 우리의 상황을 비판적으로 조명해 줄 수 있는 국외의 세 가지 사례(일본, 독일, 러시아)를 살펴본다. 이 사례들을 택한 이유는 공교육과 대안교육을 막론하여 국제적으로 흥미로운 시도들일 뿐 아니라 학교공간 조성을 위한 생산적 자극과 동기들을 얻기 위해서다. 이어서 가장 중요한 부분으로, 앞서의 논의를 배경으로 교육학적 시각에서 향후 학교공간을 조성할 때 고려해 볼 만한 문제들을 열한 가지 정도로 간추려 제시한다. 논의는 각각의 주제를 위한 명제를 제시한 후, 개인적 경험 및 연구 사례를 들고 향후 방향을 위해 제안하는 식으로 전개한다. 그 구조는 전체적으로 이론 반, 이야기 반 정도로 이루어져 있다. 이런 식의 연구와 글쓰기는 형식상 일종의 '이야기 교육학'에 해당하는 것으로, 학문 이론적으로 체계화된 연구와는 다르며 그러한 본격적 논의와 연구의 기초 자료로서의 가치를 지닌다.[4)]

4) 비교적 미진한 이론 연구 상황에도 불구하고 교육학적으로 거론할 만한 선행 연구로 한용진 외, 「21세기를 위한 학교 건축모형개발」(교육부 학제간 연구지원 사업에 의한 연구, 1999)가 있다.

Ⅱ. 한국의 학교공간 건축의 역사적 정황과 세 가지 국외 사례

이 자리에서는 먼저 한국의 학교공간 건축 문제를 둘러싼 지금까지의 역사적 정황을 근대 일제 통치기부터 현재의 변화 상황에 이르기까지 짚어 보고, 우리의 상황을 비판적으로 조명해 줄 수 있는 국외의 세 사례(일본, 독일, 러시아)를 살펴본다.

근대기 우리 학교가 일본 군국주의 통치기 학교 건축물 조성 방식에 의해 규정되어 있다는 비판은 어제오늘의 일이 아니다. 그렇다면 이제 현대적 학교는 그로부터 얼마나 자유로우며 또 얼마나 새로운 방향을 모색하고 있는가? 교육을 훈육으로 이해한 일제는 실상 교육공간, 즉 교지(校地)와 교사(校舍)의 구조를 일제의 훈육 방식에 들어맞도록 조성한 것으로 보인다. 운동장은 연병장으로 만들고, 교장실은 관리통제를 위해 중앙에 자리 잡도록 하고, 교실 내부 구조는 일사불란한 규율에 따라 수업이 가능하도록 했던 것이다. 이를테면 시선이 성년을 향하는 식으로, 또는 교실은 정돈과 청결의 원칙에 따라 유지하고, 교실, 복도, 휴게실 등은 학생들의 미감을 고려하면서 모범을 따르고 일본을 배우도록 문자, 그림, 지도를 배치하는 식으로 했다.[5] 이 구조는 해방 후 50여 년이 지나도록 큰 변화 없이 거의 그대로 답습 · 유지되었다. 1950년대 후반과 1960년대 이후 지속적으로 증가하는 학생 수를 고려하여 1969년에는 '학교시설 · 설비기준령'(이후 14차 개정)이 제정되었

5) 이호진, 「교육 100년 교사 100년」, 『한국교육신문』, 1999. 4. 26~1999. 11. 29 연재기사 참조; 김진균 외 「일제하 보통학교와 규율」, 『근대주체와 식민지 규율권력』, 김진균, 정근식 편, 문화과학사, 1997, 110-111쪽.

고, 이에 의거하여 '학교표준설계도'가 만들어졌는바, 대부분의 학교는 이에 따라 지어졌던 것이다. 이는 그저 학생을 수용하고 가르쳐야 하는 현실적 필요에 부응하기 위한 것이었을 뿐, 그 외양이나 내부 구조에 있어서 어떤 참신한 생각을 반영한 것은 아니었다. 개발독재시대를 거쳐 1990년대 말경에 이르기까지 실정은 대체로 그러하였다. 학교 건축물들은 대부분 과거를 답습하는 정도로 남아 있으며, 개성 있는 건축물들은 찾아보기 어려우며, 대도시의 대규모 학교들은 보통 네모지고 각진 커다란 틀 속에 빽빽하게 자리 잡은 교실들로 이루어진 건축물 구조를 보여 주고 있다. 기능주의적이거나 권위주의적이거나 획일적인 범주를 크게 벗어나지 않는다.

이런 와중에서 근래 들어 새로운 방향을 향한 유의미한 움직임이 감지되고 있다. 그것은 먼저 법령상의 변화에 관한 것으로 교육부가 새로운 사회적 변화와 교육적 요구에 부응하여 종래의 기준령을 대폭 개정하는 법률을 제정하고, 1997년 9월 「고등학교이하각급학교설립·운영규정」(대통령령 제15483호)을 공포하게 된 것이다. 그 핵심은 학교공간이 종래의 표준화 기준을 상당 부분 벗어나서 새롭고 다양한 교육관에 상응하여 건축될 수 있도록 법적 근거를 마련하려는 데 있었다. 이에 따라 학교 건축 전반에 있어 어느 정도 유연한 접근이 가능해졌다고 할 수 있다.[6] 또 하나 유의미한 움직임은 현장에서 이 문제를 둘러싸고 고조되고 있는 교사들의 비판이다. 이런 견해는 일상적 대화나 임의적 대화 모임에서 흔히 들을 수 있다. 이대로는 더 이상 안 되겠다

6) 1990년대 말까지의 상황에 대해서는 앞서 인용한 연구가 상세히 밝혀 주고 있다. 한용진 외, 「21세기를 위한 학교 건축모형개발」, 1999. 이 연구에서는 근대기 우리나라 학교 건축에 관한 상세한 분석과 해법 문제가 국내외의 풍부한 사례와 함께 다루어져 있다. 아울러 김지원, 「학교공간에 대한 교육철학적 고찰」, 고려대학교 대학원 석사학위논문, 2000, 13-19쪽도 참조.

는 것이다. 그런가 하면 신축 또는 재건축 중에 있는 학교 건물들에서 기존의 틀과는 좀 다른 건축기법을 도입하고 있는 것 역시 변화를 위해 거론할 만한 징후 가운데 하나라 할 수 있겠다.

그러나 정확히 말해서 문제는 아직 초보적인 수준에 머물러 있는 것으로 보인다. 새로운 법적 변화에도 불구하고 아직까지는 새로운 감각이 살아 있는 건축물 공간을 찾아보기가 그리 쉽지 않기 때문이다. 아마도 그런 정도의 법적 개선조치만으로 문제의 본질에 다가가기에는 제반 여건이나 문제의식이 턱없이 부족한 것이 아닌가 생각된다. 넘어야 할 산은 많고 극복해야 할 문제는 산적해 있다.

이를테면 교육 현장에서는 학교 건축에서 단위 학교가 자유롭게 사업을 수행할 수 있는 여지가 제한되어 있다는 비판이 종종 제기되고 있다. 혹은 최근 지어지는 학교 건축은 거의 같은 모형을 찍어내는 식이라는 비판도 들려온다. 건축행정 구조 전반은 불투명하고 또 전문적인 건축가가 마음 놓고 활동할 수 있는 여지가 크게 제약되어 있다는 의견에 대해서 교육 현장에서는 거의 이의가 없다. 폐쇄적인 행정구조가 유의미한 학교 건축공간의 조성 문제를 이렇게 하는 셈이다. 또 건축가가 독자적으로 작업할 수 있는 경우라 할지라도 문제는 여전히 존재하는데, 즉 건축가의 전문성을 확보할 수 있을지라도 이것이 다시금 종종 다른 필수적 요인, 즉 교육학적인 성찰을 배제할 가능성도 있다는 것이다. 필자는 학교 건축에서 건축 전문가의 역할은 불가결하면서 동시에 위험 요소로 간주될 수도 있음을 지적하고 싶다. 학교 건축에서 교육학적 성찰이 필요하다면 그것은 어디서 또 어떻게 구현되어야 할까? 그것은 건축가가 기초 설계단계에서부터 교육학자와 교사와 학부모들과의 다양한 의사소통 구조를 모색하도록 함으로써, 또 무엇보다도 그 안에서 생활하게 될 아이들과 청소년들의 관심사를 적극 반영함으로써 비로소 가능할 것이다. 그러나 현장에서 이러한 논의 수준은 아직 요원해 보인다. 나아가서 학교공간 조성에서 또 하나 중요한 문제는 이를 건축물 조성이라는 완결된 작업으로서가 아니라 끊임없이 함께 완성해 가야 할 과제로서 이해하는 것이다. 이 과제는 전문가로서의 건축가의 몫이라기보다 모두의 몫이다. 여기서 다시금 그 안에서 생활하게 될 이들이 함께 만들어 갈 창조적인 공간 구성력이라는 주제가 중요해진다. 이 문제와 관련하여 몇 년 전 『디자인 교육 새야』에서 '학교공간, 어떻게 꾸릴 것인가'라는 주제하에 대담을 기획했는데, 교사, 건축가, 교육학자, 교육행정가가 참여한 이 대화 모임에서 나온 이야기들은 충분히 귀담아 들을 만하다. 그중 우리 상황의 핵심을 드러내 주는 대목 하나를 들어 보자.

> 우리 사회의 관료조직은 원천적으로 상상력을 허용하지 않습니다. 학교를 짓는 과정에서 교사와 학부모, 지역 주민이 함께 생각해 볼 여유란 없어요. 개교 날짜는 정해져 있는데 급히 예산 책정하고 토지 매입하고, 그러다 보니 실제로 학교에서 생활하는 교사와 학생 얘기는 거의 못 듣는 거죠. 학교가 내 것이라는 생각으로 같이 만들어야 할 조직, 주체가 있어야 하는데, 지금은 서울시 교육청 맨 꼭대기에 있습니다. 마을마다 학교를 지어도 그 마을 사람들, 주체들의 의견을 받아들일 통로가 없고 책임질 사람도 없죠(안승문 전 서울시교육위원의 견해 중)[7]

---

7) 『디자인교육 새야』는 이 대담을 제5호(2004년 여름)에서 다섯 편의 다른 글과 함께 엮어 실었다(50-63쪽, 특히 58쪽). 이 글들은 모두 현재 우리 학교공간 조성에 대한 시사적인 내용을 담고 있다. 나머지 다섯 편의 글은 「창조적 학습 환경 조성을 위한 연구 보고서—영국정부의 학교시설 혁신 프로젝트」(64-73쪽), 「이우학교의 교실 디자인—건축가 리포트」(74-81쪽), 「도덕교과교실 구성—공항중학교 사례」(82-85쪽), 「하자작업장 학교의 작업방 사례」(86-91쪽), 「영국 킹스데일 학교재건축 프로젝트」(92-101쪽)이다.

이 문제의식을 배경으로 우리 상황을 비판적으로 조명해 줄 만한 세 가지 사례를 살펴보기로 하자.

1. 일본의 자유학원

필자는 몇 년 전 일본 동경 미나미사와 시역 한구석에 위치한 유서 깊은 자유학원을 방문한 적이 있다. 숲이 우거진 드넓은 부지에 자리 잡은 교사는 본관을 중심으로 사이사이 잘 가꾸어진 연못들과 함께 참으로 평화롭고 조화로운 자태를 드러내고 있었는데, 특히 눈에 들어온 것은 대부분 1층으로 지어진 교사 건물들이었다. 이 건물들은 가운데 초지를 두고 ㅁ자형으로 배치되어 있었다. 안내지에 의하면 이런 구조는 설립자 하니 모토코 여사의 생각을 반영한 것이라 한다. 그것은 아이들은 늘 자연 속에서 흙을 밟으며 살아야 하는데 2층 건물이 되면 그럴 기회가 그만큼 적어지므로 교사는 1층으로 지어야 한다는 것이었다. 1921년 하니 모토코 여사가 그의 남편 하니 요시카즈와 함께 세운 이 학교는 이들 부부의 자식양육 체험을 바탕으로 탄생한 교육적 이상에 그 뿌리를 두고 있다. 모토코 여사는 당시 일본에 체류하고 있던 미국의 유명한 건축가 프랭크 로이드 라이트(Frank Lloyd Wright)에게 자신의 교육적 이상을 제시했고, 그에 대해서 라이트는 공감을 표시하면서 흔쾌히 설계를 떠맡았다 한다. 그러나 필자가 방문한 곳은 메치로에 처음 지어진 학교가 아니라 이를 모형 삼아 두 번째로 지은 곳이었다. 다음은 라이트가 자유학원 건물이 완성되었을 때 설립자에게 보낸 편지로, 교육자와 건축가가 함께 어우러질 때 얼마나 아름다운 결실을 보게 되는지를 여실히 느끼게끔 해 준다.

저는 이 학교 이름에도 나와 있듯이 학교 설립의 기본 정신인 자유의 이념을 마음 깊이 새기며 이 작고 아담한 자유학원 건물을 설계하였습니다. 가식적이지 않은 순수한 아이들, 그래서 행복한 아이들에게 걸맞은 하나의 소박하지만 행복한 생활공간이 되었으면 하는 바람으로 설계하였습니다…. 자유학원은 이미 공인된 건축 양식의 어느 한 형태를 따온 것이 아니며, 온전히 자유학원만을 위해서 새로이 설계되었습니다. 싫든 좋든 자유학원의 건축 양식은 학교의 정신을 조화롭게 담아낼 수 있도록 설계된 것입니다…. 감수성이 예민한 아이들은 자유학원에서 생활하면서 후에 모든 판단의 기준이 되어야 할 우정이나 아름다움에 대한 안목을 자연스럽게 체득할 것이라고 확신합니다…. 사실 지금은 건축물들이 별 생각 없이 혼란스럽게 지어지고 있어서 소박한 안식처를 준다는 사실만으로도 가치가 있지만, 자라나는 아이들의 교육이라는 관점에서 본다면 자유학원의 가치는 훨씬 더 중요하게 될 것입니다…. 만약에 어린아이들이 이제 막 뜨기 시작한 눈을 통해 일상에서 경험하는 단순한 일에서도 진리와 아름다움을 발견하여 자신의 정서를 풍요롭게 할 수 있으려면, 선천적인 것들을 제외하고는 아마도 환경이 가장 중요한 요인으로 작용할 것입니다. 학교 건물이 진리와 아름다움을 경험할 수 있도록 배려한 조화로운 생활공간이라면, 그것은 학생들에게 주는 다른 어떤 좋은 영향 중에서도 으뜸일 것입니다…. 바로 이 점을 늘 중요하게 마음에 새기면서 저와 제 동료들은 하니 부부와 상의하면서 자유학원을 설계하였고, 이제 마치 나무가 꽃봉오리를 맺고 있듯이 자유학원이 아이들을 품고 있는 것을 보니 참으로 행복합니다. 꽃봉오리들이 나무의 일부인 것처럼 아이들이 자유학원과 조화를 이루고 있고, 다시 나무가 꽃봉오리의 한 부분을 이루듯이 자유학원이 아이들의 일부가 되어 있는 듯하여 참으로 기쁩니다.

이 편지글은 미국에서 온 한 저명한 건축가가 하니 부부와 상의하면서 이 학교의 교육적 이념을 담아내기 위해 얼마나 정성을 기울였는지를 느끼게 해 준다. 이 설계에는 아이들을 위한 생활공간이 되도록 하였다는 점, 모모한 건축 양식을 따온 것이 아니라 온전히 자유학원의 정신을 담아낸 것이라는 점, 진리와 아름다움을 경험할 수 있도록 하였다는 짐, 그리고 이 과제를 위해 건축설세 팀이 하니 부부와 상의를 거듭해 간 과정이 잘 드러나 있다.[8)]

2. 리텔마이어 교수팀의 학교 건축 연구

두 번째 사례는 건축물에 대한 교육학적 조명이라는 견지에서 1990년대 중반 독일에서 시도된 것이다. 괴팅겐 대학교의 크리스티안 리텔마이어(Christian Rittelmeyer) 교수팀은 학교 건축과 색채의 형상화가 그곳에 터 잡고 살아가는 학생들과 나아가서는 그들의 학습 태도 및 사회적 행동양식에 있어 결코 간과할 수 없는 영향을 미치고 있음에 착안하여, 수년 동안 아이들과 청소년들이 어떻게 다양한 학교 건물 형태를 체험하는지, 어떤 건축학적 · 색채적 특징들이 호감을 주거나 반감을 자아내는지 알기 위해 연구 프로젝트에 착수했다. 연구팀은 다양한 연령층에 걸쳐 500명의 학생들에게 배포한 설문지에 기초하여 학생들의 육체적 면에 건축적 형태와 색채가 미치는 작용이 어떠한지를 밝히고자 했다. 그리고 이 연구를 통해서 학교 건축 및 재건축의 계획과 수행에 참여한 사람들(설계가와 건축가, 교사와 교육 관련 관청)에게서 학생들에게 걸맞는 학교 건축이 어떻게 이루어져야 할지 그 형상화의 특징을

8) 하니 게이꼬(서울평화교육센터 역), 『참자유인을 기르는 학교』, 내일을 여는 책, 1999, 17-19, 28쪽 이하.

위한 감수성이 일깨워졌다. 연구 결과는 『학교 건축을 긍정적으로 형상화하기: 학생들은 색채와 형태를 어떻게 체험하는가(Schulbauten positiv gestalten: wie Schüler Farben und Formen erleben)』(Wiesbaden/Berlin, 1994)로 출간되었고, 이후 이런 방향에서 많은 사람들이 학교 건축을 교육학적으로 이해하고 밝히는 데 도움을 받을 수 있었다. 이는 일깨워진 '감수성' 덕분이다. 리텔마이어 교수는 이 연구서에서 그 가장 중요한 진술을 학교 건축물이 '말을 걸어오는 형상'이라는 표현으로 시작하고 있다.

> 학교 건축물은 '말을 걸어오는' 형상이다. 그것은 학생들이 무의식적으로 인식하는 바, 특정한 소식을 표현한다. 그것은 이를테면 폭력적이거나, 활기차거나, 진지하거나, 쾌활하거나, 밀어닥치거나 혹은 해방감을 주거나 하는 식으로 나타난다. 이렇듯 학교 건물의 형태와 색채와 시설이 나타내는 바는 사회적 의미 맥락에서 학생들에 의해서 긍정적으로 혹은 부정적으로 평가되는데, 이는 어찌 보면 교사의 이런저런 태도, 이를테면 사랑스러운, 아이러니한, 거부하는, 혹은 친절한 태도가 학생들에게 일정한 반응을 자아내는 것과 마찬가지 범주에 해당한다. 이 책의 포괄적인 연구 프로젝트는 독일에서 학교 건물의 사회적 표현을 평가하기 위한 세 가지 근본적인 질적 범주를 탐구하기 위한 것이다. 이 속성이 표현된 후에 비로소 건축물은 호감을 준다거나, 마음을 끈다거나, 아름답다는 식으로 평가된다. 이런 것이 결여된 곳에서는 (대부분 무의식적으로) 건축물에 대하여 거부적 반응이 나타난다. 첫째로 건물은 다채롭고 흥미를 자아낼 수 있어야 하되, 지루하거나 단조롭게 작용해서는 안 된다. 둘째로 건물은 해방감을 주고 자유롭게 풀어 주는 효과가 있어야 하되, 협소하게 하거나 억누르는 듯 작용해서는 안 된다.

셋째로 차디차거나 딱딱한 느낌보다는 온기와 부드러운 느낌을 발산해야 한다. 이 범주가 실제로 무엇을 뜻하는지 하는 것은 이 책 본문에서 예시하는 사진이나 그림들을 보면 잘 알 수 있다.[9)]

연구팀은 한 걸음 더 나아가 다음과 같은 점을 명확히 해 보이려 했다. 즉, 우리는 학교 건물을 인지적으로서뿐 아니라 우리의 몸 전체를 가지고 인식하고 평가한다는 사실인데, 이런 식의 학교 건축공간에 관한 연구는 지금까지 거의 시도되지 않았다는 것이다. 이러한 안목과 의도가 사고를 새로운 방향에서 진작시킬 수 있으리라는 데는 의심의 여지가 없다.

3. 러시아의 아름다운 학교운동

리텔마이어 교수팀의 연구는 이런 맥락에서 러시아에서 1997년 이래 현재까지 계속되고 있는 '아름다운 학교운동(Beautiful School Movement)'을 위한 다양한 노력에 신선한 자극을 줄 수도 있었는데, 이것이 세 번째 사례다. 필자는 1998년 러시아의 바슈코르토스탄 공화국의 수도 우파에서 열린 아름다운 학교운동 제2회 행사에 참가했다가 러시아의 교사들이 학교공간을 아이들에게 친근하게 그리고 교육학적으로 의미 있게 만들어 내기 위해 기울이고 있는 여러 역동적 현장을 볼 수 있었다. 그곳에서 교사들은 그들에게 닥쳐온 재정적 재앙의 상태에도 불구하고 그것을 극복하기 위해 혼신의 노력을 다하고 있었는

---

9) Chr. Rittelmeyer, Schulbauten positiv gestalten: wie Schüler Farben und Formen erleben, Wiesbaden/Berlin 1994. 한국어 역본인 『느낌이 있는 학교 건축』(송순재, 권순주 역, 내일을 여는 책, 2005) 중 독자들에게 전하는 필자의 인사말의 한 대목.

데, 그중 하나가 학교공간을 새로이 조성해 내는 일이었다. 교사들은 학부모와 아이들 그리고 지역사회와의 협력적 틀 속에서 그들이 할 수 있는 한 학교의 외관과 내부 구조를 미학적 안목에서 아름답게 만들어 내고자 했다. 그들의 열정적 몸짓을 처음 대했을 때 받은 감응은 아주 특별했다. 이를테면 학교 건물 외양과 내부 전체에 변화를 주어, 즉 입구로부터 시작해서 구석구석에 이르기까지 새로운 관점을 적용해서 공간을 다른 식으로 바꾸어 본다든지, 네모진 통로 문을 아치형으로 바꾼다든지, 교실 벽의 색채를 바꾼다든지, 벽화를 그려 본다든지, 그림이나 화초를 이용해서 교실공간에 생기를 불어넣는다든지 하는 다채로운 시도들이었다.

이렇게 흥미를 자아내기에 충분한 사례들을 우리는 주위를 둘러보면 계속해서 찾아낼 수 있을 것이다.

Ⅲ. 학교공간의 교육학적 조성을 위한 열한 가지 문제

우리나라에서 학교공간 문제는 전반적으로 보아 지금까지 비교적 저열한 상태에 놓여 있었다고 할 수 있겠지만, 유서 깊은 사립학교나 종립학교들, 혹은 최근 대안학교나 내적 개혁을 시도하는 학교들 중에서는 꽤 고무적이며 이야깃거리가 될 만한 사례들을 찾아볼 수 있다.

예를 들면, 이화여자고등학교(서울시 중구 정동)나 경복고등학교(서울시 종로구 청운동)가 그렇고, 이화미디어고등학교(서울시 중랑구 망우동)의 경우도 그렇다. 이화미디어고등학교의 경우 진입로 옆에 조성한 드넓은 정원이나 원형으로 된 대규모 집회소, 숲 조성 등에서 훌륭한 안목을 보여 주고 있다. 그런가 하면 대안학교인 이우학교(경기도 성남)는 건물 전체를 그처럼 다른 견해를 가지고 설계·건축했고 교실 역시 그렇게 새로이 조성하려 했다. 야트막한 뒷산에서 흘러내리는 실폭포를 끌어다가 연못을 만들고 그 물이 건물 뒷마당을 통과하여 흘러내리도록 한 모양새는 학교 건물이 자연과 어울리도록 배치한 것으로 아주 운치 있다. 아울러 학교 구내에 숲과 정원을 아름답게 배치한 훌륭한 시도들도 언급해야겠다. 이를테면 이정혜 작가가 '교실 디자인'이라는 과제 앞에서 구상한 계획을 들어보면 다음과 같다.

- 개인의 독자적인 공간을 형성하면서도 다양한 공동체의 형태를 경험할 수 있는 책상의 형태와 유연한 배치
- 공동으로 관리하는 물품 보관 장소는 다양한 크기의 수납이 가능하게 함
- 선생님과 학생들이 같은 눈높이로 의사소통할 수 있는 방법 모색
- 게시판과 정보 공유 장소를 적극적으로 제공
- 각자 활동에 필요한 기본 면적을 최대한 확보하면서 동시에 활발한 접점을 가지도록 함

이런 구상에서 중요한 것은 작가가 이 작업이 다만 자기 자신만의 작품이 아니라 학생들이 참여한 모두의 것이 되기를 바라고 있다는 점이다. 그것을 작가는 '뿌듯함'과 '착잡함'으로 표현한다.[10)]

이런 사례는 계속 이어진다. 좀 오래된 것이거나 근래의 것이거나 모두 우리나라에서 추구되고 있는 이러저런 시도들 가운데는 인상 깊

10) 이정혜, 「침묵을 깨고 대화를 시작한 교실—이우학교의 교실디자인」, 『디자인교육 새야』 제5호, 2004년 여름, 74, 78쪽.

고 역동성이 느껴지는 사례들이 적지 않다. 최근 현장에서 점차 중요하게 거론되는 문제는 학교공간 조성 문제가 근본적으로 그리고 최종적으로는 행정가와 건축가의 문제일 뿐 아니라 학교의 실질적인 주체들인 교사와 학생, 학부모와 교육이론가들의 문제라는 것이다. 양자가 적절한 대화를 통해서 상호 접점을 발견할 때 학교공간은 좀 더 나은 면모를 갖출 것이다.

이상의 사례들에 얽힌 이야기를 배경으로 다음에서는 교육학적 시각에서 향후 한국의 학교공간을 조성할 때 고려해 볼 만한 문제들을 열 한 가지 정도로 간추려 살펴본다.

1. 철학이 녹아 있는가

> 학교공간을 건축하는 데 철학적 관점이 바탕으로 깔려 있어야 하리라는 것이다. 초등학교 건물은 대충 이렇고, 중고등학교 건물은 대충 이렇고, 대학교 건물은 대충 이렇고 등. 나는 지금까지 보아왔던 숱한 우리 학교 건축물에서 달리 특별한 인상을 갖기 힘들었다. 대충 획일적으로 이러저러하게 만들어진 학교 건축물이나 공간 양식이 그 학교의 철학을 나타내고 있다고 믿기는 어렵다.

이런 뜻에서 거론할 만한 것은 앞서 소개한 일본의 자유학원이고, 또 하나의 예는 루돌프 슈타이너(Rudolf Steiner, 1861~1925)가 스위스 도르나하에 지은 초창기 발도르프 교육 건축물인 괴테아눔(Goetheanum, http://www.waldorf.co.kr)이다. 슈타이너는 하나의 건축물에서 '개별적 특성'이 각인되도록 했으며, 나아가서 모든 건축물의 표현 양식에서 하나의 특정한, 건축물의 기능 및 상태와 결합된 '내적 자세'가 포착될 수 있어야 한다고 보았다. 괴테아눔에 대한 두 번째 설계에서 슈타이너는 그 건물이 진지하고도 엄격한 질을 갖추도록 했는데, 요는 그곳이 '정신과학을 위한 자유대학'으로서 정신적 영역을 연구하기 위한 센터임이 드러날 수 있어야 했던 것이다.[11)]

우리나라에서 거론할 만한 것으로는 최근 지어진 삼우초등학교(전북 완주군 고산면 어우리)가 있다. 농촌에서 폐교 위기에 처한 삼기초교와 고산초교의 학부모와 교사들이 힘을 모아 삼우초교로 다시 탄생시킨 이 학교는 생태학적 '농촌형 학교 건축'이라는 지향하에 학교 구성원의 주체적인 참여를 통해 지어졌다(한국교육환경연구원 건축).[12)] 아울러 최근 완공된 학교 도서관(일명 '희망의 학교도서관')은 교직원은 물론 학생, 학부형, 마을 주민들의 뜻을 한데 모아 건축가 명재범이 지은 것으로 사방이 툭 터진 홀을 이용하여 지식을 찾는 곳이라는 뜻을 담아 물음표 모양의 열람대를 만들고 한쪽 벽에는 서가를 둘러쳤는가 하면, 저학년 열람실은 동굴 모양으로 짓고 그 위에 놀이터로 다락방을 꾸며 놓았다. 농촌 주민을 위해서는 비닐하우스 모양의 독서교실이나 서로 간의 만남을 위해 유기농 관련 진문서직 코너를 설치하고, 갖가지 문화행사를 할 수 있는 전시공간도 설치해 놓았다.[13)] 그 전체적 면모는 인상적이고 도전적이다.

---

11) L. Fijumara, "Individualität und Entwicklung, Grundlegende Motive zur Architkektur im Werk Rudolf Steiners: Mensch+Architektur 69/70(10/2009), S. 14-17.

12) 나영성, 「작은 학교의 희망, 그 대안을 찾아서」, 『생명을 살리는 통전교육』(학교교육개혁연구회 6차 행사 자료집.), 2007, 148-151쪽.

13) 권복기, 「만남 도서관 연 완주 삼우 초교」, 『한겨레신문』 2006년 12월 1일 참조.

2. 몸과 마음에서 느끼고 누릴 합리성과 안전성

아이들이 몸과 마음에서 느끼고 누릴 합리성과 안전성은 학교와 교실의 크기는 알맞은가, 공간구조 내에서 다양한 시설물들을 활용하기에 합리적인가, 다양한 수업을 소화해 내기 위해서 공간구조는 유연한가, 교실의 조명도는 충분히 밝은가 혹은 따뜻한가, 햇빛과 바람은 잘 통하는가, 또 학교에서 지내는 동안 학생들은 안전한가, 그들은 다양한 학습활동에서 충분히 보호받고 있는가 등에 관한 문제다.

몇 년 전 덴마크의 자유학교(friskole)에서 자체 개발한 책걸상을 본 적이 있다. 전체 구조상 학생들의 체형에 맞게 높낮이 조절이 가능한 형태의 개인용으로 환하고 밝은 색채를 띠고 있었고, 상단 전면은 어깨를 구부리지 않아도 될 만큼 앉은 사람을 향해 경사를 이루고 있었으며, 인문 · 자연계 교과를 자유롭게 소화해 낼 정도의 충분한 크기와 계량 척도 표시도 갖추고 있었다.[14)]

우리나라에서는 명지초등학교의 열린 교실 형태가 아마도 그 예에 해당할 것이다. 예컨대, 저학년 교실들은 복도 쪽의 벽을 터서 복도를 향해서 활짝 열린 형태로 교실들이 서로 이어지도록 했으며, 교실들마다 책걸상이 있는 부분과 앉아서 활동할 수 있는 부분으로 나누었고 칠판 앞쪽에는 빈 공간을 마련하고 카펫을 깔았다. 책장은 반구형으로 복도 쪽과 교실 사이를 경계 짓는 형태로 설치했고, 뒤쪽에는 대형 게

---

14) 요즈음 우리 학교에서도 높이를 조절할 수 있는 의자가 제작 · 보급되기 시작하고 있다. 그러나 그것이 개별적인 신체구조에 잘 들어맞는지, 학생들의 미적인 감각에 잘 들어맞는지, 책상과 일정한 연계성을 갖추고 있는지 등의 문제는 여전히 논란의 여지가 많다.

시판을 설치했다.

이 대목에서 프로젝트 수업이나 토론식 수업 혹은 협력 작업을 위한 교실이나 책걸상의 다양한 배치, 혹은 때때로 쉼이 필요할 경우 쉴 수 있도록 교실 안에 작은 공간을 확보하여 바닥에 돗자리나 카펫을 깔고 소파를 놓아두는 방식에 대해서도 생각해 본다. 다목적 체육시설이나 수영장 같은 시설도 그런 문제다. 또 다른 것으로 도서관의 책상 조명 시설은 개개인을 위해 좀 더 치밀하게 설치해 볼 수 있겠다. 예컨대, 책상에 등을 가까이 끌어오는 방식으로, 어떤 구석에는 개인 등을 설치하는 방식으로 말이다. 명지고등학교 도서관은 이런 점에서 거론할 만하다. 장애아를 위한 배려라는 시각에서 엘리베이터 시설을 갖추어 놓은 성심여고(서울시 용산구 원효로)도 들 수 있다. 또 학생들의 몸의 보호와 발달을 촉진할 수 있는 시설 문제들이 있다. 이런 문제들은 모두 자라나는 아동과 청소년의 심리 및 신체 구조에 대한 섬세한 교육학적 안목으로 해결 가능한 것들이다.

3. 아늑함과 트임

아늑함이 정서적 안정을 가능케 해 주기 위한 것이라면, 트임은 외부 세계에 대해 개방적이고 미래를 향해 열린 구조를 확보해 내기 위한 것이다. 이 문제는 학교의 진입로, 교실 안의 분위기, 조명도를 조절하는 문제에서부터 복도와 운동장과 창문의 구조, 자연 안에 학교를 배치하거나 자연을 학교 안으로 끌어들이는 문제, 지역사회와 일정한 연계구조를 확보해 내는 것에 이르기까지 다양한 영역에 걸쳐 있다.

지적 활동에 앞서 늘 정서적인 안정이 선행되어야 하고 이후에도 늘 동반해야 한다는 점이 오늘날 교육인간학 연구들에서 거듭 강조되고 있다. 정서적 안정은 모든 삶의 전개과정을 뒷받침해 주지만, 그렇지 못할 경우 아이들은 병들고 시들고 꺾여 버린다. 정서적 안정을 위한 주제 중 하나는 '아늑함'이다. 낯설고 위협적인 상황으로부터 감싸이듯 포근하게, 엄마 품에 안긴 듯 보호받거나 신뢰가 경험되는 상태라 바꾸어 말할 수 있다. 아늑함은 예컨대 지붕을 나지막하게 앉히고 벽을 아담하게 둘러치는 식으로 확보해 낼 수 있다. 아이들은 종종 책상 밑으로 들어가거나 커튼 뒤로 들어가서 놀곤 하는데 이런 놀이 습성들이 이런 문제의 성격을 밝혀 주는 것이다. 그런 뜻에서 네덜란드의 마르티누스 랑에벨트(Martinus J. Langeveld)는 아이들만의 '비밀스러운 장소(die geheime Stelle)'에 대해 말했다.[15)]

우선 '길에서 학교까지 이르는 경로'에서 이런 느낌을 가지도록 해 보자. 종종 병영훈련[16)]을 연상케 하는 운동장과 압도적인 건물 같은 구조는 이런 물음에 들어맞기 힘들다. 시골 학교들은 길 양쪽으로 화단을 조성하거나 가로수를 심어 놓아서 좋다. 도시 학교들도 이런 점에서는 배려한 흔적이 많다. 정문에 들어서자마자 정원을 조성해 놓은 학교들이 적지 않다. 대안학교들이 시도하고 있는 것처럼 운동장이나 건물 후원에 본격적으로 정원이나 텃밭을 풍부하게 가꾸어 볼 수도 있다. 거리와 마당에서 줄 수 있는 이 느낌은 그러나 거기서 끝나지 않고 계속되어 교실에 발을 들여놓는 순간에도 여전히 계속되고 강화될 필

---

15) M. J. Langeveld, Die Schule als Weg des Kindes, Braunschweig ^{3}1966(1960), 74ff.

16) 위병소 같은 학교 정문의 감시체제나 구령 소리 같은 것은 그러한 아늑함을 무차별적으로 부숴 버리는 경우가 허다하다. 이런 까닭에 교육학적인 공간 체험은 다만 물리적 시설 구비만의 문제는 아닌 것 같다. 사람들은 물리적 조건을 늘 어떤 정신적 과정이나 사건과 연계시켜 체험하기 때문이다.

요가 있다. 유치원 같은 경우 방 안에 천을 지붕처럼 드리우고 걸상을 둘러 배치해서 혹은 야영 텐트를 쳐서 마치 방 안에 또 하나의 작은 방이 있는 것처럼 만듦으로써 아이들이 그런 느낌을 가지도록 해 줄 수 있다. 혹은 교실의 벽이나 창문의 커튼이 따뜻한 느낌을 내도록 천의 감이나 색을 새롭게 꾸며 보는 식으로 해 볼 수도 있다. 발도르프 학교에서 벽면을 처리하는 기법은 시사하는 바가 많다. 저학년 때는 부드럽고 따뜻한 색을 칠하다가 차츰 강도가 느껴지는 색을 칠하는데, 예를 들면 파스텔 톤의 분홍색에서 녹색과 청색 방향으로 움직여 가는 것이다.

우리나라에서 눈에 띄는 것으로 소명여중고(부천시 원미구)를 들 수 있는데, 운동장 양 끝은 둔덕으로 처리하여 전체적으로 둥그런 모양이 나게 했고, 그 옆으로 완만한 굴곡의 오솔길을 내어 교실 입구에 이르게 했다. 건물 입구마다 둥그런 모양의 계단을 조성하여 걸어 들어가는 발걸음을 환영하는 듯한 분위기를 느낄 수 있다.

한편 트임과 관련하여 학교는 보호할 뿐 아니라 미래를 예시하는 곳이기도 해야 한다. 아이들은 언젠가 그들을 감싸안은 자리를 걷어내고 사회에 진출해야 하고 그곳에서 어려운 과제들과 씨름해야 하는바, 그러한 과제를 몸으로 느낄 수 있도록 상징화해 내야 한다는 것이다. 독일 크레펠트 시의 몬테소리 학교는 그 좋은 예로, 초등학교에서 상급학교가 보이도록 위치시키고 커다란 창문을 통해 늘 그곳을 바라볼 수 있도록 했다.

4. 삶의 분지화와 전체성

분지화란 개별 과학의 분화과정 및 현대 산업사회에서 작업의 효율화를 위해 도입한 분류구조로 인해 삶과 교육에 초래된 문제나 전체성의 해체 현상을 말한다. 반면 전체성이란 그렇게 해체된 분지들을 다시금 한자리에 불러 모아 함께 엮어내기 위한 작업을 말한다. 전자가 교과와 전공을 세분화시키고, 다양한 연령층을 위한 교실을 만드는 것 등이라면, 후자는 전일적 교육과정을 모색하고 개개의 삶을 상호 연결시키거나 공동생활의 유의미성을 복원하는 등, 학교 내에 다양하게 분지화된 구조를 전체성 안으로 통합시키기 위한 과제다.

미분화된 생활 여건 속에서는 모두 함께 살고 일도 함께 하였기 때문에 공간도 함께 사용하였다. 그러던 것이 전문화 과정이 이행되면서 공간 역시 분지화되었다. 칸막이가 쳐지고 개개인들은 각 칸에 배치되기 시작했다. 그리하여 개개 분야별 심도는 깊어지고 능률은 향상되었지만, 사회적 · 공동적 삶은 갈갈이 찢겨 버렸다. 학교도 그렇게 되었다. 옛 가족제도를 모형으로 운영되던 가정학교나 수도원학교나 대학 모두 초창기에는 공동성이 잘 살아 있었다. 이론과 생활은 한데 어우러져 있었고 나이를 불문하고 서로 섞여 공부하도록 했다. 그러다가 차츰 전문화 과정이 도입되면서부터 학교의 구조 역시 분지화되기 시작했다. 클라우스 몰렌하우어(Klaus Mollenhauer)가 묘사했듯이, 학교는 일종의 '분류기계' [17]와 같이 학생들을 세세히 분류해 냈으며 그들 각자를 위한 공간을 배정했다. 학년별로, 능력별로, 전공별로… 그 대신 모두가 함께 만나고 교류할 수 있는 공동적 공간은 상당 부분 상실되었다.

---

17) K. Mollenhauer(송순재 역), 「어린이와 그들의 어른들」, 『사유하는 교사』, 내일을 여는 책, 2009, 117-118쪽.

독일 비스바덴시에 위치한 헬레네랑에학교(Helene-Lange-Schule)는 재래식 건물을 새로운 교육과정에 부합하도록 내부 구조를 대폭 개조했는데, 개개 교실의 특징을 살릴 뿐 아니라 교실 사이의 벽을 터서 필요할 경우 넓은 공간을 함께 쓸 수 있게 한다거나, 복도 자체를 본격적인 학습활동이 가능하도록 재구조화했다. 하르트무트 폰 헨티히(Hartmut von Hentig)가 시도한 빌레펠트 실험학교(Die Bielefelder Laborschule)는 아주 독특하다. 여기서는 커다란 강당이 학년별, 과목별 학습을 비롯하여 다양한 학습이 가능하도록 설계되어 있다. 예를 들면, 학년과 교실을 나누는 벽은 어른 키 정도의 높이로 이모저모로 그저 구획되어 있으며 문도 없다. 그래서 계단을 올라가서 위에서 내려다보면 커다란 공간이 한눈에 들어온다. 그리고 각 영역은 세밀하게 구획되어 있으되 구획과 구획 사이는 일직선상으로 연결되어 있지 않고 사방으로 연결되어 있어서 이동이 자유롭고 사용하기에 따라 서로 이어서 사용할 수도 있게끔 되어 있다.

최근 완공된 이화여고(서울 정동) 백주년기념관은 오래된 옛 건물들과의 조화 속에서 일정한 연계성을 확보하도록 하고, 그 내부 공간을 다양하게 구성하고 있다. 얼마 전 이곳을 탐방해 본 필자는 분지화와 전체성이라는 견지에서 특별한 인상을 갖지 않을 수 없었다. 그중에서도 눈에 띄는 것은 다목적 홀인데, 공간 중앙에 사각마당을 만들어 배치하고 주위를 한두 층 계단을 만들어 둘러쳤다. 그곳에 와서 아이들은 공개토론도 벌이거나 춤을 추거나 수다를 떠는 등 어떤 식으로 사용해도 좋을 것이다. 혹은 필요할 경우 사면 벽을 걷어내 복도와의 경계선이 사라지도록 했다. 설계자의 솜씨가 돋보이는 부분이다.

5. 민주적 공간과 통제식-권위주의적 공간

우리네 소위 '근대식 학교'가 갖추고 있는 통제식-권위주의적 공간을 극복하고, 수평적 의사소통에 기여할 수 있는 민주주의적 공간을 어떻게 만들어 낼 수 있겠는가 하는 물음이다. 여기서는 교장실을 학교의 어느 부분에 배치하느냐 혹은 교장실 내부를 얼마나 수평적이며 의사소통적인 구조로 제시해 볼 수 있겠는가 하는 문제에서부터 교실안과 강당내 좌석 배치를 어떻게 하느냐 혹은 본관과 다른 건물들 사이의 위치 배열이나 연계 구조를 어떻게 확보해 낼 수 있겠는가 하는 물음에 이르기까지 다양한 영역에 걸쳐서 검토해 볼 수 있다.

미셸 푸코(Michel Foucault)[18]는 이 문제의 핵심을 '일망(一望) 감시시설(Panopticon)'이라는 말로 표현하고자 했는데, 이는 중앙에서 "끊임없이 대상을 바라볼 수 있고 즉각적으로 판별할 수 있는 그러한 공간적 단위를 구획 정리"하는 구조에 관한 것이다. 이런 식의 감시구조가 감옥이나 병원에서 그리고 학교에서 힘을 발휘하고 있다는 것이다. 우리네 소위 근대식 학교들의 경우 상당수가 이런 비판으로부터 자유롭지 못할 것이다. 오늘의 개방적인 흐름에 비추어 보아 변화는 불가피해 보인다. 교장실이나 교무실을 건물 중앙에 배치하기보다 어떤 다른 부분에 위치하도록 하고, 학교의 학생과 교사가 모두가 참여할 수 있는 공동적인 자리를 확보해 내는 식이 있다. 이를테면 강당을 특정한 방식으로 재구조화할 수 있겠는데, 앞에는 높은 단이 있고 앞 사람 뒤통수를 바라보면서 앉아 있는 구조가 아니라 원형으로 둘러앉는 구

18) M. Foucault(오생근 역), 『감시와 처벌』, 나남, 1994, 295쪽.

조를 바탕으로 사방에 높낮이가 다양한 좌석을 조성해 보는 것이다.

덴마크에는 1층 벽돌 건물을 ㅁ자형으로 배치하고 중앙에 마당을 배치한 사립학교들이 흔하고, 그저 3층 정도의 아담한 건물 한 채 정도의 학교도 많다. 그 안에는 민주적 의사소통이 가능한 방식의 다양한 공간들이 마련되어 있다. 핀란드의 야르벤파 고등학교(Järvenpään lukio)는 중앙에 둥근 원을 배치한 후 이것을 중심으로 햇살이 여러 갈래로 뻗어가는 식의 여러 층 건물을 지었다. 교장실은 그 갈래의 한 구석에 위치해 있었고, 그저 한 사람이 활동할 수 있을 정도의 조그만 공간만을 가지고 있었다. 우리나라의 경우 성심여고(서울 용산구 원효로) 교장실에는 회의용으로 그저 아담하고 자그마한 크기의 원탁형 책상이 설치되어 있다. 원탁형 책상에서 사람들은 서로 동일한 거리로 연결되어 있어 직사각형의 긴 책상보다 소통구조상 민주적 성격의 이미지를 잘 맛볼 수 있다.

6. 아름다움

공간이 함축하는 미적 차원의 문제다. 학교 건축물 외부나 다양한 내부 공간은 아름다워야 한다. 그 까닭은 아름다움이 청소년들의 마음을 잡아 이끌거나 강한 호소력을 발휘하기 때문이며, 이 삶의 차원 없이 참된 의미에서 정신적 삶은 형성되기 어렵기 때문이다. 아름다움은 예술적 표현 형태에서 촉발되며 발전한다. 그러기에 학교 건축물에서 예술적 안목을 적극 도입하자는 것이다. 그런 학교에 학생들이 가고 싶고 생활하고 싶고 즐기고 싶어 할 것은 당연하다.

한국의 근대식 학교 건축 형태가 상당수 미적인 감각과는 관계가 멀다는 점에 대해서는 굳이 언급할 필요가 없어 보인다. 옛부터 도동서원(道東書院, 대구시 달성군)이나 병산서원(屛山書院, 안동시 풍천면) 같은 아름다운 건축물들, 이를테면 풍부한 자연을 배경으로 하고 있다든지, 단청도 없이 소박한 자연 소재를 바탕으로 자그마하게 지어낸 강당과 교실과 기숙사가 서로를 바라보며 어깨를 이웃하여 어울려 있다든지, 담을 처리하는 기법이라든지, 연못이나 정원을 만들어 내는 기법들 등에서 볼 수 있듯이, 아름다운 학교 건축물의 역사적 유산을 가지고 있는 후손들에게서 이러한 근대적 전개는 매우 유감스러운 일이 아닐 수 없다. 오늘날 그런 식의 옛 형태와 규모를 그대로 이어받는 것은 무리가 있겠으나 그 기본 착상을 빌려오는 것은 결코 그렇지 않다. 서양에서는 수도원 같은 종교시설을 현대적으로 각색하여 학교나 교사교육기관 등으로 이용하는 경우가 적지 않다. 예를 들면 독일의 잘렘성 학교(Schule Schloss Salem)나 가톨릭교회 교사재교육아카데미(Kirchliche Akademie der Lehrerfortbildung, Obermarchtal 지역) 같은 경우가 그렇다. 수도원은 보통 자연이 좋은 곳에 자리하고 있어서 풍광이 아름답고 시설 또한 정교하기 때문에 조금만 개조하면 훌륭한 건축물로 사용할 수 있다. 그 외양이나 내부 시설의 아름다움에 대해서는 새삼 강조할 필요가 없다.

하나의 예술품으로서의 학교란 불가능한 요청일까? 이 점에서 교육을 '교육예술(Erziehungskunst)'로 이해하려는 발도르프 학교 건축물은 그 좋은 예라 할 수 있다. 건축물 외양에서 그리고 내부의 예술적 조형에서 그 교육정신이 독특하게 나타나 있다. 1997년 이래 전개되고 있는 러시아의 '아름다운 학교운동' 역시 같은 방향에서 무척 인상적이다. 이 운동에서는 학생들과 학부모, 교사와 주민과 지역민들이 앞으로 나아가야 할 지향점을 '아름다움'이라는 가치로 파악하면서,

교육 전체를 이러한 방향에서 바꾸어 내고자 하는 노력의 일환으로 학교공간 전체를 미적으로 형성해 내고자 땀 흘려 일하고 있다. 교실 내부, 복도, 벽, 창문, 칠판 등은 다양한 아름다움으로 색다르게 재구성·활용되고 있다. 이 밖에도 최근에 지어지는 서구의 학교들은 건물을 다양하게 배치하고, 색채와 형태를 다양하게 사용하고, 이동식 천막을 쳐서 건물과 건물을 연결하는 등 갖가지 노력을 기울이고 있다.

7. 내면성

학교는 내적인 공간을 필요로 한다. 학교는 다만 지식만을 전달하는 곳이 아니라 삶의 전체적인 면을 배양하는 곳이다. 그렇다면 마땅히 육체적·감정적 면뿐 아니라 이를 넘어서 내적 세계도 중시해야 한다. 내적 세계란 양심의 작용이 일어나고 형이상학적·종교적 체험이 발생하는 자리를 일컫는다. 그런 뜻에서 꼭 어떤 종교적 예배실이 아니더라도 가만히 머물러 스스로 침잠할 수 있도록 하기 위한 공간을 확보해 보자는 것이다.

현대적 학교는 내적 세계를 등한시해 왔다. 그 까닭은 그러한 세계가 과학의 영역에서 벗어나기 때문에, 특정한 종교나 세계관으로부터 중립을 지키기 위해서, 혹은 그런 건 학교가 관여할 바가 아니라고 여겨왔기 때문이다. 오늘날 우리 사회와 교육이 질주하고 있는 방향과 관련해서 근자에 주목받고 있는 북미의 영성교육적 시도들[19]에 귀 기

19) 그 예로 파커 파머나 존 밀러 등의 시도를 들 수 있다. P. J. Palmer(박원호 역), 『기독교교육인식론』, 광나루, 1991; J. P. Miller, Education and the Soul. Toward a Spiritual Curriculum. Albany: State University of New York Press, 2000.

울여 볼 필요가 있다. 이들 시도는 기능에 치우쳐 가치감각을 상실하게 한 서구의 공교육적 실패에 대한 자성으로부터 비롯된 것인 바, 그 핵심은 상실한 가치감각을 바로 영성교육, 즉 '내적 세계'를 건설하기 위한 교육적 노력에서 찾아야 한다는 생각에 있다. 미국 교육을 시종일관 몇 년쯤 뒤따라가면서 추종해 온 우리 교육이 돌이켜보아야 할 대목이다.[20)]

몬테소리 학교(독일 크레펠트)에서는 그러한 영성행위가 이루어질 수 있도록 명상실을 만들었다. 아이들은 여기에 와서 자유롭게 와서 쉬고 이야기도 나눈다. 때로 혼자 와서 고요히 앉아 있다 가거나 예배를 드리고 회의도 한다. 제단은 단출하다. 문양이 들어간 연한 녹회색으로 된 커튼이 드리워져 있고, 바닥도 카펫을 깔았다. 누구나 시간에 구애받지 않고 자유롭게 들어갈 수 있다. 몬테소리(Montessori)는 일찍이 아이들의 내면세계에 관심을 가졌다. 그들의 내적인 집중과 침묵, 그들이 이르는 고도의 종교적인 상태가 그들 삶 전체에 주는 의미를 깊이 통찰하였다. 이 학교의 명상실은 이러한 통찰을 반영한 것이다.

마산성지여고 안에 위치한 유서 깊은 옛 성요셉 성당은 1928년 로마네스크 양식과 르네상스 양식을 결합하여 지은 건물로, 외벽을 화강암으로 조성한 건물 안으로 들어가 보니 마치 밤하늘의 별들을 박아 보고 싶을 정도로 아담하게 흰색 바탕의 둥근 천장이 쳐져 있었다. 마치 초가지붕 아래서 오손도손 모여 앉아 이야기꽃을 피우듯 그렇게 학생들이 앉아서 이야기도 하고 기도도 할 수 있을 성 싶은 공간이라 생각되었다. 학교는 이 건물 문 위에 '명상실'이라 명패를 붙여 놓았다. 매우 훌륭한 안목이다.

---

20) 이에 관한 문제의식에 대하여는 송순재, 「기독교적 삶의 형성을 위한 일상성 문제」, 『신학과 세계』 제48호, 2003년 겨울, 77-84쪽 참조.

8. 생동성

> 생동성이란 정지 상태나 고형화된 상태, 도식적 상태 등이 아닌, 운동성, 활기, 변화무쌍함 등 생명적 현상을 표현하는 말이다.

내 경험으로나 여러 학교 건축 연구 사례에 비추어 볼 때, 아이들과 청소년들에게 호소력을 가지는 것은 전자가 아닌 후자다. 전자라고 했을 때 염두에 둔 것은 예컨대 박스 형태로 되어 있는 학교 건축물들로, 아이들과 청소년들의 약동(躍動)하는 성정을 손쉽게 죽여 버릴 수 있는 것이다. 리텔마이어(Chr. Rittelmeyer)는 학생들에게 호소력 있는 건축물의 범주 세 가지와 그 반대의 범주 세 가지를 들었다. 첫째는 생산적 자극과 운동감(anrgend und abwechslungsreich)으로 지루함과 단조로움의 반대다. 둘째는 자유감과 해방감(freilassend und befreiend)으로 협소함과 억압적 느낌의 반대다. 셋째는 따스함과 부드러움(warm und weich)으로 차가움과 딱딱함의 반대다.

첫째, 생산적 자극과 운동감이란 같은 규격으로 된 창문, 단조로운 복도, 동일하게 반복적으로 구획된 공간, 단색으로만 칠해진 층들이 만들어 내는 느낌을 벗어나는 형태를 말한다. 1951년 한스 샤우론(Hans Schauron)이 설계한 다름슈타트 초등학교 건축물 구조 전체는 이 점에서 독일에서 가장 선구적인 시각을 보여 준다고 한다. 조감도를 보면 건물들은 전체 구도상 일직선을 벗어나 사선으로 이리저리 배치되어 있으며 개개 건물들도 직사각형보다는 다양한 변형들을 많이 사용하고 있다.

둘째, 자유감과 해방감이란 무겁게 내리누르는 듯한 느낌을 주는 지붕이나 지나치게 많은 것을 걸어 놓은 교실 벽, 좁은 복도 등과는 반대의 느낌을 자아내는 형태를 말한다. 지붕의 선을 가볍게 처리한다든지, 벽을 간소하게 장식한다든지, 청색 계열의 풍경이 있는 그림이나 사진, 화초 등을 걸어 놓는다든지 하면 느낌이 확 달라질 것이다.

셋째, 따스함과 부드러움은 어떻게 자아낼 수 있을까? 리텔마이어는 그 반대 상황을 다음과 같이 기술한다.

> 가령 색채가 연결성 없이 사용되면 딱딱한 느낌을 준다. 하지만 지붕과 기둥을 서로 단절시키지 않고 이어지는 형태로 하면, 이를테면 기둥들을 다양하게 변형하여 세운다든지, 건물의 한쪽 날개 부분에 쓴 색채를 기둥이나 난간(혹은 퇴창, 밖으로 내민 창)에서도 느껴지도록 약간 변형하여 쓴다든지 하면 부드러운 느낌이 날 수 있다.

여기서 리텔마이어는 세 가지 범주를 별개로 구별해서 보지 말고 한데 엮어서 볼 것을 주문하고 있는데, 그건 한 가지 범주가 타당할 수 있을지라도 다른 범주와의 연관관계 속에서는 자기주장만을 할 수 없는 측면이 있기 때문이라는 이유에서다. 가령, 운동감이 넘치지만 너무 장식적인 전경(前景)은 억압적일 수 있다거나, 진한 주홍색은 따뜻한 느낌을 주지만 해방감을 줄 수 없다는 것이다.[21] 요컨대, 이 세 가지 범주가 잘 어우러질 때 결과적으로 좋은 느낌을 자아낼 수 있다는 것인데, 이는 한마디로 학생들이 어떤 건물에서 '생동감'을 느낄 수 있는가 하는 물음으로 요약해 보고 싶다.

우리나라 학교 건축물에서 이런 점이 잘 살아 있는 사례를 보기는

---

21) Chr. Rittelmeyer, "Qualitätskriterien schülergerechter Schulbauten. Ein Einblick in die internationale Schulbauforschung," Lernraum Schule 1. Maler Symposium Architektur & Pädagogik, 15. Mai, 2008, S. 11-13.

그리 쉽지 않지만, 최근 거론할 만한 다음 두세 가지 사례가 있다. 하나는 전북 김제시 성덕면에 위치한 지평선중고등학교로, 이 학교에서는 정미자 교장과 미술 교과를 맡은 김홍일 교감이 교육에서 학교 건축이 차지하는 의미를 중시하고, 또 이를 실제로 구현하기 위해 세심한 정성을 쏟았다. 그 과정에서 건축가들이 이 작업에 참여하여 현재까지 일군 성과는 인상적이다. 예를 들어, 흙벽돌 건축기법으로 지어진 2층 남자 기숙사동은 입구와 내부 구조에서 사선을 많이 도입하여 구조 전체는 직사각형을 벗어난 다양한 형태들의 조합으로 되어 있으며 단조로움을 벗어나 운동감이 느껴지게 한다. 내부에는 중앙에 널찍한 홀을 만들어 일상적 거주뿐 아니라 공적 모임을 위한 공간으로도 사용할 수 있게끔 했다. 앞으로 지어질 여자 기숙사 외양 중 지붕처리 방식도 그러한데, 중앙을 중심으로 여러 개의 지붕이 사선으로 교차하는 식으로 되어 있다. 중학교 본관은 외부와 내부에 흙벽돌을 많이 사용하되 자연에서 취한 다양한 황토색 질감이 그대로 살아나도록 하여 건물 군데군데에서 온기와 상쾌함을 느낄 수 있다. 여기에 복도 바닥이나 문에 파격적인 빨강과 노랑을 적절히 입혀 그 운동감을 더했다. 식당은 좌식으로 널직한 마루에 측면마다 커다란 창을 내어 나무가 무성한 밖을 호흡할 수 있도록 했다.

9. 전통과의 교류

우리네 전통 가옥 공간구조가 만들어 내는 의미 깊은 전승으로부터 한번 배워 보면 어떨까? 오늘날 우리 민가나 공공건물이나 학교들이 그 어느 것을 막론하고 전통과 단절된 형태를 보이고 있음에 이의를 달 이들은 아마 없을 것이다. 이러한 단절은 어느 모로 보나 바람직해 보이지 않는다. 전통과의 끊임없는 대화를 통해서 새로운 공간문화를 구축해 가고 있는 서양과는 아주 판이한 현상이다.

그렇다고 이런 문제의식이나 실천 사례들이 우리에게 전혀 고갈되어 있는 것은 아니다. 도처에서 이런저런 식의 작은 노력들이 이론과 실천의 영역에서 기울여져 왔으며 또 차츰 의욕적으로 새로이 시도되고 있다. 다만 아직은 초기단계이고 대중화되어 있지 않을 따름이다.

미래를 위한 가능성 중 하나는 서원(書院)이다. 이 건축물은 우리네 살림집, 사찰과 궁궐, 누정(樓亭) 등 다양한 건축물 중에서 모든 면을 두루 구비한 공간 조성의 사례로 손꼽히는데, 이 훌륭한 작품들이 현대 학교 건축기법에서 외면당하고 있는 것은 참으로 안타깝다. 이 건축물은 누마루, 뜰, 정원(때때로 연못을 곁들인 구조로), 기숙공간, 강학공간, 도서관(출판과 대여 기능을 갖춘), 사당 등으로 이루어져 있으되, 십수 명 내외만이 거주할 수 있도록 작은 형태를 갖추고 있다. 그리고 늘 빼어난 자연 풍광을 배경으로 삼고 있다. 강당의 온돌방과 마루공간은 조응하는 형태로 어우러져 있으며, 방 내부는 창호지 문과 벽을 통해서 외부로부터 보호하고, 아울러 사방으로 트인 마루를 통해 외부와 소통하는 구조를 갖추고 있다. 이런 소통구조는 누마루에서 잘 나타난다. 여기서 사람들은 자연 안에서 소요(逍遙)하며 세계를 관조(觀照)할 수 있었다. 그런가 하면 사각형으로 된 뜰은 건물과 담으로 감싸 안아 고적(孤寂)한 느낌을 가질 수 있도록 하였다. 단청은 거의 없거나 아주 절제된 형식으로만 도입되고 있어서 대부분 이 공간에서는 자연의 소재 자체만을 느낄 수 있다(이는 흔히 '노출 골조미'라고 불린다). 이러한 구조를 통해서 서원은 총체적으로 하나의 완결된 소우주를 나타내고 있다. 작은 크기, 소박함과 절제미, 건물들의 어우러짐, 아늑함과 트임, 아름답고 신비로운 자연과의 어울림, 명상적 구조, 기숙학교, 생태적 시각 등, 논하자면 오늘날 도입해 볼 만한 중요한 단서들을 고루 갖추고 있는 이 서원의 공간 형성의 철학과 기예를 오늘날 학교공간 조성을 위한 문제로 한번 배워 보고 싶다.

이런 제안은 다만 옛 것만이 좋다는 전통주의를 말하려 함이 아니다. 다만 이 밑도 끝도 없는 공간문화를 옛 것을 비탕으로 하여 새로이 만들어 보자는 것뿐이다. 서원건축 연구가 이상해는 안토니오 그람시(Antonio Gramsci)를 인용하여 "옛 것은 죽어가는데 새로운 것은 태어나지 않은 상황"을 위기로 인식하고 있는 것은 결코 흘려들을 수 없는 호소가 아닐 수 없다고 한다.[22] 이런 점에서 서울애화학교(청각장애특수학교, 서울 미아동)에서 기울이고 있는 노력은 특히 거론할 만하다. 자그마한 운동장을 둘러싼 초목을 가꾸면서 오른쪽에는 연못을 잘 가꾸어 놓고 그 안에 방아를 설치해 놓았는가 하면, 왼쪽에는 세심하게 돌본 흔적이 역력한 널찍한 꽃밭 옆에 정자를 지어 놓았다. 이 정자가 아이들이 즐겨 찾는 곳임은 어렵지 않게 확인할 수 있다. 이러한 시설들은 그냥 한번 지어진 후 버려지지 않고 끊임없이 관리되고 있나는 느낌이 와 닿았다. 마당은 운동장이면서 동시에 하나의 독특한 정원이라는 느낌을 받게 된다.

좀 더 본격적인 예는 최근 옛 마을 구조를 바탕으로 전통 건축기법을 십분 활용하여 지어진 산마을고등학교(강화도 양사면 교산리)다. 전통 한옥의 구조가 기초를 이루도록 하고 부분적으로 서구식 기법을 겸용한 구조는 영락없이 우리네 옛 서원 건축물이나 시골 마을 민가집의 정서를 고스란히 간직하고 있다. 아마도 서원이라면 비대칭 구조가 생

22) 이상해, 『書院—조선시대 사회문화사의 심원한 흐름을 이어온 강학과 제향의 건축공간』, 열화당, 1998, 12쪽. 본문 중 서원 건축에 관한 설명 부분은 10-12쪽 참조.

동감 있게 살아 있는 소수서원(풍기)을 견주어 볼 수 있을 것이고, 마을이라면 아마도 영암 구림마을의 어느 민가를 떠올려 볼 법하다. 구체적으로 건물 벽을 담으로 해서 학교 전체를 둘러친 것, 골목을 돌아서 뜰과 뜰을 이어간 것, 돌과 흙과 나무 같은 자연 재료의 질감이 그대로 느껴지게 한 것, 천장 목조의 노출 골조미를 그대로 살려낸 것이 그러하다. 아울러 서원의 누(樓) 같은 느낌을 주는 2층 동아리실, 연못, 모든 자연물이 순환되도록 한 생태적 구조, 오손도손 모여 사는 듯한 느낌, 그런 작은 크기만이 낳을 수 있는 정겨운 느낌이 그렇다. 동아리실만 빼고는 모두가 단층이다. 그 흡사한 사례는 아마도 대부분 단층 목조 건물로 지어진 일본의 자유학원(동경 미나미사와)이 아닐까 생각된다. 여하튼 인연이 닿아 찾아본 이 학교에서 나는 우리나라의 여느 일반학교 건축물이나 다른 대안학교 건축물 또는 다른 서양의 학교 건축물에서도 찾아볼 수 없는 그런 독특한 인상을 받았다.

이런 시각에서 하나의 제안을 해 본다. 우리의 농가와 민가가 아이에게 안정감을 배양하고 정서적인 느낌을 기르는 데 더할 나위 없이 좋은 구조를 가지고 있다는 점은 잘 알려져 있다. 앉았을 때 지붕이 낮고 그 구조가 둥글어서 마치 어머니나 소우주의 품에 안긴 것 같으며, 창호지 문은 유리문과는 전혀 다른 정서를 불러일으킬 수도 있기 때문이다. 이런 구조는 아마도 유치원에 잘 어울릴 수 있을 것이다.

10. 생태적 시각

오늘날 생태위기에 관한 문제의식은 학교교육에서도 긴급한 과제가 되었다. 이는 교육이 이루어지는 학교공간의 자리 자체부터 변화시키는 노력 없이 기약하기는 어렵다. 이 점에서 '생태적 학교 건축'이나

'생태적 학교공간 조성'이라는 주제를 내걸어 본다. 이는 아마도 근래 대안학교들의 공통 관심사이기도 하겠지만, 공교육 현장에서 새로 지어지는 학교나 내부 시설 재건축을 요하는 학교에 해당되기도 한다. 그런데 이는 다만 학교만이 아니라 나아가 개개 학생들이 장래 자기 집을 짓고 도시를 건설하는 주체로 나섰을 때 그들이 어떤 관점을 가지고 선택하고 행동할 것인지를 돕기 위한 준비 작업이기도 하다.

오늘날 생태위기에 관한 문제의식은 학교교육에서도 긴급한 과제가 되었다. 그러나 생태교육이 종종 단지 환경보호운동인 양 오해되고 또 그런 차원에서 끝나는 것 같아 보여 유감스럽다. 단순한 환경교육은 어쨌든 인간중심주의적 사고를 바탕으로 한 것이기 때문에 우주자연을 기술과학적으로 대상화하는 대신 살아 있는 유기적 전체로서 보는 것이 중요하고, 그것이 내비치는 아름다운 면모와 신비로운 차원을 감지할 수 있도록 하는 것이 중요할 것이다. 생태교육의 진정한 과제가 있다면 그것은 자연세계와 교류하고 대화를 나눌 수 있기까지 하는 생명에 대한 감수성을 키워내는 것이다. 소위 환경보호란 이러한 감수성 있는 행위의 부수적인 결과에 불과한 것 아닌가? 어쨌든 우리 사회에서 이런 문제의식을 둘러싸고 상당수 학교와 교육운동 단체들이 최근 몇 년간 그에 상응하는 교육과정을 만들어 내고 공간도 그에 맞도록 구성해 내려 애쓰고 있는 것을 볼 때 자못 깊은 인상을 받게 된다. 그리하여 '생태적 학교 건축'이나 '생태적 학교공간 조성'은 미래를 기약해 볼 만한 아주 매력적인 주제라 할 수 있다.

최근 덴마크에서 시작되어 세계 각국으로 전파되고 있는 '숲 유치원'은 일 년 내내 아이들이 숲 속에서 생활하도록 한다는 점에서 아주 특이한 유치원이라 할 수 있다. 아이들은 그저 가끔씩 필요할 때만 보호된 공간인 집에 들어갈 뿐이다. 밥도 밖에서 먹고 낮잠도 밖에서 잔다. 새들이 지저귀는 소리와 솔솔 불어오는 바람, 작은 돌멩이와 나뭇가지, 잎새와 꽃, 나무들이 아이들의 친구다. 눈이 오나 비가 오나 기온이 영하 10° 로 떨어져도 밖에서 놀고 생활하게 한다. 이런 식으로 아이들은 자연 속에서 자라고 자연을 자연스러운 삶의 토대이자 친구로 여기게 된다. 인위적 건축공간은 여기서 최소화되고 탁 트인 자연세계가 본래적 공간이 된다.

그런가 하면 페터페터젠초등학교(Peter-Petersen-Grundschule, 독일 베를린)에서는 교실과 교사(校舍)를 쾌적한 학습환경이 되도록 조성하고, 생태적 음식을 제공하고, 학교 전체를 초목으로 뒤덮이게 하였는가 하면, 인근 거리의 가로수도 잘 가꾸어 놓았다. 학교 숲도 조성하고 시내도 만들었다. 이 모든 것은 자연세계와 스스로 좀 더 친근하게 교류하도록 하기 위한 것이다. 또 다른 학교인 쾰러홀츠슐레(Köllerholzschule, 독일 보쿰)에서는 건물을 밝고 친근감이 가게 짓고, 교정은 수년간의 프로젝트를 통해서 아이들에게 자연을 가까이 대하며 지낼 수 있도록 재구성했다. 학교 주위에는 생태정원을 조성하되 예술품을 함께 곁들이거나 그곳 빈터에서 연극 또는 연주회가 열리도록 했다. 연못, 들판, 농장들과 연결 지어 아이들이 자연을 일상에서 관찰하고 연구할 기회의 폭을 넓혔다. 무엇보다 이 학교에서는 생태정원을 예술작품 활동과 연계 지어 조성한 것이 인상적이다.[23)]

이런 사례는 계속 거론할 수 있으리라. 생태적 학교공간 조성을 둘러싼 참신한 학문적 시도들도 있다. 예컨대, 게르노트 밍케(Gernot Minke, 현대 독일의 생태건축가)는 전통적인 소재인 점토의 생태적 시각

23) Bertelsmann Stiftung(Hrsg.), Schule neu gestalten, Gütersloh, 1996, S. 67, 73, 103.

에서 현대적 건축기법을 연구하고 아울러 다양한 실천 사례들을 발전시켰다.[24] 한국생태유아교육학회는 '생태건축으로 여는 아이들의 삶터'라는 주제하에 학술대회(2005. 6. 18)를 개최했다. 아마도 학교 건축이라는 주제를 본격적인 논의의 장으로 끌어들여 생태학적 시각에서 조명하고자 한 아주 고무적인 시도 중 하나라고 생각된다. 이 대회에서는 세 가지 주제 발표('생태적 삶과 생명의 살림십' '새로운 대안으로서의 생태건축' '유아교육기관의 생태건축: 신축과 리모델링')가 있었다. 앞서 언급한 산마을고등학교의 경우 다양한 학교 건물 등 모두가 우리네 전통 흙집 구조물로서 뒷간도 현대적 생태화장실 공법을 이용하여 지은 것을 감안하면 그 전체가 생태적 공간이라 할 수 있다.

11. 함께하는 집짓기 프로젝트

학교공간을 학생들에게 단순히 완성해서 주는 것이 아니라 그들과 함께 지속적으로 만들어 가자는 것이다. 이는 학과 수업에서 다룰 수 있는 소소한 문제에서부터 학교공간 전체를 어떻게 구성해 내느냐 하는 커다란 문제에 이르기까지 다양한 과제 영역을 의미한다.

독일의 발도르프 학교는 개혁교육학적 노력에 있어 상당 부분 특이하고 탁월한 시도들을 발전시켜 왔지만, 한편으로 비판받는 점도 있다. 학생들이 참여하기 전에 이미 규정된 틀을 제시하기 때문이다. 이곳에서는 기본적으로 벽에 어떤 색을 칠해야 하는지가 이미 정해져 있다. 이에 비해 글록제 학교(Glocksee-schule, 1970년대 시작된 독일 대안

24) G. Minke, Lehmbau-Handbuch. Der Baustoff Lehm und seine Anwendung, Ökobuch: Staufen bei Freiburg, 1994.

학교운동의 효시)에서는 창문 유리에 색을 칠할 때 아이들이 무얼 원하는지 귀담아 듣고 그들 스스로 칠하게 한다.

최근 교육전문지 『우리교육』(제186호, 2005. 8)에서는 '아이들과 함께하는 학교만들기 프로젝트'라는 기획하에 학교공간 조성을 위해 거론할 만한 세 가지 사례들을 발굴 · 소개했다(90-112쪽). 그것은 조한인 교사(충북 옥천중)와 조중현 교사(서울 개웅중학교), 그리고 김인규 교사(충남 서천 애니메이션고교)의 실천 사례들이다. 그들은 모두 미술교사로서 공통적으로 일종의 '학교만들기 프로젝트'라는 시각에서 그간 어른들에 의해 설정된 학교공간의 틀을 '학생들 자신'의 생각과 욕구를 바탕으로 재구성해 보도록 이끈 노력이 의미 있게 평가되고 있다.

이런 의욕적인 시도는 좀 더 다양하게 촉진되었으면 좋겠다. 방학을 이용하여 혹은 학기 중에 프로젝트 학습법을 통해 청소년이나 젊은이들과 함께 간단한 흙집을 지어 보는 것도 한 방법이다. 건축에는 나무를 다루는 법, 흙일, 조직력과 기하학적인 지식, 예술감각, 공동체 의식, 윤리적인 책임의식, 몸을 사용하여 사는 법과 같은 것들이 모두 잘 어우러져 작용해야 성공할 수 있는 종합적 창조활동이다. 처음에는 땅을 깊이 파서 그 안에 하나의 방을 만들고 지붕을 짚으로 대충 쌓아올린 고대 우리 선조가 살던 집을 지어 본 다음 짚으로 간단한 막사를 엮어 보거나 간단한 농가를 지어 보자. 붕괴되어 가는 농촌을 일으키기 위한 사업으로서 여러 곳의 후원을 받아 전문가와 함께 농촌 집을 고쳐 주거나 새로 지어 주기 등으로 시작해 볼 수도 있을 것이다. 제대로 된 집이 들어선 마을을 잘 다듬어 발전시키는 것도 중요하다. 앞서 말한 생태적인 집을 지어 보거나, 여러 나라의 농가를 한 곳에 지어 놓고 교사로 쓰거나, 그런 집들이 다양하게 지어진 마을을 만들어 교육촌으로 키워 봄 직하지 않은가? 혹은 파격적으로 자연의 모양을 본떠 지어 볼 수도 있지 않을까? 이런 뜻에서 어린 시절부터 해변에서 모래집 쌓기를 하거나 굴을 탐색하거나 여행을 떠나 이곳저곳의 건축 형태를 감상하도록 하는 교육활동들은 매우 요긴한 기초적 경험들이 될 것임이 분명하다.

Ⅳ. 맺음말

이 장에서 필자는 학교공간 조성 문제가 학생과 교사에게 왜 본질적인지에 대한 의문하에, 일제 통치기 이후 한국의 학교공간 건축을 둘러싼 역사적 정황에 대한 인식을 배경으로 향후 고려해 볼 만한 교육학적 문제 열한 가지를 중심으로 논의를 전개했다. 각각은 체계적 이론의 결과가 아니라, 그러한 심화된 논의를 위한 이론적 단초와 또 그와 관련된 몇몇 이야기들로 구성되어 있다.

이 이야기들은 이해 당사자들 상호 간의 개방된 시각과 대화를 통해 좀 더 풍부하게 만들어 낼 수 있을 것이며, 이를 통해 차츰 체계화된 이론적 논의가 발전될 수 있을 것이다. 학문 이론적으로 완결된 논의보다 이런 접근 방식을 택한 이유는 그것이 우리나라 학교공간 문제에 관한 한 현 단계에서 보다 요긴하겠다는 판단에서였다. '이야기 교육학'이라는 이 글의 형식은 그러한 착상들을 공유하기 위한 하나의 방편이다.

착상에서 본질적인 것은 각자의 '상상력'이다. 구로야나기 테츠코가 『창가의 토토』에서 어릴 적 자신의 추억을 바탕으로 그려낸 고바야시 소사쿠 선생님의 도모에 학원(초등학교) 교실과 도서관은 바로 그런 상상력에 의한 것이었다. 그것은 폐차된 전동차들을 가져다 만든 것이었다. 교문은 콘크리트가 아닌 살아 있는 두 그루의 나무로 되어 있었고, 교정 주변에는 담장 대신 갖가지 나무와 꽃들이 가득 피어 있었다. 이 기발한 학교 건물만큼이나 여기저기서 아주 기발한 교육이 이루어지고 있었는데, 그것은 고바야시 선생님의 독특한 철학에서 비롯된 것이었다. 즉, 아이들은 천성적으로 선하며 저마다의 개성에 따라 자유롭고 행복하고 기쁨에 가득 차서 살아가도록 해야 한다는 것이었다. 아름답고 행복했던 학창 시절에 대한 갖가지 추억담을 가득 담은 이 책의 서두를 저자는 바로 그 전동차 교실에 대한 이야기로부터 시작하고 있다. 학교는 1945년 제2차 세계대전 중 폭격으로 불타 버려 지금은 그 자취도 없지만 그에 대한 기억은 저자에게 평생토록 끊임없이 창조적 생각을 불러일으켜 마침내 『창가의 토토』라는 책을 펴내게까지 하였던 것 같다.[25)]

이 상상력을 절실히 요청하는 것은 우리의 옛 틀, 즉 제도와 법, 전문가주의, 천편일률적 사고방식 등이 발휘하는 힘이 상대적으로 너무도 강고하고 요지부동이기 때문이다. 이 이야기는 다시금 반문하게 만들었다. 오늘의 이 천편일률적인 건축물들은 바로 '가치의 학교' 같은 것을 꿈꿀 수 없었던 빈약한 상상력 때문이 아니었겠는가?[26)]

---

25) 구로야나기 데츠코(김난주 역), 『창가의 토토』, 프로메테우스, 2000, 23-26, 44, 177, 276-287쪽.

26) Sibylle Kramer가 2010년 편집 간행한 Schools. Educational Spaces(trans. by Cosima Talhouni, Braun-Publishing AG)에서는 세계 여러 나라에서 최근 눈에 띄는 다양한 학교 건축물들의 사례를 풍부한 사진에 간략한 설명을 달아 소개하고 있어 독자들의 상상력을 자극하기에 충분하다. 상상력이라는 점에서 발도르프 학교 건축물은 어제나 오늘이나 끊임없이 시사적이다. 최근 이머 뎅커(Immer Denker) 등이 편집 · 간행한 『발도르프 학교 건축 변천사(Waldorfschulbau im Wandel. Beispiele aus Deutschland. Beobachtungen und Beiträge)』(Mensch+Architektur 69/70, [10/2009])는 과거에서 현재에 이르기까지 독일에서 지어진 발도르프 학교 건축 형태의 역사적 변천과정을 풍부한 사진을 곁들여 보여 주고 있어, 현재 시점에서 미래를 전망하기에 그리고 다양한 시각에서 영감을 고취시키기에 충분하다.

이 마지막 기술에서 지난 몇 년간 철학자 고제순이 기울인 인상 깊은 시도를 말하지 않을 수 없다.[27] 그는 살아 있는 철학이 어떻게 가능할까 하는 관심사에서 강원도 원주 산악지대 양지 바른 곳에 자리를 잡고 몇 년 동안 험한 산을 일구어 터를 닦으면서 독학으로 집짓기 공부를 한 끝에 몇 채의 근사한 흙집들을 지어냈다.

고제순은 본래 철학을 하던 이로, 전문적 건축가라고 하기는 어렵다. 그럼에도 그를 거론하려는 이유는 그가 집짓기같이 고난이도의 작업을 거의 혼자서 해냈기 때문이다. 어떤 목수로부터 장기간 지속적으로 사사받은 것도 아니고 건축학 공부를 체계적으로 한 것도 아니다. 그저 혼자서, 함께라면 부인과 함께 책을 읽고 군데군데 수소문을 하면서 돌아보고 연구를 했다. 그는 한국의 전통 가옥에 몰두했다. 그는 옛 형식에 기반을 두되 오늘날 극복해야 하는 문제점들을 기록해 나가면서 자기 나름대로 설계도를 만들고는 그대로 하나씩 집을 지어 보기 시작했다. 이 현실화 과정에서 그의 흙집은 차츰 진화를 거듭해 갔다.

과연 그것은 독창적인 작품으로 나타났다. 그는 자기가 지은 흙집의 몇 가지 인상적인 면모들을 설명해 준다. 이를테면 그가 사는 흙집은 일단 보통 흙집과는 달리 상당히 규모가 커서 그곳 농촌생활에 필요한 거의 모든 사안을 넉넉히 감당하고 남을 만하다. 또 거실에는 페치카를 설치했는데, 이 역시 서양 것처럼 그저 그곳만을 데우고 굴뚝으로 뽑아 올리는 식이 아니라 온기가 거실공간 전체를 데울 수 있도록 했다. 그리고 나무를 때서 굴뚝을 뽑아 올리고서는 그 밑동에는 연기가 올라가면서 떨어지는 식으로 목초액을 받을 수 있도록 고안했다. 또 하나 인상적인 부분은 구들에 놓는 돌의 두께를 차별화하여 아랫목은

27) 고제순, 『일주일 만에 흙집짓기』, 시골생활, 2006, 프롤로그, 14-16, 17-23, 26-30쪽.

얇고 윗목은 두껍게 하여 온기가 고루 퍼지고 보존되도록 한 것인데, 이는 추운 산악지대에서 겨울을 나기에 안성맞춤이다. 지붕은 나무껍질을 매무새 있게 다듬어 쓸모 있을 뿐 아니라 미학적 취향이 잘 살아나도록 했다. 처음에는 두세 채 정도밖에 없었는데 지금은 멀리서 바라보면 조그만 마을이라 할 정도의 규모로 많은 집들이 지어져 가고 있다. 이 흙집 마을에서 고제순은 원주시와 인근 지역에서 현대문명의 새로운 돌파구를 모색하기 위한, 또는 그들 삶 한복판에 대안적 삶을 모색하려는 사람들이 와서 쉬며 공부도 할 수 있는 자리를 펴 보고 싶어 한다. 그는 이 작업을 처음에는 혼자 시작했다가 지금은 흙집 학교 '흙처럼 아쉬람' (강원도 원주시 홍업면 회촌마을, www.mudashram.com; http://cafe.daum.net/mudhouse)을 개설하여 관심 있는 이들이 주기적으로 와서 배우고 작업할 수 있도록 하였다.

또 하나 본격적인 시도의 예는 경북 봉화에서 농사를 지으며 손수 집을 지어 온 정호경 신부에 관한 이야기다. 신부님의 우리 '집생활운동'에 관한 오롯한 생각이나 실천적 면모는 그의 책 『손수 우리 집 짓는 이야기』[28]에서 접할 수 있듯이 우리 사회에 매우 호소력 있는 것일 뿐 아니라 학교교육에도 절실하게 적용될 수 있는 것이 아니겠는가 생각해 본다.[29]

이렇듯 집과 집짓기, 그리고 공간과 공간 체험 문제는 교육적 삶을 다시금 시작해 보려는 이들을 위해 하나의 근본적 과제를 의미할 수 있음이 분명하다. 그래서 필자도 이렇게 제안한다. 우리 모두 집을 함께 지어 봅시다. 참으로 다시 한 번 살아보기 위하여.

---

28) 정호경, 『손수 우리 집 짓는 이야기』, 현암사, 1999.

29) 아울러 흙집 짓기에 관한 다음 두 권의 책을 참조하라. 강준모, 『흙과 통나무로 짓는 생태건축』, 발언, 2002; 전원속의내집편집부, 『흙집으로 돌아가다』, 주택문화사, 2009.

참고문헌

강준모, 『흙과 통나무로 짓는 생태건축』, 발언, 2002.

고제순, 『일주일 만에 흙집짓기』, 시골생활, 2006.

구로나야기 데츠코(김난주 역), 『창가의 토토』, 프로메테우스, 2000.

권복기, 「만남의 도서관 연 삼우 초교」, 『한겨레신문』 2006년 6월 20일.

김지원, 「학교공간에 대한 교육철학적 고찰」, 고려대학교 대학원 석사학위논문, 2000.

김진균 외, 「일제하 보통학교와 규율」, 『근대주체와 식민지 규율권력』, 김진균, 정근식 편, 문화과학사, 1997, 110-111쪽.

나영성, 「작은 학교의 희망. 그 대안을 찾아서」, 『생명을 살리는 통전교육. 학교교육개혁연구회 제6차 행사자료집』, 2007, 148-151쪽.

『디자인교육 새야』 5호, 2004년 여름.

송순재, 「기독교적 삶의 형성을 위한 일상성 문제」, 『신학과 세계』 제48호, 2003년 겨울, 77-84쪽.

이상해, 『書院—조선시대 사회문화사의 심원한 흐름을 이어온 강학과 제향의 건축공간』, 열화당, 1998.

이호진, 「교육 100년 교사 100년」, 『한국교육신문』, 1999. 4. 26~1999. 11. 29 연재기사.

이정혜, 「침묵을 깨고 대화를 시작한 교실—이우학교의 교실디자인」, 『디자인 교육 새야』 제5호, 2004년 여름, 74-78쪽.

전원속의내집편집부, 『흙집으로 돌아가다』, 주택문화사, 2009.

정호경, 『손수 우리 집 짓는 이야기』, 현암사, 1999.

한용진 외, 「21세기를 위한 학교 건축모형개발」(교육부 학제간 연구지원사업에 의한 연구), 1999.

하니 게이꼬(서울평화교육센터 역), 『참 자유인을 기르는 학교』, 내일을 여는 책, 1999.

Bertelsmann Stiftung(Hrsg.), Schule neu gestalten. Gütersloh, 1996.

Bollnow, O. F.(한상진 역), 『인간학적 교육학』, 양서원, 2006.

Denker, Immer u.a., Waldorfschulbau im Wandel. Beispiele aus Deutschland. Beobachtungen und Beiträge. Mensch+Architektur 69/70 (10/2009).

Foucault, M.(오생근 역), 『감시와 처벌』, 나남, 1994.

Kramer, S., Schools. Educational Spaces. Trans. by Cosima Talhouni. Braun-Publishing AG., 2010.

Langeveld, M. J., Die Schule als Weg des Kindes. Braunschweig ^{3}1966(1960).

Miller, J. P., Education and the Soul. Toward a Spiritual Curriculum. Albany: State University of New York Press, 2000.

Minke, G., Lehmbau-Handbuch. Der Baustoff Lehm und seine Anwendung, Ökobuch: Staufen bei Freiburg, 1994.

Mollenhauer, K.(송순재 역), 「어린이와 그들의 어른들」, 『사유하는 교사』, 내일을 여는 책, 2009 개정판.

Palmer, P. P.(박원호 역), 『기독교교육인식론』, 광나루, 1991.

Rittelmeyer, Chr., Schulbauten positiv gestalten: wie Schüler Farben und Formen erleben. Wiesbaden/Berlin 1994.

Rittelmeyer, Chr., "Qualitätskriterien schülergerechter Schulbauten. Ein Ein blick in die internationale Schulbauforschung". Lernraum Schule. 1. Maler Symposium Architektur & Pädagogik (15. Mai 2008), 4-19.

제 11 장

현대 교육공간으로서의 집

제11장

현대 교육공간으로서의 집

“사람은 집[1]을 만들고, 집은 사람을 만든다.”[2] 이는 집으로 대표되는 사람이 만든 환경이 사람의 삶에 얼마나 큰 영향을 미치는가를 이르는 말로서, 집 자체가 교육에 얼마나 많은 의미를 갖고 있는가를 선언적으로 드러내고 있다. 사람이 짓는 집은 특정한 목적에 따라 지어지지만, 그 목적에 맞게 환경을 이용하는 것은 물론이고, 집 속에서 사람

1) 흔히 건물, 건축물이라고 부르는 인공건조물의 우리말이 집이다. 이 글에서 집은 주택을 의미할 때도 있으나 대체로 통칭으로서의 건축물을 지칭할 때 사용한다. 또한 건축물이 갖는 다양한 쓰임새와 빌딩으로 대표되는 대상 이상의 의미를 표현할 때 인공건조환경, 혹은 인공건조물(man-made environment)이라는 용어를 사용하기도 한다. 따라서 집이라 함은 단순한 건축물의 의미를 넘어 인간이 만든 건축물과 그 주위환경에서 인간에게 직접적인 영향을 미치는 전체 영역, 장소를 지칭하는 말로 의미를 확장하여 해석할 필요가 있다.

2) 영국 수상 윈스턴 처칠(Winston Leonard Spencer Churchill, 1874~1965)의 말로 알려져 있다.

이 생활하면서 크고 작은 영향을 받게 되며, 집이 인간의 삶에서 많은 부분을 규정하게 된다는 의미를 담고 있다. 집이라는 환경의 영향을 받는 인간 개인의 삶과 인간과 인간 사이의 관계가 존재한다는 사실은 아주 당연한 것이며, 많은 분야의 학자들의 관심의 대상이 되고 있으나, 건축만이 아니라 인간에 대한 깊은 이해를 바탕으로 연구될 수 있는 영역이어서 이 영역에 대한 다양한 연구가 존재한다. 그러나 실체를 규정할 수 있는 것은 그다지 많지 않고, 아직까지 우리 사회에서 필요한 만큼의 연구가 충분히 이뤄지지 못하고 있는 것이 현실이다.

집과 인간과의 관계에 대한 여러 분야에서 집과 교육공간에 대한 관계를 살펴보고자 한다. 흔히 교육공간이라 함은 교육시설로서 학교가 대상이 된다. 하지만 교육이 꼭 학교에서 이뤄지는 것만이 아니라고 한다면 피교육자인 학생들이 자라나는 모든 환경을 교육공간이라 부르는 것이 당연할 것이다. 학생들이 경험하는 공간을 학교시설의 교육공간, 주거공간, 그 밖의 생활공간으로 나눌 수 있다. 그중 주거공간이 갖는 교육공간으로서의 의미와 제반 문제점과 가능성에 대하여 살펴보는 일은 교육의 사회적 의미를 공고히 하고, 교육의 관점에서 우리의 주거환경 구축에 올바른 방향을 가늠하는 데 도움이 될 것이 분명하다. 짧은 글을 통해 교육문제와 주거문제와의 관계의 모든 것을 밝히고 대안을 제시하는 것은 가능하지 않을 것이다. 하지만 집을 만드는 건축가의 입장에서 이해하고 있는 교육공간의 의미를 찾는 작업은 다시 교육학을 연구하는 연구자에게 이어져 그 깊이를 더할 수 있을 것이며 앞으로 공동의 연구과제가 될 수 있을 것이라는 기대를 할 수 있을 것이다. 서로 다른 관점에서 그 대상이 되는 요소를 찾는 일이 무엇보다 중요할 것이라 판단된다.

이 장의 목적은 집으로 규정되는 이러한 주거공간에 대하여 구체적으로 어떤 부분에 교육적으로 의미를 부여하여 주목할 수 있는가를 살펴보는 작업으로 시작하고, 그 부분별 특성과 상호관계를 주목하며, 각 부분의 의미와 문제점을 드러내어 앞으로 연구를 지속해야 할 과제를 도출하는 것이다. 이들 요소를 어떻게 다룰 것인가에 대해서는 또 다른 연구가 이루어져야 할 것이다. 이 분야의 연구를 완성하기 위하여 그간 근대화 이후에 우리 사회에서 수없이 많이 지어져 현재도 사용되고 있는 주택들과 그 실제의 이용 상황에 대한 광범위하고도 체계적인 조사를 바탕으로 해야만 가능할 것이며, 집의 계획을 담당하는 건축가를 비롯하여 국가의 주택정책을 기획하고 실행하는 분야의 축적된 연구결과와 많은 통계자료를 다루는 건축학자와 인류학적인 접근에 따른 실제 이용실태에 대한 조사를 실행할 전문가, 이를 종합할 교육전문가, 또한 이를 지원할 다양한 분야의 전문가 그룹이 참여할 때 가능할 수 있을 것이기 때문이다.

집과 생활환경을 지속적으로 생산하고 있는 건축가들이 주목하고 있는 공간과 교육환경에 대한 인식을 드러낼 수 있는 실제의 사례와 건축가들의 설계기준 및 이에 따른 결과물들을 살펴보고자 한다. 이들 사례들은 과제에 대한 일반해가 될 수 있는 것은 아니나, 현재 주어진 주거문제에 포함된 교육에 대한 인식을 바탕으로 만들어진 건축결과물이므로 앞으로 전개될 수 있는 연구에 의미 있는 자료가 될 수 있을 것으로 생각된다.

Ⅰ. 교육공간의 대상으로서의 집에 대한 정의

집은 학교에서 배울 수 없는 '가정교육'의 장소가 되며, 집 주변의 생활공간은 이웃과 함께 어울려 살아가며 익혀야 할 사회성을 기르는 교육장소다. 교육의 목표는 지식을 익히는 것에 더하여 이미 가정과 사회에서 올바른 것이라고 생각하고 있는 사회질서를 체득하게 만드는 것이며, 민주사회의 일원으로서 개인과 전체를 모두 존중할 수 있는 소양을 길러 건강한 사회인으로 성장하게 만드는 데 있다 할 수 있다. 또한 창의적인 사고와 감성을 육성할 수 있는 다양한 경험을 하도록 만드는 것이 교육의 중요한 부분이 될 것이다. 이러한 것들을 실제로 가능하게 만들 수 있는 환경이 바람직한 교육공간이라 할 수 있다.

학교라는 교육시설을 제외하고 교육에 있어 가장 중요한 장소는 집이다. 유아기의 모든 시간을 보내는 장소이고, 교육의 대상인 학생들이 학교만큼이나 많은 시간을 보내야 하는 곳이어서 일상의 삶과 생활 자체를 통해 자아와 인격이 형성되는 데 결정적인 역할을 하는 바탕이 되는 환경이기 때문이다.

우리나라에서 주거환경을 이르는 집에 대한 범위와 대상을 정리하며 논의를 시작한다. 과거 우리의 주거공간인 집은 당연히 단독주택을 의미했다. 하지만 1960년대부터 공급되기 시작한 고층 공동주택인 아파트[3]는 우리의 가장 보편적인 주거형식으로 자리 잡아 이제는 전체

3) 1962년에 대한주택공사가 서울 마포에 지은 아파트 단지가 우리나라 최초의 아파트로 알려져 있다. 하지만 그보다 훨씬 이전인 1932년 일본인 도요다가 지었다는, 지금은 없어진 충정로에 위치했던 유림아파트가 최초라 한다(김종인, 『김종인의 주거문화 산책』, 밀알, 2007, 117쪽).

주택의 과반을 넘는 숫자로 보급되었고 현재도 지속적으로 지어지고 있어 이후에도 우리의 전형적인 주택형식이 될 것으로 판단된다.[4)] 서구의 아파트는 노동자의 급격한 도시유입으로 발생한 도시주거문제를 해결하기 위한 주택대량공급의 해결책으로 지어지게 되었다.[5)] 그에 비하여 우리의 아파트는 상대적으로 고급주거 형식으로 위상을 달리하고 있으며, 지속적인 가격상승이 기대되고, 언제라도 판매가 가능하여 일종의 유가증권과 같이 고도의 환금성을 갖는 특성을 갖게 되었으며 단순한 주거의 대상이라는 의미를 넘어 가장 중요한 개인 자산의 대상이 되었다. 또한 공동주택의 소규모 형식이라 할 수 있는 다가구주택, 다세대주택, 연립주택도 그 단위주거 평면형식과 주동구성의 형식 등 대부분의 구성요소에서 대규모 아파트를 모범으로 삼고 있는 경향이 강하다. 아파트는 우리 사회에 보급된 이후 30년 만에 다른 주거형식을 거의 없애 버리는 위력을 발휘하고 있다. 하지만 획일적인 주거형식에 대한 비판이 끊이지 않고 있으며, 이에 대한 대안이라 할 수 있는 단독주택은 단독주택 필지 공급의 한계와 아파트와 비교하여 상대적으로 관리가 어렵고 환금성, 이주편의성 등이 떨어져 아직까지는 주거의 전형으로 자리 잡지 못하고 있다. 그럼에도 불구하고 단독주택에 대한 사회적인 관심은 지속되고 있어 작은 양이나마 꾸준히 지어져 왔다. 대규모 공급과 공간효율을 중시하는 상업화된 아파트와는 달리, 상대적으로 개별적이며 주거공간의 다양성과 주거문화를 추구하는 건축가의 설계를 통해 지어지고 있는 단독주택은 현대 우리 사회 주거문

4) 주택 중 아파트의 비율이 2006년 기준으로 52% 이상이 되었다.

5) 산업혁명의 절정기인 19세기 영국에서 도시빈민의 주거용으로 지어지기 시작했다. 아파트에 대하여 고급주거의 이미지, 새로운 주거형식의 비젼을 제시한 것은 건축가 르 꼬르뷔제의 '빛나는 도시'에서 보여 준 고층건물이 여유 있고 풍요로운 외부환경을 만들 수 있다는 제안에서 비롯된 것이라 할 수 있다.

화의 지향점을 가늠해 볼 수 있는 주거형식임에는 분명하다.

따라서 교육공간으로서의 집의 의미를 찾기 위한 대상으로 아파트의 주거공간과 단독주택을 나누어 생각할 필요가 있다.

아파트 주거공간의 분석은 공동주택의 기본형식[6]을 이해하는 것으로 시작해야 한다. 이제까지 가장 많이 보급된, 국민주택 규모의 제한면적인 전용면적 85m^{2}의 아파트의 평면형식을 살펴보며 교육공간과의 관련성을 찾아보려 한다. 특히 주로 자녀들의 공부방, 침실로 사용되는 방에 대한 분석과 교육적 공간과의 관계를 찾고자 한다.

단독주택은 근래 정책적으로 단독주택 필지를 공급하여 짓고 있는 신도시의 주택들을 대상으로 삼고자 한다. 필지의 규모나 형식이 건축주가 일상적으로 요구하고 있는 기준에 보편적으로 맞아떨어질 수 있는 대상이라 판단되기 때문이다.

Ⅱ. 전통주택과 현대주택의 비교

우리나라의 근대화 이전의 주택인 한옥과 전통마을의 생활공간과 현대의 주택과 생활공간을 비교하는 것은 여러 가지 의미와 관점에서 흥미로운 연구방법이 되고 있다. 한옥과 전통 생활공간이 오랜 시간 동안 점진적으로 진화된 결과물이어서 한반도의 풍토와 한민족의 품성에 잘 어울리는 요소가 집적된 결과물이라면, 현대의 주택과 생활환경은 서구 근대주택의 형식이 우리 실정에 맞게 충분히 조정되지 않은

6) 공동주택의 기본형식은 크게 주동형식과 단위주거로 나눌 수 있다. 이 글에서 집에 대한 논의는 단위주거(housing unit)의 평면에 대한 분석에 집중하고자 한다.

상태로 유입되고, 급속도로 대량공급되어 우리의 생활이 거꾸로 그 환경에 맞춰져 전개되고 있는 상황이며 우리의 일상의 삶과 잘 조정되지 못한 요소가 곳곳에 존재하는 주거형식이라고 볼 수 있다.[7] 자생적 근대화의 기회를 갖지 못한 우리의 주택은 대부분의 다른 분야와 마찬가지로 전통의 형식과 가치를 부정하며 변화되어 왔다.[8]

물론 우리의 한옥은 모두 바람직한 주거형식이고 아파트는 전혀 그렇지 못하다는 것을 의미하는 것은 아니다. 옛 것과 오늘의 그것의 대비될 수 있는 부분을 살펴보고 현재 우리환경의 변화방향을 가늠해 볼 수 있는 중요한 단서가 될 수 있음에 주목할 필요가 있다. 그 과정에서 환경과 공간의 관점에서 교육에 대한 생각이 어떻게 바뀌어 졌나 하는 것도 저절로 드러날 수 있을 것이다.

1. 온돌

온돌은 우리의 고유한 발명품이다. 우리의 옛집인 한옥의 방에 온돌이 깔려 있고, 지금 우리가 사는 아파트에도, 단독주택에도 모두 온돌이 있다. 하지만 온돌방식은 서로 같지 않다. 전통 온돌은 아궁이에 불을 때어 그 열기가 방바닥의 구들을 지나게 하여 방바닥을 따뜻하게 하는 방식이고, 현대의 온돌은 따뜻한 온수가 방바닥에 깔아 놓은 온수파이프로 순환하게 만들어 그 온기를 방바닥에 골고루 전달하는 방식

7) 물론 서구의 아파트나 주택형식과 많은 부분이 같지 않다. 우리만이 갖고 있는 여러 요소가 존재한다. 하지만 이는 조정을 거치는 과정의 결과일 뿐이며 근본적인 부분은 우리 스스로 진화시킨 결과물이 아닌 것은 분명하다.

8) 자연에서의 개방적인 생활을 바탕으로 하는 많은 건축요소들은 극복해야 할 불편함으로 인해 너무 쉽게 포기되고 폐쇄된 공간으로 바뀌어 버렸다. 얼마나 많은 삶의 중요한 부분과 단편들이 이와 함께 없어졌는지 알 수 없다.

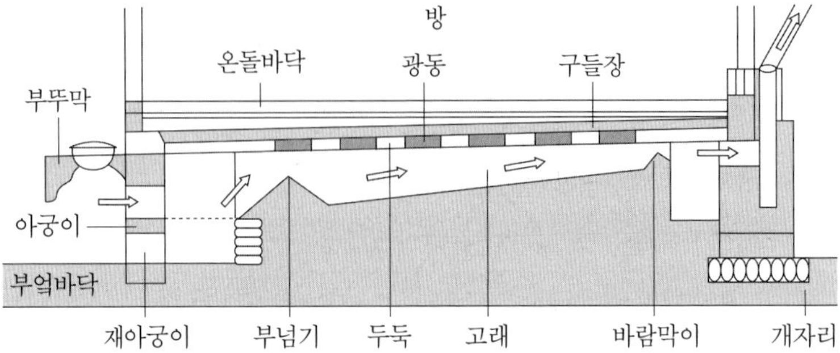

[그림 11-1] 전통 온돌방식의 방바닥 단면

이다.[9] 바닥을 덥혀 난방을 하는 방식은 동일하다 할 수 있으나, 전통 한옥과 현대주택의 온돌바닥이 만들어 내는 방의 환경은 같지 않다.

전통방식의 온돌은 방의 아궁이 쪽 부분을 강한 열기로 더 뜨겁게 만들어 '아랫목'이 되고 열기가 빠져나가는 굴뚝 쪽은 상대적으로 덜 따뜻한 '윗목'이 된다. 방바닥의 온도는 부분마다 조금씩 다르다. 유교의 장유유서의 질서와 손님을 배려하는 마음은 아랫목을 웃어른과 손님을 위한 장소로 정했다. 그 방에 있는 모든 사람은 당시의 사회 질서에 따른 중요도에 따라 점유할

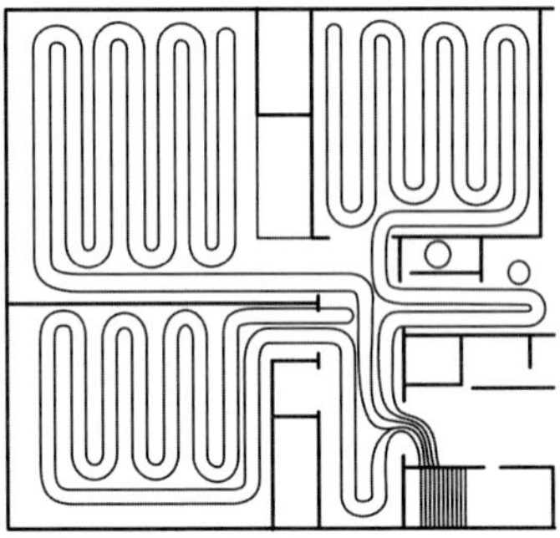

[그림 11-2] 현대의 온수온돌을 적용한 방바닥 평면

9) 현대의 온수온돌은 한일합방 이전에 우리의 온돌을 보고 일본인이 일본의 집에 적용한 것을 일본을 방문한 유명한 근대건축가 프랭크 로이드 라이트(Frank Loyd Wright)가 온수를 이용한 시스템으로 개발한 것을 다시 역수입하여 적용한 것으로 알려져 있다. 또한 온돌을 위한 방바닥 하부 구조를 최소로 만들 수 있어 아파트와 같이 적층된 주택에 적용할 수 있는 유용한 형식이다.

수 있는 공간이 저절로 정해졌다. 하지만 현대의 온돌방은 특별히 방의 어느 장소가 더 따뜻하고 덜 따뜻함의 차이가 없어, 윗목 아랫목이 만들어 내던 사람과 사람 사이의 질서에 따른 배려를 없애 버렸다. 누구에게도 평등한 사회를 만들어야 한다는 시대의 흐름과 맞아떨어진다고도 볼 수 있으나, 누구를 더 배려해야 하는가를 어려서부터 저절로 알 수 있었던 전통 온돌방의 교훈은 이젠 더 이상 존재하지 않는다고 할 것이다.10)

2. 마루

우리나라 아파트는 평면의 기본구성에 있어 외국의 아파트와 같지 않다. 가장 두드러진 차이는 거실(living room)의 위치와 거실이 다른 방과 관계 맺는 방식이다. 우리 아파트의 거실의 공간구조는 흔히 전통주택의 대청마루와 같은 역할에서 비롯된 것이라는 이야기를 한다. 하지만 전통 한옥의 대청마루와 현대의 아파트 거실을 전체 주택에서 평면상의 위치만을 갖고 같다고 규정하기는 어렵다. 한옥의 대청마루의 기본적인 속성 중 많은 부분을 아파트의 거실에서 찾기 어렵기 때문이다.

우리 한옥의 외형은 일본과 중국의 전통주택과 크게 다르지 않다. 하지만 그 내부의 구성요소를 살펴보면 확연히 다르다. 한반도라는 지형과 기후특성이 만들어 낸 아주 특별한 건축물이 한옥이다. 유라시아

---

10) 물론 배려를 하기 위한 대상이 달라졌다고 할 수 있다. 가장 좋은 경치를 볼 수 있는 위치나 가장 편안하고 중심이 되는 위치에 놓인 소파와 같은 것일 수 있다. 하지만 어느 방이라도 공통으로 적용되었던 온돌방의 질서를 통해 만들어지는 질서는 이제 존재하지 않는다.

대륙의 일부로 어느 곳보다 추운 겨울을 견뎌 낼 수 있는 온돌방과 남쪽 바다의 영향인 한여름의 고온다습한 기후조건에 대응하여 만들어진 마루가 조합된 형식이 한옥이다. 전혀 다른 조건에 대응한 방과 마루가 한 집에 대비되어 존재하는, 우리에겐 당연한 모습이나 인접한 나라에서는 찾을 수 없는 주거형식이다. 이러한 한옥의 중심에 자리잡은 것이 대청마루다. 생활과 작업의 중심인 마루의 속성에 어울리게 앞마당과 뒤뜰로 시원하게 열려 있는 장소이고, 마루 아래의 빈 공간에서 바람은 앞뒤로 또 위아래로 소통한다. 마당에 내리는 비와 눈은 깊은 처마 때문에 마루 안까지 들어오지 못하지만 변화무쌍한 자연의 모든 것을 온전히 느낄 수 있는 장소가 대청마루다. 또 한두 걸음이면 하늘로 열린 마당으로 이어지고, 뒤뜰의 숲이나 텃밭은 대청마루를 지나 마당까지 열려 있어 외부공간이 마루를 지나 다시 외부공간으로 이어지고 소통하는 공간형식이 된다. 집안이지만 외부환경에 가깝고, 마당에서 보면 내부환경에 가까운 중간 영역의 성격을 갖고 있다. 추운 겨울을 견디기 위한 작은 창과 문의 온돌방은 대부분이 벽이어서 대청마루의 개방감은 더욱 강조된다. 또한 대청마루와 직접 마주하는 안방과 건넌방의 미닫이문을 모두 열면 방과 대청마루가 하나의 공간이 된다. 필요에 따라 서로 전혀 다른 속성의 공간이 소통하고 또 하나로 만

[그림 11-3] 온돌방, 연경당

[그림 11-4] 마루, 연경당

들어 내는 공간조정 장치가 있는 집이 한옥이다.

이렇게 자연과 소통하고 방과 마루가 이어져 하나의 집이 되는 한옥과 비교하면 지금 우리의 아파트나 주택이 얼마나 닫혀 있고 소통을 통제하고 있는 집인가를 잘 알 수 있다. 소통의 공간과 폐쇄의 공간이 사람에게 미치는 영향은 전혀 다르다. 언제나 계절의 변화, 날씨의 변화, 밤과 낮의 변화를 그대로 담아내는 집과 그 변화의 환경을 인위적으로 통제한 집에서 자라는 아이들은 어떤 차이가 있을까? 세상의 변화를 그대로 겪으며 성장하는 것과 보호되고 갇혀 있는 환경에서 사는 것은 절대 같을 수 없을 것이다.

온실과 같은 환경에서 교육을 받으며 형성되는 감성과 자연의 온갖 자극에 노출된 환경에서 스스로 깨우쳐 만들어 내는 감성은 그 깊이와 크기에 있어 너무나 많은 차이가 있을 것이다. 어떤 집이 교육환경에 어울리는 지는 자명하다. 모든 아파트에 현관문이 있다. 집에 들어가며 현관문을 닫는 일은 혹시 스스로를 집이라는 폐쇄 환경에 가두는 행동일 수 있다고 볼 수 있을 것이다. 열린 집과 닫힌 집의 차이는 대청마루의 존재로 극명하게 드러난다.

3. 흙과 나무로 지어진 한옥

모든 나라의 전통주택을 짓는 건축재료는 그 집이 지어진 주변에서 흔히 얻을 수 있는 것이다. 우리의 한옥은 당연히 흙과 나무로 지어졌다. 한옥을 허물고 그대로 놔두면 시간이 얼마 지나지 않아 자연 본래의 모습으로 쉽게 돌아가 버린다. 나무로 만들어진 기둥은 집 주위의 잘 자란 나무보다 월등히 클 수 없으므로 한옥은 주변의 숲과 잘 어울린다. 불에 구워 만든 벽돌이나 기와도 근본이 흙이니 대지와 잘 어울리는 소재다. 자연의 일부가 되고 자연과 어울리고 소통하는 집인 것이다. 당연히 그 집에 사는 사람도 자연의 일부가 된다.

현대의 집은 거의 모든 소재가 인위적으로 만들어진 것이다. 흔히 자연소재라고 여겨지는 돌마저도 일상적인 자연에서는 절대로 만날 수 없는 모습이다. 무엇보다 강한 화강석은 그보다 훨씬 강한 다이아몬드 톱으로 썰리고 기계의 힘으로 갈리어 빛나지만, 이미 자연 그대로의 느낌은 대부분 제거된 상태다.

끊임없이 발전하는 문명의 힘을 배우는 것만이 교육이 아닐 것이다. 우리 삶의 전체를 감싸고 있는 환경이 온통 자연의 그것과 다른 것만으로 되어 있는 곳에서 어떤 교육적 의미를 찾을 수 있을지 궁금하다. 어쩌면 태어나면서부터 자연파괴, 자연과의 격리를 당연한 것으로 받아들이게 가르치고 있는 것이 요즈음의 집이라고 생각할 수도 있을 것이다.

Ⅲ. 아파트와 교육공간

1. 전형적인 아파트 공간의 특징과 종류

우리나라 아파트는 거의 같은 형식의 구조물이다. 거의 모든 아파트의 벽식구조와 건설방식이 통일되어 있고, 경제성 추구로 인해 모든 아파트의 층고가 같으며, 아파트에 들어가 있는 방의 구성, 방마다 창을 내고 발코니를 만드는 방식, 콘크리트 위에 수성 페인트를 칠한 기본적인 외부마감이 동일하며, 엄격한 규정의 공동주택 건설을 위한 법규를 따라 인동거리와 녹지, 주차장 등이 만들어진다. 따라서 전혀 다

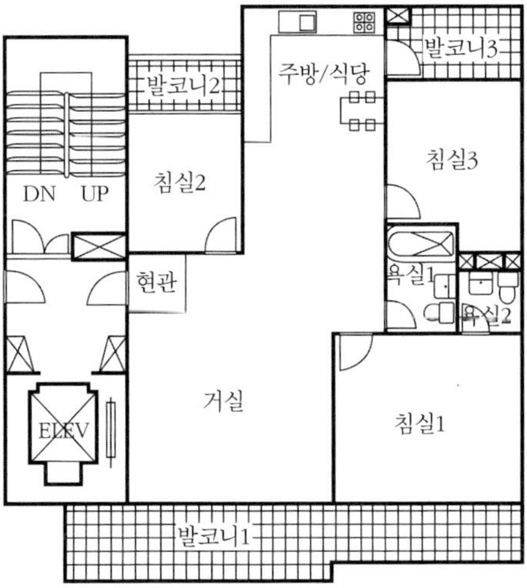

[그림 11-5] 2베이 32평형 아파트 평면[11)]

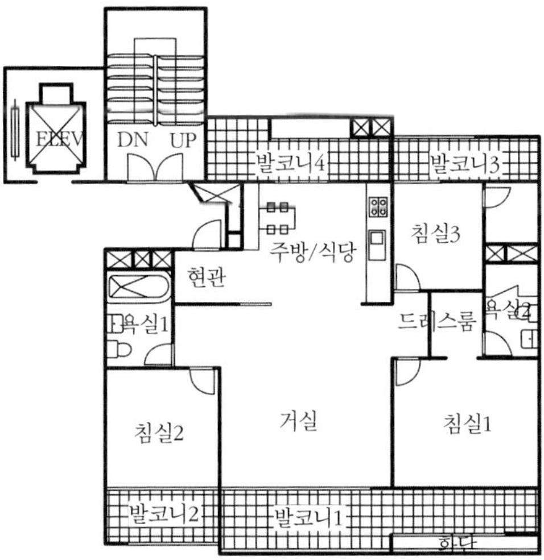

[그림 11-6] 3베이 32평형 아파트 평면[12)]

11) 시공문화사 편집부, 『최신 아파트 평면 연구』, 시공문화사, 2002, 57쪽, 은평경남아너스빌 2베이 32평형.

12) 같은 책, 58쪽, 은평경남아너스빌 3베이 32평형.

른 형식의 아파트가 만들어지는 것이 원천봉쇄되어 있다. 아파트의 수요자조차 새로운 주거형식보다는 집값 형성에 직접적으로 연결된 획일적인 기준을 잣대로 아파트를 고르고 있어 다른 형식의 아파트가 발붙일 틈이 없었던 것이 사실이다. 최근 어느 정도 변화하고 있는 요구와 법규의 새로운 해석 등으로 다양한 외관의 아파트가 만들어지고 있는 듯 싶지만, 외국의 아파트와 비교하면 우리가 얼마나 획일적인 환경에 살고 있는 것인가를 인정할 수밖에 없다.

고밀도 아파트에서 가장 큰 관심은 개인과 가족이 점유하고 있는 공간의 크기다. 국민주택 규모제한에 따라 가장 많이 보급되어 선호되고 있는 크기는 32평형, 전용면적 85m^2 이하의 아파트 단위세대다. 거실과 안방이 남향, 또는 동향을 전면으로 하여 배치되고 뒤쪽으로 작은 방이 2개 있고, 거실과 공간이 이어지는 곳에 식당과 주방이 있고, 공용욕실과 안방에 달려 있는 작은 욕실이 있는 구성이다. 또한 주방을 제외한 각 방의 외부에는 발코니가 달려 있다. 최근에는 전면에 거실과 두 개의 침실이 있고 뒤편으로 하나의 침실과 주방, 식당이 있는 형식이 많이 보급되고 있다.[13)]

2. 아파트와 교육공간

아파트라는 주거형식이 교육만을 위한 공간이 될 수는 없으나, 교육에 영향을 줄 수 있으므로 아파트 공간의 특징과 자녀들이 주로 거주하는 공간에 대한 관찰을 통해 찾을 수 있는 교육적 의미를 살펴보려 한다.

13) 전면에 두 개의 구획이 있는 아파트를 2베이(Bay)형, 세 개의 구획이 있는 경우를 3베이형이라고 부른다.

교육에 영향을 미치는 아파트 공간의 특징을 찾는 일에는 다양한 관점이 존재할 것이다. 구체적으로 어떤 교육적 성취를 이루려 하는가에 따라 공간과 시설에 대한 기존의 여러 기준이 있겠으나, 건축물의 계획을 하는 입장인 건축가가 평가할 수 있는 부분에 한하여 시험적으로 분석해 본다.

1) 학생 공부방의 면적

입식생활을 하는 경우 그리 크지 않은 작은 방에 들어가게 될 최소한의 가구는 1인용 침대, 책상, 책꽂이, 옷장이다. 이들 가구가 적절히 배치될 수 있는 면적을 확보하는 것이 공부방 계획의 중요한 부분이다. 하지만 학생 공부방을 너무 여유 있게 만드는 것은 바람직하지 않다.[14] 밀도 있게 공부하는 데 적합하고 학생의 생활에 필요한 최소 공간만을 확보하는 것이 중요하나. 방 안에서 모든 것이 기능하다면 자신의 방 밖으로 나오지 않을 것이고, 꼭 필요한 가족과의 대화와 마주침이 적어질 것이다. 어떻게 최소 공간에 필요한 것을 규모 있게 만들 수 있는가 하는 것이 학생 공부방 계획에서 가장 중요한 기준이다.

2) 학생이 개인학습에 집중할 수 있는 정숙성

적층하여 지어지는 아파트의 여러 문제 중 잘 해결되지 못하는 것이 층간소음에 대한 문제다. 아파트의 이웃 간에 많이 발생하는 문제이며 계단을 공유하는 아래위 세대가 가깝게 지내는 이웃이 되지 못하는 이

14) Whatanabe Tacenobu(임창복 역), 『주거공간의 의미』, 국제, 1997, 109쪽.

유가 된다. 바닥 슬라브 콘크리트를 차음이 가능한 두께로 만들고, 바닥에 방진매트를 시공하는 등의 방법이 있으나 아직 완벽한 해결방법은 없다. 집안에서 발생하는 소음은 방문을 기밀하게 만드는 것으로 어느 정도 해결할 수 있으나, 가족의 배려로 소음원을 만들지 않는 것이 최선이라 할 수 있다.

가정에서 이뤄지는 음악교육의 경우는 학생이 소음을 만드는 경우라 할 수 있다. 위아래 집과 외부에서 발생한 소음에 대한 대책이 필요한 것처럼 소리가 다른 세대에 전달되지 않을 수 있는 차음, 방음, 흡음시설의 설치가 완벽해야 한다. 하지만 이 역시 쉽지 않아 음악공부를 하는 학생들에게 큰 어려움이 된다.

소음에 대한 정숙성 확보 이외에 실내조명도 정숙성 확보에 큰 영향을 미친다. 빛을 가장 효율적, 경제적으로 사용할 수 있는 방식이 방 중앙 천정에 달아 놓은 형광등이다. 하지만 집이 작업공간이 아니라 휴식과 충전의 장소라는 의미가 더 크다면 조명방식은 조금 더 다른 방식으로 계획되는 것이 바람직할 것이다. 최근 고가로 분양되는 아파트의 경우 화려함을 강조하는 방식으로 계획된 조명은 휴식에도 학습을 위한 환경조성에도 그리 바람작하지 못하다고 판단된다.

3) 학습 자료를 수납할 수 있는 적정 공간

과도한 교육열로 집마다 아이들을 위한 책이 넘치고 이를 적절히 수납할 수 있는 책장은 한계가 있으며, 방 계획에서 절대면적을 크게 확보하는 노력은 충분히 기울이고 있으나 그 환경을 적절히 활용할 수 있도록 섬세하게 배려한 공간이 만들어지지 못한 것이 대부분이다.

주로 거실은 텔레비전과 소파를 놓는 공간으로 한정되어 있고 상대적으로 큰 면적에 비해 효율적인 공간활용에 대한 고려는 부족한 편이다.

4) 학생의 프라이버시를 보호할 수 있는 공간환경

방마다 한 사람의 자녀가 거주하면 문이 있어 프라이버시 확보는 충분하다고 할 수 있다. 하지만 과도한 프라이버시에 대한 고려로 문을 닫아 놓으면 가족 간의 소통을 쉽게 단절할 수 있는 부분은 문제가 될 수 있다. 프라이버시를 존중하면서도 가족 간의 의사소통이 원활히 이뤄질 수 있는 고려와 운영이 필요하다.

5) 창의력, 상상력을 높일 수 있는 공간환경

창의력, 상상력이 넘치는 공간을 만들어 내는 계획은 쉽지 않다. 개성이 강한 공간을 만들며 그런 평가를 받는 것은 어렵지 않으나, 한정된 사각의 평면 속에서 이를 찾기란 매우 어렵다. 이미 똑같은 것을 반복하며 지어진 아파트여서 그 획일성 속에서 만들어질 수 있는 것은 한계가 있다고 포기할 수는 없을 것이다. 획일적인 계획을 단호히 거부하는 사회분위기가 조성되지 않는다면 창의력과 상상력이 넘치는 공간은 불가능한 목표가 될 것이다. 아파트 단위주거에서 성취하기 어려운 것이라면 최소한 단지 내 환경을 창의적이고 상상력이 넘치는 곳으로 만들어야 할 것이다.

중국의 아파트의 경우는 같은 디자인을 반복하여 사용하는 것을 허용하지 않는다고 한다. 또 중국 아파트는 최소한의 아파트 구조와 설비만을 마련하고 내부는 입주자가 만든다. 그 과정에서 많은 변화가 만들어지고, 어쩔 수 없는 한계 속에서도 다양한 가능성을 모색할 수 있는 대안이 될 수 있다고 생각된다. 결국 사용자의 적극적인 참여가 가능하도록 계획이 되어야 다양성이 확보될 것이다.

6) 정신적 성숙을 위한 사색공간

쓸모없는 공간은 모두 없애버려 흔히 말하는 '죽은 공간(dead space)'이 없는 집이 아파트다. 하지만 모두 효율적으로 구성된 집에는 비어 있는 장소가 없다. 부모에게 야단을 맞고 혼자 어디엔가 틀어박혀 울고 나올 수 있는 장소가 없는 집이다. 예전의 집에는 먼지가 쌓여 있는 다락도 있었고, 후미진 담벽, 어두컴컴한 창고도 있었다. 지금은 자신의 방문을 잠그는 것 말고 할 수 있는 일이 없다. 자기 스스로에게 끝없이 침잠할 수 있는 제3의 공간은 그 효용가치에 있어 어쩌면 인생 전체를 좌우할 수 있는 것일지 모른다. 효율로 소외된 영혼을 양산하고 있는 집에서 살고 있는 것일지도 모르는 일이다.

7) 가족 간의 의사소통 증진을 도모할 수 있는 공간환경

모든 가족이 동시에 함께 사용하는 공간은 거실과 식당이라 할 수 있다. 거실에 가족이 모두 모여도 흔히 텔레비전을 보는 장소여서 실제로 가족 간 대화의 공간이 되지 못할 경우가 많다. 가구의 배치도 가족의 얼굴을 보면서 앉아 있기보다는 쾌적하게 텔레비전을 볼 수 있도록 되어 있는 것이 일반적이다. 지혜롭게 거실공간을 운영하지 않는다면 모여 있어도 서로의 마음을 공유하는 장소가 되는 것은 어렵다.

식당은 같은 밥을 먹고, 그 시간을 공유하는 가족이 온전하게 함께 나누는 장소다.[15] 음식과 대화에 공동으로 집중할 수 있는 공간이다. 음식을 정갈하게, 다른 사람을 배려하며 먹는 방법, 즐겁게 대화하는 방법을 자연스럽게 익히는 장소다. 또 식탁은 밥을 먹는 용도로만 사용되는 것은 아니다. 아이들의 숙제를 돌봐주는 교육공간이고, 또 초대한 손님을 대접하며 시간을 함께 나눌 수 있는 장소다. 하지만 아파트의 식당은 부엌에 가깝게 배치되고 면적도 그리 크지 않아, 난순히 빨리 식사를 마쳐야 하는 곳처럼 계획되어 있다. 게다가 부족한 수납공간으로 많은 것들이 식탁 주변에 놓여 있어 여유를 찾기 어려운 곳이 되기 십상이다. 이런 까닭에 보다 쾌적한 장소에 식당을 만들고, 큰 식탁을 놓는 것이 커다란 거실을 만드는 것보다 교육적으로 의미 있는 시도가 될 것이 분명하다.

8) 가족의 단란함을 통한 정서적 안정을 도모할 수 있는 공간

특정한 공간을 확보하는 것만으로 가족의 단란함이 만들어지는 것은 아니라 할 수 있으나, 위 항목에서 언급한 것과 같이 아무리 가까운 가족이라도 저절로 얼굴을 마주보고 대화할 수 있는 장소를 만들어야 한다.

9) 교육적 환경 조성을 위한 가족의 역할

교육적으로 의미 있는 장소로서 아파트 환경을 만든다 하여도 이를 어떻게 운영하는가에 따라 그 결과는 전혀 다를 수 있다. 예전엔 단칸

15) Whatanabe Tacenobu, 앞 책, 33-41쪽.

방에 살아도 우리가 꼭 필요한 것들은 모두 그 안에서 만들어 낼 수 있었다. 궁핍한 일상이기에 더 많은 지혜가 동원되었고 또 서로를 배려하는 마음이 당연하였다. 아무리 훌륭한 공간, 넓고 여유 있는 환경도 어떻게 운영하는가에 따라 교육적 목적에 어울리는 곳이 될 수 있는 가를 판단할 수 있을 것이다.

이는 어떤 건축물도 그 건축적 성취와는 별도로 그 운영 프로그램의 적정성과 실제의 운영이 그 건물의 가치를 만든다. 엄마의 역할이 물리적 환경보다도 교육환경 조성에 훨씬 중요할 수밖에 없다.

10) 평생교육의 공간으로서 가족 구성원 모두를 위한 교육환경의 조성

배우고 익히는 교육은 성장하는 아이들만의 것은 아니다. 부모에게도 필요한 것이며, 부모의 모습을 통해 아이들이 배운다. 하지만 부모를 위해 고려된 학습공간은 실제 존재하지 않는다. 기존의 관행적으로 사용하고 있는 방들의 기능을 전환할 수 있는 지혜가 필요하다.

특히 남자 어른을 위해 배려한 공간은 최소한 32평형 아파트에는 존재하지 않는다. 혼자만의 공간이 확보될 수 없으니 스스로를 위해 사용하는 시간도 만들어지지 않는다고 생각할 수 있다.

11) 전통 한옥과의 비교

32평형 아파트와 비슷한 규모와 방 구성을 갖고 있는 경북 성주 한개마을 교리댁 안채의 평면을 보면 위의 아파트에 대한 여러 가지 평가에 대한 기준에 대한 어떤 답이 나올 것 같은 느낌이 든다. '세상으로

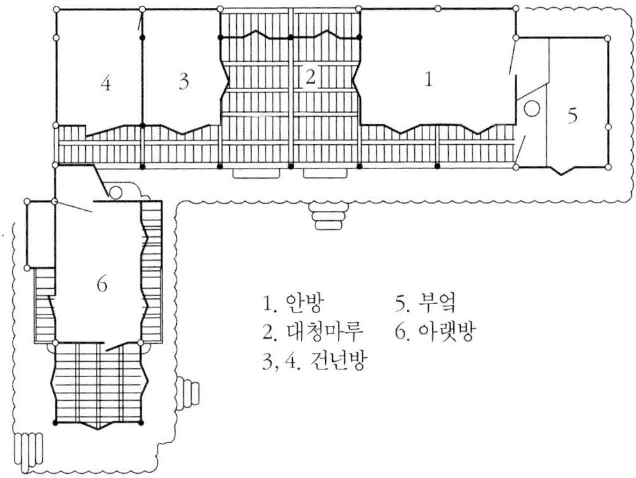

[그림 11-7] 경북 성주 한개마을 교리댁 안채 평면[16)]
32평형 아파트와 유사한 규모와 구성의 한옥 평면의 예

열린 집'인 한옥에서 아파트라는 '닫힌 집'의 문제점에 대한 답에 대한 많은 힌트들을 발견할 수 있다.

Ⅳ. 단독주택과 교육공간

아파트가 주거에 대한 몇 가지 기준을 충족시키며 대량공급된 획일화된 주거형식이라면, 제대로 지은 단독주택은 주거에 대한 다양한 해석을 바탕으로 주어진 저마다 다른 부지 상황에 맞춰 만들어진 집이다. 단독주택이 만들 수 있는 공간의 교육적 가치는 특히 그 주택에서 자라는 아이와 아이를 기르는 부모 입장에서 아파트와 비교할 수 없을

16) 연세대학교 건축공학과 건축역사이론연구실, 실측도면, 1991.

만큼 크다는 것을 쉽게 짐작할 수 있다. 아파트를 지속적으로 지어야 하는 것이 어쩔 수 없는 우리 사회의 선택이라고 한다면, 단독주택을 지으며 만들어 낸 우리 시대 주거의 바람직한 고민과 방향들에 대하여 아파트에 어울리는 방식으로 적용해 갈 필요가 있을 것이다.

단독주택이 갖는 가장 큰 교육적 의미는 자연과 함께 하는 삶이라 할 수 있다. 일상생활 속에서 항상 접할 수 있는 자연의 조화와 신비를 체험하며 성장하는 것은 인위적 공간, 고밀도 공간의 스트레스를 감당하며 사는 것과는 교육적 의미에서 엄청난 차이를 보일 것이다.

1. 단독주택의 마당

단독주택을 짓고 사는 사람에게 아파트가 아닌 단독주택을 선택한 이유를 물으면 거의 대부분 마당 이야기를 한다. 그들은 땅을 밟으며 살고 싶고, 정원을 만들어 나무를 심고, 가꾸고 친구 가족과 바비큐 파티를 하고 싶은 꿈을 꾸고 있었다고 한다. 아파트와 단독주택의 가장 중요한 차이는 주택의 형식에만 있는 것이 아니라 땅, 정원, 마당이라고 부르는 외부공간이 함께 존재한다는 것이다.

우리 전통주택의 마당은 집의 내부공간의 질서와 일체가 되어 만들어졌다. 마당이 대청마루와 관계를 맺고 두 공간이 마치 서로를 얼싸안은 것과 같이 서로 마주보며 공간의 느낌이 상호 증폭되는 현상을 만든다. 작은 마당이라도 대청마루와 어울리면 답답하지 않은 공간이 된다. 한옥의 툇마루는 집에 붙어 있으면서 마당과의 관계를 극대화하는 역할을 한다. 마당을 보고 있는 집 곳곳이 마당과 일체가 되어 외부공간을 일상생활의 중심 공간이 되도록 만들고 있다. 외부공간과의 접촉이 많고 외부공간의 장점이 집안 곳곳에 스며들도록 만들어져 있는 집이 우리 한옥이다. 한옥에 대한 그간의 부정적 인식으로 인해 한옥이 갖고 있는 수많은 장점까지 대부분 포기하고 현대의 주택들이 지어지고 있고 서구화된 공간에 빠르게 적응해 나간 것이 현실이었다. 하지만 단독주택을 지으며 여러 가지 전통주택의 장점을 반영하는 일은 얼마든지 가능한 일이다. 옛집과 같이 나무와 흙으로 집을 지을 이유는 없지만 현재 쉽게 구할 수 있는 값싼 건축재료로 전통건축의 여러 요소 중 적용 가능하고, 꼭 필요한 것들을 골라 반영하여 현대의 생활에도 잘 어울리는 주택을 만드는 일은 당연하다.[17)]

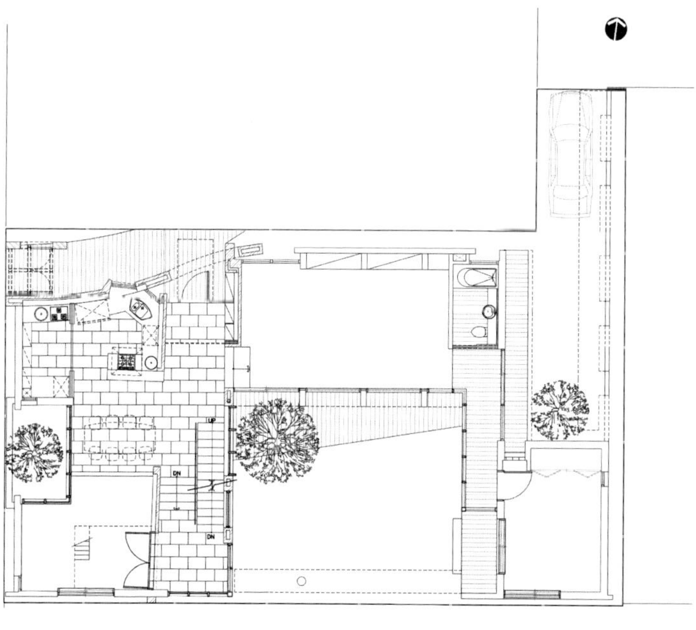

[그림 11-8] '일산22412주택'의 1층 평면도

17) 1996년 뉴어바니즘 협회(CNU)의 뉴어바니즘 헌장 '제24조 특정 지역의 건축 및 조형 설계는 그 땅의 기후, 지형, 역사 그리고 건축방식으로부터 나와야 한다.'와 같이 지역 건축 요소의 현대주택의 적용은 건축가에게는 필수적인 고려사항이다.

[그림 11-9] '일산22412주택'의 마당 외부전경

[그림 11-10] '일산22412주택'의 마당 거실전경

[그림 11-11] '일산22412주택'의 마당 상부전경

[그림 11-12] '일산22412주택'의 마당 위 오솔길

[그림 11-13] '일산22412주택'의 식당에서 본 마당

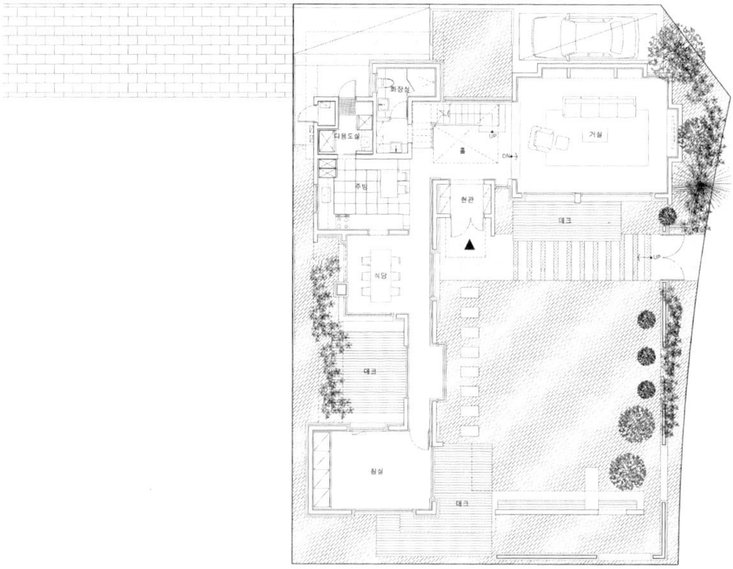

[그림 11-14] '동패리주택' 1층 평면도

[그림 11-15] '동패리주택'의 전경사진

[그림 11-16] '동패리주택' 마당전경

[그림 11-17] '동패리주택'의 식당과 샛마당

[그림 11-18] '동패리주택' 홀과 외부공간

[그림 11-19] '동패리주택'의 외부복도

두 개 주택의 예[18]를 통해 단독주택에서 마당의 역할과 교육공간의 의미를 찾아보려 한다. 일산주택은 그리 크지 않은 대지이나 건축주는 가능한 큰 마당을 만들고 싶어 했다. 계획안은 대지 전면의 공용녹지에 주목하여 이 열린 공간과 마주 붙어 이어지는 마당을 만들었다.

또 마당은 집안의 거실로 이어지도록 만들었다. 집 외부의 녹지-마

18) 예로 드는 두 개의 주택은 필자인 건축가 권문성이 설계하였다. 일산22412주택은 1997년에, 동패리주택은 2007년에 완공되었다. 두 집 모두 할머니를 모시고, 아이들과 함께 사는 평범한 부부의 집이다.

당-거실이 연속된 조합은 외부공간에서 거실로 3단계의 공간확장과 공간수렴이 연속되는 모습의 공간켜가 존재하여 다양한 공간의 변화를 마당을 중심으로 체험할 수 있도록 되어 있다. 마당 양 옆에 놓은 할머니 방과 손주 형제의 방은 툇마루와 같은 역할을 하는 복도와 외부 데크를 통해 마당으로 이어진다. 집안 곳곳에서 마당의 이야기가 실내공간으로 스며들도록 계획되었다. 특히 할머니와 손주의 방을 마주보게 만들어 가장 친밀한 세대 간의 교류가 마당을 중심으로 생성되기를 기대할 수 있는 계획이다.

동패리주택도 비슷한 마당과 거실의 관계를 고려하여 계획되었다. 특히 남쪽 끝에 위치한 할머니방과 식당 사이에 작은 안마당을 끼워 넣어 3세대 동거주택에서 자연스런 고부동선의 선택적 분리를 가능하게 만들고, 큰 마당과 작은 안마당과의 대비로 풍부한 공간변화를 항상 체감할 수 있는 집이다.

2. 단독주댁에서 지라는 아이들

주택에 마당이 존재하는 것만으로도 주거환경과 자연과의 일체감은 아파트와 비교할 수 없을 만큼 크다. 거의 모든 우리나라 아파트에는 발코니가 있지만, 실내공간으로 고쳐 크게 만들거나 창고공간이나 작업공간으로 이용하기 위해 또 단열성능을 높이기 위한 조치로 발코니 끝에 창을 덧다는 것이 일반화되어 있다. 다른 나라의 아파트에서는 흔히 보기 어려운 현상이다. 그 결과로 이중으로 감싸여진 아파트의 실내공간에서는 외부환경을 직접 경험하는 것이 더욱더 어렵게 되었다. 야생의 들꽃을 온실에서 키우면 마치 전혀 다른 품종의 식물인 것처럼 여린 잎으로 자란다. 우리의 아이들을 아파트에서 키우는 것도 비슷할 것이다. 자연으로부터의 더 많은 자극을 경험하며 스스로 배우고 깨우치게 만드는 교육의 큰 부분을 아파트에서 자라는 아이들에게는 줄 수 없다. 전체 국민의 반이 넘는 아이들이 과도하게 보호되고 획일화된 환경에서 자라며 저마다의 개성과 상상력과 창의력을 키우기 어렵다는 것은 국가의 미래에 절대로 긍정적이지 못할 것이다. 또한 지역적인 특징이 없이 지어지는 아파트는 일상생활의 다양성을 만들지 못하는 까닭에 다른 주거 문화에 대한 이해와 교류를 경험하지 못하게 만드는 점도 크게 우려된다.

이런 아파트 주거문화에 대한 우려는 단독주택의 경우 대부분 해소된다고 볼 수 있다. 단독주택을 설계하는 건축가는 크게 2가지를 고려하며 계획한다. 하나는 땅에 대한 고민이고 다른 하나는 사람에 대한 생각이다.[19] 어떤 땅도 조건이 동일한 경우는 없고, 집주인마다 요구하거나 살고 싶은 집의 조건도 다르니 건축가가 설계하여 짓는 주택이 똑같은 경우는 없다고 봐야 한다.[20] 집이 지어지는 땅에 어울리고, 건축주의 꿈을 실현되며, 건축가의 개성이 드러나는, 이 세상에 하나 밖에 없는 집이 만들어진다면, 하나의 주택은 그 집에 사는 사람에게 잘 맞춰진 상상력이 넘치는 공간이 될 수밖에 없다. 그 속에서 살며 자라는 아이들이 그 집으로부터 결정적인 영향을 받게 될 것이 분명하다.

앞에서 예를 들은 일산주택의 경우 아이들 방은 중층구조[21]이다. 어

19) 건축계획의 조건에 해당하는 2대 요소인 사이트(site)와 프로그램(program)이다. 땅에 대한 고민은 집이 지어지는 주위의 환경과의 관계를 어떻게 할 것인가를 조사, 연구하여 반영하는 것을 의미하고, 프로그램은 그 집에 거주하는 사람들의 다양한 요구를 충족시키기 위해 어떤 기능의 방을 얼마만큼의 면적을 할애할 것인가를 의미한다.

20) 흔히 기성복에 비유되는 아파트에 대하여 단독주택은 맞춤옷과 같다고 볼 수 있다.

21) 중층구조는 메자닌 플로어(Mezzanine floor)를 의미한다. 하나의 커다란 공간에 중간 높이에 작은 바닥층을 설치하여 입체적인 공간활용이 가능하도록 만든다.

린아이이므로 층고는 그리 높게 만들지 않아도 한 공간에 2개의 바닥층을 만들 수 있다. 건축주는 사춘기 이전까지 아이들을 한 곳에서 기르려는 생각을 하고 있다. 아래층은 주로 놀이공간이다. 마당과 바로 인접한 방이어서 아이들은 방안에서 마당으로 그대로 뛰어 나가며, 마당 건너 할머니 방으로 쉽게 갈 수 있다. 방과 외부와의 경계를 더 많이 열어 주기 위하여 방문을 크게 만들고, 활짝 열면 방의 경계가 느껴지지 않게 만들었다. 중층은 침실공간이고 공부하는 책상이 놓인다. 아이들이 성장하는 입체적인 구조의 방은 다양한 방법으로 융통성 있게 활용될 것으로 기대된다. 그 방의 주인인 아이들이 경험하는 일상은 아파트에서 자라는 아이들과 전혀 다를 것이다. 일산22412주택의 2층에도 아이 방이 남쪽에 하나 더 만들어져 있다. 2층 아이 방에서 나오면 별채처럼 만들어진 사랑방으로 가는 브리지가 있다. 이 브리지는 마당 위를 가로지르고 있어 아이 자신이 항상 노는 마당을 내려다볼 수 있다. 동생이 놀고 있으면 부를 수 있고, 자신의 세발자전거도 볼 수 있을 것이다. 브리지 한쪽엔 마당에 심어 놓은 감나무가 비스듬히 기대어 자라고 있는데, 아이들은 새로 나온 감잎을 만지고, 감이 익어 가는 모습을 보고, 또 감을 딸 수 있다. 브리지를 넘어 사랑방 옆의 옥상정자로 갈 수도 있게 되어 있다. 어른들은 그곳에서 주변 풍경도 보고 손님과 담소도 나누는 장소지만, 아이에겐 모두가 입체적인 놀이터가 될 것이다. 집안 곳곳에 자신만이 알고 있는 좋아하는 장소가 있어 후에 시집이라도 한 권 사면 들고 가 그곳에서 읽고 싶을 것이다. 어쩌면 예전에는 집 뒤에 있던 동산 하나와 같은 역할을 비슷하게 해낼 수 있는 집이 되기를 바라며 계획되었다. 이 모든 것은 아이에게 줄 수 있는 교육적 효과를 기대한 가능성이다.

또 다른 예로서 동패리주택의 경우는 그 집에서 자랄 형제의 방을 각각 2층에 만들었다. 집의 구조상 아이들의 방은 떨어져 배치되었고 그 사이에 작은 2층 가족실이 있어 이곳을 통해 각자 자신의 방으로 들어가게 된다. 두 아이의 방은 그 크기가 비슷하지만 창문의 풍경과 그 방에 들어오는 빛의 느낌은 전혀 다르게 만들었다. 경사 지붕 아래에 만들어진 방이어서 다락을 만들 수 있었고, 나무 사다리로 올라갈 수 있다. 방은 놀고 공부하는 곳이고 다락은 침실로 사용하기 좋게 되어 있다. 두 형제의 다락방은 가족실 상부를 지나는 작은 브리지로 연결되어 있다. 형제이기 때문에 가능한 연결이며 한 아이의 방에 들어가서 다락을 통해 다른 아이의 방에 갈 수 있고, 가는 도중에 가족실을 내려다보고 그곳에 있을 가족과 얘기도 나눌 수도 있다. 다락은 이렇게 잠을 자는 곳이고 또 놀이공간이고 낮은 경사천정 밑에서 혼자 숨어 울 수도 있는 곳이다. 이 아이들이 성장한 후에 기억하는 자신의 공간은 어떤 것일지 궁금하다. 기대하는 것만큼 다양한 방법으로 활용하면서 살게 될지, 혹은 불편하게 작은 공간이 연속되어 있어 짐을 갖다 놓는 창고가 될지, 또는 전혀 기대하지 않았던 상상력 넘치는 공간으로 만들어 놓을지 알 수 없다. 하지만 그런 모든 가능성이 존재하는 아이 방에서 자란 아이는 아파트의 닫힌 방에서 자란 아이와 같을 수 없다고 확신한다.

Ⅴ. 맺음말

교육에서 가정교육의 중요성은 누구나 인정하나 그 가정교육이 벌어지는 집을 교육공간으로 이해하고 계획하는 일은 흔하지 않았다. 이 장의 집필은 건축설계를 하는 건축가의 입장에서 일상적인 집 설계의 기준들을 교육적 의미를 강조하며 재점검해 보았을 때 얼마나 다를 수 있는가를 정리해 볼 수 있는 기회였다. 집의 건축계획을 진행하며 고려해야 할 요소에 대하여 계획안을 완성하기 위한 사고의 전개보다는 교육적으로 의미 있는 집의 어떤 부분, 집의 요소 간의 관계, 집의 질서 등이 어떻게 존재하고 있는가를 살펴보고, 이미 많은 연구결과가 축적된 우리의 전통주택인 한옥과 현대주택의 전형이라 할 수 있는 아파트 단위세대와 실제로 지어진 단독주택의 사례들을 비교하며 집의 교육적으로 의미 있는 공간들에 대한 분석을 시도해 보았다.

교육의 목표가 효율적인 학습이 아니라 전인교육을 지향하고 있다 할 때, 육체와 영혼의 휴식과 재충전의 장이며 가정의 단란함을 지키고, 창의력과 상상력이 넘치는 개성 있는 주택을 지어야 한다는 집 설계의 기준과 교육공간으로서의 집이 지향해야 할 부분은 그리 다르지 않음을 알 수 있었다.

하지만 이제까지 집을 계획하며 교육의 일차적인 당사자인 그 집에 사는 아이들과 학생들에게 필요한 요구조건들을 적극적으로 개발하여 반영한 것은 아니며, 오히려 집의 설계에서 우선적으로 고려해야 할 요소로 인정받지 못했으며, 그 결과 이러한 요구의 충족을 위한 공간이 다른 부분에 비하여 충분히 배려되지 못했었던 점은 인정할 수밖에 없다. 교육의 문제를 해결하는 것이 국가의 중요한 정책적 목표가 되고 모든 국민이 교육의 문제로 고통받고 있는 현실에서 교육적 의미를 우선으로 고려한 집에 대한 많은 연구와 이를 충실히 계획에 반영한 집을 짓는 일은 건축과 교육관계의 전문가들이 시급히 실천해야 할 과제다.

총론적인 입장에서 집과 교육공간과의 관계를 살펴본 것이 이 글이라면 앞으로는 세부 각론을 수많은 사례를 통해 검증하며 구축하여 실제의 집짓기의 기준을 만들고, 효율적으로 교육공간으로 활용할 수 있도록 만들 필요가 절실하다.

참고문헌

강부성, 『한국 공동주택계획의 역사』, 세진사, 1999.

강영환, 『새로 쓴 한국 주거문화의 역사』, 기문당, 2002.

강인호, 한필호, 『주거의 문화적 의미』, 세진사, 2000.

김종인, 『김종인의 주거문화 산책』, 밀알, 2007.

김진애, 『우리의 주거문화 어떻게 달라져야 하나』, 서울포럼, 1994.

박영순 외 공저, 임정의 사진, 『우리 옛집 이야기: 한국전통주택의 실내공간』, 열화당, 1998.

박철수, 『아파트의 문화사』, 살림출판사, 2006.

시공문화사 편집부, 『최신 아파트 평면 연구』, 시공문화사, 2002.

윤정숙, 『한국 주거와 삶』, 교문사, 2007.

윤혁경, 『주택법 도시 및 주거환경정비법 해설』, 기문당, 2010.

이주연, 「꿈의 아파트여! 죽은 아파트여!」, 한겨레21, 제483호, 2003. 11. 6.

전남일 외 공저, 『한국 주거의 사회사: 한국 근현대 주거의 역사』, 돌베개, 2008.

주남철, 『한국주택건축』, 일지사, 1980.

최성호, 『한옥으로 다시 읽는 집 이야기』, 전우문화사, 2004.

Katz, P.(임희지, 정재용, 장경철 역), 『뉴어바니즘』, 아이씽크 커뮤니케이션즈, 2007.

Lawrence, R. J.(이연숙 외 공역), 『주택, 주거, 집』, 태림문화사, 1999.

Risebero, B.(박인석 역), 『건축의 사회사』, 열화당, 2008.

Whatanabe Tacenobu(임창복 역), 『주거공간의 의미』, 국제, 1997.

제 12 장

교육공간으로서의 박물관:
한국 박물관을 중심으로

Ⅰ. 박물관과 박물관 교육

Ⅱ. 박물관이라는 공간

Ⅲ. 우리나라 박물관의 교육공간

Ⅳ. 교육공간으로서 박물관의 변화

제12장

교육공간으로서의 박물관: 한국 박물관을 중심으로

Ⅰ. 박물관과 박물관 교육

박물관(博物館, museum)은 무엇인가? 지금 우리가 사는 공간 속에 수없이 많은 박물관이 생겨나고 있기에, 우리는 박물관 하면 '옛 물건' 아니면 '무엇인가 신기한 것'을 볼 수 있는 곳쯤으로 생각한다. 박물관에 대한 다양한 정의들은 다음과 같다.

박물관이란 문화·예술·학문의 발전과 일반 공중의 문화 향유 증진에 이바지하기 위하여 역사·고고·인류·민속·예술·동물·식물·광물·과학·기술·산업 등에 관한 자료를 수집·관리·보존·조사·연구·전시·교육하는 시설을 말한다(박물관 및 미술관진흥법).

박물관은 힘을 더해 가는 기관으로 우리의 공유된 문화적 경험의 일부분이 되고자 하는 모든 사람과 협력한다. 박물관 안으로 걸어 들어가는 어떤 시민이라도 자신의 문화의 찬란한 성취를 감상하게 된다. 만약 그가 충분한 시간을 보낸다면 변화하게 된다. 이는 자신들이 사는 도시의 박물관에 수많은 유물들을 기증한 사람들이 마음에 품었던 생각이다(Mark Lilla).

박물관은 인류와 그 환경의 물질적 증거물을 연구 · 교육 · 향수할 목적으로 수립 · 보존 · 연구 · 소통 · 전시하며 사회에 봉사하는 비영리기관이다(국제박물관협의회[ICOM]).

박물관은 일시적인 전시회의 수행을 우선적 존재목표로 하지 않고, 연방정부와 주정부의 소득세를 면제받으며, 대중에게 개방되고 대중의 이익에 부합되게 운영되는 영구적 비영리기관이다. 교육적이고 문화적인 가치를 지닌 예술적 · 과학적 · 역사적 · 기술적인 사물과 표본을 향유하고 교육하기 위해 보존 · 연구 · 해석 · 수집하고 대중에게 전시한다. 따라서 이러한 조건을 갖춘 식물원, 동물원, 수족관, 천체투영관, 역사관이나 역사유적지 역시 박물관에 포함될 수 있다(미국박물관협회[AAM]).[1)]

박물관의 한자어 '博物(다양한 물건)'이 나타내듯이 다양한 시각적 공간들이 박물관에 포함되기에 그 정의 또한 열거가 필요했을 것이다. 조지 엘리스 버코(George Ellis Burcaw)는 위와 같은 다양한 정의들을 종합하여 박물관을 영구히 존재해야 하는 기관, 공익을 위해 존재하는 기관, 모든 사람들에게 교육적인 영감, 미적 체험을 제공하는 기관, 의

---

1) E. P. Alexander & M. Alexander, Museums in motion, Altamira, 2007, p. 1; G. E. Burcaw(양지연 역), 『큐레이터를 위한 박물관학』, 김영사, 2001, 23-24쪽; N. Kotler & P. Kotler(한종훈, 이혜진 역), 『박물관 미술관학』, 박영사, 2005, 7쪽.

미 있는 소장품을 가지고 체계적으로 관리하는 기관으로 요약한다. 덧붙여 소장품의 교육적 활용을 위해 연구는 필수적이며 이를 위해 자료실, 스터디룸과 같은 시설이 요청된다고 설명한다.[2)]

박물관에 대한 이상의 정의에서 알 수 있듯이, '박물관 교육'은 박물관을 기능 중심으로 생각하게 한다. 유물 및 자료를 수집 · 보존 · 연구하는 기능, 이를 관람자들을 위해 전시 · 교육하는 기능과 같이 말이다. 중요하게 생각할 것은 모든 정의들에서 교육, 변화 등의 용어가 사용된다는 것이다. 이는 최소한 박물관을 '교육적인 기능'이 있는 곳으로 생각하고 있다는 말이기도 하다. 특히 박물관은 기능적으로 시민사회와 밀접한 관계를 지니고 있어서 시민 모두가 자유롭게 갈 수 있는 곳이며, 새로운 발견이나 창조를 할 수 있는 곳이며, 그러한 장소나 환경을 제공하는 시설로 지역사회와 함께 활동하고 있는 곳이다.[3)] 이러한 박물관은 경험적 학습이라는 일종의 진보주의적 교육을 창안한 존 듀이(John Dewey), 마리아 몬테소리(Maria Montessori) 등과 같은 학자들의 교육학 · 심리학 등과 연결되어 어린이박물관이라는 형태에까지 이르게 된다.[4)]

그렇다면 '박물관 교육'이란 무엇인가? 넓은 의미로는 박물관이 하는 활동 모두가 박물관 교육이다. 왜냐하면 박물관의 기능 자체에 교

2) G. E. Burcaw, 앞 책, 25-27쪽(어원적으로 박물관의 'museum'은 그리스어 'mouseion'에서 유래하며, B.C. 290년의 이집트 알렉산드리아의 연구와 교육센터인 뮤제이온을 지칭한다. 또한 한자어 '博物館'은 19세기 일본인들이 'museum'을 '博物館'으로 번역한 것에서 유래하는데, 이는 일본 내에서 이전부터 존재했던 박물학, 본초학 등의 개념이 확대된 것이었다. 우리나라의 경우도 박물관이라는 일본인의 번역을 그대로 사용했지만(박영효의 『건백서(建白書)』 등), 이는 조선후기의 박물학, 본초학 등에 연원을 두고 있다.

3) 오츠카 카즈요시(홍종필 역), 『박물관학』, 백산출판사, 2004 참조.

4) N. Kotler & P. Kotler, 앞 책, 28쪽.

육적인 목적이 있기 때문이다. 유물 · 자료를 수집하는 일, 전시계획을 세우고 실천하는 일, 특별 행사를 하거나 교수활동을 하는 일이 박물관 교육이다. 그렇지만 좁은 의미로는 박물관을 매개로 하여 누군가를 가르치는 일, 아동 등을 위한 재미있는 행사를 하는 일을 '박물관 교육'이라고 할 수 있다.[5] 그리고 박물관 교육은 수많은 박물관이 본래적으로 가지고 있는 '다양함'과 이를 '선택할 수 있음'에 기초한다.

그렇다면 박물관에서 선택할 수 있는 다양함은 무엇일까? 닐 코틀러(Neil Kotler) 등은 박물관에서 여섯 가지 경험이 일어난다고 말한다. 그것은 레크리에이션(recreation, 자유롭고 편안하며 체계적으로 조직되지 않은 시간을 활용함), 교제(sociability, 다른 사람을 만나거나 함께 참여하는 활동), 학습 경험(새로운 것을 알게 되는 활동, 호기심과 모험을 경험하게 되는 일), 미적인 경험(사물을 미적인 관점에서 바라보는 활동), 기념하는 경험(역사적인 성취에 공감하는 활동), 매혹적인 경험(지성과 상상력, 영혼을 고양하는 일)이다.[6]

박물관에서 이러한 경험을 할 수 있음에도 불구하고, 박물관은 오랜 동안 그 교육적 역할을 충분히 담당해 오지 못한 것이 사실이다. 미국의 경우 이러한 박물관의 폐쇄성에 대한 비판은 세 보고서를 통해 알려진다. 그 보고서는 1969년의 벨몬트 보고서(The Belmont Report), 1992년의 탁월성과 공평성(Excellence and Equity), 1995년의 새로운 비전, 박물관 변화를 위한 도구(New Vision: Tools for Change in Museums)다. 벨몬트 보고서에 따르면 박물관은 소장품을 보호해야 하는 것 외에도 공공 서비스를 제공하는 데 주력해야 하는데, 교육 프로

5) E. Hooper-Greenhill, Museum and Gallery Education, Leicester University Press, 1991, p. 1.

6) N. Kotler & P. Kotler, 앞 책, 43쪽.

그램을 고안하여 관람자가 기쁨과 즐거움을 찾을 수 있는 생동감 있는 장소가 되어야 한다. 그리고 탁월성과 공평성에서 교육은 모든 박물관 활동의 중심이고, 박물관은 사회의 다양성을 반영해야 하며, 박물관은 사회적 맥락으로부터 완전히 벗어나서 보존과 연구, 전시 활동에만 더 이상 몰두해서는 안 된다. 또한 새로운 비전에서는 조직을 향상시키고 내부 문화를 대중과 소비자에게 더욱 적합하게 하는 한편, 대중에게 봉사하는 교육 프로그램을 제공하면서 다양한 사회에 다가갈 수 있는 메커니즘을 갖추어야 한다.[7] 결국 박물관은 유물 및 자료를 수집 · 보존 · 전시하는 공간만이 아니라 적극적으로 관람자를 향해 다가가며 그들이 원하는 경험을 제공하는 교육적인 공간으로 기능하여야 할 시점에 이른 것이다.

Ⅱ. 박물관이라는 공간

박물관은 근래의 사이버(cyber) 형태의 박물관을 제외한다면 유형의 공간으로 구성된다. 관람자가 그 공간 안으로 들어가면서 교육은 시작된다. 박물관이라는 공간에 들어가는 관람자는 그 안에서의 활동을 통해 무엇인가를 이루고자 하는 목적 그리고 기대가 있으며, 그것을 성취할 수 있게 지어진 것이 바로 박물관이다. 단지 유물 · 자료가 전시되어 있는 공간에 머무는 것이 아니라 예술, 과학기술, 문화 등의 개념이 종합적으로 어우러져 있는 공간이기도 하다. 그래서 박물관이라는 공간은 사회 공동체의 인식 변화를 수용하기도 한다. 그리하여

7) 같은 책, 41-42쪽.

기능적 측면에서 교육적인 공간뿐만 아니라 공연 등의 문화기반 시설로까지 확대되기도 한다.[8)]

문화사적인 측면에서도 박물관이라는 공간(건축물)은 한 시대와 사회를 직접적으로 대변해 주고 있다. 근대 이후의 건축을 볼 때 박물관은 세 개의 시대를 거치면서 변화했다. 그 변화는 단순히 건축 양식의 전환이 아닌 그 시대의 사회적인 역할과 그에 따른 내재적인 기능의 변화를 의미했다. 첫 번째의 형태는 전시 · 운영체계의 근대화와 범용적인 공간구조를 특징으로 하는데, 독일 베를린의 신 국립미술관이 해당한다. 두 번째 형태는 다채로운 전시체계와 내부 공간의 외연화인데, 이는 박물관학의 전문화에 기반하며 기술적인 표현들이 강하게 나타나는 형태로 미국의 포트웰스 킴벨 미술관이 해당한다. 세 번째의 형태는 전시 내용과 건축의 결합이 보다 강해지는 형태로 스페인 빌바오의 구겐하임 미술관이 해당한다.[9)] 말하자면 근대 이후 박물관 건축은 박물관의 근대적 운영체계에 맞추어 기능적으로 지어진 이후 그 변화를 거듭하여서 현재는 박물관 건물 자체가 그 박물관의 전시 내용, 이념 등과 어울리게 설계 · 건축되는 것을 볼 수 있다.

박물관이라는 공간이 이렇게 변화하였다고 하지만, 박물관은 그 본연의 기능을 다하기 위해서 갖추어야 할 기본적인 공간들이 있다. 이 기능적 공간은 ① 전시 부문: 상설, 기획 특별전시, ② 교육 · 보급 부문: 강당, 특별활동 공간, ③ 조사, 연구 부문: 학예 · 연구공간, ④ 수장 부문: 수장고, 공작공간, ⑤ 관리 · 서비스 부문으로 나눌 수 있다. 그리고 이 공간은 대부분의 박물관들에서 서로 다르게 표현되는데, 이런 표현은 박물관에서 기본적으로 고려할 몇 가지 사항을 어떠한 방향

8) 백령, 『멀티미디어 시대의 박물관 교육』, 예경, 2005, 53-56쪽.

9) 서상우, 『뮤지엄건축: 도시 속의 박물관과 미술관』, 살림, 2005, 11-14쪽.

으로 결정하느냐에 따라 결정된다. 그것은 큰 형태의 열린 공간을 둘 것인가, 자연 채광을 허용할 것인가, 전시 동선에 분명한 체계를 둘 것인가, 공간의 가변성과 확장성을 염두에 둘 것인가 등이다.[10)]

2005년에 새로 개관한 국립중앙박물관의 용산 건물의 경우를 예로 들어 설명해 본다. 국립중앙박물관의 기본적 공간 구성은 전시 영역, 교육 영역, 연구 · 관리 영역, 수장 영역, 서비스 영역 등으로 나눌 수 있다. 전시 영역은 상설전시실과 특별전시실로 구성되며, 교육 영역은 극장, 강당, 교육실, 어린이박물관, 도서 · 자료실로 구성된다. 연구 · 관리 영역은 개별 부서의 공간과 유지 · 관리 등을 위한 곳으로 구성되며, 수장 영역은 유물 · 자료의 보관처, 보존처리실 등으로 구성된다. 그리고 서비스 영역은 식당, 카페, 문화상품 판매 코너, 주차장 등으로 구성된다. 이러한 구성은 근래에 건축된 대부분의 박물관들에서 공통적으로 보이는 공간 요소들인데, 국립중앙박물관은 이 공간 구성에서 큰 형태의 열린 공간을 두었으며, 자연 채광을 일부 허용하여 각 전시관들로 들어갈 때에 마치 거리를 걷다가 우연히 들어가는 효과를 내었다. 결국 동선에서 분명한 체계를 두지 않았으며, 공간의 가변성과 확장성을 특별전시 공간 정도에서만 고려하였고, 교육공간은 전시공간과 별도로 구분하여 운영하는 형태를 취하였다.[11)] 국립중앙박물관의 기본적인 공간 구성은 [그림 12-1]과 같다.

그렇다면 이러한 박물관의 공간 구성이 우리나라의 모든 박물관에 동일하게 적용되는 것일까? 대부분의 경우 박물관의 공간 구성은 위와 같은 형태를 취하고는 있지만, 2009년 현재의 모든 박물관이 그러한 것은 아니며, 우리나라 박물관이 처음 개관했을 때부터 2009년 현

10) 서상우, 이성훈, 『한국 뮤지엄건축 100년』, 기문당, 2009, 48쪽.

11) 국립중앙박물관, 『국립중앙박물관 60년』, 계문사, 2006, 365-371쪽.

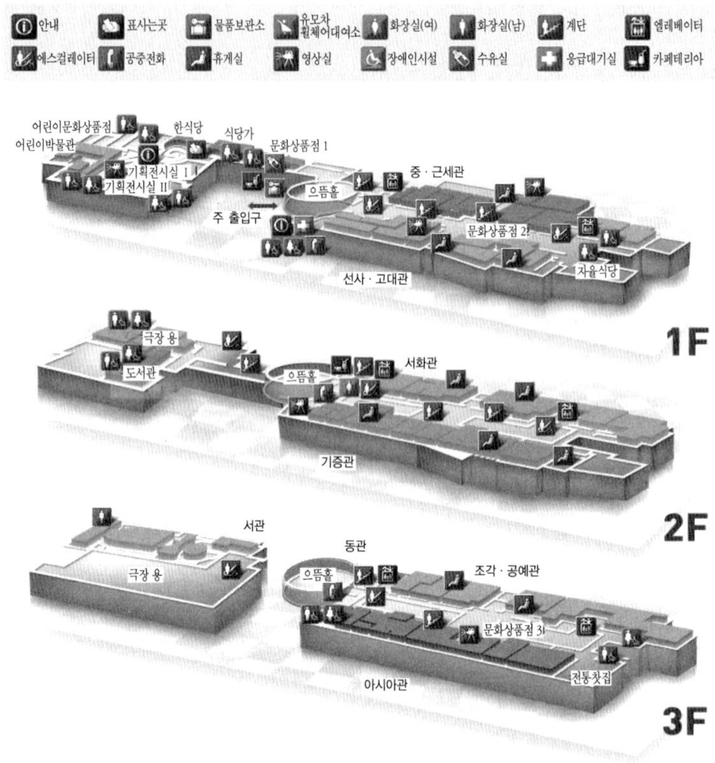

[그림 12-1] 국립중앙박물관의 공간 구성

출처: www.museum.go.kr에서 2010년 12월 10일 인출.

〈표 12-1〉 우리나라 박물관과 미술관의 수

(등록)박물관				(등록)미술관				총계
국공립	사립	대학	소계	국공립	사립	대학	소계	
252	180	79	511	25	87	3	115	626

출처: 문화체육관광부, 『2008 전국문화기반시설총람』, 2008.

〈표 12-2〉 우리나라 박물관의 공간 구성

구분 연도	조사 박물관 수	구성공간					
		전시	교육	연구	수장	관리	서비스
1909~1945	20	20	2	2	16	18	0
1946~1970	7	7	0	1	7	7	0
1971~2009	97	97	63	96	97	97	57
합계	124	124	65	99	120	122	57

출처: 서상우, 이성우, 『한국 뮤지엄건축 100년』, 기문당, 2009 등.

재까지를 역사적으로 살펴보았을 때에는 더욱 그렇지 않다. 2007년 12월 현재 우리나라에는 총 626개의 박물관(511개 등록박물관, 115개의 등록미술관)이 있다. 구체적인 수는 〈표 12-1〉에 제시되어 있다.

제시된 박물관 중 공간의 구성을 확인할 수 있는 박물관들을 선택하여 정리하면 〈표 12-2〉와 같다.[12)] 총 124개의 박물관 중에서 전시, 수상, 관리 공간들을 주로 구성하고 교육과 서비스 공간은 비교적 적게 구성하였음을 알 수 있다. 특히 연도별 추이로 볼 때 교육, 서비스 영역이 우리나라 박물관의 주요 구성 요소로 자리 잡은 것은 1970년대 이후라고 할 수 있겠다.

Ⅲ. 우리나라 박물관의 교육공간

우리나라 박물관은 언제부터 교육적인 공간으로 기능해 왔는가? 전시를 포함한 박물관의 모든 활동을 교육이라고 보는 광의적 개념에서

12) 조사한 전체 대상 박물관들의 공간 구성은 이 장 뒤의 〈부록〉에 자세하게 기술되어 있다(서상우, 이성훈, 앞 책; 한국박물관협회, 『한국박물관협회 30년』, 한국박물관협회, 2009 참조).

는 교육은 박물관이 처음 시작된 시점인 1909년부터 이루어졌다고 말할 수 있겠지만, 실제적 의미의 구성공간 속에서 교육 영역이 주된 공간으로 자리 잡은 것은 이때부터가 아니다.

1. 1909년부터 1945년까지

1909년부터 1945년까지의 박물관 공간을 살펴보면 그 내용을 확인할 수 있다. 앞의 〈표 12-2〉에서와 같이 전체 20개의 박물관 중에서 2개의 박물관만이 교육공간을 가지고 있었는데, 이 두 박물관은 은사기념과학관과 이왕가미술관이었다.

1926년 경성(현재의 서울)에 설립된 은사기념과학관에는 교육공간으로 강연실이 있었다. 이 강연실에서는 1928년부터 1940년대 초까지 매주 토요일마다 '어린이날' 교육이 있었는데, 이 교육은 어린이들이 과학실험을 하고 쉬운 과학 이야기를 듣고 영화를 보는 시간 등으로 이루어졌다. 실제로 (과학)박물관이 교육활동을 박물관 내에서 하고

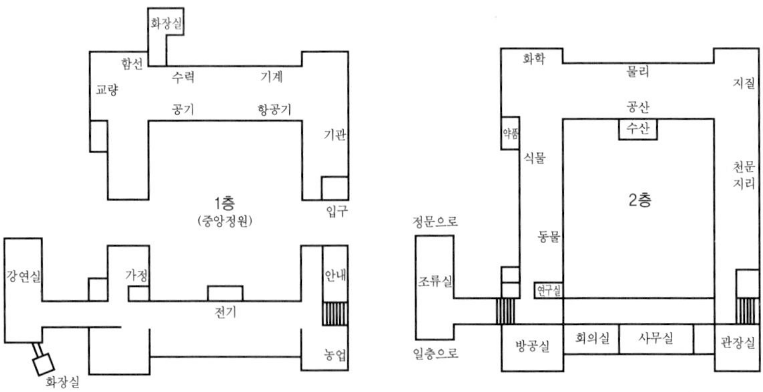

[그림 12-2] 은사기념과학관의 공간 구성

출처: 『博物館硏究』 제15권, 제10호, 5쪽.

있던 모습을 보여 주는 것이다. 은사기념과학관 건물의 공간 구성은 [그림 12-2]와 같다.

어떻게 해서 은사기념과학관에서는 교육공간을 구비하여 교육활동을 해 나갔을까? 이는 은사기념과학관의 설립 취지 자체가 사회교육 장려였기 때문이었다. 그 경영 자체를 조선교육회의 교화부사업으로 진행하였고, 기본 목적을 달성하기 위해서 어린이날 행사를 주최하고, 과학관 밖과의 연계활동을 실시하고, 『과학관보』 등의 잡지를 발간했다.[13] 이를 위해 과학관 내에 기본적인 교육공간의 구성이 필요했다.

다음으로 이왕가미술관은 1909년 설립된 이왕가박물관을 1938년 덕수궁 석조전의 근대일본미술진열관과 합쳐서 1938년에 설립한 미

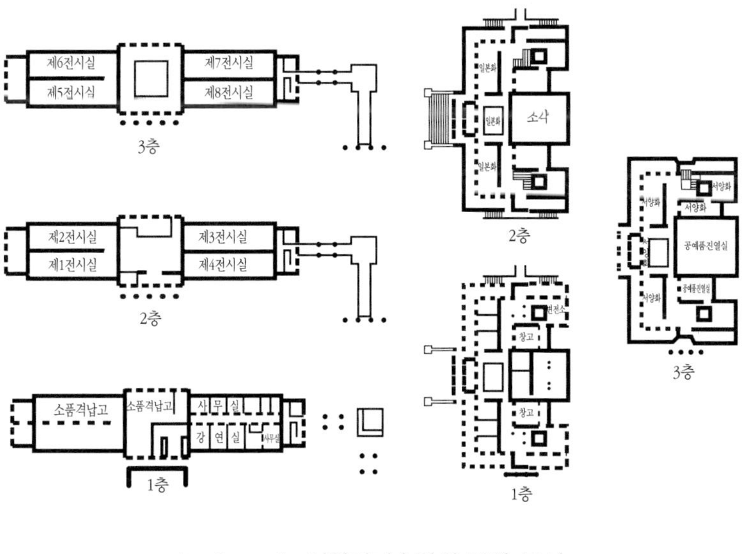

[그림 12-3] 이왕가미술관의 공간 구성

출처: 李王職, 『李王家美術館要覽』, 1938.

13) 국성하, 『우리박물관의 역사와 교육』, 혜안, 2007, 218-220쪽.

술관으로 우리나라 고미술과 일본 근대 미술을 함께 관람할 수 있는 곳이었다. 특히 일본 근대 미술품은 일본 내의 미술전시회에 출품했던 것들이었고, 이를 주기적으로 교체 전시했다. 이왕가미술관의 공간 구성은 [그림 12-3]과 같다.

이왕가미술관은 신축 미술관 1층의 일부를 강연실로 쓸 수 있게 구성하였고, 건축 도면을 보면 벽면을 가변적으로 사용할 수 있게 만들었다. 한 가지 아쉬운 것은 이 교육공간에서 이루어졌던 교육활동을 찾을 수는 없었다는 사실이다.

2. 1946년부터 1970년까지

1945년 광복이 된 후 '조선총독부' 등의 명칭은 모두 '국립'으로 바뀌게 된다. 조선총독부박물관은 국립박물관으로, 조선총독부박물관 경주분관은 국립박물관 경주분관으로 바뀌었다. 그리고 은사기념과학관은 국립과학관으로, 이왕가미술관은 덕수궁미술관으로, 조선민족미술관은 국립민족박물관으로 바뀌었다. 그리고 1950년 전쟁이 일어나기 전까지는 일제 강점기 때의 전시와 교육의 기능을 그대로 유지하였던 것으로 보인다. 이전에 있었던 두 개의 박물관의 교육공간을 제외한다면 이 시기에는 이렇다 할 교육공간 없이 박물관 교육이 진행되었던 것으로 보인다.

당시의 기록은 없지만, 해방 이후 국립과학관을 방문했던 사람들의 말에 따르면 남산에 있었던 과학관에서는 주기적으로 학생들이 방문하여 전시를 보고 과학교육을 받았다고 한다. 또한 국립박물관도 1946년부터는 연구와 교육 활동을 수행했던 것으로 보인다. 연구활동은 관내 연구발표회를 개최하는 것인데, 박물관 직원의 계몽과 연구의 진전을 위한 발표회였다. 황수영 박물관은 「조선탑파에 관하여」, 민천식 박물감은 「채색토기에 관하여」 등의 연구를 발표하였고, 박물관 직원들은 이를 경청했다. 또한 박물관을 일반인에게 공개하여, 박물관이 직접 주최한 것은 아니었지만 1947년에 시내 중학생 즉흥시대회, 초등학교 아동 음악대회도 열었다.[14] 적어도 박물관 내에 특정한 교육공간은 없었지만 박물관이라는 공간을 활용하여 교육적 활동을 한 것을 확인할 수 있다. 한국전쟁(1950~1953)은 일제 강점기 때부터 우리나라 박물관 교육에서 가장 중요한 역할을 담당했던 국립과학관을 폐허로 만들어 버린다.

박물관의 이러한 교육활동들은 한국전쟁으로 일정 기간 동안 실시되지 못하였다가 1954년에 다시 시작된다. 서울수복 직후 어린이박물관학교를 남산과 덕수궁에서[15] 열었고, 이는 1955년까지 지속되었다.[16] 또한 경주에서도 1954년에 어린이박물관학교를 시작하였는데, 어린이들에게 문화재를 가르치는 것이 필요하다고 생각한 진홍섭 당시 경주분관장과 윤경렬 등이 경주어린이박물관학교를 만든 것이었다. 서울의 어린이박물관학교가 1955년에 문을 닫은 반면, 경주어린이박물관학교는 그 이후에도 계속된다. 경주어린이박물관학교는 1957년까지 경주박물관 관장실, 경주 여자중학교 등에서 계속되다가, 1962년까지는 야외학습으로 대치되었다. 1962년에 시립도서관이 생

14) 國立博物館, 『館報』 第四號, 1948. 4, 4~5쪽.

15) 국립박물관은 서울 남산의 구 시정기념관 자리에서 1954년부터 1955년까지 있었으며, 덕수궁 석조전 등에서 1955년부터 1972년까지 있었다.

16) 申瓚均, 「博物館과 새文化政策」, 국립중앙박물관 『박물관신문』, 제119호, 1981. 7(신찬균은 1953년 서울수복 직후 어린이박물관학교가 남산과 덕수궁에서 2년 동안 있었다고 했는데, 남산에서 덕수궁으로 국립박물관이 이전한 시기가 1955년이므로 서울의 어린이박물관학교가 시작된 해는 1954년으로 추정할 수 있다).

기면서 어린이박물관학교는 그 명칭을 '경주어린이향토학교'로 바꾸어 1975년까지 지속되었다. 1975년부터는 다시 경주박물관에서 어린이박물관학교가 열리게 된다. 어린이박물관학교의 수업은 우리 문화재에 대한 강의와 전시실 보기, 만들기(불상, 토우, 사자 등), 그리고 경주지역 고적답사로 이루어졌다.[17] 1977년 이후에 실시된 어린이들을 위한 박물관 교육도 대부분 강의와 전시실 둘러보는 것으로만 이루어진 것을 생각하면, 경주어린이박물관학교의 교육은 상당히 발전한 형태라고 말할 수 있다.

3. 1971년부터 2009년 현재까지

1971년부터의 박물관 공간 구성 중에 특이한 사항은 교육공간과 서비스 공간이 확대되기 시작했다는 점이다. 조사했던 97개의 박물관 중 65개의 박물관이 교육공간을 가지고 있었으며, 57개의 박물관이 관람자 서비스 공간을 가지고 있었다. 1972년에 완공된 국립중앙박물관(현 국립민속박물관) 건물에는 전시실뿐만 아니라 자료실, 강당 등의 교육공간과 안내소, 뮤지엄샵, 휴게공간 등의 서비스 공간이 설치되었다.[18] 이는 국립중앙박물관의 외형적 모습에서 한국적 감수성을 반영하는 등의 변화[19]와 아울러 내부 구성에서도 박물관을 방문하는 관람자를 향한 생각의 변화가 일어났다는 뜻이다.

어떻게 해서 이러한 교육공간들이 대부분의 박물관에 실제적인 구성

17) 국성하, 「경주어린이박물관학교 연구」, 敎育史學會, 『敎育史學硏究』 제13집, 2003, 122~129쪽.

18) 국립중앙박물관, 『겨레와 함께한 국립박물관 60년』, 그라픽네트, 2005 참조.

19) 서상우, 이성훈, 앞 책, 51쪽.

요소로 등장하게 되었는가? 이는 당시 박물관에 관심을 가졌던 많은 사람들이 박물관의 교육적 기능을 인지하고 있었기 때문이었다. 1970년에 창간된 국립박물관의 『박물관뉴우스』를 보면 「국립박물관에서 무슨 일을 하나」에서 "국민의 사회교육과 학문, 예술의 발전에 기여하기 위하여 문화재에 대한 학술, 강연, 교양강좌 등을 개최한다."라고 적음으로써 박물관 교육의 이해가 있었던 것을 확인할 수 있다.[20] 특히 경주어린이박물관학교를 공동으로 운영했던 진홍섭 관장은 이화여자대학교로 자리를 옮긴 후 이화여자대학교 박물관 관장으로 「대학박물관의 사명」이라는 글에서 (대학)박물관의 교육적 기능을 자세하게 서술하고 있다. 그 내용은 다음과 같다.

> 대학에 박물관을 설치하는 목적이 교육의 효과를 거두기 위함이라는 점은 다시 말할 필요도 없다. (중략) 시각 면에서는 주로 사진을 통하는 방법이 쓰이지만 일보 나아가 실물을 제시할 수 있다면 가장 이상적이라고 할 것이다. 이와 같은 효과를 거두기 위하여 대학에 박물관을 설치하여 학생들에게 공개하는 것이고 대학에 박물관을 설치하는 목적이 가까운 거리에서 자주 실물을 대할 수 있게 하려는 데 있다고 하겠다. (중략) 학생들에게도 자주 소장품에 접할 기회를 스스로 만들어야겠지만 박물관에서도 소장품의 충실과 아울러 모든 기능을 발휘하여 학생들을 끌어들이도록 특별한 배려가 있어야 할 것이다.[21]

일반적인 박물관에 대한 직접적인 언급은 아니었지만, 대학박물관의 존재목적 중 박물관의 유물·자료가 학생들의 실물교육에 큰 도움

20) 국립박물관, 『박물관뉴우스』 창간호, 1970.

21) 진홍섭, 「대학박물관의 사명」, 국립박물관, 『박물관뉴우스』 제4호, 1970. 10.

이 되는 부분을 말하고 있다.[22] 1980년에 이르면 국립중앙박물관의 교육활동이 비정기적인 학술강연회, 교사연수 등과 문화재미술실기대회 등의 그림그리기 대회 그리고 박물관 관련 전문인력을 양성하기 위한 특별강좌 등으로 세분되고 양적으로 성장하게 된다. 이러한 양적 성장은 박물관에서 교육을 전담하는 부서인 섭외교육과[23]의 설치에까지 이어진다. 이는 박물관 내부에서부터 박물관 교육의 필요성을 인지하기 시작한 것이었다. 이난영 관장은 당시 박물관 교육을 다음과 같이 이해하고 있었다.

> 박물관의 기능을 말할 때 자료의 수집·보관과 조사연구를 거쳐 그것을 전시하는 행위를 통하여 보급교육에 임하는 것을 크게 꼽는다. 그러고 보면 궁극의 목적은 전시라는 방법을 통한 보급교육이라고 해도 과언이 아니다. 이 보급교육의 방법이 말하자면 전시라는 한 가지로 귀결되는데, 이 전시라는 행위는 따지고 보면 아무리 어떤 수단을 다해도 부족함이 없다고 할 것이며, 그리고 이 전시는 박물관을 찾는 각계각층의 그 많은 사람에게 고루 만족하게 할 수가 없는 데에 문제가 있는 것이다. 특히 인간의 평생교육이 크게 대두되고 있는 현대사회에서 박물관의 할 일은 여간 크고 많은 것이 아니다. (중략) 박물관학에 따르면 우리는 퍽 생소한 용어를 듣게 된다. Museum Teacher, Museum Instructor, Docent 등 우리말로 해서 박물관의 안내를 담당하는 사람들을 뜻하는데 우리가 볼 수 있는 관광회사 소속의 안내원과는 다른 성격을 지닌다. 깃발을 흔들며 화장실은 어디, 얼마 후 이곳에 집합하라는 등의 극히 사무적인 얘기를 전하는 그런 안내가 아니라 충실하게 박

22) 국립중앙박물관, 『박물관신문』 제24호, 1972. 11.

23) 이 부서는 1986년에 교육을 전담하는 문화교육과로 확대된다.

물관의 기능에서 보급교육의 역할을 담당하는 일선 박물관 교육의 전문가를 뜻한다. Docent라는 말은 1906년 보스톤 미술관에서 사용하기 시작하였으며 뉴욕의 메트로폴리탄 미술관에서는 Museum Instructor라는 박물관 교사제도를 사용하였다. 이들의 역할은 크게 두 가지로 나누어진다. 하나는 학교교육과의 연계성을 갖고 있어서 각급 학교 교과과정과 맞추어 난제로 오는 학생의 박물관 내에서의 교육을 맡아 하는 경우와 일반 관람객에 대한 안내를 담당하는 다른 하나의 기능에 있다.[24]

「박물관의 보급교육 활동에 대하여」라는 이난영의 글에서 평생교육이 대두되고 있는 현대사회에서 박물관의 교육적 역할이 필요함을 인식했음을 알 수 있고, 이를 위해서 당시로서는 생소한 '박물관교사(museum teacher)' 등의 외국 용어를 예로 든 것을 볼 수 있다. 곧 국립중앙박물관은 일반 대중에게 향하는 보급교육 활동을 해야 함을 강조한 것이었다. 국립중앙박물관은 섭외교육과 창설 후 박물관에서 어떠한 교육을 하여야 할지에 대해서 자문을 구했던 것으로 보인다. 안휘준은 초·중등학교에서의 우리 전통문화에 대한 교육은 최근에 이르러 다소 향상되고 있고, 당시에 개정된 국사나 미술 교과서에 전통문화에 대한 비중이 전에 비해 훨씬 커졌다고 언급하였다. 또한 교육의 취약점을 시정하고, 초·중·고등학교 학생들에게 우리의 전통문화에 대한 보다 구체적이며 효율적이고 올바른 교육을 실시하기 위해서는 국사와 미술 교과서에서 우리의 전통문화를 보다 적극적이고 입체적으로 다루고, 시청각 자료와 기자재를 이용한 교육을 실시하는 등

24) 李蘭暎, 「博物館의 普及敎育 活動에 대하여」, 국립중앙박물관, 『박물관신문』 제109호, 1980. 9.

의 방법을 사용하여야 한다고 말하고 있다.[25] 그리고 박물관과 관련해서는 다음과 같이 서술한다.

> 이러한 학교교육의 보강과 더불어 그 부족함을 박물관에서 메우거나 보충할 수 있도록 해야 한다고 본다. 이를 효과적으로 하기 위해서는 초 · 중 · 고등학교 학생들의 박물관 탐방을 더 적극화시켜야 할 것이다. 한편 박물관은 그들의 이해를 도울 수 있도록 전시하고 작품에 대한 충분한 설명 각종 도표와 지도의 비치 진열장 높이의 조정에 이르기까지 다각도로 세심한 배려를 해야 한다. (중략) 특히 나이 어린 학생들을 위해서 박물관에 어린이박물관학교를 개설하여 어린이들의 적극적인 참여를 유도하는 것이 매우 바람직하리라 본다.[26]

이처럼 박물관 내부와 외부에서의 박물관 교육에 대한 관심이 보편적인 것이 되었지만, 박물관계에서의 교육활동이 '교육학'이라는 학문 분야에까지 이어지는 데에는 시간이 다소 더 걸린다. 1997년 한국교육학회 교육철학회에서는 '박물관과 교육'이라는 주제로 연차 학술대회를 개최하였는데, 이것이 국내 교육학계에서 처음으로 박물관의 교육적 의미를 학술적으로 논의한 것이었다. 1998년에 이 학회는 연차 학술대회에서 '문화개방과 문화교육'이라는 주제하에 '박물관의 교육적 가치'에 대한 논의가 이루어졌다. 2001년에는 이 논의를 중심으로 『박물관과 교육』, 『문화개방과 교육』이라는 단행본이 출간되었다.[27] 이러

25) 安輝濬, 「博物館과 國民敎育(上)」, 국립중앙박물관, 『박물관신문』 제132호, 1982. 8.

26) 安輝濬, 「博物館과 國民敎育(下)」, 국립중앙박물관, 『박물관신문』 제133호, 1982. 9.

27) 한국교육학회 교육철학연구회 1998 연차학술대회, 『문화개방과 문화교육』, 1998, 181~273쪽; 교육철학회 편, 『박물관과 교육』, 문음사, 2001; 교육철학회 편, 『문화개방과 교육』, 문음사, 2001.

한 논의들 속에서 2003년에는 박물관 교육학회가 창립되어 활발한 활동을 벌이고 있고, 이 학회는 2004년 국제박물관협회(ICOM) 서울총회 때에 교육 · 문화활동 국제위원회(CECA) 행사 진행에서 주도적인 역할을 담당하였다. 이제 우리나라에서는 어느 사이엔가 박물관 교육이 박물관의 중심 업무로 인식되기 시작하였다. 박물관 및 미술관진흥법상의 박물관 정의에서도 박물관이 교육하는 시설임을 명문화하였다.

이러한 교육적 이유 때문인지, 다양한 박물관들에서 교육을 위한 전문공간을 만들기 시작한다. 국립중앙박물관에서는 1984년에 독립 건물인 사회교육관을 처음으로 마련해 '청소년박물관교실', '토요공개강좌' 등의 교육 프로그램을 활발하게 운영하기 시작한다. 국립전주박물관은 2002년에 사회교육관을 신축하였고, 삼성미술관 리움은 어린이 문화교육 전용공간인 삼성아동교육문화센터를 2004년에 설치한다. 또한 국립김해박물관은 사회교육관(가야누리)을 2006년에 만든다. 실제로 사회교육관은 교육을 위한 전용공간으로 기능하는데 어린이가 직접 체험해 볼 수 있는 전시와 영상 그리고 교육활동이 계속적으로 이루어지게 된다. 국립전주박물관 사회교육관에서는 터치뮤지엄을 운영하고 있으며, 국립김해박물관의 어린이들이 가야의 역사를 체험을 통해 알 수 있는 체험 전시 등을 운영하고 있다. [그림 12-4]는 국립김해박물관 사회교육관(가야누리) 내부의 어린이체험실의 모습이다.

이제 박물관에서 강당, 교육장, 도서실 등의 교육공간은 박물관을 구성하는 기본적인 요소로 자리 잡았다. 여기에 추가적으로 등장한 공간이 하나 있으니 바로 어린이박물관이다. 1995년에 국내에서는 최초로 삼성어린이박물관이 개관하였는데, 이는 탐구와 표현이라는 주제 아래 전시를 보고 몸으로 체험하는 교육과 놀이의 공간이다.[28] 어린이

28) 백령, 앞 책, 44쪽.

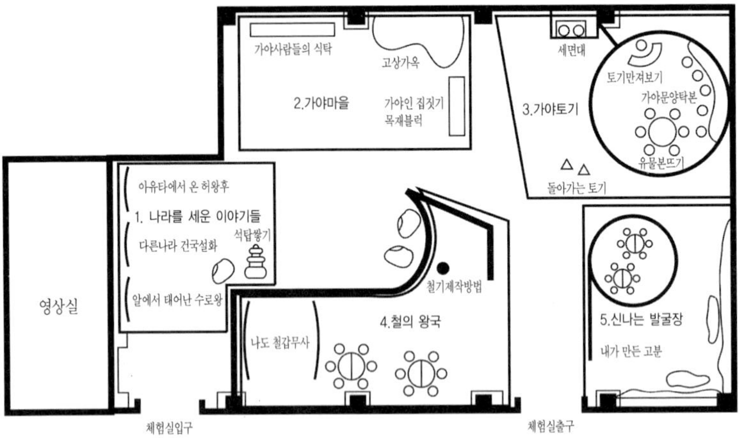

[그림 12-4] 국립김해박물관 가야누리 내부의 어린체험실

출처: www.gimhae.museum.go.kr에서 2009년 8월 16일 인출.

박물관은 이어서 국공립박물관들에서도 계속적으로 만들어진다. 이전에 사회교육관으로 개관하였던 공간에 어린이 체험공간이 만들어진 곳도 있었고(국립전주박물관, 국립김해박물관), '어린이박물관'을 명칭으로 사용한 곳도 있었다. 국립민속박물관은 2003년에 어린이민속박물관을 개관하였고, 국립청주박물관은 2004년에, 국립중앙박물관과 국립경주박물관은 2005년에, 국립광주박물관은 2006년에 어린이박물관을 만들었다. 그리고 백제역사문화관은 2006년에 어린이체험관을, 광주시립미술관은 2007년에 어린이미술관을 개관하였다. 또한 전쟁기념관은 박물관의 일부 공간을 임대해 주어 2008년부터 체험형 박물관인 롤링볼뮤지엄과 별난물건박물관을 운영하게 하고 있다. 특히 2009년 4월에는 국내 최초로 문화체육관광부 2차 소속기관으로 국립어린이박물관까지 설립되었던 적이 있다.

Ⅳ. 교육공간으로서 박물관의 변화

박물관의 개념에 '교육' '관람자 서비스' 등의 기능적인 내용이 추가되면서 박물관의 역할에도 많은 변화가 일어났다. 박물관의 궁극적 개념은 내용과 형식 모두에서 개방성을 중심으로 하는데, 그 의미는 박물관이 취할 수 있는 모든 기능에서의 시민에 대한 개방성이다. 이런 노력은 생동감 있는 내용을 유지하기 위한 조건이기도 하다. 그래서 박물관의 건물들은 "① 개방적 관람을 위한 전시실의 서비스 수준의 제고와 수장고 개방 전시까지 확대될 건축전모의 개방성, ② 기획전시의 확대를 통한 적극적이고 항시 능동적인 운영과 서비스, ③ 특별 프로그램을 통한 심포지엄, 미술학교 등 참여성의 문화활동, ④ 주민의 참여가 수집계획에까지 이루어질 수 있는 개방적 운영에 효과적으로 기능할 수 있게" 설계·건축된다.[29] 박물관의 유형적 공간인 건물에까지 교육과 관람자 서비스의 개념이 추가된 것이다.

박물관의 교육공간들도 이러한 박물관의 개념 변화와 함께 달라지고 있다. 박물관을 찾는 사람들의 요구가 단순한 전시실 방문이 아닌 그 근저에서부터 변화했기 때문이다. 아니타 올즈(Anita Olds)는 관람자의 변화를 다음과 같이 적고 있다.

> 움직임의 자유: 관람자는 그들이 원하는 것을 얻기 위해, 그들이 어디에 있는지 알기 위해 박물관 그리고 전시공간에서 자유롭게 움직일 필요가 있다.

29) 서상우, 이성훈, 앞 책, 64쪽.

> 안락함: 관람자는 환경적으로 편안한 곳에 있어야 한다. 인간은 적어도 감각적으로 공격적이지 않은 범위에서의 감각자극이 필요하고, 이는 디자인에 반영된다.
>
> 적당함: 적절한 수준의 친근하지 않음 속에서 관람자는 적당하다고 느낀다. 관람자는 그들이 받아들일 수 있는 능력 이상의 새로움과 이해할 수 없음으로부터 압도당해서는 안 된다. (중략)
>
> 통제: 관람자는 안전함을 원한다. 열린 공간에서 당신 뒤쪽으로 서게 하는 것은 인간의 자연스러운 활동이 아니지만, 종종 박물관에서는 필요하다. 어떻게 이러한 것을 극복할 수 있는 디자인을 할 수 있겠는가?[30)]

적어도 현대의 박물관에서는 관람자의 자유로운 움직임을 확보해야 하며, 안락하게 공간을 구성해야 하고, 그 공간의 구성 내용도 지나치게 관람자의 수준을 벗어나서는 안 된다. 안전함을 요청하는 관람자의 요구는 때로 박물관 전시와 상충되기도 한다. 박물관의 교육적 기능 확대로 인해 각 박물관들에서는 교육공간의 확대 또는 관람자를 위한 전시 등을 구성하였고, 이는 관람자의 직접적인 요구들에 맞추어 변화될 수밖에 없음을 시사하는 것이다.

특히 체험 중심의 '어린이박물관'은 외부에서의 비판이 계속적으로 이루어지고 있다. 유물 · 자료들을 보는 전시에서 직접 만져 보는 핸즈온(hands-on) 전시 및 어린이 눈높이 맞춤교육 등을 기반으로 하는 어린이박물관은 단순히 만져 보는 것이 단지 신체적인 움직임에만 의존한다는 것이다. 핸즈온 전시의 기본적인 생각은 만약 유물 · 자료의 설명 또는 활동이 의미 있는 신체적 활동과 결합된다면 학생들이 더 많은

30) Anita Ru: Olds, Eilean Hooper-Greenhill ed., "Sending them home alive", The Educational Role of the Museum, Routledge, 2008, pp. 332-336.

것을 배울 수 있다는 것이다. 그러나 대부분의 어린이박물관의 전시공간에서 발견할 수 있었던 것은 핸즈온이라는 것이 단순히 손과 관련된 행동인 버튼 누르기 등과 연결되어 있었고, 이는 전시의 기본적인 맥락과 연결되지 못하였다는 것이다. 그래서 최근에 이르러서는 각 박물관의 교육적 전시 등에 핸즈온이라는 개념을 추가하여 어린이들이 자신의 세계를 직접 구성할 수 있게 하는 마인즈온(minds-on) 전시 · 교육기법을 도입하고 있다고 한다. 마인즈온 기법이란 전시와 함께 활동실을 만들어서 관람자가 직접 전시하고 깊은 생각을 하게 하는 것인데, 대표적인 예는 1~3명 정도가 들어갈 수 있는 실험실을 만든다든지, 특정 개인에게 전시와 관련된 연구를 위해 박물관 안의 작은공간을 일정 시간 동안 쓸 수 있게 하는 것 등이 해당된다.[31)]

특히 이러한 박물관의 교육공간 구성은 박물관을 통한 학습이론에도 영향을 받는다. 근래의 박물관 교육에서 학습이론은 맥락적인(contextual) 것을 강조한다. 맥락적이라는 것은 박물관에서의 학습이 개인적, 사회문화적, 신체적 맥락을 통해 일어난다는 것이다. 개인적 맥락은 개인적 동기와 기대, 이전의 지식 · 경험 · 신념, 선택과 통제이며, 사회문화적 맥락은 집단 내적인 사회문화적 매개, 다른 집단의 매개를 통한 조정이다. 그리고 신체적 맥락은 상황에 대한 친숙함, 디자인, 박물관 밖에서의 경험과 이벤트의 강화 등이다. 실제로 이러한 맥락적 학습은 하나의 영역에서만 독자적으로 이루어지는 것이 아니라 여러 영역이 서로 영향을 미치며 이루어지게 되며, 시간적인 흐름에 따라서도 영향을 받으며 변화를 이루게 된다.[32)]

---

31) G. E. Hein, Learning in the Museum, Routlege, 1998, 144.

32) J. H. Falk & L. D. Dierking, Learning from Museums, Altamira, 2000, p. 10, pp. 136-137.

국립민속박물관 내의 어린이박물관은 어린이들이 우리 민속의 각 영역(복식, 음식, 주거, 놀이 등)을 보고 만져 보면서 체험하게 했던 핸즈 온 전시였는데, 2008년 12월 새로 전시를 교체할 때는 이야기 전달식 전시관인 '심청 이야기 속으로'로 교체하였다. 이 전시실을 기초로 하여 국립어린이박물관이 2009년에 설립되기도 한다. 이 전시는 우리 전래동화 「심청전」을 초등학교 학생들이 쉽게 알 수 있도록 하는 것에서 출발했다. 어린이들의 입장에서는 심청에 대한 이전의 지식, 신념 등이 있기에 전시를 보기 시작하면서 전시를 보는 일종의 동기가 생기게 되고, 자신들의 선조가 살았던 옛 공간(조선시대 주거공간) 속에 펼쳐진 심청이의 생활 모습 등을 보면서 사회문화적 이해가 가능하게 된다. 또한 그들을 배려한 전시 디자인, 친숙함 등에서 신체적 맥락이 있게 된다.[33)]

2009년은 1909년에 창경궁에 이왕가박물관이 생긴 지 100년이 되는 해였다. 100년 근대 박물관의 역사 속에서 625개에 이르는 박물관이 생긴 것도 괄목할 만한 성장이지만, 박물관의 공간 구성에서도 전시, 연구, 수장, 관리 공간뿐만 아니라 교육과 서비스 공간까지 박물관의 핵심 공간으로 자리 잡게 되었다는 것은 교육적인 측면에서 의미 있는 일이다. 전시공간을 제외한 박물관에서의 교육공간의 첫 등장은 일제 강점기 일본인들이 식민지 피지배 집단의 사회교육 필요에 의한 것이었다. 해방 이후 박물관의 교육적 기능은 몇몇 박물관 내부의 사람들에 의해서 이해되었고, 지속적으로 논의 또는 실행되었다. 1970년대 이후가 되면 이러한 교육적 이해를 바탕으로 전시공간 이외의 강당, 교육장 등의 교육공간이 박물관 내에 등장하게 되었고, 이런 공간

33) www.ncm.go.kr 참조.

을 중심으로 활발한 교육활동이 전개된다. 더욱이 1980년대부터는 교육을 위한 전용공간인 '사회교육관' 등이 국립중앙박물관 등에서 건립되고, 이러한 사회교육관의 건립은 또 다른 국립박물관 등에서 그대로 수용된다. 또한 사회교육관은 그 내부에 어린이 관련 체험전시실을 운영하기도 하고, '어린이박물관'이라는 명칭으로 처음부터 운영되기도 한다. 교육공간이 실제적으로 처음 만들어진 1970년대 이후의 괄목한 성장이라고 말할 수 있다. 이러한 교육공간은 관람자들의 단순한 신체적 활동을 중시하고 실제적 의미의 전시와의 연계가 없다는 비판도 있었다. 이러한 비판을 바탕으로 어린이박물관을 중심으로 한 교육공간도 보다 맥락적으로 개편되고 있다.

특히 박물관 교육에 대한 맥락적 개편은 그 의미를 보다 본질적인 측면에서 변화하게 만든다. 우리나라의 박물관 교육 분야에서 선구자적인 역할을 해 온 김인회 교수는 박물관 교육 분야도 이제 반성과 새로운 출발을 해야 할 시점에 이르렀다고 말한다.

> 20세기까지의 제국주의적인 권위주의적 역사에서는 교육 전문가와 교육 전문기관이 준비된 교육 프로그램을 피교육자들에게 일방적으로 제공 또는 배급 내지는 주입 훈련하는 것이 교육의 본령이었다. 이러한 일방향적 단선형 교육관의 원칙은 박물관 교육에서도 마찬가지로 적용되어 왔다. 전시를 통한 교육기능의 경우에서도 박물관이 일방적으로 제공하는 내용을 관람자들은 피동적으로 받아들이는 것을 박물관 교육의 정석이라고 믿어 왔다. (중략) 박물관의 교육적 성과를 전시 관람객이나 교육 프로그램 참여자의 통계 수치로 평가하는 집단주의보다는 관람객들이나 참여자들과 박물관의 의사소통, 관람객 상호 간의 의사소통, 전시물과 관람자 개개인의 교감과 의사소통, 관람객과 참여자들

의 창조적 경험 공유 내지는 교호작용 같은 현상들에 관심 갖고 접근하려 드는 박물관 종사자들의 자세 변화가 박물관 교육의 새로운 흐름으로 나타날 필요가 있다고 본다.[34)]

우리나라의 박물관 역사 속에서 박물관 교육이 등장하고 양적으로 성장한 것은 사실이지만, 이제 박물관 내에서의 교육공간의 긍정적 변화와 아울러 그 공간에서 이루어지는 박물관 교육의 실제적 내용도 변화가 필요한 시점에 이른 것이다.

참고문헌

교육철학회 편, 『문화개방과 교육』, 문음사, 2001.

교육철학회 편, 『박물관과 교육』, 문음사, 2001.

國立博物館, 『館報』第四號, 1948. 4.

국립박물관, 『박물관뉴우스』 창간호, 1970.

국립중앙박물관, 『겨레와 함께한 국립박물관 60년』, 그라픽네트, 2005.

국립중앙박물관, 『국립중앙박물관 60년』, 계문사, 2006.

국립중앙박물관, 『박물관신문』 제24호, 1972. 11.

국성하, 「경주어린이박물관학교 연구」, 教育史學會, 『教育史學硏究』 제13집, 2003.

국성하, 『우리박물관의 역사와 교육』, 혜안, 2007.

김인회, 『다문화시대 박물관 교육』, 문음사, 2009.

백령, 『멀티미디어 시대의 박물관 교육』, 예경, 2005.

서상우, 『뮤지엄건축: 도시 속의 박물관과 미술관』, 살림, 2005.

34) 김인회, 『다문화시대 박물관 교육』, 문음사, 2009, 28-29쪽.

서상우, 이성훈, 『한국 뮤지엄건축 100년』, 기문당, 2009.

申瓚均, 「博物館과 새文化政策」, 국립중앙박물관, 『박물관신문』 제119호, 1981. 7.

安輝濬, 「博物館과 國民教育(上)」, 국립중앙박물관, 『박물관신문』 제132호, 1982. 8.

安輝濬, 「博物館과 國民教育(下)」, 국립중앙박물관, 『박물관신문』 제133호, 1982. 9.

李蘭暎, 「博物館의 普及教育 活動에 대하여」, 국립중앙박물관, 『박물관신문』 제109호, 1980. 9.

진홍섭, 「대학박물관의 사명」, 국립박물관, 『박물관뉴우스』 제4호, 1970. 10.

한국교육학회 교육철학연구회 1998 연차학술대회, 『문화개방과 문화교육』, 1998.

한국박물관협회, 『한국박물관협회 30년』, 한국박물관협회, 2009.

오츠카 카즈요시(홍종필 역), 『박물관학』, 백산출판사, 2004.

Alexander, E. P. & Alexander, M., Museums in motion, Altamira, 2007.

Burcaw, G. E.(양지연 역), 『큐레이터를 위한 박물관학』, 김영사, 2001.

Hooper-Greenhill, E., Museum and Gallery Education, Leicester University Press, 1991.

Hein, G. E., Learning in the Museum, Routlege, 1998.

Falk, J. H. & Dierking, L. D., Learning from Museums, Altamira, 2000.

Kotler, N. & Kotler, P.(한종훈, 이혜진 역), 『박물관 미술관학』, 박영사, 2005.

〈부록〉 우리나라 주요 박물관들의 공간 구성

박물관명	연도	지역	공간 구성						참고 설명
			전시	교육	연구	수장	관리	서비스	
이왕가박물관	1909	서울	○			○			1912년 본관 건립
조선총독부박물관	1915	서울	○		○	○	○		1945년 국립박물관으로 개칭
조선민족미술관	1924	서울	○						1946년 국립민족박물관에 병합
경성제국제학민속참고품실	1926	서울	○			○	○		1946년 서울대학교 부속박물관으로 개칭
은사기념과학관	1926	서울	○	○		○	○		1945년 국립과학박물관으로 개칭
조선총독부박물관경주분관	1926	경북	○			○	○		1945년 국립박물관 경주분관으로 개칭
평양부립박물관	1928	평양	○			○	○		1945년 국립중앙역사박물관으로 개칭
연희전문학교박물관	1929	서울	○			○	○		
개성부립박물관	1931	개성	○			○	○		1945년 국립박물관 개성분관으로 개칭
부산제2소학교아동박물관	1934	부산	○				○		
이화여자전문학교박물관	1935	서울	○			○	○		
보성전문학교박물관	1937	서울	○			○	○		
조선체신박물관	1937	서울	○				○		
공주읍박물관	1938	충남	○			○	○		1945년 국립박물관 공주분관으로 개칭
보화각	1938	서울	○			○	○		현 간송미술관
이왕가미술관	1938	서울	○	○		○	○		1969년 국립(중앙)박물관으로 통합

박물관명	연도	지역	공간 구성						참고 설명
			전시	교육	연구	수장	관리	서비스	
조선총독부미술관	1939	서울	○				○		
조선총독부박물관부여분관	1939	충남	○			○	○		1945년 국립박물관 부여분관으로 개칭
북선과학박물관	1942	청진	○			○	○		
국립박물관	1945	서울	○		○	○	○		경복궁에서 금산, 부산 등으로 이전
국립민족박물관	1946	서울	○			○	○		1950년 국립박물관에 통합
인천시립박물관	1946	인천	○			○	○		
대구박물관	1947	대구	○			○	○		
국립중앙박물관	1955	서울	○		○	○	○		덕수궁 석조전으로 이전
제주민속박물관	1964	제주	○			○	○		
한국민속관	1966	서울	○			○	○		1973년 한국민속박물관으로 개칭
에밀레박물관	1968	서울	○			○	○		
국립중앙박물관	1972	서울	○	○	○	○	○	○	경복궁으로 이전(현 국립민속박물관 건물에서 중앙청, 사회교육관 건물 등으로 이전)
한국민속박물관	1973	서울	○			○	○		1979년 국립민속박물관으로 개칭 1992년 현 건물로 이전
제주도민속자연사박물관	1977	제주	○	○	○	○	○		

박물관명	연도	지역	공간 구성						참고 설명
			전시	교육	연구	수장	관리	서비스	
국립광주박물관	1978	광주	○	○	○	○	○	○	2006년 어린이박물관 설치
단국대학교석주선기념박물관	1978	경기	○	○	○	○	○		2009년 서울에서 용인으로 이전
부산박물관	1978	부산	○	○	○	○	○	○	
한양대학교박물관	1978	서울	○	○	○	○	○	○	2003년 리모델링 후 재개관
국립경주박물관	1981	경북	○	○	○	○	○	○	1975년 이전, 2005년 어린이박물관 설치
해군박물관	1981	경남	○		○	○	○		
온양민속박물관	1982	충남	○	○	○	○	○	○	
호암미술관	1982	경기	○		○	○	○	○	
육군박물관	1983	서울	○	○	○	○	○		1956년 육군사관학교 기념관으로 발족
국립진주박물관	1985	경남	○	○	○	○	○	○	
국립현대미술관	1986	경기	○	○	○	○	○	○	
광주민속박물관	1987	전남	○	○	○	○	○	○	
국립전주박물관	1987	전북	○	○	○	○	○	○	2002년 사회교육관 개관
국립청주박물관	1987	충북	○	○	○	○	○	○	2004년 어린이박물관 설치
독립기념관	1987	충남	○	○	○	○	○	○	
산림박물관	1987	경기	○	○	○	○	○	○	
서귀포시기당미술관	1987	제주	○		○	○	○		

박물관명	연도	지역	공간 구성						참고 설명
			전시	교육	연구	수장	관리	서비스	
화폐박물관	1987	대전	○	○	○	○	○	○	
원광대학교박물관	1988	전북	○		○	○	○		
서울서예박물관	1989	서울	○		○	○	○	○	
국립중앙과학관	1990	대전	○	○	○	○	○	○	
인천시립박물관	1990	인천	○	○	○	○	○		1990년 신축 이전
한가람미술관	1990	서울	○		○	○	○	○	
해강도자미술관	1990	경기	○		○	○	○		
선재미술관	1991	경북	○	○	○	○	○	○	
국립민속박물관	1992	서울	○	○	○	○	○	○	2003년 어린이민속박물관 설치 2009년 국립어린이박물관 개관
청주고인쇄박물관	1992	충북	○	○	○	○	○	○	
토타컨템퍼러리미술관	1992	서울	○		○	○	○		
국립부여박물관	1993	충남	○	○	○	○	○	○	
목아불교박물관	1993	경기	○	○	○	○	○	○	
서울대학교박물관	1993	서울	○	○	○	○	○		
전남영산호농업박물관	1993	전남	○	○	○	○	○		
청도농기구박물관	1993	경북	○		○	○	○		

박물관명	연도	지역	공간 구성						참고 설명
			전시	교육	연구	수장	관리	서비스	
환기미술관	1993	서울	○		○	○	○		
국립대구박물관	1994	대구	○	○	○	○	○	○	
국립해양유물전시관	1994	전남	○	○	○	○	○		
전쟁기념관	1994	서울	○	○	○	○	○	○	2008년부터 롤링볼 뮤지엄, 별난물건박물관 운영
경기도박물관	1995	경기	○	○	○	○	○	○	2009년 경기도어린이박물관 건립 중
국립김해박물관	1998	경남	○	○	○	○	○	○	2006년 사회교육관 건립
대전시립미술관	1998	대전	○	○	○	○	○	○	
부산시립미술관	1998	부산	○	○	○	○	○	○	
아트선재센터	1998	서울	○	○	○	○	○	○	
로댕갤러리	1999	서울	○		○	○	○		
제주신영영화박물관	1999	제주	○		○	○	○		
영은미술관	2000	경기	○		○	○	○	○	
원주시립박물관	2000	강원	○	○	○	○	○		
경남산림박물관	2001	경남	○		○	○	○		
국립제주박물관	2001	제주	○	○	○	○	○	○	
마산시립박물관	2001	경남	○	○	○	○	○		

박물관명	연도	지역	공간 구성						참고 설명
			전시	교육	연구	수장	관리	서비스	
의재미술관	2001	광주	○		○	○	○		
강원산림박물관	2002	강원	○		○	○	○		
국립춘천박물관	2002	강원	○	○	○	○	○	○	
박수근미술관	2002	경기	○	○	○	○	○	○	

찾아보기

인 명

내 용

저자 소개(집필순)

정순우

한국학중앙연구원 한국학대학원 박사(한국교육사, 지성사 전공)

전 한국학대학원 대학원장
　미국 버클리 대학교 및 캐나다 UBC 대학교 방문교수
　파리 7대학교 강의교수

현 한국학중앙연구원 한국학대학원 교수

황금중

연세대학교 대학원 석사 및 박사(교육철학 전공)

현 연세대학교 교육학과 교수
　한국교육사학회 이사 및 편집위원
　교육철학회 편집위원

안경식

한국학중앙연구원 한국학대학원 석사(교육학 전공)

대만사범대학 교육연구소 박사(교육사학 전공)

전 한국교육사학회 회장
　동아대학교 교수

현 부산대학교 교육학과 교수

육수화

한국학중앙연구원 한국학대학원 석사 및 박사(교육학 전공)

전 서울대학교 교육연구소 연구원

현 한국학중앙연구원 연구교수
　교육사학회 및 인격교육학회 편집위원

김지민

단국대학교 대학원 석사 및 박사(한국건축사 전공)

현 목포대학교 건축학과 교수
　문화재청 문화재전문위원
　한국건축역사학회 이사

이호열

영남대학교 대학원 박사(한국건축사, 주거사회사 전공)

전 국립 밀양대학교 건축학부 교수
　한국건축역사학회 논문편집위원장

현 부산대학교 건축학과 교수
　한국건축역사학회 부회장
　부산대학교 건축과학기술연구소 소장

윤재흥

연세대학교 대학원 석사(교육학 전공)

연세대학교 대학원 박사(교육철학 전공)

현 나사렛대학교 교직과 교수

한용진

고려대학교 대학원 석사(교육학 전공)

고려대학교 대학원 박사(교육철학 및 교육사학 전공)

전 일본 나고야 대학교 및 영국 케임브리지 대학교 교환교수
한국교육사학회 회장, 고려대학교 평생교육원장

현 고려대학교 교육학과 교수

송순재

감리교신학대학교 대학원(조직신학 전공)

독일 튀빙엔 대학교 대학원 박사(교육철학 전공)

전 한국기독교교육학회 회장

현 감리교신학대학교 기독교교육학과 교수
인문사회과학회 부회장
산마을고등학교, 산돌학교 이사

권문성

서울대학교 대학원 석사

현 성균관대학교 건축학과 교수
새건축사협의회 이사, 상임위원
(주)건축사사무소아뜰리에십칠 대표 건축가
2010 베니스비엔날레 한국관 커미셔너

국성하

연세대학교 대학원 석사(교육사철학 전공)

연세대학교 대학원 박사(교육사 전공)

현 한국박물관교육학회 이사
국립민속박물관 학예연구사

역사 속의 교육공간, 그 철학적 조망

2011년 4월 22일 1판 1쇄 발행
2012년 9월 5일 1판 2쇄 발행

엮은이 • 한국교육사학회
펴낸이 • 김진환
펴낸곳 • (주) 학지사
121-837 서울시 마포구 서교동 352-29 마인드월드빌딩 5층
대표전화 • 02-330-5114 팩스 • 02-324-2345
등록번호 • 제313-2006-000265호

홈페이지 • http://www.hakjisa.co.kr
커뮤니티 • http://cafe.naver.com/hakjisa

ISBN 978-89-6330-522-6 93370

정가 15,000원

저자와의 협약으로 인지는 생략합니다.
파본은 구입처에서 교환해 드립니다.

이 책을 무단 전재 또는 복제 행위 시 저작권법에 따라 처벌을 받게 됩니다.

인터넷 학술논문 원문 서비스 뉴논문 www.newnonmun.com